La cuisine végétarienne facile et gaie !

Par Agnès Florian

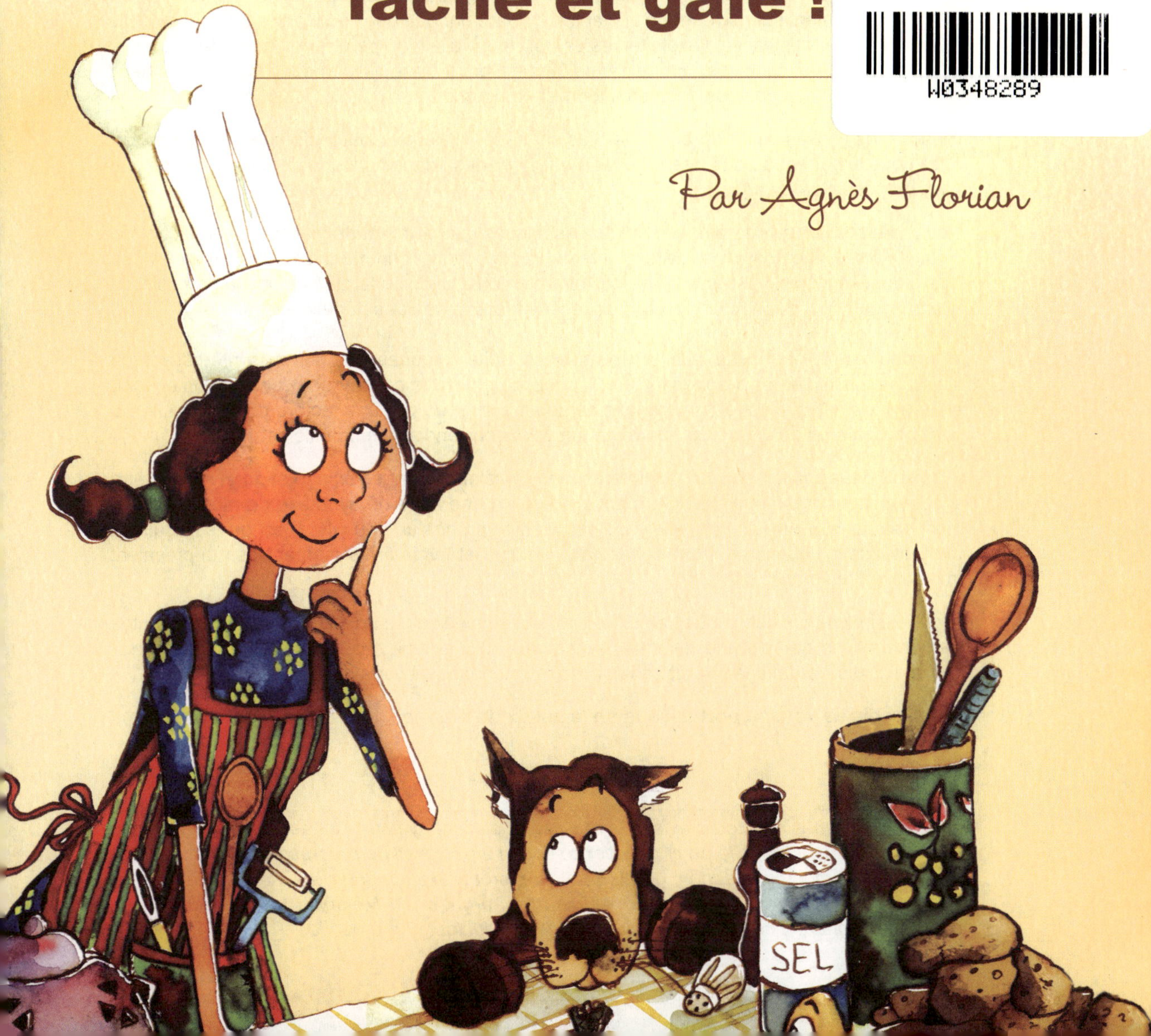

Ces pages sont écrites pour vous,

… vous qui vous interrogez sans vouloir pour autant verser dans la paranoïa. Car si le doute plane effectivement sur notre mode alimentaire, nourri par quelques scandales bien réels, nous savons aussi qu'il est facile d'exploiter les peurs. Nous voilà bien perplexes entre incertitudes et désir légitime de sécurité. Qui croire ? Que faire ? Dormir tranquilles et confiants sur nos deux oreilles ? Céder à la panique ? De quoi tourner en bourrique…

Prenons les choses plutôt du bon côté : les sonnettes d'alarme sont juste une mise en garde. Elles nous engagent à nous interroger et à effectuer des adaptations judicieuses. C'est ce que vous propose cet ouvrage.

Nous commencerons par faire le point sur les risques que notre mode d'alimentation actuel fait courir à notre santé. Puis au fil de la lecture, vous découvrirez comment faire de votre nourriture quotidienne la plus savoureuse alliée de votre bien-être, avec un large éventail de propositions alternatives. Viendra enfin un florilège de recettes faciles, rapides et délicieuses.

Vous pourrez, à votre guise, aller directement consulter les questions qui vous intéressent, ou simplement survoler les grandes lignes. Sachez toutefois que cet ouvrage constitue un ensemble progressif et que votre compréhension serait optimisée par une lecture complète. Libre à vous d'y puiser et de mettre en œuvre ce qui vous conviendra personnellement.

Infirmière de formation, je me suis intéressée aux relations entre l'alimentation et le bien-être suite à mes propres difficultés. Ce manuel présente une sorte de synthèse de mon cheminement personnel. Peut-être jugerez-vous parfois mes propos un peu vifs. C'est qu'ils traduisent ma profonde indignation devant l'insouciance laxiste et les intérêts mercantiles qui prévalent trop souvent en matière de santé.

Il y a déjà longtemps que j'aurais aimé trouver rassemblées dans un seul ouvrage concis toutes les informations qui m'intéressaient. Comme ce livre n'existait pas, du moins à ma connaissance, j'ai essayé de le faire à votre intention, et j'espère qu'il vous rendra bien service.

En guise de préambule

Prenez soin de vous et portez-vous en le mieux du monde !

Grand merci à mes relecteurs avisés et aux courageux cobayes qui ont accepté de tester mes recettes, ainsi qu'à Danielle pour sa patience et son gros travail de prépresse. Je rends surtout mille grâces à mon compagnon, goûteur toujours prêt à expérimenter une nouveauté, correcteur attentif et rigoureux. Toute ma gratitude aussi à notre fille Mélanie, dont les illustrations colorées apportent à ce livre l'humour et la légèreté qui font pétiller la vie.

Petits conseils entre amis...

... pour déjouer

les pièges

et faire

les bons choix !

Même les carnivores en tireront le plus grand profit !

Alors comme ça, notre bonne santé serait en danger ?...

Les clignotants sont au rouge, il est plus que temps de réagir !

En 2004, on a recensé dans le monde **un milliard de personnes en surpoids**, dont **300 millions d'obèses,** la moitié habitant dans les pays dits «en voie de développement» (mais que cela ne nous fasse pas oublier les 842 millions de dénutris...)

En France, le nombre d'**obèses adultes a doublé en 15 ans**, celui des **enfants** de moins de 15 ans a **augmenté d'un facteur 10**.

Le **nombre de diabétiques explose**, et ce dès le plus jeune âge.

Et malgré toutes les calories ingérées, les **carences** en vitamines et minéraux **se multiplient**. Les produits destinés aux jeunes, sodas, chips, barres chocolatées et goûters divers, sont bien trop riches en graisses, en sucre et en phosphore. Les excès de calories, de sucres et de graisses saturées font le lit de l'obésité et du diabète. L'intoxication au phosphore génère hyperactivité, agressivité et insomnie, et entraîne une faiblesse osseuse. On trouve maintenant de nombreux cas d'ostéoporose chez de jeunes enfants.

Dans les pays «riches», on constate également une **flambée** des phénomènes d'**allergies** : le nombre d'allergiques est multiplié par deux tous les dix ans. Aujourd'hui, cela concerne 30% de la population française. Il en va de même pour les intolérances alimentaires : laitages, gluten, arachide, soja, etc...

L'accroissement des **maladies cardiovasculaires et dégénératives** est **alarmant**. Les cancers atteignent des individus de plus en plus jeunes : en 20 ans, les leucémies, les lymphomes et les tumeurs cérébrales ont progressé de 30 à 50% dans certains pays industrialisés. Les maladies auto-immunes (polyarthrites...), les maladies d'Alzheimer et de Parkinson, etc.... se développent avec une grande rapidité.

D'autre part, en un demi-siècle, Européennes et Européens auraient **perdu** la moitié de leur **fertilité**... Abreuvé de «publi-informations», gavé jusqu'à plus soif de messages publicitaires estampillés «scientifiquement prouvé» et «testé en laboratoire», rassuré par les produits «issus de la recherche» et «vus à la télé», cerné par les recommandations d'»experts», obligeamment conseillé par les «comités scientifiques» des grandes marques de distribution, le consommateur se croyait à l'abri de tous les maux, confiant dans une alimentation dont on disait qu'elle n'avait jamais été aussi saine et surveillée.

Aujourd'hui, il est pris d'un doute et s'interroge : «Serait-il possible qu'il y ait un lien entre ce que nous mangeons et tous ces problèmes de santé ?»

Et vous, lecteurs déroutés, vous faites bien de poser vous aussi cette question, à laquelle de plus en plus d'observateurs objectifs peuvent répondre avec certitude :

Notre santé mise à mal par notre alimentation

OUI, nous sommes malades de notre mode de vie et de consommation !
NON, notre santé n'est pas forcément la priorité des professionnels et des décideurs !

Depuis sa production par l'agriculture conventionnelle jusqu'à sa présentation sur les étals des supermarchés en passant par sa transformation dans les usines agroalimentaires, notre nourriture subit l'assaut des engrais, des pesticides, des médicaments, des procédés de transformation et de conservation, des additifs... Elle est forcée sous serre chauffée, upérisée, hydrogénée, raffinée, antioxydée, émulsifiée, acidifiée, anti-agglomérée, texturée, stabilisée, colorée, aromatisée, «glutamatisée», saturée de sel, de graisses et de sucre, «enrichie» ou «allégée», irradiée, emballée-plastifiée, transportée sur des milliers de kilomètres, exposée des heures sous des néons, cuite dans une cocotte-minute en aluminium ou dans un four à micro-onde... avant d'aboutir dans notre assiette, sensée contribuer à notre bonne santé en nous fournissant nutriments, énergie et plaisir.
Soumise à de tels traitements, est-elle encore à même de remplir son rôle, ou bien serait-elle plutôt une menace pour notre bien-être ?

Un cocktail explosif dans nos assiettes

De très nombreuses substances toxiques sont susceptibles de se retrouver dans notre alimentation. Elles procèdent en général d'une intention précise. C'est le cas par exemple des produits phytosanitaires, des additifs et adjuvants de fabrication, etc.

Mais elles peuvent également y aboutir véhiculées par les courants marins ou atmosphériques, ainsi que par la chaîne alimentaire. C'est ainsi qu'on détecte des POP* jusque dans le lait des mamans Inuits, lait reconnu officiellement inconsommable chez 73 % d'entre elles. La banquise est pourtant vierge d'incinérateurs, d'usines, de champs cultivés, et, malgré tout, ces populations récupèrent dix fois plus d'émanations que nous, pays industrialisés...
** polluants organiques persistants, appelés les «12 salopards», qui comprennent entre autres 5 pesticides organochlorés dont le DDT, les PCB, dioxines et furannes.*

Quelle est l'origine de ces produits dangereux ?

Une phrase du professeur Dominique Belpomme, auteur d'un ouvrage salutaire intitulé «Ces maladies créées par l'homme», donne une bonne idée de l'étendue des dégâts. «Polluer est devenu un crime contre l'humanité» a déclaré ce cancérologue réputé, expert auprès de la commission européenne, et chargé du «plan cancer» par le gouvernement français.
Mais alors, qui donc sont ces «criminels» ?
Examinons d'un peu plus près les deux co-accusés, l'agriculture conventionnelle et l'industrie.

Au banc des accusés

L'agriculture conventionnelle est une grande consommatrice et une grande productrice de toxiques

• Elle utilise de nombreux engrais chimiques, les nitrates (engrais azotés) et les phosphates. De plus, contrairement à ce qu'on pourrait croire, les lisiers ne sont pas anodins : ils contiennent des nitrates et il y a du cuivre dans le lisier de porc. Les légumes-racines (navets, carottes, betteraves, radis...) présentent fréquemment de très hautes concentrations en nitrates, ainsi que les légumes-feuilles (épinards, laitues, choux...), surtout s'ils ont été forcés sous serre.

L'agriculture conventionnelle est gourmande en pesticides (herbicides, insecticides, fongicides, anti-cryptogamiques), dont on déverse 35 000 tonnes par an en France. La culture sous serre en est particulièrement friande. On peut ajouter à la liste des accusés la SNCF, car elle répand également des tonnes de désherbant pour l'entretien des voies ferrées. «Les dernières molécules utilisées sont les mêmes que celles des gaz toxiques utilisés comme armes de guerre» note Jean-François Narbonne, professeur de toxicologie au CNRS. Nous voilà pleinement rassurés !

L'agriculture conventionnelle nous gave de chimie

Ces produits sont nombreux et variés. Au moins 50 % des végétaux absorbés en contiennent, dont 5 % à des taux supérieurs aux normes. On distingue plusieurs familles de pesticides :

- Les organochlorés, dont le célèbre DDT, sont interdits en agriculture depuis 1972 en France, mais encore très utilisés dans les pays en voie de développement. Le lindane est toujours autorisé, bien que reconnu mutagène.

- Les carbamates sont très prisés pour les betteraves et les pommes de terre. C'est la fabrication de ce pesticide par une firme états-unienne qui a occasionné, en 1982, l'épouvantable explosion de Bhopal en Inde faisant 2000 morts, 200 000 personnes gravement intoxiquées et porteuses de lésions irréversibles. On notera au passage qu'il est bien pratique de délocaliser pour fabriquer des produits dangereux...

- Les triazines sont employées sur le maïs, la vigne et en arboriculture. L'atrazine est (enfin) interdite en France depuis septembre 2003, mais sa rémanence va se faire sentir encore longtemps...

Si vous doutez de la réalité du péril, regardez comment sont habillés les cultivateurs quand ils traitent leurs champs : ils ressemblent à des cosmonautes, barricadés dans des combinaisons étanches, et ils ont bien raison de se protéger !

- **Les animaux d'élevage** intensif subissent de nombreux **traitements** : antibiotiques, hormones pour accélérer la croissance, médicaments vétérinaires...

- Les **mycotoxines** sont des toxines secrétées par les moisissures se développant lors d'un long stockage dans des conditions inadéquates. On en trouve principalement dans les céréales et les tourteaux pour les animaux. Elles ont été, il y a peu, un alibi pour attaquer l'agriculture biologique, les fruits séchés en particulier, sous prétexte qu'elle n'avait pas recours aux fongicides chimiques... Mais les fruits séchés d'origine bio ne subissent pas les mauvaises conditions de transport et de stockage des produits «classiques» et sont donc peu sujets à ce phénomène.

- Des **boues des stations d'épuration** sont épandues sur les champs. On y trouve des résidus de produits chimiques et de métaux, surtout du cadmium et de l'aluminium, ce dernier étant entre autres utilisé par les stations pour capturer les particules organiques en suspension...

L'industrie produit un nombre considérable de toxiques, de la production aux rejets

L'industrie nous intoxique

• Parmi les **additifs alimentaires** incriminés, citons :
- les **colorants** : E100 à E181, presque tous suspects et inutiles
- les **arômes** et autres **auxiliaires de fabrication**, en particulier l'aluminium (sulfates d'aluminium E520 à E523). L'aluminium est très utilisé aussi dans les vaccins, comme adjuvant pour stimuler la production d'anticorps
- les **conservateurs** : évitez surtout les sulfites (E220 à E228) et les nitrites (E249 à E252)
- les **antioxydants** : sont très suspects les E300 à E333, surtout E320 et 321
- les **émulsifiants** : évitez principalement les E450-451, E460 à 466, E470 à 477.

• Les **dioxines** et les **furannes** sont des sous-produits de combustion, dont une des molécules est le principal composant du fameux «agent orange» répandu au Vietnam par les Américains en vue de stériliser les terres. Ça a été très efficace... et le Vietnam n'est toujours pas guéri (ni indemnisé, d'ailleurs). Les dioxines et les furannes sont émis par les industries papetières, les usines métallurgiques, et surtout par les usines d'incinération. En France, sur les 130 usines d'incinération en fonction, seules 12 respectent les normes européennes... Ces rejets se déposent partout aux alentours, dans les jardins potagers, dans les champs des agriculteurs, dans les prés où paissent de jolies vaches qui nous donnent du bon lait...

• Les **PCB** (polychlorobiphényles) sont des composés aromatiques couramment utilisés dans l'industrie, que l'on retrouve partout, du sperme d'un new-yorkais au caviar iranien en passant par les tissus graisseux d'un nouveau-né français, les manchots de l'Antarctique, le thon servi au Japon, le fromage de Brie, la pluie de mousson sur Calcutta, et dans vos propres organismes, amis lecteurs...

• Les **HAP** (hydrocarbures aromatiques polycycliques) et l'**acrylamide** se forment lors des cuissons à haute température. On trouve des HAP dans les produits fumés, les céréales grillées, la charcuterie, l'huile de pépin de raisin chauffée. L'acrylamide quant à elle est présente dans les chips, les frites, les biscuits, les biscottes, dans l'huile d'olive portée à trop haute température.

Comme un poison dans l'eau

• L'industrie rejette des métaux. Les plus nocifs sont les **métaux lourds**, c'est-à-dire réactifs aux composés soufrés. Il sont appelés aujourd'hui «métaux trace toxique», car ils abaissent les défenses de l'organisme et dégradent particulièrement le foie et les reins. Ce sont :
le plomb, provenant des cheminées d'usines, des vieilles peintures et anciennes canalisations d'eau, des amalgames dentaires, des cartouches de chasse (6 000 tonnes par an !) et qui se retrouve dans les légumes, les céréales, la viande, les conserves
le mercure, issu des produits chlorés, de la soude caustique, des fongicides, des amalgames dentaires, qui aboutit en fin de chaîne alimentaire dans les poissons, les coquillages et les crustacés
le cadmium, présent dans les fumées industrielles, les boues d'épandage et les produits phytosanitaires

et d'autres métaux : l'**aluminium** est très largement utilisé, le **chrome** et le **nickel** sont en très forte augmentation, ainsi que le zinc.

- D'autres poisons, comme l'arsenic et le cyanure, sont régulièrement découverts au cours d'analyses d'aliments ou d'eau. On s'inquiète aujourd'hui de la présence d'antimoine, dont la toxicité est analogue à celle de l'arsenic, dans les eaux embouteillées dans du polyéthylène (source : The Journal of Environmental Monitoring - mars 2006). L'eau recèle aussi des résidus de médicaments non filtrés par les stations d'épuration, comme les antidépresseurs.

La santé est minée à petit feu

- ... Et nous n'avons aucune idée des mauvaises surprises que sont susceptibles de nous réserver les nanoparticules, désormais omniprésentes dans notre environnement, et dont on en sait pas grand chose des effets délétères. On sait juste qu'elles sont capables de pénétrer partour, jusqu'à l'intérieur de nos cellules...

Ces poisons peuvent provoquer de gros dégats sur la santé

Le corps humain a bien élaboré des systèmes de défense contre les agressions, mais quand il y a surdose, il est dépassé… Outre les réactions immédiates comme les allergies, ces toxiques sont dangereux à long terme, car leur absorption répétée génère une intoxication chronique à l'origine de diverses affections. Sachez aussi que la grande majorité de ces substances passe la barrière placentaire.
Faisons un rapide survol des ravages causés par toutes ces molécules inamicales.

Allergies et cancers

Les allergies sont en forte expansion

Sont surtout mis en cause :
- les additifs, surtout l'amarante E123 et la tartrazine E102 (colorants), l'acide benzoïque E210 à E213 (conservateurs), le glutamate de sodium E 621 (préparations asiatiques)
- les pesticides
- certaines mycotoxines
- les produits OGM contenant des gènes «rapportés» allergènes ou inconnus à la consommation humaine

Les cancers se multiplient

- Le cadmium peut provoquer le cancer du pancréas.
- Le chrome et le nickel sont nécessaires en quantité homéopathique, mais cancérigènes à hautes doses.

Les atteintes sont multiples

- Les dioxines sont dangereuses à taux infime (de l'ordre du picogramme) comme les PCB. Tous entraînent des tumeurs des ganglions et des sarcomes.
- Les pesticides génèrent des leucémies.
- Les nitrates se transforment dans l'organisme en nitrites puis en nitrosamines provoquant des cancers de l'estomac et des intestins. Ce phénomène se produit lorsque les aliments qui contiennent des nitrates sont récoltés ou conservés dans de mauvaises conditions, ou même simplement chauffés, en mettant de l'eau à bouillir par exemple.
- Les mycotoxines sont des cancérogènes très puissants. Les aflatoxines génèrent des cancers du foie.
- Les additifs sont mis en cause dans certains cancers, en particulier : des colorants (cochenille E120, érythrosine E127, indigotine E132), des conservateurs et des anti-oxydants utilisés dans les margarines, beurre ou huiles de confiserie et dans la charcuterie, des édulcorants (saccharine E954 + cyclamate). L'édulcorant acesulfame K, que l'on rencontre dans des boissons, des chewing-gums, des desserts… est un plastique, cancérigène chez les animaux…
- La cuisson à haute température peut provoquer des cancers du foie et du système digestif.

Certains toxiques peuvent déclencher des atteintes neurologiques chroniques, des dysfonctionnements cérébraux comme des migraines, vertiges, retards moteurs et mentaux, démence sénile, maladies dégénératives du cerveau.

Sont essentiellement incriminés :

- les métaux lourds comme le plomb et le mercure
- les pesticides, qui peuvent provoquer l'altération de l'attention et de la mémoire, et induire les maladies de Parkinson et d'Alzheimer
- les mycotoxines
- l'acrylamide

Le système endocrinien peut être gravement perturbé

On constate une diminution de la fertilité féminine, une augmentation de la stérilité masculine, un fort accroissement des anomalies de la sphère génitale chez les jeunes garçons et la féminisation de leur appareil reproducteur. Ces phénomènes ayant tous été observés chez des espèces animales disparues ou en voie d'extinction, cela ne nous laisse pas augurer d'un avenir très fécond pour l'être humain…

En sont responsables :

- les pesticides : DDT, triazine. Les organochlorés s'accumulent dans les tissus graisseux, le foie et les muscles
- les dioxines et les furannes, qui entraînent aussi des

atteintes hépatiques. Les dioxines et les PCB endommagent également la glande thyroïde
- certains colorants
- les métaux lourds : plomb, cadmium, mercure
- les mycotoxines

Le système immunitaire est affaibli par :
- les dioxines et les furannes
- le mercure

Des effets tératogènes et des malformations fœtales sont dus :
- aux pesticides : malformations uro-génitales
- à des additifs : cyclamate
- au mercure
- aux mycotoxines

De plus,
- le plomb provoque de l'anémie et des problèmes rénaux,
- le cadmium atteint aussi les reins.

Vous ne mangez pas bio ? Prudence !

Les produits incriminés étant principalement présents dans la peau des fruits et légumes, ainsi que dans l'enveloppe des graines de céréales, prenez les précautions suivantes, assez simples à mettre en œuvre.

- Épluchez les fruits et légumes et éliminez les feuilles extérieures (plus contaminées) des salades.
- Lavez-les sous l'eau courante et n'utilisez pas l'eau de cuisson qui contient des résidus.
- Sachez que les végétaux les plus contaminés par les pesticides sont le thé, les salades, le raisin, les cerises et les fraises. Réduisez votre consommation !
- Les légumes-feuilles et racines étant des «éponges à nitrates», évitez d'en consommer en hiver. En effet, le peu de luminosité et le forçage sous serre ne permettent pas à l'azote de se transformer en protéines. Préférez les légumes de saison, même si c'est un peu moins varié.
- Préparez vos salades avec du jus de citron, la vitamine C empêchant en partie la dégradation des nitrates en nitrites cancérigènes. Elle limite également les effets du plomb. Merveilleuse vitamine C !
- Soyez prudents avec les épinards. N'en donnez pas aux jeunes enfants s'ils ne sont pas bio et fraîchement cuits. Ne les faites jamais réchauffer, sinon vous absorberez des oxydes de fer (et l'oxydation, ce n'est pas bon, comme cela sera expliqué plus loin).
- Ne consommez pas de céréales complètes non certifiées biologiques, l'enveloppe du grain contenant des pesticides, comme indiqué précédemment. Notez au passage que le pain dit

Le végétal mal dans sa peau

«complet» est en général réalisé avec de la farine blanche additionnée de son en proportion variable, gonflant à la cuisson avec de la levure chimique.

- Les produits systémiques utilisés dans certains vergers industriels remontent par la sève à l'intérieur du fruit : vous aurez beau laver et peler, vous ne les éviterez pas, et pourtant ils sont nocifs ! C'est ce qui se produit en particulier lorsqu'on pratique la culture d'une seule variété de pommes, surtout sous un climat inadapté ne répondant pas aux besoins de l'arbre. Cette méthode de monoculture rend les fruits très vulnérables et pousse à recourir à une multitude de produits phytosanitaires. Pourtant, le simple fait de diversifier les espèces de pommiers dans un même verger les protège de la plupart des attaques...

Mycotoxines et métaux lourds

Pour éviter les mycotoxines, réduisez votre consommation de fruits séchés, comme les dattes, les figues, les abricots, les raisins..., et faites votre «marché» : les fruits et légumes n'y «végètent» pas trop longtemps et sont exposés à l'air.

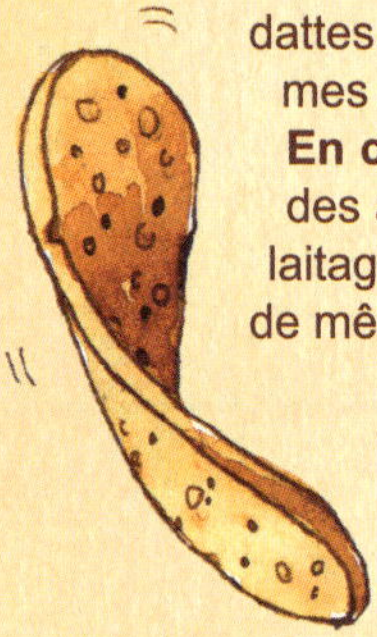

En ce qui concerne les métaux lourds, plomb, cadmium et mercure, n'abusez pas des aliments suivants : le poisson et les mollusques, la viande, les champignons, les laitages, les conserves. Optez le plus souvent possible pour des produits frais. Évitez de même les abats et la charcuterie, où métaux lourds et nitrites vous guettent.

Cuisinez avec rigueur

Soignez la cuisson

- Nettoyez bien vos ustensiles et appareils de cuisson, car les résidus calcinés génèrent des produits de combustion cancérigènes.
- N'utilisez pas de casseroles ni de papier en aluminium surtout pour la cuisson des aliments acides, car ceux-ci absorbent le métal. Pour vos papillotes, préférez le papier sulfurisé.
- Méfiez-vous de la vaisselle en porcelaine d'Extrême-Orient ou en céramique, qui libère du plomb en milieu acide, ainsi que des ustensiles en émail rouge susceptible de relâcher du cadmium.

- Evitez les HAP et l'acrylamide en renonçant aux cuissons très longues ou à température très élevée, aux cuissons au four supérieures à 200°C et aux barbecues horizontaux (il existe des appareils verticaux). N'employez pas d'huile de pépins de raisin. Supprimez les aliments gras et frits, les produits fumés, les céréales grillées...

Coup de projecteur sur...

Le glutamate

C'est l'exhausteur de goût le plus répandu. L'Union Européenne en consomme 95 000 tonnes par an. Il y en a probablement aussi dans vos placards de cuisine. Regardez bien vos étiquettes, il se faufile partout !

• Le glutamate de synthèse est très utilisé dans l'industrie agroalimentaire et pharmaceutique (!?). Sa structure moléculaire est différente du glutamate naturellement présent dans notre organisme, connu sous le nom d'acide glutamique, qui est un acide aminé faisant fonction de neurotransmetteur.

• Le seuil de tolérance de 5 mg/jour est très vite dépassé, car on le trouve dans quasiment toutes les préparations alimentaires industrielles, du biscuit au plat cuisiné en passant par les farines, les laitages, les glaces, les pâtisseries, le pain, les petits pots pour bébé... Le glutamate a le pouvoir d'augmenter l'appétit, et on le suspecte de provoquer de nombreux troubles.
Les sujets particulièrement sensibles sont victimes du fameux «syndrome du restaurant chinois», suite à un repas composé généralement de soupe de champignons noirs et de sauce de soja non biologique : migraine, nausées, éruption cutanée, éblouissements, pseudo paralysie. Normalement, ce syndrome régresse spontanément sans conséquences apparentes.

Soupçons sur le glutamate

Le glutamate est fortement soupçonné de provoquer aussi : perte de cheveux, prise de poids rapide par rétention d'eau, dépression, troubles gastro-intestinaux, musculaires et articulaires, dermatologiques, respiratoires, neurologiques, métaboliques (diabète), altérations génétiques (destruction de neurones, maladies dégénératives). De nombreuses plaintes ont été déposées auprès de la FDA (Food and Drug Administration) américaine à ce sujet.

• **Le glutamate se cache sous différents noms (par souci de discrétion ?)**. En voici la liste :

- monosodium glutamate (MSG), monopotassium glutamate, acide glutamique, caséinate de calcium, toute protéine hydrogénée, extrait solide de lait, huile hydrogénée, extrait de levure, levure autolysée, farine de soja (non-bio), extrait de malt, carrageenan, gélatine alimentaire.
- Codes et noms chimiques : E 620 (Acide l-glutamique), E 621 (MonoSodium glutamate/Aji-nomoto/Sodium hydrogène L-glutamate/MSG), E 622 (MonoPotassium glutamate/Potassium hydrogène L-glutamate), E 623 (Calcium glutamate/Calcium dihydrogène di-L-glutamate), E 624 (Monoammonium L-glutamate), E 625 (Magnésium di-L-glutamate), E 627 (Sodium guayule/Guanosine 5'- phosphate disodium), E 631 (Inosine 5'/Sodium inosinate), E 635 (Sodium 5'ribo-nucléotide), E636 (Maltol), E 637 (Ethyl maltol).

L'aspartame

C'est l'édulcorant omniprésent, censé être le gardien de votre silhouette de rêve !

Méfiance envers l'aspartame

Commercialisé souvent sous les noms de NutraSweet, Equal, Spoonful. On le trouve dans environ 6 000 produits allégés en sucre. Depuis quelques années, une campagne intensive (et peut-être quelque peu outrancière) dénonce ses méfaits, mais beaucoup de médecins et de scientifiques s'élèvent contre ces mises en garde, qui ne reposeraient sur aucune donnée sérieuse.

Comme trop souvent, les études et les allégations sont contradictoires, et l'ECF-SCF (Comité Scientifique de la Commission Européenne sur l'alimentation) conclut : «Alors que certains effets mineurs sur la santé peuvent être occasionnés à de très fortes doses, aucun effet n'est attendu à une dose inférieure ou égale à la dose acceptable journalière». Toutefois, le Parlement européen a réclamé récemment un rapport relatif à la réévaluation de l'autorisation concernant l'aspartame. Dans le doute, la plus grande prudence semble la voie de la sagesse...

Quand l'édulcorant se métamorphose en fourmi rouge...

• Lorsque la température dépasse 30°C, le méthanol contenu dans l'aspartame se transforme en formaldéhyde qui se stocke dans l'organisme, puis en acide formique (poison injecté par les fourmis rouges), ce qui génère une acidose métabolique. L'empoisonnement au méthanol pourrait se traduire par différents troubles : un syndrome mortel très voisin de la sclérose en plaques (SEP), un lupus systémique, des symptômes de fibromyalgie, des spasmes, des crampes, un engourdissement des jambes, des vertiges, des acouphènes, des céphalées, des pertes de mémoire ou de la vue, des douleurs articulaires, de l'angoisse et de la dépression, un comportement incohérent. Le lupus et la SEP se rencontreraient surtout chez les grands buveurs de sodas «light» (4-5 canettes par jour), et les symptômes semblent disparaître à l'arrêt de cette consommation. L'aspartame serait aussi particulièrement dangereux pour les diabétiques, en rendant la glycémie incontrôlable. De plus, comme le sucre blanc, il entraînerait une fuite de calcium dans les urines.

• Le goût sucré de l'aspartame trompe l'organisme, qui se prépare à la digestion du sucre et secrète de l'insuline. Comme celle-ci ne sera pas utilisée, il va en résulter une hypoglycémie réactionnelle, à laquelle le cerveau réagira en déclenchant une fringale qu'il faudra bien apaiser. Si vous espériez soigner votre ligne avec ce produit substitutif, cela risque d'être raté !

Un peu plus loin est narrée l'histoire surréaliste de la mise sur le marché de ce merveilleux ersatz.

Les arômes

Arômes, des intrus au Palais

L'industrie agroalimentaire raffole de ces produits si pratiques. Ils masquent tous les mauvais goûts dus aux diverses manipulations (amertume, goût métallique...), résistent aux traitements industriels, se conservent longtemps et sont peu onéreux (la vanilline de synthèse coûte 200 fois moins cher que la vanille naturelle). On en trouve partout, y compris dans le vin, l'alimentation animale… et même dans certains produits bio ! Car l'industrie des arômes avance cachée, et il est très difficile, pour ne pas dire impossible, de savoir exactement ce que contiennent ses recettes. En effet, à partir du moment où elle se réfugie derrière le secret de fabrication, elle n'est tenue de révéler ni ingrédients ni procédés...

De plus, elle est autorisée à utiliser l'adjectif «naturel» pour tout arôme provenant à l'origine d'un produit issu de la nature, même si les traitements et modifications subis ensuite l'ont totalement faussé ! Voici la définition des arômes naturels selon le Codex alimentarius, organisme émanant de L'ONU et de l'OMS, qui établit toutes les normes et définitions alimentaires internationales : les arômes naturels sont des substances obtenues par des procédés «physiques, microbiologiques

ou enzymatiques» à partir de matériaux «d'origine végétale ou animale». Cela laisse de la place à la créativité ! Les exemples qui suivent vont vous en dire plus...
Faisons une petite visite de ces paradis artificiels...

Des goûts qui ont de quoi dégoûter

- Ici, vous pensez déguster un bon yaourt ou une exquise glace à la fraise. Mais savez-vous que «toute la production mondiale de fraises suffirait à peine à couvrir 5 % des besoins des seuls Etats-Unis» (Hans-Ulrich Grimm) ? Alors, il y a une solution géniale : mélangez des copeaux de bois australien avec de l'eau, de l'alcool, et quelques autres ingrédients top secret. Vous obtiendrez un délicieux arôme de fraise «naturel» (puisqu'il provient d'un bois tout à fait naturel) ! Envie d'une autre saveur ? Modifiez certains ingrédients, et vous aurez au choix un goût de framboise, de chocolat ou de vanille. N'est-ce pas prodigieux ?
Et les savoureux morceaux de fruits dans votre bon yaourt ? Vous risquez fort de déguster en fait soit des airelles, bien plus endurantes que les vraies fraises, myrtilles et autres fruits délicats, soit carrément des fragments de gélatine, le tout aromatisé et coloré... Ils sont très pratiques aussi à incorporer dans les gâteaux.

- Là, cet excellent goût de pêche est obtenu à partir d'huile de ricin, et ce bon goût de noix de coco avec le champignon trichoderm, qui ne se connaissait pas ce talent.

- Plus loin, votre palais est flatté par une saveur de «salami» ou de «viande de porc» (les variantes sont possibles) résultant d'un mélange de noisettes + gluten de blé + acide chlorhydrique + soude caustique. Soulignons qu'il vaut mieux alors ne pas être allergique au gluten, mais ça, ce n'est pas écrit sur le saucisson ! Il existe même un arôme «type rôti de bœuf» sans base de viande, spécialement destiné aux végétariens tristes et frustrés...

- Là-bas, cette poudre donne un bon goût de grillé aux baguettes industrielles, qui cuisent bien trop vite pour laisser à l'arôme naturel le temps de se développer tout seul.

- Et juste devant vous, pour remplacer le citron, cher et fastidieux à presser, vous trouverez un élevage des moisissures, dont les exsudats regorgent d'acide citrique. Moisissures et bactéries sont des aides précieuses dans ce merveilleux pays, où elles fournissent des arômes à prix imbattables. Mais elles sont parfois un peu trop lentes... On transfère alors le gène du goût recherché à un microbe plus zélé et vive le travail à la chaîne !

- Sur votre gauche, voyez comment on procède pour fabriquer des bâtonnets de surimi, tellement à la mode. On presse du krill, ces toutes petites crevettes dont les baleines se délectent. Sucré et savamment aromatisé, cet amalgame à la texture de poisson haché recèle un goût de crustacé mais sans son coût.

En variant la recette, on obtient de la matière première pour fabriquer des saucisses, des pâtes, des produits laitiers, des gâteaux... C'est idéal pour les restaurants, comme le soulignent les promoteurs de cette innovation !

• Et pour terminer cette surprenante balade, passons devant la salle de «douche de fumée liquide», d'où sortiront saucisses, jambon et saumon colorés et «fumés» à point. Pour aromatiser les sauces, les soupes, les fromages et autres amuse-gueules apéritifs au «goût fumé», pas de souci : la fumée liquide se vend aussi en petites quantités. Vous pouvez avoir confiance, elle est conçue à partir de charbon de bois (c'est très naturel, le charbon de bois, même si parfois il reste des résidus de goudron ou de pesticides...). Ça, c'est dans le meilleur des cas. Parfois, elle résulte du mélange de divers produits chimiques...

L'arôme, un leurre qui n'est pas anodin

Voilà pour ce tour d'horizon succinct des procédés, qui n'est qu'un tout petit aperçu de l'ingéniosité des chimistes.
«D'accord, on est un peu trompé sur la marchandise,» objectez-vous, lecteurs incrédules, «mais ce n'est pas forcément grave, ces petites manipulations !» C'est ce que vous croyez... Voyons cela d'un peu plus près.

• Le goût fait partie du système de défense que notre organisme a élaboré au cours des millénaires au contact de la nature, pour nous avertir et nous protéger des dangers. Son rôle principal est de nous prévenir d'un péril potentiel lors de l'ingestion d'une substance. Il est programmé ainsi : amertume = danger, ne pas consommer ! La présence de substances industrielles inconnues désactive ce système d'alerte. Les industriels sont ravis d'utiliser des arômes pour masquer l'arrière-goût désagréable de nombre de leurs produits transformés.

Si la sonnette d'alarme fonctionnait, nul ne consentirait à avaler leurs «potions amères» !

• Les arômes sont susceptibles de contenir des substances allergènes figurant rarement sur les étiquettes, étant donné qu'elles font partie du secret de fabrication. Sachant que les allergies touchent de plus en plus de personnes (15 % de la population de l'Union Européenne selon l'OMS), le problème est gravissime, car dans le cas des produits non cités dans la composition d'un aliment, comment retrouver le fautif ? Les médecins allergologues doivent endosser leur panoplie de Sherlock Holmes et s'armer de persévérance pour dénicher le coupable (ou «les» coupables en cas d'allergies croisées, assez fréquentes), si toutefois ils y parviennent !

• Les parfums industriels sont très intenses, et avec l'accoutumance, les besoins deviennent de plus en plus impérieux. Le reste semble fade et insipide. Les papilles gustatives ne savent plus apprécier les saveurs fines et subtiles. D'ailleurs, des études réalisées sur des enfants montrent que ceux-ci sont si bien conditionnés qu'ils préfèrent largement les parfums de synthèse et souvent ne perçoivent même plus le goût originel d'un aliment.

• Voulant prouver que colorants et conservateurs artificiels n'avaient aucun effet indésirable sur la santé, le professeur munichois Joseph Egger, neurologue en pédiatrie, a entrepris une expérience sur des enfants connaissant des troubles comme la migraine, l'asthme, l'eczéma ou l'hyperactivité. Ces enfants furent soumis à un régime alimentaire exempt de produits industriels et d'agents allergènes connus (soja, lait, poisson...). Le médecin pensait que cela ne changerait rien. Or, quelle ne fut pas sa surprise en constatant que la plupart des enfants avaient vu leurs troubles disparaître... Ses travaux ont même eu l'honneur de paraître dans les colonnes de la très sérieuse revue médicale The Lancet.
Mais au diable les réticences et les rabat-joie, on ne va pas se priver de ces plaisirs si commodes ! D'ailleurs, l'Union Européenne emploie 170 000 tonnes de ces indispensables substances chaque année (sans compter le glutamate) !

Un aliment raffiné est un produit pauvre

Les aliments raffinés

Le principal intérêt du raffinage réside dans le fait qu'il facilite le stockage de l'aliment en enlevant les substances réactives qui pourraient gêner sa conservation. Cet avantage se fait au détriment des qualités nutritionnelles. Ne confondez pas raffinage et raffinement !

Le raffinage, ce n'est vraiment pas du raffinement pour l'alimentation, car
AFFINE = APPAUVRI = CALORIES VIDES

Les aliments sont dénaturés par la chimie

Un aliment est supposé nous fournir des nutriments et des molécules bioactives utiles à notre fonctionnement, ainsi que de l'énergie, c'est-à-dire des calories. L'aliment «raffiné» procure de l'énergie, donc des calories, mais ni les nutriments ni les substances bioactives utiles (ou si peu...). En outre, il est riche en substances nocives, mauvaises graisses ou résidus d'auxiliaires de fabrication, et son index glycémique est élevé. La farine blanche a perdu 95 % de vitamine E, 87 % de vitamine B6, 85 % de magnésium, 78 % de fibres. De sucre lent, elle s'est métamorphosée en sucre rapide...

Autres exemples, pour vous mettre l'eau à la bouche.

• Les fruits subissent l'assaut de nombreux pesticides : ainsi, pommes et cerises sont traitées trente à quarante fois ! Ils sont fréquemment «enrobés» de conservateurs et parfois «déverdis» pour avoir l'air plus appétissants, comme les oranges. Les fruits séchés sont assaisonnés d'anhydride sulfureux, responsable d'allergies et destructeur de la vitamine B : 30 g d'abricots secs vous apportent déjà la dose journalière à ne pas dépasser. L'anhydride sulfureux est très présent aussi dans la vinification. Les bananes sont cueillies vertes. Elles subissent un traitement chimique pour supporter le transport, long car le plus souvent maritime, puis échouent dans des mûrisseries où chaleur, gaz

éthylène et azote vont leur donner une belle apparence. Mais ce mûrissement artificiel est trop accéléré pour que l'amidon ait le temps de se transformer en glucides assimilables, ce qui rend le fruit indigeste.

- Le beurre est désacidifié à la chaux, au chlore ou à la soude, et on lui ajoute de l'acide ascorbique, du sucre, des colorants ainsi que du salpêtre ou du nitrate de potassium pour le salage.

- La margarine peut contenir : des graisses végétales raffinées, des graisses animales (poisson, saindoux), du lait, des émulsifiants, des antioxydants, des conservateurs, des arômes, du glucose, de la fécule, de l'amidon, de l'acide citrique, des huiles polymérisées et oxydées. La longueur de la liste des ingrédients inclus dans la margarine est en général impressionnante !

Notre cerveau ne sait plus où donner de la tête

- Méfiez-vous des œufs pondus en batterie ! Les pauvres poules sont gavées de farines de poisson, de tourteaux, d'émulsifiants, de colorants, d'antioxydants, de vitamines synthétiques et autres médicaments (antibiotiques, anti-stress)… Les acides aminés de synthèse qu'elles ingèrent produisent des amines toxiques responsables de nombreuses allergies et intoxications.

En 1999, pleine de compassion envers ces volatiles, la Commission Européenne a exigé que les Etats membres leur donnent un peu plus de place dans leurs cages : 550 cm^2 en 2002 et 750 cm^2 pour 2012. Les petites veinardes !... Néanmoins leurs conditions d'élevage sont encore absolument abominables. Il n'est pas étonnant qu'elles aient besoin de médicaments anti-stress, généreusement distribués... Mais normalement, dès 2012, plus une poule d'élevage ne devrait avoir à subir une vie en cage, que la législation européenne a prévu d'interdire... si toutefois la fronde menée par la France, qui estime que le niveau de protection animale est amplement suffisant, n'aboutit pas tout simplement à faire échouer ces projets.

Des leurres pour l'organisme

- Le cerveau sait quantifier les calories d'un aliment et réguler l'appétit en fonction de cet apport. Mais si un certain seuil énergétique est dépassé, cette faculté s'envole. Après ingestion d'un aliment hypercalorique comme une barre chocolatée ou un soda très sucré, le cerveau ne sait plus calculer les besoins restants à pourvoir et ne donne pas de signal de satiété.

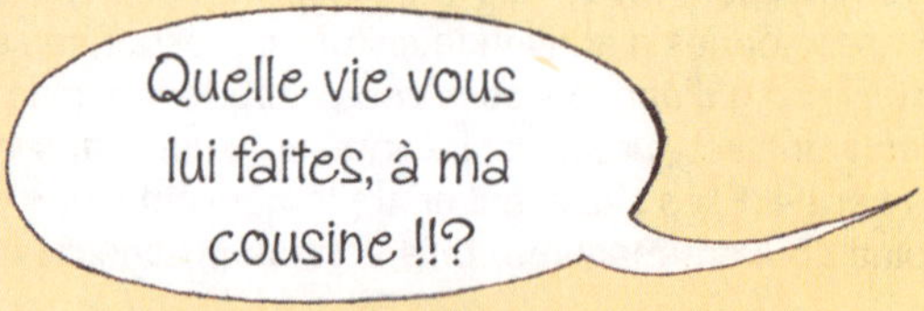

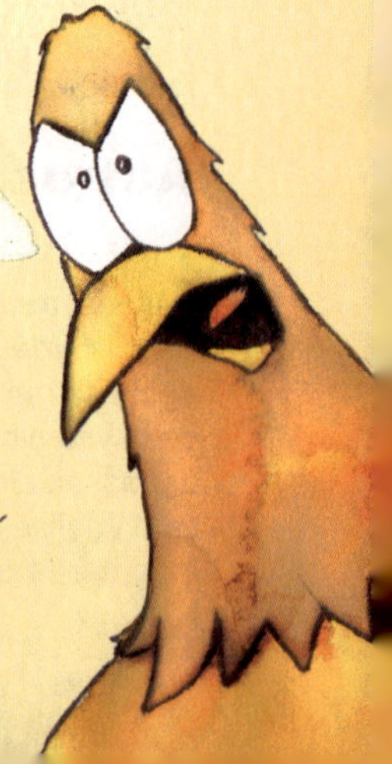

On a donc tendance à manger plus, répondant ainsi au voeu des industriels.
Le goût et l'odeur mettent en route le processus de digestion (sécrétion de sucs gastriques, d'hormones...).
Si ce qui est absorbé ne correpond pas à la valeur nutritive prévue par le corps, le système va tourner à vide et provoquer des réactions indésirables. On a vu précédemment l'exemple de l'aspartame occasionnant des hypoglycémies.

L'irradiation tue, y compris la vie dans l'aliment...

Les aliments ionisés

On parle aussi d'aliments «irradiés», mais le terme est moins employé car il fait peur...

Les aliments sont exposés à une source de rayonnement radioactif qui détruit tous les organismes vivants, et qui permet par là-même une plus longue conservation. Des palettes entières défilant sur des tapis roulants sont soumises à du cobalt 60. Le césium 137, un autre radioélément, est très pratique bien qu'assez instable : on peut l'incorporer dans une minuscule centrale mobile et le transporter en camion selon les besoins (on espère qu'il n'y aura pas d'accident durant le trajet).

L'irradiation neutralise la germination des tubercules, vient à bout des insectes, parasites, microbes, moisissures et autres virus : plus de pourritures, de salmonelle ni de colibacille. Elle ralentit le mûrissement des fruits, ce qui est très utile par exemple pour les fraises, si fragiles. Elle permet aussi de compenser des mesures sanitaires défaillantes et même de prolonger la mise en vente d'aliments atteignant leur date de péremption : il n'y a plus qu'à changer l'étiquette. Elle modifie la structure moléculaire, elle stérilise, elle tue la vie.

Des effets secondaires sont avérés sur les aliments

- Il ne reste plus de vitamines A, B1, B3, B6, B12, C, D et K.
- Les protéines, les glucides, les lipides et les enzymes sont altérés.
- L'ADN est perturbé.
- Des radicaux libres se forment.
- D'autres composés nocifs se manifestent (benzène, toluène).

... et peut-être aussi l'homme

Chez l'être humain, certains effets secondaires sont démontrés, d'autres fortement suspectés

- Des radicaux libres apparaissent, avec leurs problèmes inhérents (dégénérescence, vieillissement).
- Des animaux de laboratoire nourris avec des aliments irradiés développent des maladies génétiques, des problèmes de reproduction, des malformations, et meurent prématurément.
- On soupçonne des effets mutagènes et tératogènes.

• On a pu constater la formation de cyclobutanones, nouvelles molécules aux effets à découvrir. Une étude franco-allemande, datant de 2002 et menée sur des rats, a déjà mis en évidence les dommages génétiques qu'elles induisent, ainsi que leur impact sur la cancérogenèse intestinale. Curieusement, les conclusions de cette étude ont été refusées par le SCF («Comité Scientifique de la Nourriture» du service santé et protection du consommateur de la Commission européenne) et par l'OMS.
• La sécurité n'est pas assurée. De nombreux travailleurs de cette branche ont déjà été contaminés accidentellement aux USA, en Italie, en Norvège, en Australie... En France, sept centres de traitement sont référencés. On y a déjà été répertorié plusieurs fuites radioactives et des incendies. En outre, les sources de radioactivité sont très convoitées par le marché noir : 200 d'entre elles disparaissent chaque année...

L'Europe est pour l'instant encore assez frileuse quant à cette technique et n'autorise son utilisation que pour les épices et les herbes aromatiques séchées. Pourtant en France, pas moins d'une quinzaine de catégories de denrées sont admises : en plus des épices et aromates séchés, sont concernés oignons et échalotes, ail, fruits et légumes frais, secs ou tropicaux, corn-flakes et mueslis, volailles (importées majoritairement d'Asie), cuisses de grenouilles (roumaines pour la plupart), crevettes, eau minérale en bouteilles... Finalement, quantité d'aliments subissent ces traitements, avec la bénédiction de l'Académie nationale de médecine.

En principe, l'étiquetage est obligatoire, mention "Traité par rayonnements ionisants" ou "par ionisation", avec apposition du logo ci-contre. Mais dans la pratique, vous ne les verrez pas souvent. Et pour cause, il n'y a pratiquement pas de contrôles...

L'OMC, qui cherche à tout prix à étendre le champ d'action de cette pratique si utile pour les grands mouvements commerciaux alimentaires mondiaux, fait pression sur l'Europe pour qu'elle assouplisse ses positions. De nouvelles normes très laxistes risquent fort de nous être imposées tout prochainement si nous n'y prenons pas garde.

Et si nous parlions un peu des OGM ?

OGM, entre «pro» et «anti»

Au cours d'une expérimentation menée en Grande-Bretagne, il a été constaté que les rats nourris avec des pommes de terre génétiquement modifiées présentaient certains troubles organiques, et que leur système immunitaire était endommagé. Le biologiste britannique Arpad Pusztai, de qui émanait cette révélation, a été limogé du Rowett Research Institute et ses recherches ont été interrompues... Quelle hérésie avait-il commise ? Ces résultats dérangeaient-ils ? Le sujet serait-il tabou ?

En France, une bataille stérile fait rage entre «apprentis-sorciers» et «obscurantistes moyenâgeux», sans qu'un réel débat constructif autour d'informations transparentes et avérées soit engagé sur la place publique. Bien que, selon les sondages, au moins 70 % de la population refuse d'ingurgiter des OGM, cela est pourtant probablement le cas, car ils sont déjà bien présents sur nos tables. Ils sont employés dans la production d'additifs comme l'aspartame ou d'enzymes comme l'amylase (utilisée dans le pain, la farine et la bière), dans la production d'hormones, de levures et de bactéries nécessaires aux process industriels. On peut en trouver aussi dans les viandes et les poissons, ainsi que dans une bonne quarantaine de végétaux. Une liste de ces aliments, régulièrement mise à jour, est disponible sur le site internet de l'association GREENPEACE (www.greenpeace.org/france/detectivesOGM).

Des études opaques

Et pourtant... Que connaissons-nous de leurs effets potentiels sur la santé ? Michael Meacher, qui fut ministre britannique de l'Environnement 6 ans durant, a déclaré qu'**«il n'existe pratiquement aucun test relatif aux incidences sanitaires de la consommation d'OGM».** Nombre d'experts protestent contre **«l'absence quasi totale d'études à long terme, indépendantes»** à ce sujet.
Nous n'entrerons pas ici dans les méandres partisans de la controverse, mais citerons simplement quelques faits récents dont les médias se sont peu fait écho. Lecteurs émerveillés par les biotechnologies qui nous font miroiter des lendemains radieux, nous vous invitons à la réflexion et à la prudence...

De nouvelles bactéries

- Certains tests ont mis en évidence des malformations chez des populations de rats consommant du maïs MON 863, produit par la firme Monsanto. Ce maïs OGM est destiné à l'alimentation animale, animaux eux-mêmes destinés à l'alimentation humaine. Le maïs MON 863 a tout de même reçu l'aval de l'AFSSA et des instances européennes en avril 2004, malgré l'avis défavorable de la commission du génie biomoléculaire. On peut s'interroger ... Ces tests ont été confirmés, début juin 2005, par une expérimentation menée par Monsanto : des anomalies au niveau du foie, des reins et du sang ont été constatées chez les rats nourris au MON 863. Mais l'industriel refuse de publier intégralement ses résultats (arguant des risques au niveau de la concurrence professionnelle), se défend en disant que son maïs a déjà été reconnu sain par neuf autorités internationales et que les problèmes de ses rats sont dus au hasard...

- Les gènes d'antibiotiques utilisés dans les OGM semblent donner naissance à de nouvelles bactéries très résistantes. Quand on sait que les laboratoires pharmaceutiques sont par ailleurs en panne de nouvelles molécules antibiotiques pour venir à bout des souches rebelles inédites qui nous cernent de toutes parts, ce n'est guère rassurant...

- Une résistance aux herbicides se développe, ce qui est un comble ! Toutes les plantes transgéniques deviennent rebelles au célèbre désherbant Round up de la firme Monsanto. En Argentine, où le soja transgénique est roi, l'entreprise Syngenta conseille aux paysans d'utiliser un herbicide à base de paraquat pour en venir à bout. Le paraquat, en raison de sa forte toxicité, est depuis longtemps interdit en Suisse ainsi que dans l'UE. Les ventes de

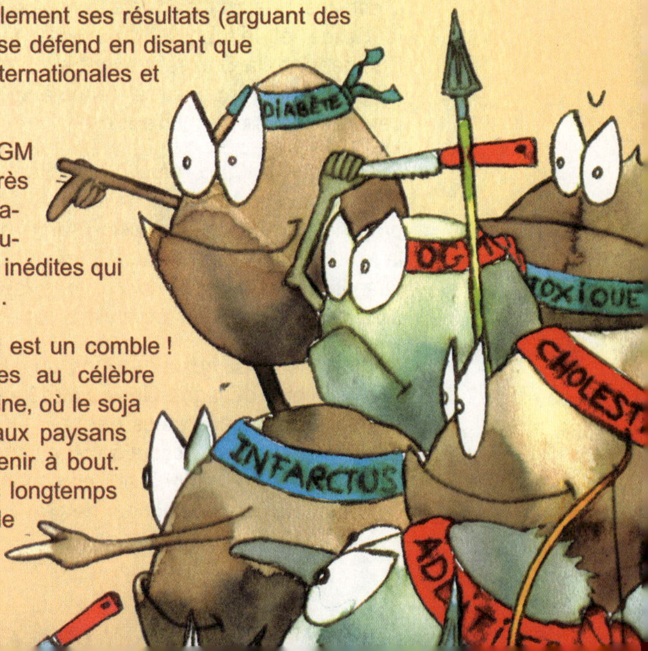

désherbants pour le colza et le blé ont augmenté de 16 % aux USA et de 50 % au Canada. Le nombre de «mauvaises herbes» très résistantes est en forte augmentation, et un croisement colza OGM/moutarde sauvage réputé quasi-impossible vient d'être avéré en Grande-Bretagne. Les sols ont tendance à devenir stériles.

Filières non étanches

• De nouveaux ravageurs viennent remplacer les insectes chassés par les plants transgéniques modifiés afin de les combattre (apparition de punaises inhabituelles contre lesquelles ces plants sont impuissants). Les insectes, les papillons, les abeilles et les oiseaux fuient, et les écosystèmes sont bouleversés. Une étude officielle, menée sur 4 ans en Grande-Bretagne, a reconnu début 2005, un impact négatif sur la faune et la flore, au grand dam des autorités qui entendaient prouver l'inverse…

• Les OGM de pleins champs sont disséminés par les insectes pollinisateurs. Des gènes de pesticides, d'antibiotiques ou autres sont de ce fait dispersés, contaminant de manière irréversible les cultures voisines et parfois même très lointaines. Les manufacturiers n'hésitent d'ailleurs pas dans ce cas à demander des redevances (qu'en plus ils obtiennent !) pour utilisation illégale de leurs semences, ruinant ainsi de petits agriculteurs…
On a par ailleurs récemment constaté avec surprise que des graines de colza transgénique restées dans la terre pouvaient encore germer au bout de 15 ans, contaminant ainsi les nouvelles récoltes non OGM. Ce problème inattendu est très grave, car il rend impossible un retour à une culture non transgénique.

Risques allergiques et toxiques

• Ni les autorités ni les industriels ne semblent capables de contrôler et de séparer les filières OGM et non OGM, quand il n'y a pas tout bonnement erreur, tromperie ou corruption. C'est ainsi que du riz chinois transgénique non autorisé a été exporté vers l'UE, la Russie, la Corée et le Japon. La même mésaventure s'est déjà produite dans l'Union Européenne, la Suisse y ayant exporté une tonne de maïs interdit, car contenant un gène conférant une résistance à un antibiotique. Et ce ne sont que deux petits exemples parmi d'autres !

• L'insertion d'un gène inhabituel est toujours susceptible de donner naissance à une nouvelle protéine potentiellement allergisante ou d'augmenter la toxicité d'un produit naturellement présent en petite quantité dans le produit concerné (solanine des pommes de terre, tomatine des tomates, acide érucique du colza).

• Un gène ainsi «caché» dans un aliment peut réserver des surprises bien désagréables ou être franchement dangereux. Un seul cas d'allergie, à des tacos de maïs OGM, a été officiellement reconnu aux USA, et un soja transgénique a échoué aux tests avant commercialisation, car il contenait un gène de noix du Brésil, réputée déclancher de graves intolérances.

Malheureusement, les incidents existants sont difficiles à mettre en lumière et à relier à un aliment génétiquement modifié. On cite cependant de source officieuse le cas d'une fillette allergique au poisson qui aurait eu une crise en mangeant des tomates. Recherches faites, son médecin aurait appris que ces tomates avaient été modifiées avec un gène de sardine (dans quel but ? Peut-être pour que la pizza ait un petit goût de poisson sans avoir besoin de mettre des anchois…). Quels moyens avons-nous pour savoir ce que contient effectivement un aliment transgénique ? Aucun…

Etiquetage indigent

• Depuis 2004, l'étiquetage est exigé sur toute denrée préemballée destinée aux animaux aussi bien qu'à l'homme, mais uniquement lorsque le produit final contient plus de 0,9 % d'OGM. Si le produit n'est pas étiquetable (dans une boulangerie, une boucherie), la mention devrait tout de même apparaître lisiblement sur le présentoir (on se demande bien qui va le vérifier…). Pour ce qui concerne des produits issus d'animaux nourris avec des aliments transgéniques, aucune information n'est requise. Les restaurateurs ne sont pas non plus tenus de vous informer s'ils ont recours à des produits en contenant.
Et comble de malheur : le 12 juin 2007, les ministres européens de l'Agriculture ont étendu l'autorisation de 0,9 % d'OGM aux produits biologiques, et ce malgré l'opposition du Parlement Européen, de plusieurs pays de l'U.E. et en dépit de la levée de boucliers de nombreuses associations.

Une réglementation bien trop légère

• La réglementation actuelle n'oblige pas à faire des études sur la génotoxicité des OGM et de toute façon, les tests toxicologiques existants sont inadaptés.

• La directive européenne 2001/18/CE fixe les conditions des demandes d'autorisation de culture à l'air libre ou de commercialisation d'un OGM dans l'Union. L'article 25 de cette directive prévoit que les informations «dont la divulgation pourrait nuire à la position concurrentielle»de l'entreprise postulante doivent rester confidentielles.

Mais en avril 2005, cet article est quelque peu remanié. Désormais, «seules les informations relatives au procédé d'obtention de l'OGM ou à sa commercialisation» sont concernées. En vertu de quoi, «les études de toxicité établies dans le cadre de l'évaluation des risques sanitaires doivent être communiquées, après avoir occulté, le cas échéant, les mentions dont la divulgation pourrait nuire aux intérêts susvisés.»

Cette restriction du secret n'a pas eu l'heur de plaire aux autorités françaises, qui en septembre 2005, ont demandé à la commission européenne d'empêcher la communication au public de ces informations. Le gouvernement français craint en effet que la publication des études de risques n'«entache la confiance de l'opinion publique» et puisse «nuire à la position concurrentielle de l'entreprise». En somme, tais-toi et mange…

Nous osons espérer que Bruxelles restera sourde à cette troublante argumentation, d'autant que les protocoles d'autorisation de mise sur le marché sont déjà bien légers, et dénoncés par certains scientifiques. «Le biologiste français Gilles-Éric Séralini (...) qui siège dans plusieurs comités européens d'évaluation des organismes génétiquement modifiés (OGM) est catégorique : le manque de transparence qui accompagne aujourd'hui le développement des biotechnologies ici comme ailleurs est néfaste pour tout le monde. Observateur critique de l'univers des OGM, mais aussi fervent défenseur de ces biotechnologies, M. Séralini déplore que ces organismes jouissent, d'un point de vue de l'évaluation scientifique, d'un statut particulier. «En Europe, un pesticide est testé pendant deux ans avant d'être homologué, dit-il. Un OGM qui produit un pesticide l'est pendant moins de trois mois. Pis, on nourrit pendant 14 jours des vaches avec des OGM et les résultats de cette étude permettent de dire que ces OGM sont sécuritaires sur tout un continent. Est-ce normal ?» (article de Fabien Deglise paru le 25/10/2005 dans l'édition internet du quotidien canadien»Le Devoir»)

L'ESSENTIEL A SAVOIR

- Les toxiques alimentaires sont omniprésents. Ils proviennent de :
  - l'agriculture (produits phytosanitaires, engrais)
  - l'industrie (PCB, dioxines, métaux lourds, additifs...)
- Ils sont dangereux pour la santé et peuvent provoquer :
  - des allergies
  - des maladies dégénératives
  - des atteintes neurologiques, endocriniennes, immunitaires, fœtales
- Le raffinage appauvrit les aliments et contrecarre leur rôle nutritionnel.
- L'ionisation (ou «irradiation») des aliments provoque des dégâts :
  - sur les aliments : déstructuration des nutriments et de l'ADN, destruction des vitamines, apparition de composés indésirables
  - chez l'être humain : multiplication des radicaux libres, mutations, danger de contamination des travailleurs
- Les OGM présentent de grands risques. Quelques faits avérés :
  - malformations chez des populations de rats
  - apparition d'antibiorésistances, naissance de nouvelles souches bactériennes ultra-résistantes
  - résistance aux herbicides
  - allergies
  - contamination de cultures non OGM
  - désinformation, absence de débat

Mais que font les autorités ?

Et vous, lecteurs mais aussi consommateurs, dans votre candeur ingénue, êtes-vous bien à l'abri de tous ces problèmes ? Vous imaginez être «protégés» par les experts, les études, les tests, les statistiques, les normes, les «apports journaliers recommandés», les «doses journalières à ne pas dépasser», les réglementations, les lois, les directives, les décrets, les protocoles, les contrôles, ...

Car pour nous diriger dans nos choix alimentaires, les bons conseilleurs ne manquent pas ! Avec des articles et des publicités dans les médias, avec des livres, des brochures dans les pharmacies et les salles d'attente des médecins, avec des campagnes nationales de santé publique et de sensibilisation dans les écoles, nous sommes abreuvés d'avertissements, de codes de bonne conduite, mais aussi (dés)orientés par des avis de «spécialistes» qui disent souvent tout et son contraire.

On peut par ailleurs regretter que la diététique ne fasse pas partie du programme des étudiants en médecine. Un peu de discipline nutritionnelle allègerait de beaucoup les ordonnances...

En tout cas, il n'est pas facile de faire des choix avisés dans cette multitude d'informations contradictoires, d'autant qu'avec les récents scandales sanitaires, le doute s'immisce dans notre foi en des autorités que l'on espèrerait attentionnées et soucieuses de notre santé. Sang contaminé, amiante, veau aux hormones, poulet aux dioxines, crise de la vache folle et tremblante du mouton, nous ne sommes pas au bout de nos mauvaises surprises..., comment tout cela peut-il survenir dans une société bardée d'experts et de réglementations;

Qui édicte vraiment les règles ?

Les organismes officiels

L'AFSSA (Agence française de Sécurité Alimentaire) dépend de 3 ministères, agriculture - économie- santé, dont les intérêts sont parfois divergents, qui se trouvent à la fois juges et parties, chacun subissant l'influence de différents groupes de pression. Des garde-fous ont

Au service de quels intérêts ?

été mis en place, comme par exemple l'obligation de déclarer ses liens avec les entreprises et la non-participation aux débats et votes où il pourrait y avoir conflit d'intérêts, le non-cumul des fonctions, mais cela reste souvent bien théorique. De plus et malheureusement, on note une quasi-absence de représentation des consommateurs…

Il existe bien d'autres organismes, mais leur efficacité est entravée par le cloisonnement des services, la concurrence que se livrent les différentes administrations, la pression de la hiérarchie, les pots-de-vin, le manque criant de moyens financiers, matériels et humains… Les contrôles sont insuffisants, les dossiers sont enterrés, les fraudes trop rarement sanctionnées… pas de quoi pousser au zèle !

À Bruxelles, 15 000 lobbyistes professionnels font le siège de la Commission Européenne, pour obtenir des directives favorables ou faire échouer des projets contraires à leurs intérêts corporatistes, le tout sans aucune transparence.

Le poids des groupes de pression

À Rome siège le «Codex alimentarius» qui édicte les normes, règles et directives valables dans le monde entier pour tout ce qui concerne l'alimentation : hygiène, substances toxiques, résidus médicamenteux, irradiation, OGM… On trouve dans ses réunions de travail des représentants des Etats, assistés d'une cohorte d'experts. Ceux-ci sont également embauchés par Nestlé, Monsanto, Kraft, Coca-Cola, Hoffmann-Laroche, et Danone bien sûr pour les experts français, etc…

Il y a bien quelques ONG telles que Greenpeace et un petit nombre d'associations de consommateurs comme Consumer International, mais leur influence ne pèse pas lourd face aux moyens considérables dont disposent les industriels. Cette commission subit également un lobbying intense.

Le Sénat et le Parlement français sont aussi l'objet de soins attentifs (lire : «*Députés sous influences*» H. Constanty et V. Nouzille).

Manque de transparence

Vous, consommateurs, n'avez en fait aucun moyen de savoir exactement ce que vous ingérez dès lors que cela touche au «secret de fabrication», et ce n'est pas en lisant l'étiquette que vous serez renseignés. Les mentions obligatoires comportent bien, entre autres, la liste des ingrédients par ordre décroissant, mais les «auxiliaires de fabrication» ne sont pas tenus d'y figurer. En outre, l'étiquetage n'est pas exigé pour la boulangerie, la viande et le poisson, les œufs et le lait, produits pourtant de consommation très courante.

Il est aussi permis qu'un produit dit «*recette traditionnelle*» ne corresponde pas à l'appellation figurant sur l'emballage. La Cour de Justice Européenne a ainsi autorisé une sauce béarnaise à contenir de la margarine au lieu de beurre et du colorant E160 à la place des œufs.

Dans le même ordre d'idée, on peut aussi citer le cas du chocolat. Depuis 1973, une règle de la communauté économique européenne définit la dénomination de ce produit. Il doit être fabriqué exclusivement à base de pâte ou de poudre de cacao et de beurre de cacao, plus d'autres ingrédients comme le sucre, la vanille (mais plus souvent de la vanilline de synthèse…), le lait, etc…

Certains pays (Royaume-Uni, Irlande, Danemark, Suède, Finlande, Autriche, Portugal), préférant un chocolat moins typé et plus gras, ne respectaient pas cette prescription et ajoutaient des matières grasses végétales (= MGV). En 2000, ces états sont devenus majoritaires au sein de l'UE et ils ont fait voter une directive, applicable en 2003, autorisant l'utilisation de MGV (karité, huile de palme et de coprah, illipé, sal, kokum gurgi, noyau de mangue) jusqu'à 5% du produit fini.

Quel est l'intérêt de ces matières grasses végétales ? Elles permettent au chocolat de mieux résister à la chaleur, ce qui autorise des moulages variés, poules et œufs ou autres formes fantaisistes… Le produit se conserve plus longtemps et ne blanchit pas. Enfin et surtout, les MGV sont 3 fois moins chères que le beurre de cacao !

Quelles sont les conséquences sur la qualité ? L'aliment est plus gras et n'a plus la même saveur. Ce produit, devenu moins cher que le chocolat au beurre de cacao, va être acheté par une majorité de gens et le goût traditionnel risque de se perdre avec le temps, ou sera réservé à une «élite» pouvant se l'offrir. D'autre part, le contrôle du pourcentage des MGV est techniquement très difficile, et l'on risque d'assister impuissant à la disparition pure et simple du beurre de cacao dans le chocolat. La mention «*contient des MGV autres que le beurre de cacao*» est certes obligatoire, mais le non-respect de cette contrainte est l'infraction la plus fréquemment observée en France dans ce domaine depuis l'application du nouveau texte.

Mépris de la qualité

Il y a aussi de graves conséquences sociales. Le cacao est cultivé dans les régions tropicales, essentiellement dans des pays pauvres nécessitant une coopération internationale. À ce titre, les instances financières mondiales comme le FMI et la banque mondiale les ont contraints à des «ajustements structurels», leur imposant la monoculture de cacao destiné à l'exportation, permettant ainsi l'entrée de devises étrangères (et donc le remboursement des dettes aux pays riches pourvoyeurs des prêts…). De nombreux villages, des clans et des familles entières n'ont donc plus vécu que du cacao, abandonnant leurs cultures vivrières traditionnelles et leur autonomie. Depuis l'application de cette directive européenne, les exportations de cacao diminuent, les cours chutent, et les populations dépendantes de cette production agricole sombrent dans la misère. Cela concerne par exemple 10 millions de personnes pour la seule Côte d'Ivoire…

Mépris de l'humain

Les autorités de contrôle en sont réduites à se fier à la *«morale du marché»* et au *«contrôle par la concurrence»*, disent-elles… Comme nous ne sommes pas totalement crédules et que nous avons compris depuis longtemps que le souci principal du marché n'est pas le respect de la santé du consommateur ni la morale civique, cette déclaration ne nous rassure pas tout à fait…

Credo libéral

Pour être objectif, un expert, souvent médecin nutritionniste, devrait être totalement indépendant et avoir comme seul objectif la bonne santé de ses concitoyens. Or, il se trouve que la plupart des experts de l'Etat, hauts responsables des Ministères, siégeant à l'AFSSA, travaillant pour l'INRA, l'INSERM ou émettant les recommandations du programme national Nutrition-Santé (PNNS), sont aussi membres des nombreux «comités scientifiques» dont se sont dotés tous les géants de l'agroalimentaire.

Le «*Centre Evian pour l'eau*» du Groupe Danone, le «*Centre d'information des viandes*» des corporations de producteurs de viande ou son équivalent pour la charcuterie, le «*Comité scientifique du pain*» de l'Association nationale de la meunerie française, le «*Centre d'étude et de documentation du sucre*», le «*Centre interprofessionnel de documentation et d'information laitières*» et bien d'autres… tous ces comités ont pour objectif de donner une caution scientifique aux produits dont ils font la promotion, et leur cible préférentielle est la presse médicale. Des entreprises débrouillardes arrivent même à bénéficier, pour leur communication, de l'argent public des états ou des fonds européens.

Mépris du consommateur

On peut légitimement mettre en doute la totale neutralité de tous ces spécialistes conseillant les états dans les réunions internationales, publiant articles de presse, livres, recommandations officielles, dépliants mis à disposition dans les salles d'attente des médecins et dans les pharmacies, kits pédagogiques pour les écoles, etc… Ils travaillent en même temps pour l'industrie agroalimentaire ! À quels intérêts répondent-ils en priorité ?

En résumé, ne vous croyez pas totalement protégés par les pouvoirs publics. Les états n'ont plus beaucoup de pouvoir en la matière, les (dé)réglementations du commerce international supplantant généralement les lois nationales, avec sanctions à l'appui. Et puis l'agroalimentaire est le premier secteur économique en France. On peut avoir tendance à le ménager un peu… La commission Européenne explicite d'ailleurs bien ce souci dans un document (2002/0163) préconisant beaucoup de bonnes résolutions mais «… sans nuire au marché». On voit où se situent les priorités.

PEUT-ON SE FIER AVEUGLEMENT AUX NORMES, ÉTUDES ET RECOMMANDATIONS ?

«L'absence de preuve de caractère dangereux n'est pas la preuve de l'absence de caractère dangereux.» Arrêtons-nous un instant sur cette très judicieuse déclaration d'une avocate, qui met le doigt sur un problème de taille : à qui revient de garantir notre sécurité sanitaire ? Le principe de précaution est-il respecté ?
Voyons ce qui se passe dans la pratique.

L'effet cocktail ignoré

Des normes pas très normales

• Les normes étant définies produit par produit, les substances sont étudiées une par une. On ne tient aucunement compte des interactions éventuelles, alors que dans notre assiette, nous bénéficions de leur effet «cocktail». On n'a donc pas d'idée juste sur les effets engendrés par leur synergie et par leur accumulation. Pourtant, une étude américaine récente vient de montrer qu'un mélange de pesticides, dénués de toxicité pour le système hormonal lorsque chacun est employé séparément, devient très actif quand les produits sont combinés ! Cela est aussi reconnu pour d'autres polluants : associez de l'atrazine (herbicide) à des nitrites et mettez 1/10000000e de gramme de la molécule obtenue dans 1 litre de sang, vous déclencherez une rupture d'ADN…

Tests inadaptés

• Les méthodes d'évaluation classiques ne sont pas adaptées. En effet, certains produits se révèlent toxiques à faibles doses mais pas aux doses plus importantes testées en général, ou alors ils sont bénéfiques en très petite quantité et très toxiques en grande quantité ! Les doses sont étudiées sur une moyenne annuelle, sans tenir compte des pics possibles. C'est ainsi que certains toxiques passent les tests avec succès…

• Nous sommes tous dissemblables. Chaque organisme métabolise différemment les diverses substances (ce qu'on appelle le «polymorphisme génétique»), et les répercussions varient d'une personne à l'autre. Les enfants sont spécialement vulnérables, car ils sont sensibles à des doses moindres que les adultes. Mais personne n'établit de normes spécifiques pour eux !

Des études bien légères

Trop peu de précautions

• En 1981, l'OMS oblige à déterminer les conséquences sanitaires et environnementales des substances chimiques déjà en circulation, mais ne prescrit rien pour les nouvelles. Et sur les 150000 molécules existant aujourd'hui (alimentaires et autres), seuls quelques milliers ont été effectivement testés… Depuis 1999, la Commission Européenne a entamé l'étude des 2 700 substances aromatiques utilisées.

• N'étant pas soumise à l'obligation de prouver leur innocuité, une multitude de substances échappent aux études approfondies, aux tests toxicologiques et aux contrôles. Elles sont si nombreuses et si sophistiquées que les industriels estiment qu'il est matériellement impossible de les tester toutes correctement – trop long, trop cher ! Elles se retrouvent alors sur le circuit commercial sans qu'on connaisse leur éventuelle nocivité. Pourtant, les firmes sont censées mettre sur le marché des produits inoffensifs…, mais elles ne sont pas tenues de publier leurs études, si par chance elles les ont effectuées !

Trop peu d'éthique

• Même si la dangerosité d'une substance est avérée, il n'y a pas d'obligation de la remplacer par un produit de substitution non toxique. Elle ne sera pas non plus automatiquement interdite, y compris dans l'alimentation. Il devrait y avoir quelques progrès avec le programme REACH.

• Les laboratoires chargés des contrôles et de la chasse aux fraudeurs sont en nombre nettement insuffisant, et manquent dramatiquement de moyens financiers comme de moyens techniques (les technologies industrielles sont souvent en avance par rapport à eux). De plus, la toxicologie est une spécialité très dérangeante et très peu enseignée en France, le groupe de pression maïs-lait ayant su influer en ce sens... On manque donc cruellement de spécialistes.

Trop peu de moyens

• Les études sont effectuées en général sur des rats. Ce n'est pas cher, mais pas toujours très représentatif de l'homme non plus, même si la ressemblance génétique est importante.

• Les enjeux économico-financiers sont parfois si importants qu'ils mettent à mal la réalité des observations ainsi que la morale : bilans édulcorés, incomplets ou faussés, intervention de personnalités influentes, lobbying auprès des instances de décision...

• Une étude coûte cher et doit être un investissement rentable en termes économiques, ce qui ne pousse pas forcément à l'honnêteté et à la rigueur scientifique.
On peut citer des exemples :
- L'entreprise fabriquant le produit fait elle-même les recherches toxicologiques. La tentation est alors forte de publier les «bons» résultats et de taire les éventuels «problèmes».

Trop peu de rigueur

- Un laboratoire privé indépendant est missionné. Il sait que ses prochains contrats avec l'entreprise demandeuse seront peut-être compromis si le bilan n'est pas jugé «satisfaisant» (les chercheurs sponsorisés publient 4 fois plus d'études favorables à leurs bailleurs de fonds que les chercheurs réellement indépendants).
- La recherche publique, manquant gravement de moyens, travaille souvent main dans la main avec les géants de l'agroalimentaire. Souvenez-vous de l'étude SU-VI-MAX, relayée en grande pompe par les médias, avec ministres et grand cérémonial à l'appui. Son financement a été assuré par 21 commanditaires qui en auront tous tiré grand profit,... et qui sont aussi des acheteurs d'écrans publicitaires auprès desdits médias...
Si on y regarde de près, les conclusions de cette étude, qui devait juste observer l'impact éventuel des antioxydants (vitamines A, C, E, zinc, sélénium, ingérés sous forme de gélules pendant 8 ans) sur les maladies chroniques, sont dévoyées et d'ailleurs catégoriquement infirmées par trois grands spécialistes.

Trop peu de motivation et trop d'entraves

Ces conclusions prétendent en effet que l'alimentation courante comprenant 5 fruits et légumes quotidiens apporte autant de vitamines et de minéraux que les capsules ingérées par le groupe test. Ceci est parfaitement impossible : il faudrait ingurgiter des quantités pantagruéliques de fruits et légumes (surtout issus de l'agriculture conventionnelle) pour arriver aux mêmes quantités ! Ce détournement de résultat ne doit cependant pas vous faire imaginer que vous pouvez vous passer de ces précieux végétaux. Simplement, votre apport en antioxydants doit être complété avec d'autres denrées adéquates, voire par des compléments alimentaires.
Et l'huile de tournesol, pourtant tombée en disgrâce à juste titre depuis quelques années (voir petite histoire un peu plus loin), a même retrouvé du galon. Il faut dire que la marque «*Fruit d'Or*» faisait partie des sponsors...

• Une étude, il faut avoir l'idée ou la volonté de l'entreprendre, et pouvoir la mener à son terme. «*Le lien entre pathologie ORL et laitages n'a jamais été établi par des études scientifiques sérieuses*» a déclaré dans une interview télévisée un médecin des hôpitaux publics. Mais ce lien a-t-il été véritablement recherché par les scientifiques «adoubés» par les autorités sanitaires ? L'idée même de cette recherche ne heurte-t-elle pas des dogmes, des croyances ou des intérêts bien établis ? D'ailleurs, l'expérience nous montre que si ces résultats s'avéraient positifs, ce dont ne doute aucun médecin homéopathe, ils risqueraient fort de n'être pas pris en compte en haut lieu.

Il n'est pas facile de dénicher les énergies et les financements lorsque l'on risque de se retrouver en dehors des doctrines et en travers du chemin des puissants lobbies de l'agroalimentaire. Des travailleurs ou des chercheurs, dénonçant des méthodes frauduleuses ou énonçant simplement des vérités indésirables, font l'objet de pressions et de menaces quand ils ne sont pas licenciés sans façon.

Des recommandations peu recommandables

- Les AJR (Apports Journaliers Recommandés) sont censés nous renseigner sur les quantités de nutriments nécessaires à notre bonne santé. Ces recommandations semblaient déjà insuffisantes par rapport aux résultats de beaucoup d'études, et pourtant en 2000, l'AFSSA en a encore baissé le niveau.

On se rend compte que l'alimentation actuelle, même dite «variée et équilibrée», n'apporte pas assez de vitamines ni de minéraux, sans doute à cause des méthodes de culture et de transformation conventionnelles. Ce déficit expose à de nombreuses pathologies. Il semblerait même que dans les conditions actuelles, il soit tout à fait souhaitable, bien que regrettable, de recourir à des compléments alimentaires pour compenser l'appauvrissement de notre nourriture. D'ailleurs, de grands experts mondiaux s'étonnent de ces recommandations françaises, qu'ils jugent basées sur des travaux inappropriés et sur une lecture biaisée d'études diverses.

La loi en retard sur la science

- Les DJA (Doses Journalières Admissibles) devraient être révisées au vu de tous les nouveaux mécanismes de toxicité qui apparaissent quotidiennement, mais cela n'est pas fait. La recherche avance, mais les réglementations ne suivent pas à la même cadence. Il existe un autre moyen de s'adapter aux circonstances défavorables : ne conduisant pas de politique volontaire et efficace pour diminuer la présence de nitrates dans l'eau, les autorités françaises en ont tout bonnement revu le seuil de toxicité à la hausse… Ni vu, ni connu, je t'embrouille !

- Depuis 1994, le Groupe Danone a parrainé deux grandes études du Dr H., dont la fameuse SU-VI-MAX. Ce spécialiste du cumul des casquettes est coiffé entre autres de celle de dirigeant du PNNS. En 1998, ce médecin préface un «info-guide» à la gloire des goûters LU, un des fleurons du Groupe, célébrant «*un guide riche en informations pratiques*». Pourtant aujourd'hui, les nutritionnistes avisés savent bien que ce type de produits trop sucrés et déséquilibrés à grignoter à toute heure (volontiers accompagnés de quelques laitages de la même société ?) font le lit de l'obésité et du diabète.

Des «Parrains» à chouchouter

- Dans un article, le PNNS qualifie le risque de cancer lié aux laitages de «*désinformation et idée fausse pseudo-scientifique*», alors que les meilleurs spécialistes mondiaux reconnaissent aujourd'hui cette corrélation. Est-il besoin de préciser que l'auteur de ce document est également conseiller chez Candia, vendeur de produits laitiers ?

Vous aimez les histoires ?

En voici trois édifiantes...

Premier exemple, en Europe

La saga REACH

Il y a quelques années déjà que la Commission Européenne tente d'imposer un nouveau système d'évaluation, au regard de la santé et de l'environnement, des 30 000 substances chimiques fabriquées ou importées à raison d'au moins 1 tonne par an dans l'UE, ce qui représente seulement 2% des molécules commercialisées. Elle a mis au point et proposé le programme REACH (Registration, Evaluation and Autorisation of Chemicals) qui prévoit, sur une période de onze ans, l'enregistrement des informations de base sur lesdits produits, l'autorisation de mise sur le marché y étant subordonnée, et le financement revenant aux manufacturiers. Ce devait en être fini «*d'un système dans lequel les industriels pouvaient lancer n'importe quel produit sur le marché en laissant aux Etats le soin de faire face aux conséquences pour la santé*».

Mais les entreprises, dont l'Union des Industries Chimiques, ont fait pression en criant aux coûts exorbitants leur incombant, aux délocalisations et au chômage. L'amusant est qu'un audit commandé par les patrons récalcitrants eux-mêmes a montré entre temps qu'ils avaient largement surestimé les coûts à leur charge... ce qui ne les a pas désarmés !

Une coalition de 13 pays, dont les Etats-Unis, le Japon, l'Afrique du Sud, l'Inde et le Brésil, s'est invitée dans la partie en dénonçant des «*interdictions pour motifs politiques menaçantes pour leurs exportations*» et des «*un obstacle inutile au commerce*». Trois chefs d'Etat, français, anglais et allemand, ont défendu leurs industriels en critiquant une procédure «*bureaucratique*» et «*inutilement compliquée*».

Le projet se trouvait donc bien enlisé dans les affrontements violents entre défenseurs de l'environnement et entreprises soutenues par les conservateurs. Le coup de pouce est venu d'une ONG, le WWF (World Wildlife Fund ou Fonds Mondial pour la Nature), qui a effectué en 2004 des prélèvements sanguins sur 47 volontaires européens, dont 39 élus du Parlement, venant de 17 pays, afin d'y quantifier 101 produits chimiques.

Les résultats parlent d'eux-mêmes : 76 des 101 substances ont été détectées, en moyenne 41 par personne. 13 se retrouvent systématiquement dans tous les échantillons, dont le DDT pourtant interdit depuis les années 1970. Conclusion : tout le monde est exposé à ces polluants, dont on ne sait en réalité pas grand-chose, d'où la nécessité du programme REACH. Cqfd.

Du coup, la Commission Européenne a accepté de revoir ses ambitions à la baisse pour venir à bout de la résistance intensive du lobby de la chimie : les critères d'évaluation édulcorés ne concerneront plus qu'environ 12 000 substances (au lieu de 30 000 au départ !). Mais ni elle ni les députés européens n'ont heureusement cédé sur un autre point litigieux : ce sont bien les industriels qui devront supporter la charge de la preuve de l'innocuité de leurs produits, et ils seront dans l'obligation de remplacer les produits les plus dangereux si des substances de substitution existent.

Le programme REACH, «allégé» de 2,3 milliards d'euros, a donc été réexaminé et entériné en première lecture par les eurodéputés en novembre 2005. Il ne manquait plus que l'aval du Conseil pour l'entrée en vigueur, ce qui n'était toujours pas acquis un an plus tard, les Etats membres et la Commission trouvant le texte encore trop strict… Le 1er juin 2007, REACH est enfin devenu une réalité.

Deuxième histoire, aux Etats-Unis

Le roman noir de l'aspartame

Depuis 10 ans, la Food and Drug Administration refusait au groupe Searle l'agrément de mise sur le marché pour l'aspartame, en raison de nombreuses erreurs dans les tests de toxicologie. Une enquête pénale fut même ordonnée. Au moment où le futur homme d'Etat américain Donald Rumsfeld prit la présidence de ce groupe pharmaceutique en 1977, le procureur chargé de l'enquête démissionna et rejoignit le cabinet d'avocats de Searle. Hasard ou conséquence (?!) : l'enquête fut abandonnée !

Puis, en 1981, Donald Rumsfeld fit jouer ses relations auprès de Ronald Reagan pour faire nommer à la tête de la FDA un quasi-inconnu. Cette entremise a été contestée par Donald Rumsfeld, mais confirmée par une commerciale de Searle. Le nouveau directeur de la FDA autorisa bientôt la commercialisation de l'aspartame, malgré l'avis défavorable du comité scientifique mandaté par les autorités : des tumeurs cérébrales étaient apparues chez les rats utilisés pour les tests. Cet «inconnu» fut par la suite embauché par le cabinet de relations publiques de Searle.

Les ventes d'aspartame atteignirent des sommets grâce à sa réputation anticalorique (réputation totalement infondée car cette substance augmente l'appétit !). Deux ans plus tard, la firme Monsanto racheta Searle, qu'elle rebaptisa NutraSweet, Donald Rumsfeld empochant au passage une plus-value d'environ 5 millions de dollars.

Depuis, les plaintes pour maux variés n'en finissent pas de s'accumuler, et trois procès se sont ouverts en Californie. On assiste aussi à une «épidémie» totalement inexpliquée de sclérose en plaques et de lupus systémique. L'avis de la communauté scientifique à propos de ce produit est partagé entre innocuité et neurotoxicité, selon que les études sont financées par l'industrie de l'aspartame ou par des organismes indépendants.

L'aspartame a malheureusement conquis l'international… La prudence s'impose.

Troisième anecdote, française celle-là

Jusque vers 1960, la France utilisait en majorité de l'huile de colza, plante oléagineuse qu'elle produisait en abondance. Puis en 1968, Unilever Fruit d'Or décida d'inonder le marché avec sa margarine au tournesol, censée combattre le cholestérol et vaincre le risque cardiovasculaire grâce à sa richesse en acide linoléique.

Le putsch du tournesol

À chaud, à froid, voilà la panacée ! Lobbying pressant, marketing intensif, tapage médiatique autour d'une étude (faussée) sur des rats prouvant une soi-disant toxicité de l'huile de colza, désinformation... On eut même droit à l'intervention du ministère de l'Agriculture et de l'INRA, désireux de promouvoir la culture du tournesol pour protéger notre pays d'une éventuelle invasion du colza et du soja américains, à une époque où le contexte politique franco-américain connaissait des tensions... C'est à la même période que l'huile de lin alimentaire a été boutée hors de France. Opération pleinement réussie !

Depuis, beaucoup de monde reste persuadé des bienfaits du tournesol, alors que les plus récentes études prouvent que cette huile est déséquilibrée en acides gras, qu'elle aggrave donc le risque cardiovasculaire, et qu'elle s'altère à la cuisson. A l'inverse, on s'est rendu compte que l'huile de colza est bénéfique et résiste à la cuisson, qui lui est officiellement interdite. C'est un comble !

L'ESSENTIEL A SAVOIR

- Pour les autorités et les experts, notre santé ne prime malheureusement pas toujours, car ils sont soumis à :
  - des conflits d'intérêts
  - un manque de moyens humains et budgétaires
  - des groupes de pression très puissants et très influents
  - des impératifs économiques
- Les normes, études et recommandations :
  - naissent de méthodes d'évaluation souvent inadaptées
  - sont fréquemment contradictoires en fonction d'intérêts divergents
  - font les frais de la mauvaise volonté des industriels
  - sont victimes des enjeux économico-financiers

Au vu de ce qui précède, il y a deux solutions :

SUBIR...

Mais d'une part, la politique de l'autruche n'a aucune chance d'influer favorablement sur le cours des choses,

...et d'autre part, un jour ou l'autre, les conséquences se feront immanquablement sentir... douloureusement !

OU AGIR !

La situation n'est pas désespérée, car nous tous, citoyens et «consom'acteurs» responsables, si nous le voulons, nous pouvons intervenir très concrètement !

Voici quelques pistes d'action à la portée de tous

Diversifiez et recoupez vos sources de renseignements, en faisant plutôt confiance là où les intérêts économico-financiers sont les moindres. Passez les informations à la moulinette de votre esprit critique et de votre bon sens. Et puis partagez vos connaissances, quitte à être parfois un peu prosélytes si le cœur vous en dit, et si votre auditoire vous y autorise….

Remonter ses manches!

Exigez des pouvoirs publics des lois protectrices privilégiant le principe de précaution. Vous n'êtes pas seuls : signez des pétitions, participez à des actions de groupes, adhérez à une des nombreuses associations œuvrant pour la protection de la santé et de la nature…

Faites vos achats avec discernement, apprenez à lire entre les lignes des étiquettes. Exercez par là votre pouvoir de consommateur.

Prenez conscience que chacun peut agir à son niveau, que chaque geste compte, goutte d'eau dans la mer composée de gouttes d'eau chacune indispensable…

Modifiez si nécessaire certaines de vos habitudes. La qualité des aliments, pourvoyeuse de bonne santé, peut valoir quelques sacrifices. Car notre corps fait comme la nature : si nous ne le respectons pas, il finit par se dégrader et par nous faire payer cher notre négligence et nos mauvais traitements ...

et mettez en œuvre les bonnes recommandations de la mère Gobuche !

Les recommandations de la mère GOBUCHE

Choisissez des produits de l'agriculture biologique !

Ces produits bio sont-ils vraiment meilleurs?

En 2003, une équipe de l'INSERM de Montpellier a mené une étude comparative sur 20 types d'aliments provenant de 4 origines : agriculture conventionnelle, raisonnée, labellisée et biologique. Les chercheurs contrôlèrent la présence de toxiques et de micronutriments bénéfiques (vitamines, minéraux, fibres). Les conclusions de cette enquête, commentée par le professeur Joyeux, sont imparables, n'en déplaise aux sceptiques : le bio est gagnant sur toute la ligne, moins de toxiques, plus de nutriments !

Mais la supériorité nutritive de ces aliments n'est pas la seule raison qui peut pousser à opter pour cette pratique.

Les méfaits de l'agriculture conventionnelle (ou intensive)

Avec l'agriculture intensive,...

Dans ce système, tout est mis en œuvre pour le rendement à court terme : engrais chimiques et pesticides en pagaille, techniques dévastatrices… Les résultats sont malheureusement là.

L'agriculture intensive émet une grande quantité de gaz à effet de serre

L'agriculture représente 10% des émissions dans l'UE à 25 états membres.

l'effet de serre est renforcé, ...

- L'agriculture intensive produit beaucoup de **gaz carbonique.**

Elle utilise des engins agricoles voraces en énergie et donc très polluants. Elle est avide d'engrais chimiques, or il faut 2 tonnes de pétrole pour produire 1 tonne d'engrais azoté. Elle use immodérément de serres chauffées. Les circuits de distribution sont souvent très longs (transport par camion, par avion). Elle consomme en moyenne 15 calories pétrole pour 1 calorie alimentaire. Sans même parler de la pollution générée, vu l'augmentation du prix du baril et la raréfaction inéluctable de la source d'hydrocarbures, il va bien falloir trouver des solutions…

• L'agriculture intensive produit du **méthane**, qui représente 16% des gaz à effet de serre. Il résulte de la fermentation des matières organiques (fumiers, lisiers, rumen). Pour l'anecdote, sachez qu'une vache émet 90 kg de méthane par an sous forme de renvois et flatulences. Même si cela fait sourire, la fermentation entérique des bovins pèse tout de même 90% des émissions de méthane d'origine digestive, et les ruminants contribuent à15% de la production totale de méthane.

• L'agriculture intensive produit du **protoxyde d'azote** qui, s'il est un phénomène naturel, est très fortement augmenté par les engrais azotés. Les émissions de source agricole représentent 16 à 20% des émissions totales de ce gaz.
Il est à noter que le méthane et le protoxyde d'azote ont un effet de serre beaucoup plus puissant que le gaz carbonique.

L'agriculture intensive dégrade notre environnement

• Les paysages sont détériorés. Les terres sont lessivées, érodées. Les haies et les bosquets étant arrachés pour faire de la place aux gigantesques engins agricoles, il y a des coulées de boue, des glissements de terrain et des inondations aux conséquences parfois dramatiques.

• Les sols deviennent stériles. Les engrais, pesticides et autres traitements répandent leurs poisons partout, dans la terre et dans l'eau.

• Les écosystèmes sont bouleversés, la biodiversité s'appauvrit, rompant les fragiles équilibres élaborés par la nature. «*Dans chaque écosystème, les êtres vivants, y compris les êtres humains, forment un tout et interagissent les uns avec les autres, mais aussi avec l'air, l'eau, et la terre qui les entourent. Tout notre système agricole vit de services écologiques basés sur la biodiversité. Exemple, si on n'avait pas d'insectes pollinisateurs, telles les abeilles, on n'aurait plus de fruits ni de légumes*» (Arnaud Greth, fondateur de Noé Conservation). Souvenez-vous du Gaucho… *«Utilisé massivement dans les cultures, ce pesticide est tenu pour responsable de la disparition de 30% du cheptel apicole français par l'Union nationale des apiculteurs français» (Unaf)».*

la nature souffre, ...

• L'eau est viciée, les nappes phréatiques sont pillées par des pompages inconsidérés. Notre patrimoine aquatique est mis en danger par des méthodes inadéquates : arrosages en plein soleil où l'eau s'évapore avant d'atteindre sa cible, intensification de la culture du maïs très «aquavore» même dans des régions sèches totalement inadaptées, empoisonnement des nappes phréatiques et des cours d'eau…

• L'élevage intensif ne respecte pas les animaux, qui vivent et meurent dans des conditions indignes.

• La culture intensive, la course au rendement nécessitent des domaines de plus en plus grands au détriment des petits agriculteurs. Les villages se vident, le tissu rural est déchiré de toute part.

la qualité de la production est médiocre, ...

L'agriculture intensive donne des produits de médiocre qualité

- On y trouve un taux important de toxiques, nitrates, pesticides et métaux lourds. Cela concerne surtout le pain, les céréales, les produits laitiers, les carottes, les fraises, le raisin, le thé (pesticides et aluminium), les œufs (lindane pourtant interdit).

- Ils sont appauvris en nutriments.

On peut ajouter à ce tableau une touche socio-économique

L'agriculture intensive est largement subventionnée par les pouvoirs publics, grâce aux puissants groupes de pression qui la représentent. Il en va de même pour sa filiale, l'agriculture raisonnée.

Les produits de l'agriculture conventionnelle sont ceux que l'on trouve en grande majorité dans les magasins de la grande distribution, super et hypermarchés.

Cela signifie une course aux prix bas avec tout ce que cela comporte d'inhumain. Les producteurs sont pris à la gorge, pressurés, et doivent vendre à perte. Pour la production des fruits et légumes, la main d'œuvre, très souvent recrutée au noir, est fréquemment soumise à un quasi-esclavage. Cette situation indigne semble officiellement tolérée par exemple en Espagne, où la région d'Almeria est un champ de serres à perte de vue, peuplé d'ouvriers agricoles marocains ou brésiliens (sur)vivant dans des conditions ignobles.

et l'humain pâtit !

Mais cela existe aussi en France ! Des «scandales» du même acabit sont régulièrement relatés par les médias, en particulier dans la Drôme, dans les Bouches-du-Rhône, où prospèrent de nombreux trafics parfois dénoncés (rapport 2001 du Ministère de l'Agriculture et de l'Emploi) mais mollement ou pas du tout réprimés. Il y a trop peu d'inspecteurs du travail pour effectuer les contrôles (quand ils ne se font pas descendre à coup de fusil !) et ces pratiques arrangent trop de gens... Même l'agriculture biologique serait contaminée par ces méthodes, lorsqu'elle est pratiquée par des gens non motivés, simplement désireux de profiter d'une niche économique portée par une mode.

Cette recherche du moindre coût ne profite pas aux producteurs et les consommateurs payent tout de même en général très cher des végétaux de médiocre qualité, verts et sans saveur. Qui donc en tire bénéfice, à votre avis ?

Il n'est pas interdit de penser à tout cela quand on achète ses fraises et ses tomates...

L'AGRICULTURE RAISONNÉE, C'EST UN BON COMPROMIS, NON ?

Née en 1993, initiée par la grande distribution et les syndicats d'agriculteurs FNSEA et SNJA, l'agriculture raisonnée semble surtout une opération de communication destinée à contrer la montée en puissance de la demande de produits biologiques. Dans son comité d'organisation, siège entre autres l'Union des Industries de la protection des plantes, firmes qui vendent des pesticides... Cette agriculture est favorisée par l'Etat qui lui accorde des aides importantes.

L'agriculture raisonnée, une belle entourloupe!

Que propose-t-elle de différent ?

- une utilisation plus *«judicieuse»* des traitements agricoles,
- une meilleure condition de vie des animaux d'élevage.

Elle attire de nombreux agriculteurs inquiets à juste titre pour leur santé et pour l'environnement. Mais vu la légèreté de son cahier des charges, on ne voit pas bien où se situe l'amélioration. En fait, l'agriculture raisonnée ne s'engage qu'à respecter les normes en vigueur... dans l'agriculture conventionnelle (cherchez l'erreur...).
Toutes les molécules chimiques présentes sur le marché restent autorisées et leurs effets délétères sont niés : *«Les traitements chimiques et leurs résidus dans les produits agricoles n'ont jamais tué personne, ils ne sont pas dangereux pour la santé»* (conférence de Guy Paillotin, Beauvais, avril 2000).

Pour quels résultats ?

- D'après l'étude du professeur Joyeux, les produits semblent juste un tout petit peu meilleurs que ceux de l'agriculture conventionnelle.
- Il n'y a aucun impact positif sur les paysages, la terre, la protection de l'eau, la biodiversité...

L'AGRICULTURE BIOLOGIQUE EST LA SEULE VRAIE SOLUTION DURABLE

Seule l'agriculture bio offre des engagements solides

Son objectif prioritaire est de proposer des aliments sains, produits et transformés sans substances de synthèse, dans le respect de l'environnement et de la santé.

L'agriculture biologique est fiable

- Des **cahiers des charges** très stricts définissent les méthodes de production adaptées à tous les aliments.
- Des **contrôles rigoureux** sont effectués 2 fois par an par des organismes indépendants agréés par les pouvoirs publics (ECOCERT, QUALITÉ-FRANCE, AFAQ-ASERT INTERNATIONAL, ULASE,

QNPC…). Ces contrôles sont à la charge des producteurs et conditionnent l'obtention des labels. La mention supplémentaire Nature et Progrès est décernée annuellement par une commission de l'association de producteurs et de consommateurs éponyme. Elle est plus exigeante que la législation officielle sur certains points. Quant au logo Demeter, il vous assure le top de la qualité en produits biologiques.

- Des **labels** sûrs certifient la qualité :

La certification européenne, la moins contraignante

Le label AB, du Ministère de l'agriculture française, plus strict

Label Nature et progrès, plus rigoureux que AB

Certifié en biodynamie, plus bio et exigeant n'existe pas !

Quel avenir pour ces labels ?

Le 25 décembre 2005, la Commission Européenne présentait un projet de nouvelle réglementation sur l'agriculture biologique, qu'elle souhaitait faire adopter à la va-vite et sans concertation. Sous prétexte de développement de marché (quel marché ?…), les produits chimiques de synthèse pour les végétaux et pour les animaux seraient désormais autorisés, et le seuil de tolérance de produits OGM serait élevé au même taux que pour les produits classiques, à 0,9%. De plus, cette nouvelle «bio unitaire» interdirait tout label indépendant ! La mort de l'agriculture biologique ?
Souhaitons que l'âme de la bio résiste aux attaques répétées et aux déréglementations ultra-libérales inspirées par les lobbies industriels, prêts à détruire sans aucun scrupule plus d'un demi-siècle de travail acharné au service d'une agriculture respectueuse des hommes et de la terre. Souhaitons que le consommateur ne soit pas privé de la variété de l'offre, de sa liberté de choix, et finalement de son droit le plus élémentaire à se nourrir sainement…

L'agriculture biologique est bonne pour l'environnement

La nature est choyée

- Elle émet peu de gaz à effet de serre. Elle n'emploie pas d'engrais de synthèse, elle produit peu de lisier, les matières organiques sont compostées. De nombreux agriculteurs bio utilisent des énergies renouvelables : hydroélectricité, éolien, solaire, récupération du méthane pour produire chaleur et électricité… Elle privilégie les ressources et les productions locales, favorise les circuits de distribution courts.

• L'utilisation de matières carbonées, en lieu et place d'engrais chimiques, fait de la terre un puits de carbone stocké sous forme d'humus.

• Elle s'attache à éviter les gaspillages.

• Elle prend soin de la terre. Les matières organiques compostées viennent enrichir les sols, l'humus est préservé grâce à des labours peu profonds, la rotation diversifiée des cultures assure la régénération du terrain. Le désherbage est en général thermique ou fait à la main, quant il n'est pas évité par un compostage de surface ou par des plantes couvre-sol accompagnantes. Des terres dégradées retrouvent une nouvelle vie après quelques années de ce traitement.

• Elle s'intègre dans le paysage et l'entretient.

• Elle préserve les écosystèmes et la biodiversité. Elle pérennise, fait redécouvrir ou renaître de savoureuses espèces anciennes de fruits et de légumes disparues des étals.
Actuellement, sous prétexte de précautions sanitaires, les végétaux commercialisés doivent obligatoirement figurer dans le catalogue officiel des semences, qui semble avoir été mis au point plutôt pour satisfaire les grands groupes propriétaires de la majeure partie du secteur semencier que pour la protection de la biodiversité. Les plants hybrides stériles ou dégénérescents ont remplacé les variétés anciennes, d'où une uniformisation des produits proposés couramment.
Quelques associations conservent et distribuent des semences de variétés anciennes non inscrites au catalogue officiel (Le Biau Germe, Kokopelli, Essem'bio), mais elles subissent des pressions importantes de la part des agents de la Répression des Fraudes. Pourtant, une directive européenne (98/95 CE) autorise les Etats membres à prendre des mesures autorisant la commercialisation des semences adaptées à l'agriculture biologique et à la conservation de la biodiversité. Qu'attendons-nous ?

NOTA : Vous aimez le miso importé du Japon, l'ananas de Côte d'Ivoire ou les kiwis de Nouvelle Zélande, et votre mauvaise conscience vous susurre à l'oreille : «As-tu songé aux tonnes de CO2 rejetées dans l'atmosphère ?…» Alors, sachez qu'il vous est possible de compenser vos émissions de gaz carbonique, en vous connectant sur 3 sites internet : www.cos2solidaire.org (association GERES), actioncarbone. org (site de Yann Arthus-Bertrand avec l'ADEME), ou encore climatmundi.fr (entreprise privée). Vous y calculerez vos émissions de CO2 et pourrez, en payant la somme correspondante, soutenir des projets environnementaux destinés à les contrecarrer, dans différentes régions du globe (reboisement, panneaux et fours solaires, éolien, biogaz, etc). Voilà de quoi apaiser quelque peu vos scrupules…

L'agriculture biologique est bonne pour le vivant

• Les produits biologiques sont les meilleurs pour la santé. On y détecte que peu ou pas de traces de résidus polluants, mais on trouve beaucoup de nutriments. Le goût y gagne aussi.

Les êtres sont respectés

• Les circuits étant plus courts, les produits sont plus frais et plus matures. Les produits de saison sont plus en harmonie avec nos biorythmes.

• Les animaux d'élevage sont respectés : un espace vital confortable, prairie, litière sur paille, alimentation biologique contrôlée sans farines animales, sans médicaments (ou seulement lorsque c'est indispensable) et sans hormones... Ils ne sont pas soumis à une course productiviste insensée.

... même un peu trop respectés ?

__Des bébêtes indésirables__

C'est l'été, il fait beau, la vie est belle, quand soudain, horreur ! Vous vous avisez que de tous petits vers blancs gambadent dans vos bocaux de céréales et vos fruits secs au milieu de réseaux de fils. Des larves se permettent de se promener sur le plafond de votre cuisine, de se nicher dans les recoins de vos placards, et des adultes volètent gaiement de-ci de-là. Pas de doute, charançons et autres teignes du blé, profiteurs de l'agriculture biologique, ont élu domicile chez vous !
Pas de panique !
Premièrement, ces insectes ne portent pas atteinte à votre santé.
Deuxièmement, il est possible de vous en débarrasser en jetant tous les aliments infestés dans des sachets bien fermés (vous pouvez même récupérer la farine en la tamisant, les larves restant au fond du tamis), en lavant soigneusement les bocaux et les boîtes, en nettoyant minutieusement les placards avec un aspirateur.
Troisièmement, il est possible d'éviter ou d'atténuer les invasions estivales en prenant quelques précautions :
- Ces parasites sont en général pondus à l'intérieur des graines et donc déjà présents dans les aliments lors de l'achat. Ils se développent à la chaleur et à l'humidité avec un bon apport d'oxygène. Il est donc prudent de stocker ces denrées au sec et au frais, à l'abri de l'air. Leur développement est bloqué en deçà de 10°C.
- Ne conservez pas longtemps de sachets ou de boîtes entamées, ou gardez-les au réfrigérateur.
- Préférez les emballages hermétiques. Le papier kraft est plus écologique, mais il laisse passer l'air.
- Achetez plutôt par petites quantités. Cela vous coûtera moins cher que de jeter la moitié de vos gros paquets, et fera moins de gâchis !

L'agriculture biologique est bonne pour l'économie ... solidaire

• Elle impulse une économie de coopération. Elle favorise le commerce équitable. Pensez-y en particulier quand vous achetez du thé, du café, du chocolat ou des bananes...

• Elle privilégie les circuits courts en misant sur les marchés locaux et la production régionale. Il y a donc moins d'intermédiaires, moins de transport, et les producteurs peuvent être rémunérés à leur juste prix.

• Elle nécessite une main d'œuvre importante et crée des emplois. Les agriculteurs rétribués de manière convenable peuvent vivre correctement de leur labeur. Elle contribue à vivifier le tissu rural.

Le commerce équitable

«Le commerce équitable est un partenariat commercial fondé sur le dialogue, la transparence et le respect, dont l'objectif est de parvenir à une plus grande équité dans le commerce mondial. Il contribue au développement durable, en offrant de meilleures conditions commerciales et en garantissant les droits des producteurs et des travailleurs marginalisés, tout particulièrement au sud de la planète».

Cette définition a été adoptée en 2002 par les réseaux internationaux et sert de base à la mise en place de critères précis : organisation collective des producteurs, prix minimum garantis… mais ce n'est pas une norme juridique officielle. Comme le poids économique de cette activité prend de l'importance, les multinationales et la grande distribution voudraient bien s'attribuer une grosse part du gâteau, et pourquoi pas TOUT le gâteau, en se donnant une belle façade humaniste.

Les pouvoirs publics français ont besoin de leur côté d'une définition juridique officielle à utiliser dans les marchés publics ou en fiscalité. Ils semblent donc assez enclins à procéder à la mise en place de labels nationaux. En 2002, l'AFNOR (Agence française de normalisation) a engagé une concertation afin de proposer un texte, rejeté en 2005 par la Plateforme pour le commerce équitable (où siègent l'Association Max Havelaard, Artisans du Monde, Biocoop, CCFD, Alter Eco…) pour cause de non-respect des principes de base. Début 2006, après 3 années de concertations, un accord globalement satisfaisant a été entériné par à peu près toutes les parties. Cette première étape n'a pas débouché sur une norme, mais sur la reconnaissance d'un cadre de référence. La DIES (Délégation interministérielle à l'innovation sociale et à l'économie sociale), estime qu' «après une période d'expérimentation, cet accord [pourra] servir de base à une démarche de normalisation». Cette démarche devrait se poursuivre auprès de l'Union Européenne puis de l'OMC. Vaste programme…

Mais comme cet accord est avant tout symbolique et n'engage que les signataires volontaires, on craint tout de même l'apparition de labels «au rabais» trompeurs car peu exigeants et donc moins coûteux, dont les prix plus bas attireraient une clientèle importante, au risque de voir disparaître les certifications rigoureuses forcément plus chères. Ce qui se produit déjà avec l'appellation indépendante «Bioéquitable», laquelle ne tient pas compte de tous les principes fondamentaux du commerce équitable. C'est la réplique de ce qui s'est passé dans l'univers de l'agriculture biologique, le moins-disant en termes de rigueur bénéficiant malheureusement de l'attrait de prix moins élevés auprès d'un public mal informé. Le risque est grand, car l'AFNOR, de par sa structure, donne toujours un poids déterminant aux grandes entreprises. La Plateforme pour le commerce équitable aura-t-elle la possibilité de faire triompher la justice et le respect ? Attendons de voir quelles suites concrètes seront données à cet accord…

Le commerce gagnant-gagnant

La bio, c'est pour les riches !

Vous craignez pour votre porte-monnaie ?
• Imaginez de diminuer ou de supprimer votre budget viande-poisson-fromage. Et bien voilà des ressources supplémentaires pour améliorer la qualité du reste.
• Beaucoup de personnes aux revenus modérés mais motivées n'hésitent pas à faire des choix. Elles préfèrent consommer bio et rogner sur les budgets loisirs, nouvelles technologies et autres besoins pas toujours vitaux…

Marché en hausse, prix en baisse

Ces produits vous paraissent tout de même trop onéreux ? Alors,
• Sachez que les prix baisseront sensiblement quand le marché augmentera. Il ne vous reste plus qu'à faire des adeptes…

• Sachez que l'agriculture biologique n'est quasiment pas soutenue par les pouvoirs publics. Un agriculteur touche des subventions au moment de sa conversion, et puis après, pffft ! plus rien ! Contrairement à l'agriculture raisonnée, il n'y a pas d'aide au maintien, alors que l'exploitant bio a besoin de plus de main-d'oeuvre et que le rendement est moindre. Ce manque de volonté politique paraît complètement absurde, au moment où la demande explose et où les importations de produits biologiques bondissent !

• Sachez que l'agriculteur bio doit financer lui-même la «propreté» de son mode de travail : techniques plus exigeantes, main d'œuvre plus nombreuse, coût des contrôles pour l'obtention et la conservation du label, … le tout sans aide comme on l'a vu. Cela se répercute forcément sur les prix de revient et de vente.
Il faut d'ailleurs signaler que la cherté des contrôles en vue d'une certification empêche nombre de petits producteurs de s'y soumettre, alors que la qualité de leur travail est irréprochable…
Vous pouvez soutenir l'agriculteur qui fait ce choix courageux en achetant ses produits. Il existe aujourd'hui des réseaux de vente directe bien organisés, à l'image des AMAP (Association entre producteurs et consommateurs pour une économie de proximité). Le producteur s'engage à fournir des produits frais de saison, le consommateur s'engage à acheter un panier de légumes par semaine. Le prix du panier est équitable. La distribution est conviviale et directe, soit à la ferme, soit en ville. Il y a une vraie relation humaine entre le client et le producteur, qui de plus organise régulièrement des animations.
Si vous voulez en savoir plus sur les AMAP de votre région, visitez le site web : alliancepec.free.fr

Le producteur s'engage à ses frais, … et le consommateur ?

• Sachez que les tarifs pratiqués par l'agriculture conventionnelle ou raisonnée sont soutenus par les pouvoirs publics, c'est-à-dire avec nos impôts, et que ces produits peuvent donc être vendus moins chers que leur coût réel. D'autre part, sachez aussi qu'ils ne tiennent aucunement compte du coût des dégâts générés par ces pratiques agricoles, dont le financement incombera finalement à la collectivité tout entière à travers les prélèvements fiscaux. Ce qui implique d'ailleurs que ceux qui optent aujourd'hui pour l'agriculture biologique, producteurs et consommateurs, paieront deux fois….

Encore plus fort, la biodynamie !

Elle est née en 1924 sous l'égide de Rudolf Steiner, philosophe-pédagogue- touche-à-tout, père de l'anthroposophie. Nous dirons pour faire court que c'est une sorte d'agriculture biologique «spirituelle», se basant sur les grands rythmes de la nature (saisons, jour/nuit, marées, astrologie...), et utilisant des préparations homéopathiques sur les cultures. Plus bio et plus respectueux du vivant, ça n'existe pas !

Cette méthode est un peu l'ancêtre de l'agriculture biologique, qui a fait un inventaire de cet héritage pour n'en garder que les côtés les plus rationnels.

La biodynamie, le «nec plus ultra» du bio

L'ESSENTIEL A SAVOIR

- L'agriculture conventionnelle ou intensive :
  - dégrade gravement l'environnement
  - produit des aliments de qualité médiocre
  - propose des prix sous-évalués grâce aux aides des pouvoirs publics
- L'agriculture raisonnée :
  - est régie par un cahier des charges très «léger»
  - n'a aucun impact positif sur l'environnement
  - produit des aliments de qualité assez médiocre
  - est très favorisée par les pouvoirs publics
- L'agriculture biologique :
  - est régie par des cahiers des charges stricts
  - est contrôlée rigoureusement par des organismes indépendants
  - est respectueuse de l'environnement
  - est bénéfique pour le vivant (qualité des produits, respect des animaux d'élevage)
  - développe une économie solidaire à visage humain
  - est délaissée par les pouvoirs publics qui ne lui octroient quasiment pas de subventions

Manger végétarien, est-ce bien raisonnable ?...

Ce livre ne propose que des recettes sans chair animale. «Quelle idée saugrenue !» pensez-vous. «Qu'est-ce qu'on peut bien manger s'il n'y a pas de viande ou de poisson ? Ça doit être compliqué, fade et austère, cette cuisine-là ! D'ailleurs les végétariens ont toujours l'air tristounets...» En êtes-vous si sûrs ?

Quel est l'intérêt du végétarisme?

Les protéines végétales sont d'excellente qualité

Des végétariens en pleine forme

Ce sont des acides aminés de «première main», contrairement aux protéines animales qui sont des produits «transformés» par un autre organisme. On les trouve dans les céréales associées à des légumineuses, dans le quinoa, l'amarante, le soja, le seitan (protéines de blé), les algues, la levure alimentaire, les graines germées, les fruits secs et les oléagineux, les protéines texturées...

Le corps se porte mieux

L'endurance est décuplée, la récupération est rapide, l'énergie vitale est dynamisée, les tissus se régénèrent vite. Les protéines végétales sont très bien assimilées et produisent moins de déchets. La pression sanguine est plus basse. Les risques cardiovasculaires et dégénératifs sont fortement réduits.

Penseurs

Sportifs

Créatifs

Que ceux qui persistent à croire que les végétariens ne sont que des esprits chagrins souffreteux examinent la liste suivante, non exhaustive. Ces quelques noms puisés parmi les très nombreuses personnalités ayant opté pour ce mode alimentaire, démontrent parfaitement que cela ne nuit en rien à l'efficacité, bien au contraire...
Aux côtés de Bouddha, de Socrate et de Platon, on trouve entre autres le Mahatma Gandhi, Saint François d'Assise, Léonard de Vinci, Voltaire, Léon Tolstoï, Albert Einstein, le docteur Albert Schweitzer et le biologiste marcheur-de-déserts humaniste Théodore Monod, décédé à 98 ans.

Chez les athlètes, figurent Fausto Coppi (cyclisme), Patrick Edlinger et Isabelle Patissier (escalade), Alain Mimoun et Emil Zatopeck (marathon), Djamel Bouras (médaille d'or JO de judo). Chez les innombrables artistes, citons Phil Collins, Yehudi Menuhin, Paul Mac Cartney, Joan Baez, Clint Eastwood, Dustin Hoffman, Robert Redford, Claudia Cardinale et Nathalie Baye. En quelle bonne compagnie nous nous trouvons !

aux motivations multiples...

«Objection, votre Honneur ! Adolf Hitler aussi était végétarien, c'est bien connu ! Alors, qu'avez-vous à répondre à ça ?»
L'argument choc classique va sûrement vous effleurer l'esprit, lecteurs implacables désireux d'une démonstration parfaite. Et bien, à cela, nous répondrons simplement en vous livrant cet extrait d'article :

«Du fait qu'Hitler souffrait de flatulences excessives, il a suivi, à l'occasion, un régime végétarien. Mais son alimentation principale était basée sur la viande. Dans The Life and Death of Adolph Hitler, l'historien Robert Payne mentionne sa passion pour les saucisses bavaroises. D'autres biographes, comme Albert Speer, ont également indiqué qu'il mangeait du jambon, du foie, et du gibier. Hitler bannit les organisations végétariennes d'Allemagne et des territoires occupés, alors même qu'un régime végétarien aurait aidé l'Allemagne à résoudre ses problèmes de pénurie alimentaire dus à la guerre.» (Richard Schwartz «Don't Put Hitler Among the Vegetarians», New York Times, 21 septembre 1991).

Il n'y a pas de gaspillage

Un choix économique

<u>Des chiffres pour vous convaincre</u>

*Il faut en moyenne **8 kg de végétaux** pour obtenir **1 kg de viande** (3 kg pour le poulet, 16 kg pour le bœuf).*

Pour nourrir 10 personnes, il faut :
8 hectares si elles sont ***carnivores,***
1 seul hectare si elle sont ***végétariennes.***

La ***valeur énergétique*** des calories obtenues à partir de la ***viande*** coûte 1***0 fois plus cher*** que si elle était fournie par des végétaux.
25 % des céréales produites dans le monde servent à la nutrition des animaux des pays riches.
50 % des protéines végétales produites servent à l'alimentation du bétail.

Comme le dit si bien Pierre Rabhi, agro-écologiste : «*on est passé de «gagner son pain» à «gagner son bifteck*» !»
Si l'élevage intensif disparaissait, la terre serait capable de nourrir aisément tous les humains. Si l'élevage extensif pratiqué en Amérique Centrale et en Amérique Latine n'était pas encouragé

par une forte demande de protéines animales, leurs forêts, en particulier l'Amazonie, ne se réduiraient pas comme une peau de chagrin en partant en fumée, alimentant de ce fait l'effet de serre…

Un mode de vie et de pensée

Le végétarisme est souvent un choix philosophique

À tout seigneur, tout honneur !
Laissons quelques végétariens célèbres nous parler de leurs motivations.

«L'effet physique qu'exercerait un mode de vie végétarien sur le tempérament humain aurait une influence extrêmement positive sur l'humanité… Je pense que les transformations et les effets purificateurs d'un régime végétarien sur l'homme sont très bénéfiques à l'espèce humaine. Par conséquent, en choisissant le végétarisme, on sera à la fois heureux et paisible.» Albert Einstein, physicien.

«La terre donne des richesses en abondance et de la nourriture pacifique. Elle nous offre des repas qui ne sont tachés ni de sang ni d'assassinat.» Pythagore, mathématicien et philosophe grec.

«J'ai récolté des choux et cueilli des carottes et j'ai aussi visité des abattoirs : ces expériences ne peuvent pas se comparer»… «Nul besoin de se priver : il s'agit seulement de mieux comprendre comment manger de la façon la plus saine, la plus agréable, la plus nourrissante d'une part, et la plus économique, la plus généreuse, la moins polluante d'autre part. [...] La vie dans son ensemble en bénéficierait : vous, le genre humain, les animaux, les forêts, les rivières, le sol, les océans, et l'atmosphère terrestre.» John Robbins, écrivain américain.

«L'espérance de vie d'un mangeur de viande est de 63 ans. Je me rapproche de 85 et je travaille toujours autant qu'avant. J'ai vécu assez longtemps et j'essaye de mourir, mais je n'y arrive tout simplement pas. Une seule tranche de boeuf en finirait avec moi mais je ne peux me convaincre d'en avaler une. Je suis épouvanté à l'idée de vivre pour toujours. C'est le seul désavantage d'une alimentation végétarienne.». Cette citation de George Bernard Shaw, dramaturge irlandais, date de 1940. Il vécut encore 10 ans…

«Tout comme Zénon, il me déplaît de «digérer des agonies.» Marguerite Yourcenar, écrivain, première femme élue à l'Académie Française en 1980.

«On peut parler de cuisine «non-violente», miroir d'une éthique personnelle reposant en partie sur la compassion à l'égard du monde animal. Certains qualifient ironiquement ce sentiment de «sensiblerie». À chacun ses appréciations ! Pourtant je crois que beaucoup de gens ne mangeraient plus de viande s'ils devaient tuer eux-mêmes les animaux…» mère Gobuche.

Végétarisme et végétalisme

Le végétarien n'absorbe pas de chair animale, mais peut consommer des sous-produits animaux : laitages, œufs. Cependant, certains végétariens mangent tout de même du poisson.

Les 3 écoles

Le végétalien ne consomme aucun produit ni sous-produit animal.

Le macrobiote est un végétalien dont la règle particulière est fondée sur le principe taoïste de la complémentarité entre le yin et le yang. Les divers aliments se répartissent donc en ces deux catégories. La macrobiotique, discipline alimentaire rigoureuse introduite en occident par Georges Ohsawa, peut être une aide efficace en cas de maladie grave.

Le végétarisme, c'est facile et délicieux !

Un peu d'information

Les principes de base sont très simples. Vous saurez bien vite comment procéder pour que votre alimentation soit équilibrée et non carencée, cette difficulté constituant le principal reproche fait habituellement au végétarisme. Oui, oui, c'est tout à fait possible et sans aucune difficulté ! Ce livre est là pour vous conseiller.

De la curiosité

Furetez dans les rayons et goûtez tout ce que vous ne connaissez pas. Laissez-vous surprendre. Vous découvrirez nombre de produits savoureux et d'une grande valeur nutritive.

et puis lancez-vous!

Ce livre est là pour vous aider à les mettre à votre menu. Vous verrez vite qu'il n'est pas compliqué du tout de se familiariser avec cette pratique.

La mère Gobuche est là pour vous guider dans vos premiers pas.

VÉGÉTAUX AUX MILLE VERTUS !

Les végétaux, meilleurs alliés de notre corps

Outre leur apport en nutriments indispensables (protéines, lipides, vitamines et minéraux), les végétaux nous offrent des **substances bioactives** : fibres, substances végétales secondaires, substances contenues dans les aliments fermentés/bactéries lactiques. Leurs qualités connues sont nombreuses :

- action anticancéreuse
- inhibition des bactéries, virus et moisissures
- prévention des oxydations pathogènes
- prévention des caillots sanguins
- renforcement du système immunitaire
- atténuation des inflammations
- régulation de la tension artérielle
- abaissement du taux de cholestérol
- normalisation de la glycémie
- activation de la digestion

… et d'autres à découvrir, car on n'en est qu'au début des recherches scientifiques dans ce domaine !

Les substances bioactives nous protègent

LES PRINCIPALES SUBSTANCES VEGETALES PROTECTRICES		
Substances	*Où les trouver*	*Principales propriétés*
Caroténoïdes	*Piments/poivrons rouges et jaunes, carottes, potirons, betterave rouge, tomate…*	*- protection contre le cancer - stimulation du système immunitaire - baisse du taux de cholestérol*
Phytostérols	*Graines riches en matières grasses et huiles extraites à froid (tournesol, sésame, soja…).*	*- prévention du cancer du gros intestin - baisse du taux de cholestérol*
Saponines	*Principalement les légumineuses, tomate.*	*- protection contre le cancer - baisse du taux de cholestérol - calment les inflammations*
Glucosinates	*Moutarde, raifort, chou…*	*- prévention du cancer - action antimicrobienne*
Polyphénols	*Enveloppe des fruits et des céréales, légumes, vin rouge…*	*- antioxydant/anticoagulant - prévention du cancer - stimulation du système immunitaire - régulation de la tension artérielle et de la glycémie*

Phytoestrogènes	*Soja, céréales, légumes.*	*- prévention des cancers à déclenchement hormonal (sein, utérus)*
Sulfides	*Ail, oignon, poireau.*	*- prévention du cancer* *- stimulation du système immunitaire* *- action antimicrobienne* *- antioxydant*
Acide phytique	*Céréales, légumineuses, graines oléagineuses.*	*- régulation de la glycémie* *- prévention du cancer*

Certaines de ces substances sont bénéfiques à faibles doses et nocives à hautes doses. Sachez également que plus un végétal est coloré, plus grand est son pouvoir antioxydant.

Précieuses fibres alimentaires !

Les fibres ne sont ni digérées ni absorbées par l'organisme : sans aucun apport calorique, elles fournissent une aide inestimable. Elles se divisent en deux catégories :

Les fibres stimulent le système digestif

- les fibres insolubles

Hémicellulose et cellulose, lignine, elles se trouvent plutôt dans les enveloppes de céréales et les légumes verts. Elles sont très absorbantes. En se gorgeant d'eau, elles facilitent le transit intestinal. Elles soulagent entre autres les problèmes de constipation (mais uniquement si on prend soin aussi de boire beaucoup), de diverticulose, et diminuent le temps de contact entre la muqueuse intestinale et certaines substances réputées cancérigènes (prévention du cancer du côlon). Le volume du bol alimentaire étant ainsi augmenté, la quantité de bactéries chargées de la digestion augmente en proportion, ce qui assure un bon entretien de la flore intestinale. La masse formée permet de se sentir rassasié rapidement.

- les fibres solubles

Pectine, gommes et mucilages sont présentes plutôt dans les fruits (pommes, poires, raisins, coings…), les légumineuses et les algues. Elles forment une sorte de gel qui ralentit la digestion. L'estomac se vide lentement et l'absorption des sucres est étalée dans le temps, ce qui permet une bonne régulation de la glycémie. En plus, elles se lient à une partie du cholestérol qu'elles entraînent dans les selles. Bon débarras !

L'INDEX GLYCÉMIQUE (IG) : SA FORCE EST DANS SA FAIBLESSE

L'index glycémique, un critère primordial

Ce critère, bien que fondamental au regard d'une alimentation équilibrée, n'est aucunement pris en compte par nos autorités sanitaires nationales dans leurs recommandations. Pourtant, l'OMS conseille son affichage, déjà pratiqué avec succès en Australie. L'AFSSA estime que cette notion est trop compliquée pour le consommateur… À vous de juger !

- L'index glycémique permet de classer les aliments en fonction de la réponse glycémique de l'organisme, c'est-à-dire l'élévation du taux de sucre dans le sang, après la prise alimentaire.

Plus cette élévation est rapide, plus dure est la «chute réactionnelle» qui suit : hypoglycémie, sensation de faim ou malaise, comme le «coup de pompe de 11 heures». Sachant cela, on peut alors mieux adapter ses choix en fonction de son métabolisme personnel, de ses besoins énergétiques (effort sportif) ou de ses déséquilibres (tendance à l'obésité ou au diabète).
L'aliment à index glycémique bas génère une couverture des besoins énergétiques à long terme : le sportif mange en général un plat de pâtes à la veille d'une épreuve. Les aliments dont l'IG est supérieur à 60/70 ne sont pas considérés comme des sucres lents, mais rapides.

Pourquoi la plupart des régimes contre l'obésité sont-ils inopérants ?

L'index glycémique élevé n'a d'intérêt que pour une récupération accélérée de son taux de sucre : après l'épreuve, notre athlète prend une boisson sucrée. Les aliments à IG élevé risquent à la longue de déséquilibrer la glycémie et d'induire un diabète, car ils font trop travailler le pancréas en demandant sans cesse de l'insuline pour assimiler tout ce sucre. Plusieurs études en témoignent. Une chercheuse a eu l'idée de comparer l'IG à l'élévation du taux d'insuline. En général, l'index glycémique et la réponse pancréatique se recoupent effectivement. Mais il y a des surprises ! Par exemple, le yaourt, qui a un IG bas (62), entraîne un taux d'insuline très fort (115). Il reste des mystères à éclaircir... En outre, l'insuline se comporte comme un puissant facteur de croissance, qui accroît le nombre de cellules saines mais qui pousse aussi les cellules malignes à se diviser, multipliant le risque de cancer (surtout colorectal, prostatique et endométrique) en particulier chez les sédentaires.

On s'est aussi beaucoup penché sur les liens entre IG élevé et obésité. Génétiquement , «*l'organisme ne sait pas gérer un tel afflux de glucose*». C'est pourquoi les régimes proposés aux obèses sont en général sans résultats, car ils sont pauvres en graisses et en calories, mais riches en aliments à IG élevé (pain blanc et céréales raffinées, pommes de terre...). Par expérience, on a pu vérifier que la restriction en lipides et en calories était sans effets sur l'obésité. «*En limitant simplement les glucides raffinés, on perd plus de poids et de graisses corporelles qu'en limitant graisses alimentaires et calories*». Malgré ces constats venus surtout des Etats-Unis, l'AFSSA continue de prôner ces règles diététiques inadéquates. Résultat : au lieu de diminuer, l'obésité a augmenté de 20% depuis 2001 !

Ne nous fions pas aux apparences

«*Actuellement, les recherches se succèdent qui confirment l'intérêt des glucides à IG bas : ils réduisent la sensation de faim et font maigrir*». Les aliments à IG bas rassasient mieux, plus longtemps et évitent les petits creux qui nous poussent à grignoter ce qui nous tombe sous la main (plutôt des chips ou des sucreries, comme par hasard...). L'IG élevé augmente l'appétit, surtout les céréales raffinées. Une expérience menée sur des enfants a indiqué que ceux qui consommaient des céréales raffinées au petit-déjeuner et au déjeuner ingéraient 53% de calories en plus au repas suivant !

- Au cours d'un repas, les aliments sont mélangés et il se produit des interférences. Les protéines, les lipides et les fibres qui ralentissent la digestion font baisser l'IG du repas. Par contre, une digestion rapide comme celles des grosses molécules du pain ou des pommes de terre, augmente l'IG.

La sensation sucrée n'est pas forcément synonyme d'index glycémique élevé. Les fruits ont un IG assez faible grâce à leur fructose, sucre simple mais absorbé assez lentement. La patate

douce, malgré sa «douceur», n'a un IG que de 50.
Certaines préparations (hydratation, chaleur...) et processus industriels (mouture, soufflage, flocons de purée...) élèvent beaucoup l'index glycémique par transformation d'une partie de l'amidon en glucose.
En résumé, vous l'aurez compris, privilégiez les aliments à IG faible.

Le raffinage des céréales nous prive du meilleur

CÉRÉALES COMPLÈTES, L'ÉNERGIE AU LONG COURS

Abandonnez toutes les céréales raffinées

• Les céréales sont abrasées par usinage pour ôter l'enveloppe entourant le grain, enveloppe riche en protéines, en fibres, en minéraux et vitamines. Nous sommes ainsi privés du plus précieux, dommage !

• L'amidon raffiné (pain blanc, farine blanche, céréales décortiquées...) fait diminuer le «bon» cholestérol (HDL) et augmenter les triglycérides, ainsi que la protéine C réactive coresponsable du risque cardiaque. L'amidon raffiné est impliqué dans différents cancers (pancréas, côlon, sein, ovaires) et provoque une charge acide importante (voir plus loin «L'équilibre acido-basique»).

• Comme on l'a vu précédemment, les céréales raffinées font prendre du poids, et ce pour plusieurs raisons :
- le raffinage concentre l'amidon et augmente ainsi la valeur calorique de la céréale.
- le raffinage élimine les fibres, qui devraient normalement limiter la transformation de l'amidon (amylopectine) en glucose. Cela entraîne une élévation de l'index glycémique, et les céréales ne peuvent donc plus remplir plus leur rôle de pourvoyeur d'énergie dans la durée. Il n'y a pas d'impression de satiété et s'ensuivent fringale et grignotage. Le pancréas est surmené et ce surplus de nourriture est mis en réserve sous forme de graisse.
- le raffinage élimine également les protéines, qui diminuent elles aussi l'hydrolysation de l'amidon et donc sa transformation en glucose. Cela joue pareillement sur l'élévation de l'IG.

• De plus, le manque de fibres ralentit le transit intestinal et génère des troubles dans la régulation du métabolisme des sucres et des graisses.

Ne consommez du blé qu'avec parcimonie

• Selon le Dr Seignalet (voir «Sources» en fin d'ouvrage), le blé actuel a été tellement hybridé pour améliorer le rendement, que nos organismes semblent ne plus parvenir à l'assimiler correctement, qu'ils le considèrent comme un corps «étranger». Il faut dire qu'il compte 23 paires de chromosomes contre 8 pour un épeautre rustique !
• Le blé naturel est très haut. La durée de sa pousse lui permet d'élaborer des protéines complexes bien adaptées à nos organismes. Aujourd'hui, les blés modernes sont de toute petite taille, dopés à l'azote. Ils produisent trop rapidement des protéines qui n'ont pas le temps de se complexifier, devenant ainsi néfastes pour la santé humaine. La pousse trop expéditive empêche le développement des nutriments. Elle génère l'apparition de protéines allergisantes (gluténines et gliadines) et trop longues qui fatiguent les intestins.
• D'ailleurs, ce blé n'est même plus panifiable et l'on doit ajouter des améliorants dans les farines pour que le blé veuille bien lever.
• Les intolérances au gluten, depuis de simples ballonnements jusqu'aux polyarthrites et à la maladie coeliaque, se développent à une allure impressionnante.

Jouons sur toute la gamme des céréales

Variez les céréales

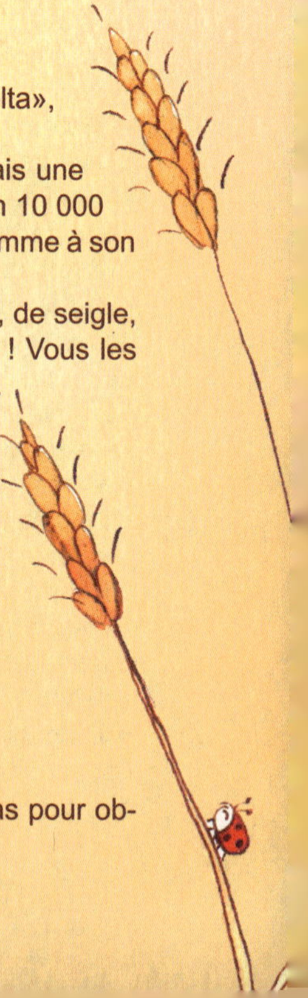

• Limitez votre consommation de blé et préférez les variétés anciennes.
• Découvrez le kamut, ancêtre rustique du blé, et le grand épeautre dit aussi «spelta», plus récent et issu de croisements.
• Le petit épeautre, appelé également «engrain», n'est quant à lui pas un blé, mais une graminée dont la consommation remonte aussi loin que celle de l'orge il y a environ 10 000 ans. Il pousse en terrain pauvre, plutôt dans des régions montagneuses et sèches comme à son origine, et n'a jamais subi ni croisement ni hybridation.
• Régalez-vous d'orge, de riz (basmati, thaï, rouge, grain rond ou long, sauvage…), de seigle, de sarrasin, d'avoine, de quinoa, de maïs… Osez ce que vous ne connaissez pas ! Vous les découvrirez un peu plus loin dans le chapitre «Les céréales et herbacées assimilées».
• Les pâtes sont en général plus appréciées semi-complètes.Les pâtes complètes sont moins goûteuses et elles collent facilement. Différentes céréales peuvent leur servir de base.
• Mâchez toujours bien les céréales pour amorcer une bonne digestion.
• Attention ! Les intestins délicats ont parfois un peu de mal à s'habituer aux céréales complètes, mieux vaut les introduire petit à petit dans l'alimentation…

Les meilleures protéines sont végétales

Associez les céréales et les légumineuses

(détails dans «Associations alimentaires»)

• Comptez 2/3 de céréales pour 1/3 de légumineuses consommées au même repas pour obtenir un apport protéique équilibré.

- Vous pouvez les préparer ensemble si le temps de cuisson correspond : riz + lentilles, ou orge + azukis....
- La cuisine traditionnelle des 4 coins du monde regorge de ces mariages heureux, en général enrichis de légumes :

en Afrique du Nord, le couscous aux pois chiches
en Italie, le riz et les pois dans le risotto ; la soupe de pâtes aux haricots secs pour le minestrone
en Espagne, le riz, les fèves et les petits pois dans la paella
au Mexique, le maïs se mange avec des haricots rouges
en Asie, riz + lentilles ou dérivés de soja constituent le menu quotidien.

- Le quinoa, le sarrasin et l'amarante contiennent tous les acides aminés indispensables. Ils se suffisent donc à eux-mêmes et ne nécessitent pas l'ajout de légumineuses.

Le sucre intégral, un ami qui vous veut du bien

L'ennemi n° 1 : le sucre raffiné

S'il n'y avait qu'un aliment à supprimer totalement, ce serait celui-là !

Toutes les bonnes raisons de se passer de sucre blanc

- Le sucre blanc est extrait par décantation à la chaux et à l'anhydride sulfureux, décoloré au sulfoxylate de sodium, raffiné au norite et à l'alcool isoprolique, puis blanchi et bleuté au bleu anthraquinonique, ou coloré en brun dans le cas du sucre roux ou candi. Le jus extrait de la canne ou de la betterave subit d'abord une concentration par évaporation (chauffage à la vapeur), puis il est mis à chauffer à plusieurs reprises dans des chaudières sous vide en vue de sa cristallisation. Une centrifugation sépare les cristaux de sucre du jus visqueux non cristallisable restant, appelé «mélasse». C'est cette opération de cristallisation qui prive le sucre de ses précieux minéraux. La mélasse issue de la betterave sert en général de nourriture pour le bétail et celle de la canne à sucre est mise à distiller pour faire du rhum.

Notez bien que le sucre roux, la cassonade et le sucre candi sont des sucres raffinés, et en aucun cas du sucre complet.

- Qu'il soit de betterave ou de canne, incorporé dans les sodas, pâtisseries, confitures et céréales industrielles, le sucre raffiné est très nocif, car il pille les réserves de minéraux de l'organisme. En effet, après le raffinage, il ne reste plus que du saccharose pur, agrémenté de quelques résidus peu sympathiques dus aux multiples opérations. La digestion de ce saccharose requérant des minéraux (calcium, sodium, potassium, magnésium), ceux-ci sont alors prélevés sur les stocks de l'organisme. Cela induit une déminéralisation (caries dentaires, ostéoporose, etc...) ainsi que la formation de déchets acides.

- Le sucre raffiné bloque les sécrétions gastriques (fermentation acide). Il produit des métabolites toxiques (acide pyruvique, sucres anormaux à 5 atomes de carbone) qui entravent la respiration des cellules. Il puise dans les réserves de vitamine B, nécessaire au métabolisme du calcium et au bon fonctionnement du cerveau. Il affaiblit le système immunitaire. Il rend les cellules sensibles aux agents cancérigènes. Il fatigue les glandes surrénales, le pancréas et le foie, constamment sollicités par la glycorégulation. Le sucre en surplus est entreposé dans l'organisme sous forme de graisses, d'abord dans les zones inactives comme les fesses, le ventre ou les cuisses, puis dans les organes actifs, le cœur et les reins. Tout l'organisme souffre et s'affaiblit.

L'ami : le sucre de canne complet non raffiné ou intégral

• Le jus de la canne est simplement concentré séché et concassé. La mélasse regorgeant de vitamines et de minéraux (magnésium, phosphore, fer, fluor, cuivre, manganèse, zinc...), ce «suc de canne» prévient l'anémie et le rachitisme ainsi que les caries dentaires. On a pu noter que, dans les régions où les populations souffrent de sous-alimentation mais disposent de sucre de canne intégral ou de mélasse, les carences sont nettement moins importantes et les caries dentaires inexistantes. Le sucre intégral, transportant avec lui les minéraux nécessaires à sa digestion, est en équilibre acido-basique et laisse intactes les réserves de l'organisme.

Riche en goût

• Il est riche en arômes délicieux ! Pour certaines recettes de desserts à la saveur subtile, on peut utiliser du sucre complet blond au goût moins intense.

• Ayez la main légère avec le sucre. Sa consommation abusive favorise la prise de poids et les maladies cardiovasculaires, car il est stocké sous forme de graisses. Elle contribue à l'apparition du diabète, par fatigue du pancréas avec insulino-résistance. Notons au passage et avec étonnement que l'AFSSA a longtemps réfuté cette thèse pourtant confirmée par les plus grands spécialistes internationaux. L'industrie sucrière est influente, en France... Ce n'est qu'en 2005 qu'une campagne de prévention a été enfin lancée.

mais avec modération!

De plus, trop de sucre masque le goût des autres ingrédients. Dans les recettes de la mère Gobuche, la quantité de sucre proposée est d'environ la moitié des recettes classiques. Vous verrez comme vous apprécierez de découvrir les saveurs naturelles !

• Pour faire du sucre vanillé, c'est facile : mettez du sucre complet avec 2 ou 3 gousses de vanille fendues en deux, dans un bocal bien fermé. Mélanger de temps à autre.

Le miel, beau cadeau des abeilles

Pensez au miel

• Celui-ci renferme de nombreux principes actifs : des enzymes, du pollen, de la vitamine B12, des substances antibactériennes et aromatiques. Ses bienfaits thérapeutiques sont divers.
- Il prévient l'anémie et la déminéralisation.
- Il protège le système cardio-vasculaire, en luttant contre le stress, les dépôts graisseux, et en fluidifiant le sang.
- Il est bénéfique pour le foie, surtout le miel de romarin.
- Il combat l'asthénie et calme l'angoisse

- Il favorise la cicatrisation des plaies et des ulcères digestifs.
- Il a une action antibactérienne et antiseptique sur les plaies, les maux de gorge.
- Il lutte contre les radicaux libres, car il contient des substances anti-oxydantes.
- Contenant du fructose, il est absorbé assez lentement et n'a pas les inconvénients d'un sucre rapide.

...Et le fructose ?

Nous pouvons profiter sans (trop d')entraves du fructose naturel, sucre simple bénéficiant d'une absorption lente, dont l'index glycémique est de 23, qui est uniquement contenu dans les fruits et dans le miel. Par contre, nous avons intérêt à nous méfier du fructose produit à grande échelle, qui est vendu sous forme de poudre, ou qui se trouve dans les gâteaux et desserts industriels. Des chercheurs de l'INRA ont étudié sur des rats le stress oxydant résultant d'une trop grande consommation de ce fructose. Deux types de pathologies en découlent :

Attention ! Il y a fructose et fructose

- le syndrome X, qui associe obésité (par diminution de la peptine, hormone du contrôle de l'appétit), résistance à l'insuline, intolérance au glucose, hypertension, élévation des triglycérides (trop de graisses dans le sang) et risque cardiovasculaire élevé (cette maladie insidieuse aujourd'hui appelée «syndrome métabolique» touche 20% des quinquagénaires en France, des personnes sans activité physique mangeant trop sucré et trop gras. L'augmentation et le «rajeunissement» de ce syndrome de par le monde sont alarmants).
- des déséquilibres métaboliques, en particulier des carences en cuivre et magnésium, et une augmentation des radicaux libres.

Par contre, les tests effectués avec du miel montrent qu'au contraire, celui-ci a un effet antioxydant évident et lutte très efficacement contre les radicaux libres responsables du vieillissement et de la dégénérescence cellulaire.

Essayez d'autres variantes

- Goûtez le sirop d'érable, qui contient du zinc, du fer, du calcium, du potassium, du phosphore, du manganèse, de la silice et du magnésium. Il est aussi antioxydant et riche en complexe vitamine B.

- Testez également le sirop d'agave au goût subtil et neutre, provenant d'un cactus du Mexique. Riche en fructose, il a un pouvoir sucrant important avec un minimum de calories. Essayez aussi la sève de kitul, issue du palmier «queue de poisson» qui pousse en Birmanie, en Inde ou au Sri-Lanka : elle est riche en vitamines B1 et B12, en fer et en calcium, et apporte moins de 300 calories pour 100 g.

- Le (on peut aussi dire «la») «Stevia rebaudiana Bertoni» est une plante originaire d'Amérique du Sud, dont les Indiens Guaranis utilisent depuis des siècles les feuilles au goût étonnamment sucré. La phytothérapie traditionnelle locale le considère également comme hypoglycémiant, hypotenseur, diurétique et cardiotonique. Il protège des caries et renforce les gencives, d'où son utilisation dans des dentifrices.

Le stevia est cultivé dans une vingtaine de pays, dont le Brésil, la Russie, le Japon et le Canada. Dans les années 1970, le Japon a interdit l'usage des édulcorants aspartame et saccharine par crainte de leurs conséquences néfastes sur la santé, et a développé l'usage des glucosides issus du stevia, au pouvoir sucrant 100 à 300 fois plus élevé que le sucre, et dont l'étude toxicologique leur a semblé satisfaisante. Depuis 25 ans, ce nouvel édulcorant est présent dans un grand nombre de denrées en Asie et en Amérique du sud, et aucun effet secondaire indésirable n'a été constaté.
Alors que les USA et le Canada l'ont tout récemment autorisé, la Communauté Européenne persiste à en interdire la mise sur le marché en tant qu'aliment ou comme ingrédient alimentaire, arguant que les données toxicologiques actuelles ne garantissent pas l'innocuité de cette plante. La Commission Européenne devrait bientôt présenter au Parlement, à sa demande, un réexamen des restrictions mises en place en 2000 concernant le stevia. L'UE a financé des études complémentaires.

En attendant, vous devriez tout de même pouvoir vous procurer de l'extrait standardisé, liquide ou en poudre, ainsi que de la poudre de feuilles séchées sur un des nombreux sites Internet internationaux dévolus à cette plante, ou dans des magasins de produits naturels. Dans les boutiques diététiques françaises, et à la faveur d'un imbroglio juridique entre les administrations françaises et européennes, il est possible de trouver de la poudre de feuilles. Celle-ci est distribuée par la marque Guayapi Tropical, société qui se distingue par son souci de l'éthique. Les produits importés d'Amazonie ou du Sri-Lanka sont 100% naturels et issus de méthodes traditionnelles respectueuses de l'environnement, son approche du commerce est sociale et équitable. C'est également elle qui commercialise la sève de kitul. (magasins bio et site Internet : www.guayapi.com).

Vous pouvez aussi commander des graines ou des plants, et cultiver très facilement le stevia dans votre jardin ou sur un balcon. Ses feuilles fraîches au petit goût de réglisse sucreront agréablement votre thé, café et tisane, à raison de 2 feuilles par tasse. Attention toutefois : la plante craint le froid. Rentrez le pot de stevia quand la température est inférieure à 10°C.

le xylitol, avec prudence toutefois

- Le xylitol (E 962) est un sucre présent naturellement dans certains végétaux (baies, champignons, bois durs...). Industriellement, il est obtenu par hydrolyse de bois de bouleau.

C'est un édulcorant peu calorique - il contient 40% de calories en moins que le saccharose, absorbé lentement, dont l'index glycémique n'est que de 10. A priori, il n'acidifie pas l'organisme. Il protège des caries dentaires, car sa présence régule le pH de la bouche et empêche la fermentation des bactéries, propice à la fragilisation de l'émail des dents.
On peut le trouver sous forme de poudre, à utiliser en cuisine à la place du sucre. Les pays scandinaves l'utilisent depuis assez longtemps, en particulier dans les pâtes à mâcher.
Le xylitol fait partie de la famille des polyols, avec le maltitol, le sorbitol, le mannitol, le lactitol et l'isomalt. Toutes ces substances ont une origine «naturelle», puisqu'elles sont tirées de l'amidon ou d'un sirop de glucose, mais elles subissent diverses transformations chimiques comme l'hydrogénisation, qui en font en fait des produits de synthèse. Ce sont des édulcorants récents : ils ne sont utilisés que depuis une vingtaine d'années, et l'on ne connaît pas leurs effets potentiels à long terme. Prudence, donc...

Mettez un petit peu de sel dans votre vie...

Oubliez le sel raffiné

Gare au sel raffiné !

• Le sel subit autant de traitements complexes que le sucre. Une artillerie de procédés physico-chimiques permettent d'isoler le chlorure de sodium, puis des additifs le blanchissent et le rendent facile à saupoudrer.

• Le produit résultant, appauvri, ne contient plus d'autre oligoélément que du chlorure de sodium pur (+ les additifs et les résidus des traitements). Ce minéral est indispensable à la vie, puisqu'il conditionne l'hydratation de l'organisme, mais un apport excessif accroît les problèmes de rétention d'eau et d'hypertension. Or, ce sel exacerbe l'appétit et sature le goût, ce qui conduit souvent à sa surconsommation.

Adoptez le sel marin gris non raffiné

Préférez le sel provenant des salines de l'Atlantique. Celles-ci font perdurer les procédés artisanaux des marais salants et sont garantes de qualité, alors que la production en Méditerranée est mécanisée et industrielle.

Toute la richesse océane dans le sel des paludiers

• Ce sel est riche en minéraux, en algues microscopiques, en plancton, et nous offre ainsi du chlorure de sodium bien sûr, mais aussi de l'iode, du magnésium, du calcium, du potassium qui modère les effets néfastes du sodium, du soufre, des traces de fer, de manganèse, de zinc, de cuivre, de fluor.... Bien sûr, il a tendance à s'agglomérer un peu, mais est-ce si gênant ?

• Soyez parcimonieux avec la salière. Nous consommons environ 10 à 12 fois plus de sel que nos besoins réels l'exigent. 1 gramme par jour (3 à 5 grammes sont considérés comme acceptables) devrait nous suffire en temps normal (sauf en cas de forte chaleur ou d'effort physique intense). Gare aussi au sel «caché» dans l'industrie agroalimentaire, dans le fromage, les conserves, les plats cuisinés, les soupes en sachets, les amuse-gueules...

... avec mesure

Le lait végétal, c'est le lait «sans vacheries» !

Méfiez-vous du lait de vache et de ses dérivés

• Tout de même assez bien organisée en général, la nature a «inventé» le phénomène de la lactation pour que les mamans mammifères puissent nourrir leurs petits en fonction des besoins propres à leur race. Le lait de la baleine n'a pas la même composition que le lait de la chatte ou de la lionne, et le lait de vache ne répond pas non plus aux besoins spécifiques des petits êtres humains, et encore moins des grands humains ! Il répond juste aux besoins des petits veaux...

Le calcium du lait ne nous sauvera pas !

● L'homme ingénieux a eu l'idée d'entretenir la lactation à son profit en trayant la vache (et la chèvre et la brebis) régulièrement, puis, encore plus malin, en ayant recours à des hormones qui génèrent une hyperoestrogénie continuelle. Avant le développement de l'élevage intensif, une vache vivait une vingtaine d'années en regardant passer les trains et en produisant à peu près 2000 litres de lait par an.
Aujourd'hui, on est tout fier des progrès accomplis. Les vaches donnent environ 7 à 8000 litres de lait par an, jusqu'à 12000 litres pour les plus performantes, qui ont droit à une jolie décoration. Le revers de cette belle médaille, c'est qu'elles ne vivent plus que 5 ans, porteuses la plupart du temps d'une colopathie chronique et d'une cirrhose alcoolique due à une suralimentation de maïs. En effet, avec la fermentation du rumen, elles ingurgitent l'équivalent d'une bouteille de whisky tous les jours ! Et puis les TGV roulent si vite qu'elles n'ont de toute façon plus le temps de les voir passer…

● Lait, fromages et yaourts, contrairement aux affirmations «bourrage de crâne» que nous subissons sous l'impulsion du lobby laitier, ne sont absolument pas indispensables à notre bonne santé. Le calcium végétal est abondant et mieux assimilé. Les vaches produisent du calcium en broutant de l'herbe, les animaux à coquilles développent leur enveloppe calcaire sans boire de lait. Pourquoi sommes-nous si certains, nous humains, d'avoir besoin de tous ces laitages ?

● Faisant le bilan des 57 études indépendantes menées jusqu'en 2000, le Dr R. Weinsier (Université d'Alabama) a conclu que les éléments dont on dispose «*ne permettent pas de soutenir la recommandation qui vise à encourager la consommation quotidienne de laitages pour favoriser la santé des os*».

Mais quels sont donc les dangers de cet aliment si doux ?

DU LACTOSE ! TROP DE PROTEINES !
TROP DE MAUVAISES GRAISSES ! DES RESIDUS NOCIFS !

À propos du lactose

Si ce sucre est généralement assez bien toléré par l'enfant, il est de moins en moins bien digéré au fur et à mesure qu'on avance en âge, car l'enzyme qui permet de l'assimiler n'est plus secrétée. Il devient alors irritant pour l'intestin. Seule environ 25% de la population d'Europe du Nord «bénéficie» d'une mutation génétique qui lui permet d'absorber le lactose.
La muqueuse intestinale, avec la flore qui la tapisse, est un système organisé en vue des échanges entre l'intérieur (sang, organes…) et l'extérieur (aliments). Ce bel ensemble finit par se dégrader si on le mitraille constamment avec des

molécules pour lesquelles il n'est pas programmé (molécules de synthèse, substances dénaturées…) et que la muqueuse abîmée finit par laisser passer.
Alors le système immunitaire, très présent dans l'intestin, s'affaiblit, donnant lieu à divers désordres : des intolérances et des allergies, des troubles digestifs, de l'acné, de la spasmophilie, des insomnies… On a même constaté une influence sur la cataracte ! Et les corps reconnus comme «étrangers» doivent être éliminés, occasionnant des écoulements anormaux de mucus protecteur et provoquant rhinites, bronchites, otites, pertes vaginales. Beaucoup d'enfants sujets aux otites et rhinopharyngites ne connaissent plus ces affections dès qu'ils ne consomment plus de laitages.

À propos de l'excès de protéines

Trop de protéines laitières nuit à la santé

La surabondance de protéines animales est allergisante. Elle favorise les maladies cardiovasculaires et les cancers. Elle est aussi soupçonnée d'empêcher l'assimilation des substances antioxydantes des végétaux, «d'écraser» la vitamine D et d'augmenter le facteur de croissance IGF-1, impliqué dans la cancérisation cellulaire.
Des études statistiques à l'échelle internationale montrent une incidence impressionnante des cancers hormonaux-dépendants (sein et prostate), des lymphomes et des sarcomes des tissus mous dans les régions grandes consommatrices de laitages. Plusieurs pistes explicatives font l'objet d'études approfondies.
De même, des mécanismes encore mal connus font que certains organismes réagissent de manière inadaptée en produisant des anticorps contre les protéines du lait, ciblées alors comme des antigènes agresseurs. Alors, le système immunitaire «confond» ces cibles avec des cellules de son propre organisme parce qu'elles ont une configuration proche, et organise leur destruction. Ces affections auto-immunes sont variées : diabète insulinodépendant, rhumatismes inflammatoires (arthrites), maladies thyroïdiennes…
Des excès réguliers de protéines dans le sang constituent un danger majeur pour nos artères (voir chapitre «Associations alimentaires»). Ce phénomène est accentué par la présence simultanée de sucre. Cela est valable aussi pour les protéines du soja. C'est pourquoi il n'est pas souhaitable que yaourts sucrés et crèmes dessert fassent partie de notre menu quotidien. D'ailleurs, les recettes traditionnelles asiatiques de soja ne sont jamais sucrées.
Les pays nordiques, grands consommateurs de laitages, connaissent une forte incidence des maladies cardiovasculaires. À contrario en Crête, où traditionnellement on ne consomme qu'un peu de fromage de chèvre, cette incidence est très faible (mais cela risque de changer avec la standardisation mondiale de la «malbouffe»…).

À propos des mauvaises graisses

Les laitages contiennent surtout des graisses saturées et des graisses insaturées dites «trans» (voir «Associations alimentaires») qui sont les «mauvais» acides gras, impliqués dans la surcharge pondérale, les problèmes cardiovasculaires et de nombreux problèmes métaboliques.

Les laitages ont également une teneur excessive en oméga 6 du fait de l'alimentation animale moderne, le maïs et les tourteaux de soja contenant eux-mêmes beaucoup trop de ces acides gras.

De plus, les vitamines A et D que ces graisses sont censées véhiculer en sont quasiment absentes dans les conditions actuelles d'élevage intensif.

À propos des résidus

Les pesticides stockés dans les graisses des glandes mammaires des vaches sont rejetés dans le lait et aboutissent dans l'organisme du consommateur.

On y trouve aussi des dioxines, échappées des incinérateurs d'ordures ménagères, et des restes de médicaments, surtout des antibiotiques qui vont participer au phénomène de résistance des souches bactériennes.

Comme les éleveurs utilisent des hormones pour entretenir la lactation des vaches, ces produits se retrouvent dans le lait, et provoquent la même hyperoestrogénie chez de nombreuses femmes consommatrices, occasionnant des troubles comme les mastodynies (douleurs prémenstruelles des seins) et ayant un rôle dans la genèse de certains cancers du sein.

«Humide et frais»

Le point de vue des Chinois

C'est ainsi que les médecines orientales qualifient le lait de vache. Ainsi, ceux dont l'organisme ne parvient pas à «sécher» suffisamment cette humidité froide venue de l'extérieur la ressentent à l'intérieur, et sont sujets à des écoulements muqueux (sphère ORL et gynécologique), à de la frilosité et à des douleurs. Cette optique peut heurter certains esprits cartésiens, et pourtant ces médecines très anciennes (chinoise, ayurvédique) ont beaucoup à nous apprendre…

Tentez l'expérience !

On vit très bien sans lait

Essayez de vous passer totalement de produits laitiers pendant quelque temps (au moins 3 à 4 semaines) et observez les effets. Ils seront peut-être nuls… peut-être spectaculaires ! Allez, courage, ce n'est pas si difficile que ça ! Rien de tel que l'expérimentation.

Pour les affections chroniques (sinusite…), il sera probablement nécessaire de persévérer plus longtemps, le «nettoyage» complet requérant parfois plusieurs années.

À savoir si vous ne pouvez pas vous passer de ces (faux) «amis pour la vie»...

Infos pour les accros

- Le beurre ne contient aucun calcium.
- Les ferments (ou probiotiques) qui ensemencent le yaourt aident à la digestion du lactose en général mal toléré.
- Bien que le yaourt soit considéré comme un aliment très sain, «probiotique» (= bon pour la flore intestinale) et dont l'acide lactique protège contre le cancer du gros intestin, on note souvent que sa suppression améliore les problèmes abdominaux, les éternuements ou l'acné, sans qu'il y ait pour le moment d'explication objective à ce constat empirique.
- Les soucis digestifs peuvent également provenir du sucre ajouté, protéines et sucre rapide ne faisant pas bon ménage comme vu précédemment.
- Le fromage blanc contient moins de lactose que le lait. Les fromages en général sont pauvres en lactose, mais d'autant plus allergisants qu'ils sont plus fermentés (et alors de digestion parfois aléatoire…).
- Les laitages de chèvre et de brebis posent moins de problèmes. Mais le danger des graisses demeure…

Adoptez les laits végétaux et leurs dérivés, crème, yaourt...

Les lait végétaux sont à base de céréales, de soja ou d'oléagineux, et regorgent des richesses propres à ces aliments. Ils sont vendus prêts à consommer en briques, parfois sucrés ou aromatisés, alliant quelquefois plusieurs ingrédients. Ils remplacent le lait classique dans toutes les préparations. Il n'y a que pour le plaisir de la chantilly que la crème à base de lait de vache est indispensable. Dans toutes les autres utilisations, elle peut être remplacée par la crème de soja, deux fois moins grasse et deux fois moins calorique.

Les bienfaits des «laitages» végétaux

- Le lait d'avoine est fortifiant et nutritif, riche en fibres, très assimilable.
- Le lait de riz est léger, énergétique, au goût très discret.
- Le lait de quinoa est léger et savoureux, très digeste, protéinique. Il convient bien aux boissons froides.
- Le lait de soja est abondant en protéines. Méfiez-vous si vous faites un gratin, il a tendance à visiter le four…
- Le lait d'amandes est léger et digeste, celui de noisettes est reminéralisant. Les laits d'oléagineux sont faciles à préparer soi-même, en diluant une cuillère à soupe de purée du fruit nature (purée non sucrée d'amandes, de noisettes, d'arachide, de cajou ou de sésame) dans environ 1/4 de litre d'eau tiède, selon la concentration désirée. On peut aussi remplacer l'eau par un lait de céréale, ce sera encore plus onctueux. La noix de coco est aussi un fruit oléagineux : le lait de coco est obtenu par broyage de la pulpe avec de l'eau. N'en abusez pas, car il est très riche en graisses saturées et peut se révéler indigeste.

Et mon calcium, alors, je le trouve où ?

• Veillez tout d'abord à conserver un bon équilibre acido-basique (voir chapitre spécifique). Il est bien plus avisé d'éviter les fuites de calcium que de se gaver de laitages !

• L'exercice physique est indispensable pour «attirer» les nutriments vers le système ostéo-articulaire. Le mouvement et une bonne ventilation pulmonaire favorisent le métabolisme.

Sortons du mythe : calcium = lait

• Pour que le calcium soit bien assimilé, il faut :
- De la vitamine D. Mettez du soleil dans votre vie, tout en prenant garde à votre peau !
- Un bon apport d'autres minéraux : magnésium, silicium, phosphore, zinc, bore. Si le taux de magnésium est insuffisant, le calcium envahit les tissus mous et provoque des calcifications indésirables : parois des artères, péri-articulaires (arthrose), calculs rénaux…

• Le calcium végétal se trouve en abondance dans les noisettes, le sésame, les amandes, les algues, les figues sèches, le soja, les choux (surtout le brocoli), les céréales et les légumineuses (voir chapitre «Les minéraux et les principaux oligo-éléments»).

• Sachez qu'en Extrême-Orient, les fractures dues à l'ostéoporose sont pratiquement inconnues, alors qu'on n'y consomme aucun produit laitier (du moins jusqu'à tout récemment, car Danone s'est mis en tête de faire manger un yaourt par jour aux Chinois). Par contre, le soja et les algues font partie de l'alimentation traditionnelle… À méditer !

Encore une petite anecdote, pour le plaisir…

Le 30 avril 2005, le journal Ouest-France a révélé une excellente nouvelle, reprise par le Canard Enchaîné : l'INRA vient de trouver la recette du bon beurre, fondant dans la bouche, facile à tartiner et meilleur pour la santé ! Les recherches ont été menées dans sa ferme expérimentale d'Ille-et-Vilaine.

Incroyable, la révélation du siècle !

L'invention géniale ? C'est simple, il suffit d'augmenter la part d'herbe dans la nourriture des vaches par rapport au maïs. L'INRA explique sans rire que plus les vaches mangent d'herbe, meilleure est la qualité nutritionnelle du lait, et donc celle du beurre. Oui, oui, vous avez bien lu, les vaches sont mieux nourries avec de l'herbe, elles sont bien herbivores, nous en sommes pantois !

Heureusement que nous avons des chercheurs émérites pour faire des découvertes pareilles ! Ce qui est dommage, c'est que l'industrie laitière trouve que l'herbe est bien trop chère et que par conséquent, les vaches en resteront au maïs….

Abandonnez les huiles végétales raffinées

Les vices cachés des huiles raffinées

- Ces huiles sont extraites à chaud, car on tire bien plus d'huile qu'à froid, au moyen d'hydrocarbures (hexane, éthanol) ou d'acétone. Elles sont ensuite «purifiées» à l'acide sulfurique. Il subsiste malheureusement des traces de ces solvants bien qu'ils soient neutralisés avec de la soude caustique. Puis elles sont décolorées à l'aide de charbon actif, de dioxyde de chlore ou de bicarbonate de potassium, désodorisées par chauffage et emploi de chlorure de zinc, puis recolorées avec des colorants comme la curcumine, leur donnant une belle robe claire et engageante.

- Le chauffage modifie la composition chimique initiale de l'huile. Les bons acides gras insaturés fragiles sont en partie hydrogénés et deviennent nocifs pour le système cardiovasculaire. Il y a aussi formation de peroxydes, ou radicaux libres, qui favorisent le vieillissement des cellules. Les acides gras n'ayant pas été transformés au chauffage changent de configuration spatiale et deviennent «trans», donc néfastes (sur ces notions, voir «Associations alimentaires – lipides»).

Choisissez des huiles «vierges de première pression à froid»

Huiles vierges, simplicité et qualité

- Elles seules vous garantissent de bonnes conditions de production ainsi qu'une composition chimique non altérée. Les graines oléagineuses ou les olives sont simplement broyées sans chauffage, puis l'huile vierge recueillie est centrifugée et filtrée à l'aide de filtres en coton ou papier buvard. Le résidu de pressage, tourteau très riche, est utilisé comme aliment pour le bétail ou comme engrais.

- Les acides gras insaturés étant très vulnérables, des précautions sont à prendre pour éviter l'oxydation : ne gardez pas une bouteille entamée trop longtemps, rebouchez-la très vite après usage et conservez-la dans un endroit assez frais à l'abri de la lumière. Le verre de la bouteille doit être opaque et sombre.

Pour les salades ou en filet après cuisson

♥ L'huile de pépins de courge est délicieuse au goût et protège la prostate grâce à ses stérols. L'huile de soja, au goût assez neutre, est idéale pour monter une mayonnaise. L'huile de noix et l'huile de colza sont les plus équilibrées en rapport oméga 3/oméga 6. L'huile de noix est très goûteuse, mais elle rancit vite, consommez-la rapidement.

Découvrez aussi l'huile de noisette, exquise par exemple en remplacement du beurre dans les pâtes.

♥ L'huile de lin, la plus riche en oméga 3, a été longtemps interdite à la vente alimentaire en France sous prétexte qu'elle s'oxydait trop vite et devenait toxique. Mais on pouvait la trouver en Allemagne, en Belgique et en Suisse. Le climat y était moins oxydant, peut-être ! Enfin, courant 2006, un avis de l'AFSSA passé totalement inaperçu, a tout de même reconnu qu'aucun élément scientifique n'étayait cette prohibition, et que désormais, l'huile de lin serait autorisée à la vente pour un usage alimentaire à cru, sous réserve d'y ajouter de la vitamine E pour éviter l'oxydation.

Mais toutes les huiles ne se valent pas

♥ Pour bien équilibrer les apports en acides gras essentiels bénéfiques et pour consommer une ration suffisante d'acides gras mono-insaturés, le mieux est de mélanger à quantité égale huile d'olive et huile de colza ou de noix dans les sauces de salades. Le rapport devrait être de 5 parts d'acide linoléique ou oméga 6 pour 1 part d'acide alpha-linolénique ou oméga 3.

☞ Attention : les huiles de germe de maïs, de tournesol, de pépins de raisins, de carthame, sont plutôt à éviter, car leur richesse en acide linoléique est excessive par rapport à nos besoins. De plus, maïs et pépins de raisin nécessitent un chauffage pour que l'on puisse extraire de l'huile, et on a vu précédemment que ce n'était vraiment pas idéal.

Pour la cuisson

Peu d'huiles supportent la cuisson

♥ Seules sont à vraiment conseiller l'huile d'olive (jusqu'à 210°) et huile d'arachide (jusqu'à 220°). Choisissez une huile d'arachide désodorisée, sinon son goût prononcé n'est pas très plaisant.

♥ Les études les plus récentes indiquent que l'huile de colza, interdite officiellement de chauffage, est plus stable à la friture que l'huile de tournesol, autorisée depuis longtemps. C'est beau, la science !

☞ L'huile de palme est totalement déséquilibrée car bien trop riche en acides gras saturés (79%) menaçants pour le système cardio-vasculaire. Si vous tenez absolument au bain de friture (les frites, miam ! c'est irremplaçable avec un bon hamburger...), utilisez plutôt de l'huile d'arachide. Changez le bain de votre friteuse très souvent, et filtrez-le pour éliminer tous les résidus calcinés toxiques.

N'abusons pas des graisses cuites ou solidifiées

☞ Cela étant, sachez que tous les corps gras se dégradent gravement à forte température (par hydrolyse, par oxydation, par polymérisation et cyclisation) et il faut toujours éviter de chauffer l'huile à plus de 180°. Ne l'utilisez pas si vous l'avez laissée «fumer».

♥ En résumé, pour protéger vos artères du mauvais cholestérol et ne pas craindre les toxiques mutagènes, évitez au maximum les graisses cuites. Pour saisir des galettes de céréales, par exemple, privilégiez la cuisson dans un récipient anti-adhésif sans matière grasse (mais là, il y a en général du téflon – voyez les précautions plus loin) ou cuisez-les au four (mais là, ça consomme beaucoup d'énergie). Dilemmes….

• Les travaux du Dr Maria Enig montrent que lorsque qu'on solidifie les graisses végétales, pour en faire de la margarine par exemple, les acides gras sont hydrogénés et dénaturés, et contribuent ainsi à l'apparition de cancers (sein, côlon) et de maladies cardio-vasculaires. Il en va de même lors de la pasteurisation des produits laitiers. Il est vraisemblablement plus sain de consommer un peu de beurre cru de bonne qualité que d'utiliser largement de la margarine, même dite «diététique», en se croyant à l'abri des ennuis…

La réglementation toujours en retard…

• Il est à noter que la réglementation actuelle sur les huiles de cuisine date de 1973. Les recherches récentes ayant fait évoluer les connaissances et les recommandations nutritionnelles, des changements devraient bientôt intervenir dans la législation (enfin, on l'espère) … mais n'attendons pas pour changer nos habitudes !

Le vinaigre de cidre

Du tonus dans la salade

Il contient du calcium, du phosphore, du sodium, du fer, des vitamines C et B.
Il est antiseptique, antirhumatismal, calmant, digestif, laxatif, reminéralisant. Il est indiqué en cas d'obésité, d'arthrite, de troubles cardiaques, digestifs et respiratoires.

La levure alimentaire maltée

Riche en minéraux (magnésium, phosphore, potassium, fer et silice), elle contient toutes les vitamines du groupe B (dont la précieuse B12), et tous les acides aminés indispensables. Elle a un effet purificateur sur l'organisme.
Elle se présente sous forme de poudre ou de paillettes, à incorporer dans les préparations de galettes de céréales, gratins et sauces, ou à saupoudrer sur les céréales, les légumes, les salades.

Levure alimentaire et germes de blé : des nutriments en pagaille !

Les germes de blé

Ils sont riches en minéraux (calcium, potassium, phosphore, soufre, fer, magnésium), en oligo-éléments (manganèse, cuivre, brome, aluminium, nickel, zinc, iode), en vitamines (provitamine A, vitamines B dont B12, C, D et E), en protéines, en acides gras insaturés (oméga 3), en fibres.
Ils sont stimulants, anti-anémiques, reminéralisants et antioxydants, mais aussi hypertenseurs (à éviter si on a une tension artérielle un peu élevée).
Ils s'utilisent comme la levure alimentaire.

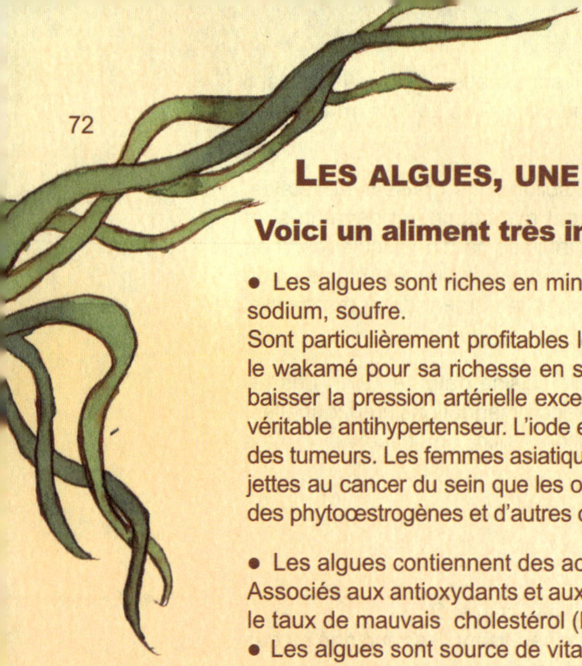

Les algues, une richesse étonnante

Voici un aliment très intéressant pour ses apports nutritionnels

• Les algues sont riches en minéraux : iode, calcium, magnésium, fer, phosphore, potassium, sodium, soufre.
Sont particulièrement profitables le kombu pour ses apports en iode, calcium, magnésium, fer, et le wakamé pour sa richesse en sodium, calcium, magnésium, manganèse, fer. Le potassium fait baisser la pression artérielle excessive et le wakamé, contenant en plus certains peptides, est un véritable antihypertenseur. L'iode est indispensable à la glande thyroïde et inhibe le développement des tumeurs. Les femmes asiatiques, grandes consommatrices d'algues, sont nettement moins sujettes au cancer du sein que les occidentales. Cet effet anti-cancer hormonodépendant vient aussi des phytoœstrogènes et d'autres composés (fucoïdane) contenus dans les algues brunes.

• Les algues contiennent des acides gras oméga 6 et oméga 3 (EPA, DHA).
Associés aux antioxydants et aux fibres solubles aussi contenus dans les algues, ils font baisser le taux de mauvais cholestérol (LDL). La spiruline est particulièrement efficace.
• Les algues sont source de vitamines B1, B2, B3, B6, B9, B12, provitamine A, et vitamine C.
• Les algues apportent des fibres solubles, diminuant le risque de cancers digestifs.
• Les algues fournissent des acides aminés essentiels (= protéines), surtout les algues rouges. Mais leur digestibilité est entravée par les polysaccharides également présents. Pour améliorer cette digestibilité, on peut congeler/décongeler les algues, ce qui a pour effet de casser les molécules contrariantes.

Une cuisine qui fleure bon les embruns !

En pratique...

• Le goût des algues est plus ou moins marqué selon la sorte et peut surprendre au début, mais on s'habitue vite à ce petit air marin dans les salades, les légumes ou les céréales. Commencez par le kombu ou la nori, dont le «bouquet» n'est pas trop prononcé et s'atténue encore à la cuisson. Pour amadouer les méfiants !

• Conservez les algues séchées bien au sec dans une boîte métallique fermée.

• Certaines algues existent en paillettes, à saupoudrer en fin de cuisson ou à incorporer dans les salades et dans les préparations de galettes de céréales. C'est le cas de la dulse (palmeria palmata, rhodymenia palmata), de la nori (porphyra tenera), ou de la laitue de mer (ulva lactuca).

• D'autres algues demandent un peu de cuisson : kombu (laminaria digitata, laminaria japonica, lamnaria saccharina), aramé (eisenia bicyclis) à la saveur douce, iziki (hizikia fisiforma), wakamé (undaria pinnatifida, alaria esculente), spaghetti de mer (himanthalia elongata) au goût corsé pouvant être atténué par une pré-cuisson.

Le kombu et le wakamé ramollissent les fibres dures des aliments avec lesquels ils cuisent. C'est pourquoi il est intéressant d'en rajouter dans l'eau des légumineuses, la cuisson en est accélérée ! Le kombu est aussi idéal pour enrichir une soupe : comptez 5 centimètres de kombu pour 1 litre d'eau. Pour couper facilement ces algues, il suffit de les laisser tremper quelques instants.
Nota : l'aramé et l'iziki n'ont jamais fait l'objet d'une autorisation, d'où le blocage actuel par la Direction Départementale de la Consommation pour leur usage en cuisine. Elles ne sont vendues officiellement en France que pour l'usage du bain (information Celnat). Mais après tout, vous en faites ce que vous voulez, rien ne vous empêche de boire l'eau du bain !

- Au rayon frais, vous trouverez des algues conservées dans du sel, des «tartares» et des marinades d'algues, aux goûts variés, que vous utiliserez dans une sauce de salade ou tartinés sur une galette, une crêpe…

- La spiruline est l'algue la plus riche en vitamine B12 et en acides aminés essentiels. Elle n'est pas d'origine marine mais lacustre, et provient d'Amérique centrale ou d'Afrique. On trouve des pâtes à la spiruline : c'est bon, c'est tout vert, ça fait très joli avec des carottes !

- L'agar-agar est une gélatine végétale fabriquée à partir d'algues rouges. Il est vendu en poudre ou en paillettes, et en barres convenant bien pour la confiture. C'est original et facile à utiliser : gelées de fruits, aspics de légumes, flans, crèmes, glaces… deviennent un jeu d'enfant.

L'agar-agar, roi de l'aspic

Un trésor : le soja dans tous ses états

Cette légumineuse contient 40 % de protéines. Le tofu, parfois nommé «fromage de soja», contient tous les acides aminés indispensables, des acides gras poly-insaturés, de nombreux minéraux et des vitamines A, B et C. Les présentations sont diverses. On trouve le soja sous forme de :

sauces : le tamari (eau salée + soja + ferment) et le soyu (eau salée + soja + ferment + blé grillé). Dans de nombreuses préparations culinaires chaudes ou froides, ces condiments peuvent remplacer le sel, avec un bon goût en plus.

Le soja, «bifteck du végétarien»

«laitages» : laits, crème pour cuisine, yaourts nature ou aromatisés, crèmes dessert.

pavés de tofu : nature au goût neutre, fumé ou aromatisé aux herbes, aux olives, à la moutarde…, compact ou «soyeux» à la consistance plus souple et idéale pour une recette mousseuse, pâtes à tartiner très variées se conservant au réfrigérateur.
Tous les tofus ne se valent pas. Parfois, les pavés ressemblent à un morceau de caoutchouc dénué d'intérêt gustatif. Vous aurez plus de chance de trouver un tofu goûteux et de consistance agréable au rayon frais.

préparations traditionnelles asiatiques : le tempeh (soja fermenté avec rhizopus oligosporum, recette indonésienne), et le miso (soja fermenté avec aspergillus oryzae dans de l'eau

salée, avec en général une céréale, recette d'origine chinoise vieille de 2500 ans). Il est à noter que les Asiatiques consomment le soja sous forme fermentée.
Facile d'utilisation, le miso est un aliment exceptionnel s'il est de bonne qualité, fermenté longtemps (2 à 3 ans) et non pasteurisé :

- il offre une cinquantaine d'enzymes différentes, des levures, des bactéries et micro-organismes très favorables à la flore intestinale,
- il procure des protéines parfaitement assimilables, avec tous les acides aminés essentiels,
- il fournit du zinc, du fer, du calcium, des vitamines B6 et B12, des fibres,
- il est antioxydant et anticancéreux,
- il est stimulant, reminéralisant, dépuratif et il aide à éliminer les toxiques comme les métaux lourds.

Miso-trésor

Conservez le miso à l'abri de l'air et à température ambiante (ni trop chaud ni trop frais) pour qu'il ne «s'endorme pas» et continue à produire sa flore lactique. Quelques moisissures sans importance peuvent apparaître, signe qu'il est bien «vivant». Consommez-le de préférence non cuit pour profiter de toutes ses propriétés. Évitez le miso dit «léger», peu fermenté, qui n'a aucun intérêt nutritionnel.
Soyez vigilant sur le choix de votre miso, car seule une fabrication de qualité peut en garantir les vertus. En France, un producteur élabore un miso de très bonne qualité, l'entreprise «Danival» située en Gascogne, qui le fabrique avec du soja bio cultivé dans le Sud-Ouest.

Attention : le soja est à introduire dans l'alimentation petit à petit. D'une part, il est assez allergène (les allergies croisées avec le lait de vache sont fréquentes), et d'autre part, sa digestion nécessite certaines enzymes qui font en général défaut dans les tubes digestifs occidentaux, d'où les premières impressions de lourdeur. Le mieux est de commencer avec les préparations fermentées, pré-digérées, et puis l'organisme s'adaptera pour nous rendre la digestion légère, légère...

Quelques précautions cependant

Le soja étant riche en phytoœstrogènes, appelés isoflavones, il est tout à fait recommandé aux dames en période de ménopause. Mais la question se pose par rapport à l'alimentation des enfants : cette quantité d'hormones féminines ne risque-t-elle pas de nuire au développement normal des jeunes consommateurs ? La probable réponse à cette interrogation nous vient aujourd'hui des Etats-Unis et du Canada, où de nombreux nourrissons boivent du lait infantile contenant du soja depuis le début du XXe siècle. Le recul est maintenant suffisant pour constater que les quelques dizaines de millions de personnes qui ont consommé bébés de 30 à 40 mg quotidiens d'isoflavones ne semblent pas avoir été affectées par une féminisation anormale. Mais ces conclusions sont-elles vraiment impartiales, dans la mesure où les USA sont de gros producteurs de soja ? Prudence, en attendant que la question soit tranchée définitivement...

LES ALIMENTS LACTOFERMENTÉS : LA CONSERVE A DU GÉNIE !

La lactofermentation est un procédé de conservation naturelle fort ancien et géographiquement très répandu, qui se fonde sur l'acidification naturelle des aliments. La mise en œuvre est des plus simples : on tasse bien les légumes dans un récipient, on les recouvre d'eau salée, et puis on attend… La fermentation se fait toute seule. Les glucides sont transformés en acide lactique sous l'action d'enzymes synthétisées par des bactéries ou des champignons microscopiques (levures). L'acidité du milieu empêche la putréfaction et les légumes se conservent parfaitement, sans dépenses d'énergie : pas de cuisson, pas de réfrigération, pas de congélation. Economique et écologique !

Lactofermentation, la conserve idéale

Cette méthode non seulement préserve le goût et les nutriments, mais elle dynamise les qualités originelles de l'aliment. Le taux des vitamines C et B augmente largement, l'amidon est transformé en maltose et glucose directement assimilables. Les lipides et les protéines deviennent biodisponibles, les substances antinutritionnelles disparaissent.
Les bactéries lactiques éliminent les fermentations indésirables, stimulent le pancréas et améliorent l'assimilation du fer. En outre, l'acidité assainit l'intestin, équilibre la flore, stimulant le transit et favorisant ainsi une bonne immunité. La choucroute crue est excellente pour faire une cure de détoxication.
Il semblerait d'autre part que les aliments lactofermentés soient anticancéreux et anti-ulcéreux. Ils sont également alcalinisants.

De nombreux bienfaits

De nombreux légumes peuvent bénéficier de ce processus, de la traditionnelle choucroute aux navets salés, des carottes aux betteraves rouges et autres concombres dits «aigres»… On les trouve également sous forme de jus en bouteilles.
Usez et abusez aussi des préparations traditionnelles asiatiques de soja fermenté, miso, tempeh, tofu, tamari ou shoyu. Préférez les aliments non pasteurisés. Vous trouverez facilement tout cela en magasin diététique, mais vous pouvez aussi les préparer vous-mêmes, si le temps, l'envie et la place pour stocker vous sont donnés…
Il peut arriver que l'acidité des légumes lactofermentés incommode des estomacs fragiles.

Le thé vert, une potion magique !

Les bienfaits du thé sont reconnus depuis longtemps par la médecine traditionnelle chinoise. Ils sont aujourd'hui étayés par des études scientifiques.

Tous les thés viennent de la même plante, le théier. Les différences proviennent de la cueillette et du traitement des feuilles. Le thé vert est le plus bénéfique : il est cueilli jeune et ses feuilles une fois flétries sont simplement passées à la vapeur puis séchées (méthode japonaise) ou desséchées à la chaleur du wok (méthode chinoise), ceci pour stopper le processus de fermentation. Il garde ainsi toutes ses vertus, contrairement aux thés plus transformés, thés noirs fermentés, thés oolongs semi-fermentés, quand ils ne sont pas également fumés…

A votre sanTHÉ !

Le thé blanc est délectable et encore plus profitable que le thé vert, car il ne subit aucune opération à part le flétrissage et le séchage. Il est surtout composé de bourgeons argentés recouverts d'un fin duvet blanc, ce qui lui vaut son qualificatif. Il demande une infusion assez longue, d'une dizaine de minutes. Sa production est extrêmement délicate, ce qui rend ce thé très rare et très cher… C'est pourquoi la mère Gobuche vous conseille tout de même plutôt le thé vert.

Champion toutes catégories : le thé vert !

En ce qui concerne le thé rouge, il en existe 2 différents. Les Chinois nomment thé rouge un thé oolong très fermenté. L'autre sorte de thé rouge est en fait une dénomination abusive, car il s'agit d'une autre plante, nommée rooibos, poussant en Afrique de Sud et donnant une infusion rouge totalement dépourvue de théine.

Revenons maintenant aux vertus de notre thé vert. Il contient entre autres beaucoup de vitamine C, des vitamines E et B, du béta-carotène, du fluor, de la chlorophylle, des huiles essentielles et aucune calorie ! Pour ses vertus anti-radicaux libres, le thé vert est d'ailleurs également utilisé en cosmétique contre le vieillissement de la peau.

Il est donc très concentré en principes actifs :

• la théine tonifie les fonctions nerveuses et cérébrales. Cet effet stimulant dure plus longtemps que celui de la caféine, dont il peut aussi avoir les désagréments (insomnie, tachycardie...). La théine est aussi diurétique et participe à l'élimination des toxines de l'organisme.

• les polyphénols et les flavonoïdes sont des anti-oxydants puissants. Grâce à eux, le thé vert :
- inhibe le développement des tumeurs et des métastases, en particulier dans les cancers du sein et de la prostate,
- diminue les risques cardio-vasculaires en limitant la formation de plaques athéromateuses et de caillots,
- réduit le cholestérol et le taux de sucre, favorise le destockage des graisses,
- stimule le système immunitaire : il lutte contre les maladies infectieuses, il prévient le cancer et a effet protecteur dans ses traitements lourds – radio et chimiothérapie.

Pour profiter au mieux du thé vert...

• Le thé étant l'aliment le plus riche en toxiques lorsqu'il est issu de l'agriculture conventionnelle (en particulier le DDT, encore utilisé dans les pays producteurs), optez scrupuleusement pour un label attestant une culture biologique. Préférez les feuilles entières ou brisées, car le thé en sachets est en général de moindre qualité.

• Comptez une cuillère à café de thé pour une tasse, pas plus. Mettez les feuilles dans une petite passoire ou directement dans la théière plutôt que dans une petite boule à thé, car il leur faut suffisamment de place pour s'épanouir et développer tout leur arôme.

• Le thé vert, comme le blanc, nécessite une eau à environ 75°. N'utilisez pas d'eau bouillante, ou alors ajoutez un peu d'eau froide.

• On croit souvent que le thé vert n'est pas excitant, car il serait dépourvu de théine. En fait, que le thé soit vert ou noir, sa concentration en théine dépend de «l'âge» des feuilles : les bourgeons et les jeunes feuilles sont les plus riches en théine, les meilleurs aussi, ceux qu'on choisit dans la cueillette dite fine. Le thé vert contient donc bien de la théine, mais ses effets

sont modérés par la présence des polyphénols. Néanmoins, les personnes sensibles peuvent ressentir les mêmes désagréments qu'avec du thé noir ou du café.
Une infusion de 3 minutes extrait 50% de la théine, une infusion de 5 minutes en extrait 80% : la boisson est alors plus stimulante, mais aussi bien plus acre.
Si vous souhaitez éliminer la théine, très soluble dans l'eau, c'est facile : faites une première infusion d'une minute, jetez l'eau, puis verser une nouvelle eau et laissez infuser 3 minutes (mais pas plus de 2 minutes pour certains thés). Vous bénéficierez des vertus et d'une douce saveur, avec un effet excitant moindre.
Pour le thé noir, il existe une autre possibilité : laissez infuser 5 minutes. Le thé sera un peu plus amer, mais les tanins auront neutralisé la théine.

Bien gérer la théine

- Évitez de consommer du thé vert 2 à 3 heures avant le coucher, ses effets excitants et diurétiques pouvant perturber votre repos...

- En ce qui concerne les effets du thé sur l'absorption du fer, reportez-vous au chapitre «les minéraux et les principaux oligo-éléments». Sachez aussi que le thé contient de l'acide oxalique et qu'il est l'aliment le plus riche en purines (2800mg/100g) : n'en abusez pas si vous souffrez de troubles rénaux (acide urique, calculs).

Quelques réserves tout de même

L'EAU, SOURCE DE VIE

L'être humain est composé en moyenne à 75% d'eau (et même à 90% pour le bébé). C'est dire si cet élément est essentiel pour notre organisme !

Le rôle de l'eau dans l'organisme est triple :

- Elle doit dissoudre et évacuer nos déchets métaboliques.
- Elle transporte les nutriments jusqu'à nos cellules.
- Elle participe à la thermorégulation.

L'ennui, c'est que la plupart de nos eaux actuelles ne sont pas propices à une bonne santé

L'eau dite «du robinet» est pompée soit dans les rivières, soit dans les nappes phréatiques, dont on connaît l'état de pollution. On y trouve :

- ☠ des pesticides, des engrais, des nitrates et des matières phosphorées,
- ☠ des micropolluants organiques (dioxines, chlorobenzène...),
- ☠ des métaux lourds, de l'arsenic, des sulfates,
- ☠ des bactéries et des virus,
- ☠ et pour la rendre «potable», du chlore redoutablement oxydant...

Potable ne signifie pas «bon pour la santé»

Rappelez-vous aussi que le fait de chauffer de l'eau contenant des nitrates transforment ceux-ci en nitrites cancérigènes, ce qui est tout de même assez ennuyeux dans les nouilles al dente ou la soupe de légumes !

Voilà pour les éléments que les organismes officiels recherchent dans l'eau. Mais il existe d'autres produits potentiellement dangereux qui sont tolérés ou qui ne font l'objet d'aucun dépistage, y compris dans les sources d'eau mise en bouteilles.

• Le traitement au chlore ou à l'ozone est dit «oxydant», c'est-à-dire que l'eau s'appauvrit en électrons et devient électropositive. Or, les forces de vie se situent essentiellement dans un milieu «réduit», riche en électrons, et de pH neutre.

Le calcaire mis en cause

• Selon une étude comparative menée au milieu du XXe siècle dans une cinquantaine de grandes villes françaises puis au Liban par l'ingénieur hydrologue Louis Claude Vincent, spécialiste de la bioélectronique, il apparaît que le taux de mortalité augmente avec la dureté de l'eau (= taux de calcaire). Ce qui lui permit d'affirmer :
«Les taux de mortalité des maladies de tous ordres, et notamment tuberculose, troubles cardio-vasculaires et cancers, sont directement liés à la qualité de l'eau délivrée aux populations. Ils croissent en particulier lorsque ces eaux sont très minéralisées et rendues artificiellement potables après traitements physiques et adjonction de produits chimiques oxydants.»

• Une eau déjà très chargée en minéraux ne peut pas remplir correctement son rôle de collecteur et de transporteur de nutriments et de déchets. Imaginez un train déjà bondé dans la gare de départ, plus personne ne pourra monter dedans en cours de route !
Une bonne habitude à prendre : pour faciliter l'élimination des déchets et des toxines, buvez un grand verre d'eau pure. Faites-le systématiquement au réveil à jeun, car l'organisme profite du repos de la nuit pour se débarrasser des déchets acides accumulés durant la journée, et aussi après une séance de sport.
En outre, contrairement à l'idée générale bien répandue et soigneusement entretenue par les lobbies des vendeurs d'eau minérale, les minéraux anorganiques de l'eau sont très peu assimilables. Le professeur Schroeder, expert mondial en ce domaine, estime qu'on n'en assimile guère plus de 1%. C'est d'ailleurs pourquoi l'OMS recommande de consommer une eau peu ou pas minéralisée. Cela vous surprend ? Voyez la suite...

Quelle eau boire pour bien se porter ?

• Buvez régulièrement une eau dont la minéralisation totale est inférieure à 120 mg/litre. Notre société occidentale est très «oxydante», par le rythme de vie trépidant, le stress agresseur, les diverses pollutions, les rayonnements électromagnétiques, les matières synthétiques, l'alimentation industrielle dévitalisée, l'abus de médications, l'inactivité, etc... Aussi avons-nous tout intérêt à compenser par un apport hydrique propice aux flux vitaux.

• Si vous utilisez de l'eau en bouteilles, choisissez la plus pure possible. La meilleure est probablement la Rosée de la reine, mais Mont Roucous, Montcalm, Celtic, l'Occitane, Volvic sont des marques très acceptables. Néanmoins, les inconvénients finissent par peser lourd. Cela induit un coût élevé à la longue, un transport fastidieux et inconfortable (une famille de 4 personnes a besoin d'environ 2 tonnes d'eau par an !), une fâcheuse montagne de déchets plastiques…

Une eau peu minéralisée pour bien éliminer

• Vous pouvez employer de l'eau filtrée. Il existe plusieurs dispositifs que voici, par ordre croissant d'efficience et de préférence :
3) **Le filtre à charbon actif sur cruche** est un pis-aller. L'inconvénient majeur est qu'il faut le changer très souvent, car il se sature assez rapidement et le risque bactérien est alors important. À n'utiliser qu'avec une extrême vigilance.
2) **Le filtre céramique + charbon actif**, qui se place en général sur l'arrivée d'eau du logement ou sous évier.
1) **L'appareil à osmose inverse** est sans conteste le plus efficace. L'eau passe à travers une membrane si filtrante qu'elle ne laisse traverser que les molécules d'eau et quelques oligo-éléments. Si vous utilisez de l'eau osmosée pour toutes vos boissons chaudes ou froides et toutes vos cuissons (soupes, céréales, légumes, etc…), le coût de l'osmoseur sera amorti en moyenne sur 4 ans.
Le reproche que l'on peut faire à l'osmoseur est que le largage des éléments indésirables nécessite une quantité importante d'eau. Pour 1 litre d'eau filtrée, les rejets varient entre 10 litres pour le matériel bas de gamme, et 2 litres pour les appareils munis d'un surpresseur. Il serait judicieux de récupérer cette eau plutôt que de la laisser partir à l'égout, au moyen d'un gros réservoir équipé d'un robinet pour le puisage et d'un trop-plein. On peut par exemple s'en servir pour le nettoyage et même pour relayer la chasse d'eau dans les toilettes…

La durée de vie des filtres des systèmes 1) et 2) est longue (6 mois à 1 an). Pensez à la bonne maintenance de votre appareil !

• Vivez près d'une source pure dans un environnement préservé (ben quoi, on peut rêver !).

L'ESSENTIEL A SAVOIR

- **Donner une grande place aux végétaux**, riches en nutriments et substances bioactives.
- **Découvrir ou redécouvrir :**
  - les fruits secs, séchés et oléagineux, les graines
  - les algues, aux apports nutritionnels multiples
  - le soja, aliment complet
- **Privilégier les céréales complètes et les associations céréales + légumineuses, qui fournissent des protéines équilibrées.**
- **Le sucre :**
  - adopter le sucre intégral, riche en vitamines et minéraux
  - éviter tout sucre raffiné, surtout le sucre blanc, déminéralisant et cariogène
- **Le lait :**
  - se méfier du lait et des laitages de vache : lactose indigeste, trop de protéines, trop de mauvaises graisses, trop de résidus
  - adopter les laits végétaux
  - le taux de calcium dans l'organisme dépend essentiellement d'un bon équilibre acido-basique. Le calcium est abondant dans nombre de végétaux.
- **L'huile :**
  - éviter les huiles raffinées et extraites à chaud, néfastes pour le système cardio-vasculaire et riches en radicaux libres
  - préférer les huiles «vierges de première pression à froid» et bien équilibrées en acides gras : olive, colza
- **Privilégier les aliments à index glycémique faible**, qui rassasient et réduisent la sensation de faim.
- **Boire une eau peu minéralisée et la plus pure possible.**

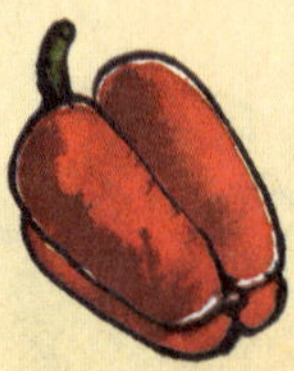

Comment garder la ligne après 40 ans...

Avec l'âge, les hormones nous lâchent

À partir de la quarantaine, les hormones qui s'opposent au stockage des graisses et maintiennent la masse musculaire diminuent inexorablement. C'est le cas de :

- L'hormone de croissance (GH et IGF-1), qui préside au brûlage des graisses et à la construction des muscles. Son déficit est responsable de la «bouée» abdominale, elle-même fortement soupçonnée de favoriser l'infarctus.
- La DHEA, qui donne naissance à la testostérone et aux oestrogènes, et qui stimule l'hormone de croissance.
- Des hormones féminines, oestradiol et progestérone, qui activent l'oxydation des graisses et le brûlage des calories au repos, et qui protègent la masse musculaire.
- La triiodothyronine (ou T3), hormone thyroïdienne qui régule le taux métabolique de base, c'est-à-dire le brûlage des calories, même au repos.

Certains aliments peuvent freiner ou compenser la baisse de ces hormones.

Mais nos menus peuvent venir à la rescousse

- **L'hormone de croissance**

Évitez les aliments hyperglycémiants (= à index glycémique élevé), les excès d'aspirine, les oestrogènes par voie orale : tous font diminuer le niveau de GH. Gardez-vous de l'obésité, dormez suffisamment et offrez-vous des séances de sauna (seulement si vous n'avez pas de problèmes cardiaques), c'est souverain ! Les disciplines orientales relaxantes, yoga, qi-qong, taï-chi... peuvent être aussi une précieuse contribution.

- **La DHEA**

Ne vous privez pas de graisses, fuyez les aliments allégés dits «light», le tabac. La pilule contraceptive et le traitement hormonal substitutif par voie orale diminuent le taux de DHEA. Veillez à un apport équilibré de vitamine E, ni trop ni trop peu.

- **La testostérone, l'hormone mâle**

Mangez des aliments riches en zinc et suffisamment de graisses (30% de votre apport calorique). Évitez les régimes pauvres en calories, les aliments riches en phytoœstrogènes (soja et dérivés, fenouil, ail, oignon, légumineuses, germes de blé, riz complet, flocons d'avoine, pommes et poires, huile de lin), l'alcool, le stress et les efforts physiques trop intenses qui font baisser le niveau de testostérone. La dépression, la dépendance ou une attitude soumise contribuent à la diminution de cette hormone. Conservez donc une certaine combativité dans la vie : soyez optimiste et dynamique, cultivez votre autonomie !

- **Les œstrogènes et la progestérone , les hormones féminines**

Consommez de l'huile d'olive, suffisamment de protéines et d'aliments riches en phytoœstrogènes (soja et dérivés, fenouil, ail, oignon, légumineuses, germes de blé, riz complet, flocons d'avoine, pommes et poires, huile de lin). N'abusez pas des céréales, évitez le tabac et les régimes pauvres en graisses qui favorisent la réduction de ces hormones. Le manque de protéines et de calories, les problèmes cardiovasculaires, le stress intense (chômage, veuvage, divorce…) font chuter la progestérone.

- **La triiodothyronine ou T3**

Offrez-vous fruits et miel pour leur richesse en fructose : celui-ci accélère la transformation de T4 en T3. Ne lésinez pas sur les aliments riches en zinc et sélénium (céréales complètes, fruits, légumes frais). La T3 décroît avec certains polluants (dioxines), avec l'insuffisance ou l'excès d'iode, les régimes hypocaloriques ou hyperprotéinés, les régimes végétarien et végétalien (dommage pour la mère Gobuche !), l'excès de thé vert, l'obésité et le manque de sommeil.

La préparation des aliments

CUIRE OU NE PAS CUIRE ?

Cru ou cuit ?

Si vous êtes amoureux des petits plats longuement mijotés, les lignes qui suivent vont probablement vous donner à réfléchir. Et les crudivores, quant à eux, seront ravis d'être confortés dans leur préférence lorsqu'ils connaîtront l'incidence de la cuisson sur la qualité des aliments. Quoique… voyez la suite…

La cuisson dénature les aliments

- De 45° à 75°, les enzymes sont détruites. Dès 60°, c'est au tour de la vitamine C de disparaître. À 100°, les minéraux seront moins bien ou plus du tout assimilés. À partir de 110°, les autres vitamines succombent. À 120°, les graisses se décomposent et génèrent des goudrons cancérigènes comme l'acroléine. La chaleur provoque également l'oxydation des aliments.

- La cuisson donne naissance à des substances résultant de réactions chimiques complexes, en particulier lors du brunissage des aliments. Ces éléments peuvent se révéler très toxiques. Un exemple : une expérimentation menée sur des cobayes a eu pour conséquences soit une surcharge hépato-rénale entraînant la mort des animaux, soit une apparition de dérivés mutagènes, cancérigènes, peroxydants et toxiques.

La cuisson n'a pas que du bon, mais elle est souvent nécessaire

- La preuve par le test de la leucocytose digestive
Cet examen est basé sur le fait que les globules blancs (ou leucocytes) sont mobilisés par l'organisme lorsque celui-ci est soumis à une agression.

La leucocytose (= taux de globules blancs) est normale après ingestion d'un repas composé de légumes et de fruits crus, ou d'une association de légumes cuits à la vapeur et de crudités.
contre, suite à un repas uniquement constitué d'ali- cuits, on constate une forte élévation des leucocy- qui traduit une réaction de défense de l'organisme. Le mène est augmenté si la cuisson est effectuée dans

une cocotte à pression, dont la température trop élevée est encore plus destructrice. Cette expérience semble bien démontrer le rôle plutôt néfaste de la cuisson.

Ce même test indique aussi que la consommation de crudités au cours d'un repas cuit modère l'agression, sauf en cas d'utilisation d'une cocotte-minute. On peut à priori en déduire que «*seuls les aliments crus ou cuits sans excès n'agressent pas, ou peu, l'organisme*».
Il est à noter que la leucocytose est également fortement accrue après l'ingestion de charcuteries, de conserves, de sucre raffiné, de vin, de vinaigre.

Mais la cuisson est parfois utile sinon obligatoire

- Elle «attendrit» certains aliments riches en cellulose dure comme les poireaux, et rend les amylacés digestes. Les amylacés sont les aliments contenant de l'amidon comme les céréales, les pommes de terre, les légumineuses ou les châtaignes, inconsommables sans cuisson.
- Elle permet aux systèmes digestifs fragiles agressés par les crudités de supporter sans encombre fruits et légumes indispensables à la bonne santé.
- Elle détruit les larves et les œufs qui peuvent se trouver dans les aliments.
- Elle développe la sapidité.
- Elle permet la préparation de repas chauds, indispensables en saison froide.
- Qui l'eut «cru» ?

«Rudolf Steiner affirmait que la cuisson pouvait dynamiser un aliment. Une équipe de l'Université de l'Arkansas pourrait donner raison au philosophe mystique allemand. Effectivement, cette équipe a constaté que la cuisson des carottes faisait croître de près de 35% le taux d'antioxydants. Ce taux continue à monter pendant une semaine, si l'on stocke les carottes cuites dans de bonnes conditions de conservation. Même par la suite, ce taux ne diminue jamais jusqu'à la teneur observée chez les carottes crues, malgré la chute de la teneur en béta-carotène.» (source : www.biovert.com)

Les différentes techniques de cuisson

- Cuisson à l'étouffée

L'aliment cuit à petit feu dans sa propre humidité à environ 90°, dans un récipient bien fermé. On peut y ajouter un peu d'eau si nécessaire. Le feu doit rester au ralenti.

Le meilleur ustensile est le fait-tout en acier inoxydable muni d'un couvercle bien ajusté. C'est ce type de cuisson qui respecte le mieux l'aliment, en épargnant son architecture moléculaire, ses minéraux et oligo-éléments, les antioxydants, les vitamines, mais à la condition que les aliments restent au maximum à l'abri de l'air.

Cuisson à la vapeur

Cette cuisson appauvrit l'aliment, car les minéraux et les vitamines fuient dans la vapeur. Par contre, ce procédé débarrasse les aliments non biologiques des résidus indésirables comme les herbicides et les pesticides. Dans ce cas, n'utilisez pas l'eau de cuisson !

Cuisson à l'eau

Quand l'eau arrive à ébullition, il faut ralentir le feu (l'eau doit juste frémir) afin de ne pas trop altérer les qualités nutritionnelles de l'aliment.
Cette cuisson a l'avantage de ramollir certaines textures et de prédigérer l'amidon. Mais beaucoup de vitamines disparaissent par sensibilité à la chaleur ou solubilité dans l'eau, les minéraux sont moins assimilables et l'organisation moléculaire des aliments est modifiée.
Pour profiter tout de même des vitamines hydrosolubles, il faudrait consommer l'eau de cuisson, en soupe ou comme base de sauce, mais seulement si les aliments sont biologiques, bien entendu.
Sachez que les fibres des enveloppes des céréales complètes et des légumineuses les protègent en partie des perturbations dues à ce mode de cuisson.

Cuisson par chaleur sèche

Poêle, sauteuse, four, diable en terre… Les inconvénients en sont le risque d'altération de l'aliment par une chaleur trop intense, le danger de carbonisation cancérigène et l'excès d'utilisation de corps gras.

Grillades, barbecue et produits fumés

Comme on l'a vu précédemment, ces procédés sont nocifs car ils génèrent des hydrocarbures polycycliques cancérigènes, et sont par conséquent à éviter. Le barbecue vertical peut être une solution acceptable si on n'en abuse pas.

Friture

Rappelons simplement que les fritures sont formellement déconseillées pour toutes les raisons évoquées auparavant (voir chapitre «Ça baigne dans l'huile… vierge de première pression à froid ! – pour la cuisson»). Elles ne devraient figurer à votre menu qu'exceptionnellement.

Cuisson en papillote

C'est une variante de la cuisson à l'étouffée. L'aliment est exposé à la chaleur (four, bain-marie, feu de bois) protégé par une enveloppe protectrice. Il cuit dans sa propre eau, sans graisse et sans oxydation (= à l'abri de l'air). Si on prend soin de remplacer le papier aluminium, dont les microparticules risquent de passer dans les denrées, par du papier sulfurisé, ce mode de cuisson est aussi avantageux que la cuisson à l'étouffée. L'aliment y perd en intensité de saveur, pensez à l'aromatiser avec des herbes et des épices.

Le bain-marie

Ce procédé est employé pour des cuissons douces où les aliments ne doivent pas brûler, comme les œufs brouillés. Il nécessite deux récipients : une casserole contenant de l'eau posée sur le feu, et un récipient légèrement plus petit contenant la préparation alimentaire. La température est maintenue soit proche de l'ébullition soit plus douce (40-45°C pour faire fondre du chocolat). L'aliment fond, cuit ou reste au chaud grâce à cette chaleur uniforme. Les vitamines sont bien préservées.
Si la cuisson doit être rapide, vous pouvez ajoutez dans l'eau une cuillère à soupe de gros sel.
La cuisson peut aussi se faire au four, pour obtenir par exemple un flan bien moelleux.
Évitez de couvrir un bain-marie : l'eau d'évaporation retenue par le couvercle retomberait dans la préparation et en modifierait la consistance.

… Et le four à micro-ondes ?

Quelle invention géniale et pratique ! Nul besoin de corps gras, c'est facile à utiliser et hyper rapide, drôlement commode pour la décongélation et on ne se brûle même pas les mains avec le plat ! En effet, il n'y a que les molécules d'eau qui chauffent, par frottement, en étant secouées 2,45 milliards de fois par seconde. Oui, mais…

Micro-ondes = péril en la demeure

- Danger ! Ces fours ne sont jamais totalement étanches. Les nombreuses mesures effectuées par le Centre d'études Bio-Espace montrent qu'il y a toujours des fuites, même sur des fours neufs sortant d'usine, et cela empire avec l'usure (dégradation des joints et des pièges à ondes). D'ailleurs, les magasins vendent aussi des détecteurs de fuites… (voir aux mêmes éditions le livre «Médecin des murs»).

Voici les effets potentiels de ces fuites sur l'organisme :
- lésions oculaires
- hyperthermie
- risques de dommage dans les stimulateurs cardiaques
- problèmes endocriniens : dérèglement menstruel et altération de la spermatogenèse
- problèmes neurologiques : fatigue, vertiges, confusion, altérations de l'électroencéphalogramme
- désordres sanguins : modification du nombre de globules rouges et blancs.

- Danger ! Un nourrisson peut être gravement brûlé par ingestion d'un lait trop chaud (80°) dans un biberon paraissant frais.
- Danger ! Les bactéries comme la salmonelle ou la listéria ne sont pas détruites après passage dans ce four.
- Danger ! Les aliments sont dénaturés car ils sont déstructurés par les micro-ondes, ce qui entraîne des dommages irréversibles :

Aliments altérés

- appauvrissement en nutriments assez instables, comme les vitamines du groupe B et la vitamine C. Il ne reste plus d'antioxydants, il n'y a plus de vitalité.
- peroxydation des acides gras surtout insaturés, avec formation de radicaux libres entraînant vieillissement cellulaire, cancérisation…
- transformation toxique de certains acides aminés, qui deviennent nocifs pour une partie des

organes (foie, reins…). Par exemple, la L-proline se transforme en D-proline, toxique pour les reins et le système nerveux.

- Les aliments rayonnent encore pendant 10 minutes après leur sortie du four, et cette agitation moléculaire interfère avec nos propres cellules. Personne ne peut dire quels en sont les effets à long terme, surtout sur les bébés…

… En bref, il semble plus prudent de s'en passer !

LES MATÉRIAUX DE CUISSON

Choisir la bonne casserole

Les qualités indispensables du bon matériau à usage culinaire

- Il doit rester chimiquement neutre avec les aliments acides ou alcalins.
Sont déconseillés : aluminium, argent, cuivre, émail au plomb.
L'aluminium favorise la transformation des nitrates en nitrites, il a une incidence sur l'ostéoporose et probablement sur la maladie d'Alzheimer.

- Il ne doit pas laisser échapper de microparticules potentiellement toxiques.
Sont déconseillés : aluminium, émail au plomb.
L'ustensile tapissé de téflon est à jeter à la première rayure !

- Il doit être inoxydable.
Sont déconseillés : aluminium, argent, cuivre, fer.

- Il doit être non poreux et sans aspérités pour ne pas favoriser le développement de foyers microbiens.
Sont déconseillés : terre cuite brute, aluminium, fonte non émaillée, émail de mauvaise qualité.

- Il est souhaitable qu'il résiste aux écarts de température et aux chocs.
Sont déconseillés : porcelaine, verre, terre cuite, émail.

Les revêtements anti-adhésifs

Anti-adhésifs, soyons circonspects

- **avec PTFE**.

C'est le plus répandu, le classique **téflon**.

Ce revêtement a de nombreux avantages. Le téflon n'attache pas, nécessite peu ou pas de matière grasse, n'est pas chimiquement réactif aux aliments, et s'avère d'un entretien facile. Oui, mais il est fragile et se raye facilement, même si on prend soin de ne pas utiliser d'ustensiles métalliques. Il se dégrade, s'écaille et disparaît. Et il va où ?… dans l'organisme du consommateur par le truchement des aliments. Or le téflon est réputé cancérigène, perturbateur endocrinien et génère des malformations…

L'ustensile enduit de téflon demande à être changé en moyenne tous les deux ans et ça finit par coûter cher ! Actuellement, il existe des revêtements PTFE beaucoup plus durables et plus résistants à l'abrasion grâce à l'inclusion de particules minérales microscopiques, comme le «Platinum» également produit par la firme DuPont de Nemours.
Gare aussi aux émanations toxiques, même sans surchauffe de la poêle ! Car contrairement à ce qu'a toujours affirmé le fabricant, des chercheurs de l'université du Missouri ont démontré que les fumées deviennent nocives dès 160°C et non à partir de 315°C. D'après les études effectuées par l'Agence pour la protection de l'environnement américaine, on trouve du téflon dans le sang de 90% de ses utilisateurs. Cela ne peut que nous inciter à la plus grande circonspection !

• **sans PTFE**.

Vers 1995, on pouvait acheter des ustensiles en acier émaillé sur lequel était fixé un revêtement à base de schiste dénué de PTFE. Ce revêtement avait les mêmes avantages que le téflon, mais il était durable, il ne s'altérait pas même avec des ustensiles métalliques, il était inoxydable, et son prix était abordable.
Dommage pour nous ! Les deux entreprises qui le commercialisaient ont arrêté leur production.
On peut tout de même trouver un revêtement à priori assez équivalent à base de trois couches de poussière de granit. L'ennui est qu'il est à peu près impossible d'obtenir de réelles informations quant à la composition de ce produit. Les fabricants refusent apparemment de communiquer à ce sujet, ce qui n'inspire tout de même que très moyennement confiance....
En dehors de cela, l'inconvénient majeur est que l'ustensile est en fonte d'aluminium, avec les risques que cela comporte lorsque le revêtement est usé. Là aussi, il faut aussi changer sa poêle !
A utiliser de toute façon avec parcimonie, dans le doute...

Les conseils de la mère Gobuche

A l'inox, la couronne de laurier

• Le meilleur matériau est l'acier inoxydable de qualité supérieure 18/10 (= 18% de chrome et 10% de nickel - gamme BAUMSTAL par exemple), qui concilie les exigences du bon matériau avec un entretien très facile. Quand ça attache, il suffit de laisser tremper, et d'utiliser si nécessaire et sans aucun inconvénient un grattoir ou un tampon métallique. C'est le matériau de la cuisine saine et économique.

• Le pyrex de bonne qualité est un matériau sain, inodore et résistant.

A l'alu, le bonnet d'âne

• **L'aluminium est à proscrire formellement.**
Il est certes bon marché, mais conjugue tous les autres inconvénients : il est poreux, il altère les aliments, il se déforme, et il s'oxyde en alumine toxique. Les petites doses absorbées chaque jour s'accumulent et finissent par provoquer de nombreux désordres : nausées, maux de tête,

ulcères d'estomac, altération des globules rouges, troubles rénaux et intestinaux, etc…
Il est également suspecté de porter atteinte au système nerveux.

L'ESSENTIEL A SAVOIR

- Consommer beaucoup d'aliments crus.
- Privilégier les cuissons à l'étouffée à feu doux, qui respectent le mieux l'intégrité de l'aliment.
- Éviter :
  - la cuisson à l'eau (destruction des vitamines)
  - la cuisson à température très élevée, surtout avec de la matière grasse (apparition de composés toxiques) ou en cocotte à pression (destruction des nutriments)
  - la cuisson au four à micro-ondes (dangers multiples).
- Préférer les ustensiles de cuisson en inox et bannir totalement l'aluminium.

CONSEILS EN VRAC

Méli-mélo d'infos

- Brossez vos fruits et légumes biologiques plutôt que les éplucher : le meilleur des nutriments est dans la peau ! Ne les laissez pas tremper dans l'eau, car certaines vitamines sont hydrosolubles.

- Méfiez-vous de **l'oxydation**.

Gare à l'oxydation

L'oxydation est une altération des aliments due :
- à l'exposition à la lumière : les rayons ultraviolets ionisants transforment les molécules
- à la chaleur et à l'air : des électrons des molécules d'oxygène se combinent à d'autres éléments, qu'ils dégradent.

Résultat : flétrissement, modification de la saveur et de la couleur (brunissement), rancissement, c'est-à-dire dégradation des graisses.
Les salades émincées longtemps à l'avance, la soupe de légumes réchauffée toute la semaine… c'est vraiment à éviter. Les légumes cuits se gardent au maximum 3 jours au réfrigérateur et les salades devraient être consommées dans la foulée de la préparation (en tout cas, ne les conservez pas plus qu'une demi-journée).
À noter : la salade verte coupée avec un couteau s'oxyde plus vite. Mieux vaut garder les feuilles entières et ne les briser avec les doigts qu'au moment de les consommer.

Comment se débarrasser des substances anti-nutritionnelles

• Les **végétaux** contiennent certaines s**ubstances indésirables**, qui heureusement disparaissent en grande partie au trempage, à la germination, à la fermentation ou à la cuisson. Pensez bien sûr à jeter l'eau de trempage.

- Le principal gêneur présent dans les céréales est l'acide phytique : bénéfique à petites doses, il nuit néanmoins à l'absorption des minéraux. Trempage et cuisson en viennent à bout. En ce qui concerne le pain, adoptez le pain au levain, dont le temps de levage favorise la décomposition de l'acide phytique, ce que ne permet pas la levure chimique.
- Les légumineuses renferment elles aussi de l'acide phytique, mais ce n'est pas tout. Il y a de l'anti-vitamine E, des glycosides cyanogénétiques, des hémagglutinines, des inhibiteurs de protéases. On y trouve également de la vicine et de la convicine, qui provoquent une anémie hémolytique nommée «favisme» si on consomme trop de fèves. Il y a bien entendu aussi des purines, comme dans tous les aliments protéinés. La solution ? Trempage et cuisson ! Comme quoi le cru n'est pas toujours meilleur pour la santé…
- Certains aliments sont riches en acide oxalique, qui empêche pareillement une bonne assimilation des minéraux, et qui, produisant des sels insolubles, peut être à l'origine de calculs rénaux. Il s'agit du thé et du cacao, de l'oseille, des épinards, de la rhubarbe, de la betterave rouge, de la salade de pourpier.
- Les pommes de terre peuvent contenir de la solanine, substance alcaloïde très toxique se développant à la lumière et pouvant provoquer crampes d'estomac, maux de tête, diarrhées et, à hautes doses, une atteinte du système nerveux.

Choisissez donc vos pommes de terre sans taches vertes et non germées. Conservez-les dans un endroit sombre, à l'intérieur d'un sac en papier ou en toile.

Si vos pommes de terre ont un peu verdi, épluchez-les soigneusement, ôtez tous les germes et cuisez-les dans de l'eau, la solanine étant hydrosoluble.

De même, les tomates renferment de la tomatine, substance voisine de la solanine. Choisissez-les bien mûres. Idem pour les aubergines, dont la solanine disparaît heureusement au cours de la cuisson.

Certaines populations habituées à consommer des tomates vertes ou peu mûres semblent avoir développé une adaptation à ces substances, mais ce n'est pas vraiment le cas général.

- La dégradation des protéines par le système digestif donne naissance à des purines, génératrices d'urée. Les purines existent aussi à l'état naturel dans certains aliments.

Notre organisme est capable d'en éliminer de 0,40 à 2 grammes par jour selon les individus.

Si les purines sont en trop grand nombre, ce qui se produit soit par surconsommation de protéines, en particulier de viande, soit par faiblesse rénale ou hépatique, elles provoquent des troubles organiques. En plus d'une digestion laborieuse agrémentée de flatulences, elles donnent naissance à des cristaux d'acide urique pouvant provoquer calculs rénaux et crises de goutte. À terme, elles sont susceptibles d'engendrer une toxémie chronique appelée urémie.

Les végétaux riches en purines sont : le thé, le café, la noix de cola, le cacao et le chocolat, les légumineuses, la levure alimentaire, les épinards, les asperges, le pain complet, le chou-fleur, les champignons.

Cependant, une étude récente réalisée à Boston (USA) vient contredire une croyance bien ancrée : les purines contenues dans les végétaux n'exposent pas au risque de goutte ! Par contre, cette étude confirme bien le risque accru chez les mangeurs abusifs de viande et de poisson. Comme pour les autres substances, une grande partie des purines disparaît au trempage.

• Pour bien amorcer la digestion, commencez le repas par une crudité, ou alors un fruit de préférence 1/4 heure à 1/2 heure plus tôt. De plus, une belle ration de crudités remplit avantageusement l'estomac avec peu de calories. Donnez une large place aux salades ou aux légumes peu cuits (on a vu pourquoi précédemment).

Faciliter la digestion

• Associez de jolies couleurs variées dans les plats. Une bonne digestion commence dès que la vue d'un mets plaisant et appétissant nous met l'eau à la bouche. Si en plus, ça sent bon (ce qui est souhaitable…), nos papilles pétillent et nos glandes salivaires se mettent en action pour préparer une digestion optimale !

• Limitez fortement la boisson pendant les repas pour ne pas noyer les sucs digestifs. Par contre, buvez beaucoup entre les repas, au minimum 1,5 litre par jour (de l'eau, du thé vert, de la tisane, mais pas de sodas ou autres boissons sucrées).

• Même s'il est bien agréable de terminer son repas sur une note sucrée, sachez que cette habitude n'est pas idéale. Comme vous allez le lire plus loin dans le chapitre «Associations alimentaires», les sucres rapides ne supportent pas de faire la queue dans l'intestin en attendant que les autres aliments soient digérés. Ils manifestent souvent leur impatience en provoquant des fermentations et des ballonnements fort inconfortables.
Mieux vaut attendre au moins 2 heures après le repas pour s'offrir ces douceurs. Ne succombons au plaisir «dessert» qu'exceptionnellement… notre ventre nous en sera reconnaissant !

• Sortez de table avant de vous sentir «gavé» !

Thé noir ou café au repas, le fer s'en va…

• Finir le repas par un thé noir ou un café n'est pas forcément non plus un rituel très judicieux, car ces deux boissons inhibent l'absorption du fer.
Réservez ce plaisir convivial aux pauses détente entre les repas.
De plus, café et thé peuvent provoquer des hypoglycémies chez certaines personnes. Ce phénomène est très peu connu, y compris du corps médical. Il pourrait s'expliquer par une réaction hormonale trop vigoureuse suite à l'ingestion de caféine (ou de théine), ce qui déclencherait une surproduction d'insuline avec sensation de «coup de pompe», de faim ou de malaise.

Caractéristiques et mode d'emploi des végétaux

Céréales, source d'énergie

Les céréales et herbacées assimilées

• Ce que l'on nomme «céréale» est souvent une graminée, parfois une simple herbacée (chénopodiacée, polygonacée), cultivée pour être la base de la nourriture humaine et animale. Les céréales constituent le principal apport énergétique sous forme de sucres complexes (amidon).

• Lorsqu'elles sont présentées en grains, le mieux est de les laisser tremper avant cuisson pour entamer l'élimination des substances indésirables, sans que ce soit obligatoire. Il convient alors de jeter l'eau de trempage, et de mettre à cuire dans une nouvelle eau avec un peu de condiment ou de sauce de soja, ce qui apporte assez de sel et parfume agréablement. On compte en général un volume de céréales pour deux volumes d'eau.
Les céréales doivent toujours cuire à feu très doux après ébullition, à couvert. Avec un trempage préalable, elles cuiront plus vite et auront moins tendance à coller.

A chaque farine sa spécificité

• On les trouve sous d'autres présentations très fonctionnelles :

- en grains précuits, concassés, éventuellement déjà mélangés à des légumineuses pour optimiser l'apport protéique,
- en flocons, ce qui est idéal pour les galettes, muesli et autres porridges,
- en grains soufflés et galettes légères…

Le temps passé à la préparation ou à la cuisson n'est alors plus du tout un obstacle quand on est un peu pressé.

• Si vous faites de la pâtisserie et plus particulièrement de la pâte à tarte, ayez à l'esprit le fait que chaque type de farine réagit différemment selon la céréale et le blutage. Dans la partie «recettes» de ce livre, les quantités de liquide ou d'oeufs sont indiquées pour de la farine de blé bise (type 80) et devront être adaptées à chaque spécificité.

Pour les intolérants au gluten

• Comme les cas d'intolérance au **gluten** se multiplient, la forme la plus grave étant la maladie cœliaque, vous serez peut-être amenés un jour à en tenir compte dans votre menu. Les quelques précisions qui suivent pourront alors vous être utiles.

Le gluten est la masse protéique restante après extraction de l'amidon de la céréale. Les protéines provoquant l'intolérance sont certaines «prolamines» présentes en grandes quantités dans le blé, dans ses variantes l'**épeautre** et le **kamut**, ainsi que dans le **seigle** et dans l'**orge**. C'est aussi le cas de la **triticale**, hybride de blé et de seigle. Aujourd'hui, l'avoine semble être hors de cause, contrairement à ce que l'on croyait précédemment.

Éviter le gluten est assez difficile dans l'alimentation moderne, car le blé entre dans toutes sortes de préparations, des pains et pâtisseries aux friandises et desserts lactés, des plats préparés aux charcuteries et «matières amylacées», des fromages à tartiner aux épaississants des produits allégés et aux sauces liées. Mieux vaut, là encore, privilégier les aliments non transformés, et utiliser des céréales inoffensives comme le riz, le sarrasin, le millet, le maïs, le quinoa ou l'amarante.

CÉRÉALE	APPORTS	PRÉPARATION
AMARANTE "La céréale des Aztèques"	Calcium, phosphore, fer, cuivre, potassium, zinc, vitamines A, B, C, et E. C'est une herbacée bien équilibrée en acides aminés essentiels, qui renferme beaucoup de lysine. Elle ne contient pas de gluten. Les feuilles et tiges apportent de la vitamine C, du carotène, du fer, du calcium et des protéines. Le soufflage des graines préserve la vitamine E. L'amarante combat les dysenteries amibiennes, les maux d'estomac. Les tiges et les feuilles sont comestibles en légumes. Elles sont introuvables pour le moment sur les étals, mais on peut les cultiver chez soi. C'est très facile et joliment décoratif.	2 volumes d'eau pour 1 volume d'amarante. 15 à 20 mn de cuisson très douce après ébullition. Elle s'utilise aussi en farine, mais attention à la tenue des gâteaux car il n'y a pas de gluten ! Mélangez avec au moins la même proportion d'une farine avec gluten. Elle existe sous forme de grains soufflés. Consommez les feuilles plutôt cuites pour les débarrasser de leur acide oxalique.
AVOINE	Calcium, fer, magnésium, phosphore, sodium, silicium, zinc, manganèse, provitamine A, vitamines B1 et E, protéines, phytoœstrogènes. L'avoine est hypoglycémiante, diurétique et stimule la glande thyroïde. Elle fait baisser le taux de cholestérol. Céréale nourrissante et échauffante à consommer de préférence en hiver.	L'avoine se consomme en général sous forme de flocons. Le lait est épais et assez amer.
BLE	Calcium, cuivre, fer, magnésium, manganèse, soufre, phosphore, potassium, silicium, zinc, vitamines B, D, E et K. Le blé tendre est appelé "froment". Le blé "moderne" étant dans l'ensemble assez "dégénéré", préférez le kamut et le grand épeautre.	En grains décortiqués : environ 45 mn de cuisson, moins pour le blé précuit. En grains entiers : 12 h de trempage + 3 h de cuisson. Boulgour (ou pilpil) : environ 10 à 20 mn de cuisson. Couscous : cuisson = soit 10 mn à l'eau bouillante, soit 1/2 h à la vapeur. Semoule : 250 g pour 1 l de liquide (eau ou lait); 10 mn de cuisson.

CÉRÉALE	APPORTS	PRÉPARATION
BLE (suite)		Seitan (recette chinoise) = gluten de blé = concentré de protéines peu calorique.
GRAND EPEAUTRE	Il renferme les mêmes nutriments que le blé, mais il est bien plus riche en acides aminés essentiels. Sa saveur est très agréable. Le grand épeautre est issu du croisement de 2 blés primitifs.	2 volumes d'eau pour 1 volume d'épeautre. 1h30 à 2h de cuisson, environ 25 mn pour le grand épeautre précuit.
PETIT EPEAUTRE	Cette petite graine rustique à la saveur légèrement sucrée est très riche en fibres et en minéraux, surtout en magnésium. Au XIIe siècle, la célèbre Sainte Hildegarde la recommandait déjà aux gens nerveux... Elle contient environ 13% de protéines : tous les acides aminés essentiels sont présents. Le petit épeautre est très digeste et il fond délicieusement dans la bouche.	1 volume de petit épeautre dans 2 volumes d'eau. 40 m de cuisson.
FONIO «Céréale sacrée des Dogons»	Le minuscule grain de fonio décortiqué est riche en magnésium, manganèse, soufre, zinc, en fibres, en méthionine et cystine (acides aminés très recherchés), mais pauvre en lipides. Cette plante herbacée rustique de l'Afrique de l'Ouest ne contient pas de gluten et n'augmente pas la glycémie : elle est donc recommandée aux allergiques, aux diabétiques et aux personnes en surpoids. Le fonio est léger, digeste et savoureux.	Rincez le fonio avant usage. Prévoyez environ 40 g par personne. Le grain gonfle beaucoup à la cuisson : 1 volume donne 4 à 5 volumes cuits. Cuisson à l'eau 1 volume de fonio dans 2,5 volumes d'eau froide salée. Porter à ébullition, puis feu très doux pendant 7 mn, et gonflage hors du feu 3 mn. À servir en accompagnement de légumes. Cuisson à la vapeur Réhydrater dans de l'eau tiède 15 mn, puis cuisson à la vapeur (comme le couscous) pendant 25 mn. Pour couscous et taboulés.

CÉRÉALE	APPORTS	PRÉPARATION
FONIO (suite) "Céréale sacrée des Dogons"	Connu depuis l'Egypte Ancienne, c'est un aliment de base des peuples de la savane. Encore aujourd'hui, il est très présent dans les mythes et les rituels sacrés, par exemple au Mali chez les Dogons, en Guinée chez les Peuls ou encore au Burkina Faso	<u>Cuisson "collante"</u> Tremper 30 mn. Puis mettre à chauffer modérément grain + 1 volume d'eau froide salée jusqu'à absorption (remuer et surveiller). Verser 4 volumes de liquide chaud (eau, bouillon, lait...) et laisser cuire 30 mn à feu doux en remuant de temps à autre. Excellente base pour croquettes et galettes. <u>Cuisson "crémeuse"</u> Idem "collante", mais avec 5 à 6 volumes de liquide chaud. S'utilise en accompagnement de légumes ou en dessert comme une semoule .
KAMUT "Âme de la terre"	Ses apports sont les mêmes que le blé, mais en bien mieux : 40% de plus de protéines, de minéraux et d'acides gras insaturés ! C'est un blé très ancien, déjà cultivé dans l'Egypte des Pharaons.	12 h de trempage . 3 volumes 1/2 d'eau pour 1 volume de kamut. 1h30 à 2h de cuisson. Il existe aussi sous forme de boulghour, de flocons, de pâtes.
MAÏS	Calcium, chlore, cuivre, fer, magnésium, soufre, manganèse, phosphore, zinc, provitamine A, vitamines B et E. Il renferme de l'antivitamine PP (ou B3). Il modère les fonctions thyroïdiennes. Il ne contient pas de gluten. C'est une céréale de la saison chaude. L'IG du maïs rustique = 35. Mais le maïs actuel a été fortement hybridé et sa teneur en glucides et en graisses est bien plus importante.	<u>Épis</u> : 1/2h de cuisson à l'eau bouillante salée. <u>Polenta</u> (= semoule) : 1 l de liquide à ébullition pour 250 g de semoule de maïs. 10 à 20 mn de cuisson douce en remuant très souvent.
MILLET	Calcium, chlore, cuivre, fer, iode, magnésium, soufre, manganèse, phosphore, potassium, fluor, zinc, protéines, provitamine A, vitamines B, C et E. Il combat l'anémie et la fatigue nerveuse.	2 volumes d'eau pour 1 volume de millet. 20 mn de cuisson + 10 minutes de gonflage à couvert.

CÉRÉALE	APPORTS	PRÉPARATION
MILLET (suite)	Il est alcalinisant, nutritif et revitalisant. Il ne contient pas de gluten. Le millet est une céréale rafraîchissante, à recommander pour l'été, très savoureuse et facile à digérer.	
ORGE MONDÉ	Calcium, chlore, cuivre, fer, magnésium, silice, manganèse, phosphore, potassium, sodium, soufre, zinc, provitamine A, vitamines B (dont B12) et E. Il est reminéralisant et conseillé en cas de décalcification, car il favorise l'assimilation du calcium. Il combat la fatigue nerveuse par sa richesse en lécithine, lutte contre les troubles de la croissance et du transit intestinal. Il fait baisser le taux de cholestérol. C'est la céréale la plus ancienne et la plus légère. Elle est rafraîchissante et fortifiante. Choisissez l'orge mondé (l'orge perlé est blanchi et donc appauvri).	2 volumes d'eau pour 1 volume d'orge . 45 mn de cuisson, environ 25 mn pour de l'orge précuit.
QUINOA "Le riz des Incas"	Ses grains sont un prodigieux concentré de nutriments essentiels. Le quinoa est exceptionnellement riche en protéines (13 à 14%), en lysine (acide aminé absent des céréales), en acides gras poly-insaturés (oméga 3), en vitamine C. Il ne contient pas de gluten. Contrairement aux céréales classiques, il contient les 8 acides aminés essentiels bien répartis. IG = 35. C'est une plante savoureuse très rustique qui pousse dans les Andes à plus de 3000 m. Cette herbacée appartient à la famille des chénopodiacées, comme l'épinard ou la betterave. On peut dire "LE" ou "LA" quinoa, les deux sont admis.	Rincez le quinoa avant la cuisson. 2 volumes d'eau pour 1 volume de quinoa. Environ 15 mn de cuisson à l'eau bouillante. Le quinoa est cuit dès que le petit germe blanc est libéré. La farine de quinoa a un pouvoir très absorbant. Par conséquent, diminuez de moitié la dose prévue pour du blé dans les recettes.

CÉRÉALE	APPORTS	PRÉPARATION
RIZ	Calcium, chlore, cuivre, fer, magnésium, soufre, manganèse, phosphore, potassium, sodium, zinc, vitamine B. Le riz est pauvre en lipides et très assimilable. Il contient des phytoœstrogènes. Il ne contient pas de gluten. IG = 50. Il est recommandé en cas d'hypertension, d'œdèmes, de troubles rénaux, de diarrhées et de parasites intestinaux.	2 volumes d'eau pour 1 volume de riz. 30 à 60 minutes de cuisson suivant la sorte, 20 à 30 mn environ pour le riz précuit. Savourez aussi les galettes de riz soufflé, délicieuses et aériennes, à utiliser comme du pain ! Mais leur IG est un très élevé : 95 ! Le lait de riz est léger et énergétique..
SARRASIN	Calcium (++), chlore, cuivre, fluor, fer, magnésium, soufre, manganèse, sodium, phosphore, potassium, zinc, vitamines B et P. Le sarrasin contient les 8 acides aminés essentiels. Il ne contient pas de gluten. IG = 50. Échauffant, il est à réserver à la période hivernale. Énergétique et nutritif sans encrasser, c'est aussi un bon protecteur des vaisseaux sanguins qu'il assouplit. Il est conseillé en cas de fatigue nerveuse et de troubles cardiovasculaires. Aussi appelée "blé noir", c'est une polygonacée, originaire d'Asie et très appréciée des Sarrasins, qui l'ont fait connaître en Occident.	2 volumes 1/2 d'eau pour 1 volume de sarrasin. 15 à 20 mn de cuisson. On le trouve sous forme de grains décortiqués, ou bien concassé et grillé donnant plutôt une sorte de bouillie : il se nomme alors "kacha" et son goût particulier est plus fort. Réservez le sarrasin à l'accompagnement de légumes à la saveur prononcée. Sous forme de farine, il convient bien aux crêpes bretonnes, alors appelées "galettes". Si le goût vous semble trop prononcé, mélangez-le avec de la farine d'épeautre.
SEIGLE	Calcium, chlore, cuivre, fer, iode, magnésium, soufre, manganèse, zinc, phosphore, potassium, sodium, provitamine A, vitamine B. Il est recommandé aux hypertendus et aux cardiaques. Il est dépuratif et fluidifie le sang.	On l'emploie plutôt sous forme de flocons ou de farine. Farine de seigle : attention, ça colle, ça ne lève pas bien et la préparation est très compacte. Mieux vaut la mélanger à une autre farine.

LES LÉGUMINEUSES

- Une légumineuse est une plante ayant une fleur irrégulière, dont un pétale se relève, les deux autres pétales formant un étui renfermant les étamines et le pistil. Le fruit est en forme de gousse. On peut citer les lentilles et les pois, mais aussi l'arachide et la luzerne. Les légumineuses apportent principalement des sucres complexes et des protéines.

- Certaines légumineuses contiennent des phytoœstrogènes (soja jaune, fèves, lentilles, haricots, pois chiches), particulièrement bienvenus en période de ménopause.

- Germées, les légumineuses concentrent les nutriments. Elles accompagnent très bien les crudités.

- Les légumineuses, mises à part les lentilles, peuvent provoquer des gaz intestinaux, en particulier le soja et les haricots. Pour éviter cet inconvénient, il suffit de les faire tremper pour amorcer une germination, de 12 heures jusqu'à 48 heures pour les intestins les plus fragiles. Une bonne cuisson fera le reste. Les aromates peuvent aussi améliorer la digestibilité (voir tableau ci-dessous). Pensez à mastiquer soigneusement !

- Salez vos légumineuses plutôt en fin de cuisson, sinon leur peau a tendance à durcir. À ce propos, pensez à leur ajouter un morceau d'algue kombu ou de wakamé, qui raccourcissent le temps de cuisson justement en ramollissant la peau. Comptez en général 1 volume de légumineuses pour 3 volumes d'eau. On les trouve aussi sous forme de flocons ou concassées et précuites, ce qui diminue la durée de préparation.

- Les légumineuses aident les sols à se régénérer naturellement en recyclant l'azote de l'air et permettent de limiter l'apport d'engrais. C'est bon pour la Terre !

Légumineuses, mines de sucres complexes et de protéines

Bonne préparation = bonne digestion

LEGUMINEUSE	APPORTS	CUISSON
FEVE	Calcium, magnésium, phosphore, fer, vitamines A, B1, B2 et C, phytoœstrogènes. La peau de la fève séchée est indigeste et amère, mieux vaut l'éliminer. Préférez la fève fraîche.	12 h de trempage + 2 à 3 h de cuisson. Aromates : menthe, paprika, thym.
HARICOT SEC blanc, rouge, azuki, noir, flageolet, etc…	Nombreux minéraux, provitamine A, vitamines B, C et E, phytoœstrogènes. IG = de 27 à 38 selon la sorte.	12 h de trempage (les azukis peuvent en être dispensés) + 1 à 3 h de cuisson selon la sorte. Aromates : laurier, origan, paprika, piment, sauge, sarriette, thym.
HARICOT MUNGO dit "soja vert"	Nombreux minéraux et oligo-éléments. Provitamine A, vitamines B, C, E. Ne contenant ni facteurs antinutritionnels ni lipides, il offre par contre des acides aminés essentiels.	Le haricot mungo est intéressant surtout sous forme de graines germés, les fameuses "pousses de soja".

LEGUMINEUSE	APPORTS	CUISSON
HARICOT MUNGO dit "soja vert" (suite)	Il apporte de la chlorophylle, qui aide à la régénération des tissus malades et assainit l'intestin, ainsi que de la lécithine, qui régule le cholestérol. En réalité, il fait partie de la famille des haricots et sa dénomination de «soja» est impropre.	Ces pousses sont souvent "yanguisées", c'est-à-dire poêlées très rapidement. Sinon, cuisson 50 mn dans 6 fois son volume d'eau..
LENTILLE verte, brune, corail blonde, lentillon beluga etc...	Minéraux, vitamines A, B, C et E, phytoœstrogènes. La lentille est très digeste. IG = 28.	Le trempage n'est pas indispensable. Cuisson : 30 à 60 mn selon la sorte. 20 mn pour les lentilles corail, parfaites pour les gratins et les soupes. Aromates : clous de girofle, cerfeuil, muscade,
LUPIN	Fibres, antioxydants, et surtout des protéines dont la lysine. Cette source d'acides aminés bien équilibrés ne renferme pas d'amidon. Le lupin est particulièrement résistant aux maladies et se prête très bien à la culture biologique. C'est un émulsifiant qui permet de ne pas utiliser d'œuf. Le lupin donne une belle couleur jaune. Attention : les allergies croisées avec l'arachide ne sont pas rares !	Le lupin est consommé traditionnellement dans le bassin méditerranéen et en Amérique du Sud, sous forme de graines en saumure ou en semoule pour faire des galettes. La farine de lupin se substitue très bien à la farine de soja.
POIS CASSÉ	Calcium, cuivre, fer, magnésium, phosphore, soufre, zinc, vitamines B. Le pois est dépelliculé et donc très digeste. C'est un très bon complément du riz.	Cuisson : 45 à 60 mn. Aromates : sarriette, thym
PETIT POIS	Phosphore, silice, vitamines B et C. Il est très riche en protéines, en sucres lents, en fibres. Il régule la cellule nerveuse. IG = 48.	Il se consomme de préférence frais écossé, au printemps. Cuisson à l'étouffée, 1h30 à 2h. Cuisson à la vapeur, environ 30 mn.

LEGUMINEUSE	APPORTS	CUISSON
POIS CHICHE	Calcium, phosphore, magnésium, fer, potassium, sodium, vit B, phytoœstrogènes. Le pois chiche est riche en corps gras. IG = 33.	12 h de trempage + 2 h de cuisson. Le pois chiche existe aussi sous forme de farine, base des traditionnelles panisses marseillaises. Aromates : carvi, menthe, romarin, sauge
SOJA JAUNE	Grande richesse en minéraux, vitamines A, B, C, protéines (40%) et lipides (18%), phytoœstrogènes. Le soja fermenté regorge de vitamine B 12. IG = 20. Ne le consommez jamais cru, même germé, car il contient beaucoup de facteurs antinutritionnels. Le soja est allergisant et il y a souvent allergie croisée avec les laitages.	En grains : 12 h à 24 h de trempage + au moins 3 h de cuisson. La consommation en grains n'est pas très recommandée car ils sont peu digestes tels quels. La farine est aussi assez lourde. Préférer les autres formes: flocons, tofu, tempeh, tamari, shoyu, lait, crème, yaourts, crèmes dessert, etc... les plus traditionnelles étant les plus bénéfiques. Aromates : curry, piment doux, thym.

LES LÉGUMES

- Un légume est une plante herbacée dont on peut consommer certaines parties : les racines (carotte, betterave), les tubercules (pomme de terre, topinambour), le bulbe (poireau, ail, oignon), les tiges (céleri branche, côte de bette), les feuilles (chou, épinard), les fleurs (brocoli, chou-fleur), les gousses avant maturité (haricots verts) ou les graines (pois, fèves, haricots secs). Il n'y a pas de définition botanique très précise et c'est plutôt l'utilisation dans l'alimentation qui donne à la plante le statut de «légume».

Le chou, roi de l'hiver et anticancer

- Les choux sont un excellent légume pour l'hiver, car ils comptent parmi les plus riches en vitamine C. Ils renferment aussi beaucoup de calcium. Consommez-les de préférence crus ou peu cuits : ils sont plus digestes et conservent toutes leurs qualités nutritionnelles.
Leur richesse en dérivés soufrés ainsi qu'en provitamine A, en vitamines B9, C et E, leur confère de grandes vertus anticancéreuses. Mais ces produits soufrés, associés aux fibres, rendent parfois le chou cuit difficile à bien digérer. Le fait de le blanchir pour y remédier est assez contesté, car ce serait plutôt la cuisson à l'eau qui serait responsable de ce désagrément.
Nous avons la chance qu'il existe de nombreuses variétés de choux. Régalez-vous en les explorant toutes, mais privilégiez le brocoli, grand champion de cette belle famille !

Nos intestins nous disent merci

- Les légumes sont riches en fibres de cellulose, qui favorisent le transit intestinal. Autre intérêt non des moindres : ils sont en général alcalinisants (sauf exception indiquée).
- Salez plutôt en début de cuisson lorsque vous faites des légumes à l'étouffée, qui alors «suent» et cuisent dans leur propre humidité.

La pomme de terre ne donne pas la patate !

- N'abusez pas des pommes de terre car contrairement à la légende, ce n'est pas un sucre lent. Ce féculent serait plutôt un fécu…rapide ! En effet, la pomme de terre est trop riche en amylopectine, amidon qui se dégrade rapidement en glucose. Son index glycémique est de 60 lorsqu'elle est cuite à la vapeur, et tous les autres modes de cuisson élèvent encore l'IG (frites = 75 !). Elle augmente ainsi le risque d'obésité et de diabète si elle figure très souvent au menu.

LEGUME	APPORTS	CUISSON
ARTICHAUT	Substances azotées, potassium. C'est un draineur hépatique, diurétique et détoxicant. <u>Attention</u> : il est acidifiant.	À la vapeur 20 à 30 mn ou à l'étouffée 1 heure.
ASPERGE	Calcium, fer, soufre, manganèse, vitamines A et C. L'asperge fluidifie le sang. <u>Attention</u> : elle est acidifiante.	À la vapeur environ 1/2 h.

LEGUME	APPORTS	CUISSON
AUBERGINE	Potassium, magnésium, manganèse, zinc, provitamine A, vitamines B, C et E, fibres. Peu calorique, digeste, diurétique, anti-cholestérol, l'aubergine stimule de plus le foie et le pancréas. Elle contient de la solanine qui disparaît à la cuisson, et des tanins galliques responsables d'une certaine astringence et du brunissement rapide de sa chair au contact de l'air.	À l'étouffée, 45 mn. Ne la consommez jamais crue (solanine). Attention si vous la faites revenir dans l'huile sans la faire dégorger : elle absorbera la graisse comme une éponge !
BETTERAVE ROUGE	Calcium, phosphore, magnésium, vitamines A, B12 et C. Crue, elle lutte contre l'anémie, la déminéralisation, et elle a des vertus anticancéreuses. Elle est interdite aux diabétiques pour sa richesse en sucre. IG = 64.	À l'étouffée ou à la vapeur, 20 mn environ.
BLETTE ou bette ou poirée	Soufre, calcium, fer, potassium, magnésium, provitamine A, fibres. La bette est peu calorique.	Côtes : à l'étouffée 1h30 ou à la vapeur 20 à 30 mn. Feuilles : accommodez comme les épinards.
BROCOLI	Calcium, fer, potassium, phosphore, magnésium, manganèse, zinc, cuivre, nickel, fluor, cobalt, iode, sélénium, soufre, fibres, provitamine A, vitamines B, E et K. Le brocoli est surtout très riche en vitamine C.	À la vapeur, 20 à 30 mn environ. Tout est bon à manger, dans le brocoli, y compris la queue. Enlevez les fibres extérieures si elles semblent trop dures.
CAROTTE	Fer, soude, calcium, phosphore, magnésium, vitamines A, B et C. La carotte est reminéralisante et dépurative. Crue, elle rajeunit les tissus IG = 35 crue et 49 cuite.	À la vapeur ou à l'étouffée, environ 10 à 15 mn.
CELERI-BRANCHE	Potassium, calcium, magnésium, sodium, provitamine A, vitamines B, C et E. Peu calorique et riche en fibres, il régule aussi les fonctions urinaires et digestives.	À la vapeur ou à l'étouffée, environ 10 à 15 minutes. En général, il est incorporé à d'autres ingrédients.

LEGUME	APPORTS	CUISSON
CÉLERI-RAVE	Soude, chaux, potasse, molybdène, sélénium, chrome, vitamines A et C. Il est riche en fibres et peu calorique. Très digeste cuit, il peut indisposer les estomacs fragiles consommé cru. On peut le recommander aux nerveux et aux stressés.	À la vapeur ou à l'étouffée, environ 10 à 15 minutes. Cru, râpez-le très finement pour augmenter la tolérance et favoriser une bonne assimilation.
CHAMPIGNON	Sélénium, iode, protéines.	Faites "rendre" l'eau à la poêle quelques minutes.
CHOU VERT, BLANC, ROUGE, DE MILAN, CHINOIS ...	Calcium, phosphore, magnésium, fer, cuivre, dérivés soufrés, fibres, provitamine A, vitamines B et E, beaucoup de vitamine C. Il y a de la vitamine K dans le chou frisé.	À l'étouffée, 30 à 45 mn. L'adjonction de graines de carvi, de cumin ou d'anis vert améliore la digestibilité du chou.
CHOU DE BRUXELLES	Calcium, potassium, magnésium, vitamine C. Il est assez calorique. Attention : il est acidifiant.	À la vapeur, 20 à 30 mn environ
CHOU-FLEUR	Potassium, magnésium, calcium, fer, zinc, manganèse, cuivre, bore, fluor, sélénium, silice, vitamine C. Tonifiant et rééquilibrant, il est aussi recommandé aux nerveux.	À la vapeur, 20 à 30 environ. Il est plus digeste blanchi et peu cuit (la cuisson génère de l'hydrogène sulfuré qui peut provoquer des flatulences).
CHOU-RAVE	Potassium, vitamine C.	À la vapeur, 20 mn environ. Choisissez-le jeune, sinon il est fibreux.
CHOUCROUTE	Elle présente tous les avantages de la lactofermentation (voir page 71).	À l'étouffée, environ 2 h.
CONCOMBRE	Minéraux, surtout potassium, vitamines B, C, E et un peu de provitamine A. Le concombre est très peu calorique et très rafraîchissant.	Faites-le sauter 5 mn à la poêle avec de l'ail. Le jus rendu par le concombre cru émincé ou râpé contribue à sa digestion. Ne le jetez pas !
COURGES, COURGETTE, PATISSON	Potassium, calcium, fer, vitamines B et C. Les graines de courge sont vermifuges, et leur huile protège du cancer de la prostate.	À l'étouffée, environ 20-30 mn, selon la sorte de courge.

LEGUME	APPORTS	CUISSON
COURGES, COURGETTE, PATISSON (suite)	La courgette est très digeste et pauvre en calories, mais n'écrasez son goût subtil sous un assaisonnement trop corsé.	La courgette cuit très rapidement (4-5 mn).
CRESSON	Iode, cuivre, manganèse, zinc, silice. Le cresson est très riche en vitamine C et E. C'est un aliment acide.	Utilisez-le cru en salade ou cuit dans une soupe.
ENDIVE	Nombreux minéraux et oligo-éléments, acide folique (vit B9). L'endive est pauvre en calories. Conservez l'endive à l'abri de la lumière, sinon les feuilles verdissent et deviennent amères, et plutôt dans un sac en papier pour absorber l'humidité.	À l'étouffée ou au four, environ 30 à 45 mn.
EPINARD	Fer, iode, chlorophylle, provitamine A, vitamines B, C, D, E et K. L'épinard est reminéralisant et anti-anémique. N'abusez pas d'épinards surtout crus, car ils sont riches en acide oxalique.	À l'étouffée, environ 1/4 h. Ne les réchauffez jamais. Ne les mettez jamais à décongeler lentement à température ambiante s'ils ne sont pas bio, car les nitrates se transforment alors en nitrites cancérigènes (décongeler directement sur le feu rapidement).
FENOUIL	Potassium, calcium, fer, phosphore, magnésium, fibres, vitamines C, B (B9), E, phytoœstrogènes. Il régule les troubles nerveux, stimule la lactation.Les graines évitent ballonnements et flatulences. Contrairement aux apparences, c'est un légume-feuilles et non un bulbe. On consomme le renflement de la base des feuilles.	À l'étouffée 30 mn ou à la vapeur 1/2 h. Il est excellent cru, émincé dans une salade.
FEVE FRAICHE	Fer, calcium, provitamine A, vitamines B et C.	À l'étouffée, environ 2 h.
HARICOT VERT	Calcium, nickel, cobalt, cuivre, magnésium, silice, iode, soufre, fibres, provitamine A, vitamines B9 et C. Il est peu calorique. IG = 30.	Plutôt à la vapeur : 20 mn pour des haricots croquants.
LAITUE	Fer, phosphore, vitamine E. Il y a de la vitamine K dans la romaine. La laitue est calmante. IG = 10.	À l'étouffée, environ 1/4 h.

LEGUME	APPORTS	CUISSON
MACHE ou "doucette"	Provitamine A, vitamines B9, C et E. Ses fibres sont très digestes. Elle calme les nerveux.	Cette douce salade d'hiver peut aussi être préparée comme des épinards.
NAVET	Iode, fer, manganèse, calcium. Les fanes sont bien plus riches que les racines, surtout en calcium. Il est revitalisant et rafraîchissant. Il dissout l'acide urique. Il fait partie des crucifères.	À l'étouffée ou au four, 20 mn environ. Pensez à consommer les navets lactofermentés, appelés aussi "la naveline". C'est délicieux !
ORTIE	Grande richesse en minéraux (fer, silice), en vitamine C, en chlorophylle (assainissant intestinal + régénérateur de tissus). Elle renferme 9% de protéines d'excellente qualité. Draineur hépatique, elle est dépurative, diurétique, stimulante, anti-anémique, anti-inflammatoire, hypoglycémiante, et capable de dissoudre les cristaux (lithiase biliaire). Elle est aussi hémostatique et donc recommandée aux dames ayant des règles abondantes. Attention aux substances nocives : pas de cueillette au bord d'une route ou le long d'un champ traité !	Utilisez plutôt les jeunes pousses sans trop de tige (très fibreuse). Les poils urticants de l'ortie sont riches en acide formique, ce qui cause démangeaisons et brûlures. Mais une fois ébouillantée, l'ortie ne pique plus. Cuisson : à l'étouffée 10-15 mn, à intégrer dans une soupe, une purée, une galette…
OSEILLE	Elle est revitalisante, mais riche en oxalates (à bannir en cas d'acidité gastrique, de goutte, d'arthrite et de coliques néphrétiques).	À l'étouffée, environ 1/4 h.
PANAIS	Potassium, acide folique (vitamine B9). IG = 97 = interdit aux diabétiques.	Sa chair noircit au contact de l'air. Cuire dès qu'il est coupé en morceaux. À l'étouffée ou à la vapeur, 20 mn environ. Délicieux en purée, saveur sucrée.
PATATE DOUCE ou ipomée	Potassium, chlore, calcium, magnésium, fer, zinc, fibres, provitamine A, vitamines B5, B9, C et E. Elle est antioxydante et antianémique, ainsi qu'hypoglycémiante, malgré sa saveur sucrée. IG = 50. On devrait largement la préférer à la pomme de terre en raison de son intérêt nutritionnel, mais elle vient de loin…	Utilisez-la comme la pomme de terre. Sa peau est fine, il est inutile de l'éplucher. Il suffit de la brosser soigneusement. Cuisson : 15 à 20 mn à la vapeur.

LEGUME	APPORTS	CUISSON
PISSENLIT	Il est cholagogue, dépuratif, digestif, décongestif et diurétique.	Cru, en salade.
POIREAU	Silice, iode, soufre, fer, phosphore, provitamine A, vitamine B (dont un peu de B12), C et E. Riche en fibres, il est "le balai de l'intestin". Peu calorique, il est anti-anémique et antioxydant. Le blanc est plus diurétique et renferme davantage de fibres solubles. Le vert est plus riche en vitamines et en fibres insolubles stimulantes pour les intestins paresseux.	À l'étouffée ou à la vapeur, de 15 à 20 mn.
POIVRON	Il est très riche en vitamine C. Plus il est clair, plus il est doux. Le poivron est plus digeste quand il est épluché.	Cuisson : à l'étouffée, de 20 à 30 mn.
POMME DE TERRE	Calcium, sélénium, magnésium, potassium. La pomme de terre est alcalinisante. Elle est bonne pour le foie et pour les tubes digestifs enflammés (cicatrisante et anti-ulcéreuse). Cuite à la vapeur en robe des champs, elle garde de la vitamine C et son IG est de 60. À essayer : lors d'une brûlure, frottez avec une tranche de pomme de terre crue. Bien-être immédiat !	Le temps de cuisson varie d'une sorte à l'autre et selon la taille.
POTIMARRON	Protéines, potassium, fer, calcium, zinc, provitamine A. IG = 75. Cette courge a un délicieux petit goût de châtaigne.	En principe, il ne nécessite pas d'épluchage. Cuisson : à la vapeur, en purée, etc... environ 20 mn. C'est plus long au four.
RADIS	Racine : soufre, iode, potassium, calcium, vitamine C, fibres. Fanes : fer, provitamine A, vitamine C, acide folique (B9). Le radis noir est un draineur hépatique et vésiculaire, il est aussi digestif et antiscorbutique. C'est un crucifère.	La racine du radis se consomme principalement crue. Pensez à utiliser aussi les fanes, crues en fines lanières dans des salades, cuites dans une soupe, ou cuites à l'étouffée quelques minutes et incorporées dans des galettes.

LEGUME	APPORTS	CUISSON
TOMATE	Sels de soude, chaux, potasse, provitamine A. IG = 10. Reminéralisante, elle régule aussi les fonctions hépatiques. Elle aide le corps à se protéger du soleil. Elle contient du lycopène. Ce caroténoïde protège le système cardiovasculaire (fluidité du sang + anti-oxydant du cholestérol). Il est anti-cancéreux (prostate, estomac, poumon). Le lycopène est mieux absorbé quand il est cuit. Ce légume-fruit très acide est redouté par certains estomacs.	À l'étouffée, une dizaine de minutes.
TOPINAMBOUR	Légume le plus riche en fibres. Modérément calorique, il contient de nombreux minéraux, surtout du potassium. Les intestins paresseux peuvent avoir du mal à le digérer du fait de la présence d'inuline, faiblement assimilable.	Pelez-le après 5 mn de cuisson puis cuisez-le 20 mn à l'eau bouillante. On peut aussi éplucher les topinambours en les mettant au fur et à mesure dans de l'eau citronnée, car ils s'oxydent et noircissent très vite, et les faire cuire ensuite environ 30 mn.

LES FRUITS

● Un fruit est le résultat de la transformation d'une fleur suite à sa fertilisation. Après fécondation, les fleurs donnent naissance à des embryons qui deviendront des graines. L'organe qui contient les graines est protégé par une enveloppe parfois dure (gousse de vanille, akène de noisette), parfois molle. Chez certains végétaux, l'intérieur est charnu et délicieux. S'il n'y a pas de pulpe, on parle de fruit sec.

Le fruit, une merveille botanique

● Les fruits sont une excellente source de vitamines, de minéraux et de fibres.

● Ils sont en général alcalinisants (sauf exception indiquée).

● En séchant, du fait de l'évaporation de l'eau, les fruits concentrent leur teneur en minéraux, en substances bioactives, en fibres et en vitamines, sauf la vitamine C qui est détruite à la chaleur du séchage. Ils concentrent également les sucres, ce qui rend les fruits séchés assez caloriques. Et aussi les substances antioxydantes, ce qui fait que les fruits séchés neutralisent les radicaux libres encore mieux que les fruits frais !

Fruits séchés, richesse concentrée

● Consommez les fruits crus plutôt en dehors des repas, ou au moins en entrée, car leur digestion très rapide ne doit pas être entravée par celle des autres aliments, sous peine de fermentations inconfortables.

FRUIT	APPORTS
ABRICOT	Provitamine A, vitamine B3, potassium, phosphore, calcium, magnésium, fer, fibres. Fruit acide. IG = 20.
ABRICOT SEC	Potassium, fer, magnésium, provitamine A, vitamine B, fibres. IG = 31
ANANAS	Cuivre, iode, manganèse. L'ananas a une action digestive par l'enzyme qu'il renferme, la broméline. L'ananas est assez calorique. IG = 66
BANANE	Provitamine A, vitamines B, cuivre, fer, magnésium, manganèse, potassium. IG = 53
BRUGNON, NECTARINE	Provitamine A, vitamine PP. Ce sont deux sortes de pêche à peau lisse.
CASSIS	Potassium, beaucoup de vitamines, surtout vitamine C. Le cassis est diurétique, vermifuge, antirhumatismal. Il élimine l'acide urique et stimule le foie.

FRUIT	APPORTS
CERISE	La cerise est une mine de vitamines et minéraux. Elle est dépurative et reminéralisante, laxative, antirhumatismale. IG = 23.
CITRON	Vitamine A, B, beaucoup de vitamine C, minéraux (cuivre), essences bénéfiques (citral et citronnellol), acides citrique et malique. Le citron est bactéricide, hypotenseur, reminéralisant, diurétique et antirhumatismal. Il est aussi antiscorbutique, tonique veineux, digestif, dépuratif, carminatif, rafraîchissant.
CHÂTAIGNE	Provitamine A, vitamines B, potassium, magnésium, calcium, phosphore, fer, cuivre, manganèse et zinc. IG = 40. Assez calorique. La farine de châtaigne calme la toux. La châtaigne ne doit être consommée que cuite, sinon les fibres et l'amidon la rendent indigeste. Cuisson : au four 20 minutes ou dans de l'eau à petits bouillons 10-15 minutes.
DATTE	Calcium, magnésium, fer, vitamine PP. La datte est très calorique.
FIGUE	Calcium, fer. IG = 35.
FRAISE	Vitamine C, calcium, fer, silice. Très peu calorique (si vous ne la noyez pas dans le sucre et la crème chantilly !).
FRAMBOISE	Calcium, manganèse, fer. Fruit très peu calorique.
GROSEILLE	Iode, calcium, fer. Très peu calorique.
KIWI	Très riche en vitamine C, en minéraux (potassium) et en fibres. Le kiwi est assez calorique. IG = 58
MELON CHARENTAIS	Très riche en potassium, en provitamine A. Peu calorique, il contient en outre une enzyme qui aide à éliminer l'anion superoxyde, un radical libre très dangereux dû à l'exposition aux UV (mangez du melon quand vous êtes à la plage). Optez pour le melon type charentais, le melon jaune n'étant pas intéressant diététiquement.

Fruit	Apports
MURE	Iode, magnésium, fer. Elle est très peu calorique.
MYRTILLE	Surtout du manganèse. La myrtille est réputée bonne pour la vue. La baie de myrtille séchée est antiseptique : sa décoction (25 g mis à bouillir dans 1 litre d'eau pendant 15 minutes) est souveraine en cas de gastroentérite.
ORANGE	Vitamine C. L'orange est reminéralisante, tonique musculaire, anti-infectieuse, détoxicante, digestive, diurétique. IG = 43.
PAMPLEMOUSSE	C'est un draineur hépatique. Il est aussi hypotenseur et digestif. IG = 25.
PECHE	Provitamine A, cuivre, fer. IG = 28.
POIRE	Provitamine A, vitamines C, B, E, nombreux minéraux et oligo-éléments (fer), phytoœstrogènes. La poire est modérément calorique. IG = 36.
POMME	Vitamines C, B9 et E, magnésium, potassium, silice, phytoœstrogènes. La pomme est tonique, tout en étant calmante le soir. Elle est digestive, stomachique, antirhumatismale. Elle abaisse le cholestérol sanguin excessif, stabilise la glycémie. Bénéfique pour le poumon, le système cardiovasculaire, elle diminue le taux de mauvais cholestérol LDL, aide à mincir et protège de certains cancers (foie et côlon). Études à l'appui ! La pomme est modérément calorique. IG = 36. Écoutez ce proverbe anglais : "*An apple every day keeps the doctor away*" ("Une pomme chaque jour éloigne le docteur")
PRUNE	Provitamine A, vitamine B, potassium, fer, magnésium. La prune est laxative. IG = 24.
PRUNEAU	Cuivre, iode, magnésium, calcium et potassium, bore (protecteur des os), provitamine A, vitamines B. Assez calorique, le pruneau est énergétique, laxatif, détoxicant et diurétique. Il protège de l'ostéoporose et fait baisser le mauvais cholestérol LDL. C'est aussi le fruit le plus antioxydant. Son IG est élevé (75), mais sa richesse en fructose évite le pic glycémique. Il est également délicieux sous forme de pulpe pour remplacer la confiture ou parfumer un yaourt.

FRUIT	APPORTS
RAISIN	Le raisin est riche en vitamines et minéraux. Il est laxatif, cholagogue, détoxicant, énergétique. Il est assez calorique. IG = 43.
RAISIN SEC	Calcium, magnésium, du fer en quantité. Il est très calorique. IG = 64.

LES OLEAGINEUX : FRUITS ET GRAINES

• De nombreuses études ont à présent démontré le grand intérêt de consommer des fruits oléagineux. En effet, en plus d'être goûteux, amandes, sésame et autres noix apportent des fibres, des acides gras oméga 3 et des minéraux. Ils protègent le système cardiovasculaire, réduisent le risque de diabète et de calculs biliaires.

• Contrairement aux croyances, ils ne font pas grossir, s'ils sont consommés raisonnablement bien sûr. Par réflexe, notre organisme réduit alors de lui-même l'apport alimentaire complémentaire. La consommation quotidienne de 50 g de noix ne vous fera prendre aucun kilo !
Mais attention ! Tous les effets bénéfiques des fruits secs s'envolent si vous les choisissez grillés, salés ou fumés, tandis que l'apport calorique explose… Adieu, cacahuètes salées rôties bien huileuses de l'apéritif, bonjour, petits fruits nature et délicieux !

A consommer nature

• Essayez aussi les onctueuses purées non sucrées, noisette, amande, arachide ou sésame. Parfumez-en vos yaourts, tartinez-les en couche fine (car c'est tout de même assez gras) sur une galette de riz ou une odorante tranche de pain au levain, ou incorporez-les dans les sauces et les crèmes.

• Mélangez-les bien avant usage, car l'huile remonte à la surface dans le bocal que vous avez acheté, ce qui est un phénomène normal. La purée de noisette est particulièrement grasse : 64% de lipides ! Avant de malaxer cette purée, vous pouvez verser la moitié de l'huile dans un petit récipient que vous garderez à l'abri de la lumière, et dont vous vous servirez pour assaisonner une salade ou des pâtes : un régal !

• Pour le bonheur du palais et parfumer salades ou desserts, vous pouvez faire revenir légèrement les fruits secs en douceur à la poêle, à sec dans leur propre graisse.

FRUIT OU GRAINE	APPORTS
AMANDE	Oméga 3, magnésium, calcium, fer, phosphore, soufre. L'amande contient 20% de protéines.
ARACHIDE	Fer, vitamines B, phytoœstrogènes. C'est une légumineuse riche en protéines, mais assez allergène. Elle contient du resvératrol, un anti-inflammatoire protégeant du cancer, des maladies cardiovasculaires et de l'ostéoporose. IG = 20.
AVOCAT	Cuivre, potassium, magnésium, calcium, provitamine A, vitamines B2 et B6, C, D et E. Il est anti-anémique, anti-inflammatoire du foie, et favorise l'action du lycopène et des caroténoïdes antioxydants. Diurétique, il facilite l'élimination de l'acide urique et lutte contre les calculs rénaux. Il contient également des substances appelées "ASU", puissants anti-inflammatoires, qui de plus stimulent la synthèse du cartilage : c'est pourquoi l'avocat est intéressant en cas d'arthrose, surtout quand on l'associe à du soja avec lequel il agit en synergie. Ses graisses mono-insaturées participent à la présention des maladies cardio-vasculaires : l'avocat fait diminuer le "mauvais" cholestérol (LDL) et augmenter le "bon" (HDL) tout en étant indiqué dans un régime basses calories. Mais comme il est riche en lipides, consommez-le de préférence sans ajouter d'huile.
LIN	Zinc, calcium, fer, phosphore, potassium, manganèse, cuivre, vitamines B, phytoœstrogènes. Il est très riche en oméga 3. Le lin est laxatif, anti-inflammatoire, bon pour la peau. Réducteur du cholestérol et des triglycérides, il renforce aussi l'immunité. Les graines entières étant trop petites pour être bien mastiquées et ainsi correctement assimilées, prenez soin de les broyer. Faites-le juste avant consommation, car le lin s'oxyde très rapidement.
NOISETTE	Calcium, fer, oméga 3.
NOIX (+ CAJOU, PÉCAN)	Magnésium, calcium, cuivre. Toutes sont très riches en oméga 3. IG = 15.
OLIVE	Calcium, provitamine A, vitamine PP.
PEPINS DE COURGE	Magnésium, fer, phosphore, zinc, cuivre, calcium, provitamine A, vitamines B1 et B2. Caloriques et protéiniques, ils sont aussi diurétiques et luttent contre les infections urinaires. Ils combattent aussi les parasites intestinaux, et aident à la prévention de l'hypertrophie de la prostate grâce aux stérols spécifiques contenus dans leur huile.

FRUIT OU GRAINE	APPORTS
PIGNONS DE PIN	Grande richesse en minéraux, vitamines B et C. Délicieux, mais rancissent facilement. Ne les conservez pas trop long-temps.
SESAME	Calcium, cuivre, magnésium, fer, zinc, phosphore, potassium, silice, vitamines B6 et B9, lécithine. Il contient 55% d'acides gras insaturés. Il est reminéralisant , laxatif, antiarthritique, dépuratif, antioxydant, et régule l'équilibre acido-basique. Le sésame est bénéfique pour le système nerveux. Il lutte contre la fatigue, facilite la digestion et protège le système cardiovasculaire. Présentation : - en graines : elles sont peu assimilables car trop petites pour être mâchées efficacement. Il est préférable de les moudre. - broyé avec du sel : c'est le "gomasio", à saupoudrer sur salades et céréales - en purée : le "tahin", à tartiner, à utiliser comme base d'assaisonnement pour les crudités, ou pour aromatiser les pâtes et céréales après cuisson

FRUITS ET LÉGUMES DES 4 SAISONS

• Les fruits et légumes frais de saison ont fait le plein de vitamines et de nutriments. Ils sont mieux assimilés par notre horloge biologique interne car ils sont adaptés à nos besoins du moment. Comme on l'a vu précédemment, la culture sous serre chauffée donne des légumes surchargés en nitrates et moins nutritifs. En hiver, les tomates sont aqueuses, pâlottes et sans saveur. Que d'énergie gâchée ...

Respect des biorythmes et économies d'énergie

• Logiquement, les fruits et légumes de saison sont moins chers que les végétaux hors saison, qui nécessitent ou du chauffage ou du transport.
Mais paradoxalement, le bilan écologique global est parfois meilleur quand on importe des fruits et légumes poussés sous des latitudes plus propices que lorsqu'on les cultive chez nous à grand renfort de serres chauffées, celles-ci étant terriblement énergivores et générant plus de pollution que le transport.
On voit qu'il n'est pas toujours facile de faire des choix totalement cohérents, d'autant que l'on ne connaît pas tous les méandres des circuits de distribution. Le plus sage paraît donc, dans la mesure du possible, de privilégier ce qui pousse naturellement près de chez nous, qui respectera probablement mieux aussi nos biorythmes.

• Avec de bonnes conditions, il est possible de stocker certaines pommes, les carottes (dans du sable), les pommes de terre, etc. ce qui nous permet d'en profiter pratiquement jusqu'à la prochaine récolte.
Certains végétaux acceptent de pousser malgré la froidure : choux, poireaux, mâche, endives, kiwis… Pour la saison froide, pensez aussi aux légumes lactofermentés (choucroute, navets salés…), source précieuse de vitamine C.

• Évitez au maximum les conserves, très appauvries en vitamines, trop salées, au goût dénaturé (comparez un petit pois frais et un petit pois en boîte…).
Les surgelés contiennent bien plus de vitamines que des légumes ayant séjourné trop longtemps sur un étal et ils sont bien pratiques dans nos vies quelque peu trépidantes. Mais la chaîne du froid est vorace en énergie ! N'en abusez pas…

LEGUMES	HIVER	PRINTEMPS	ETE	AUTOMNE
Artichaut		x	x	x
Asperges		x		
Aubergine			x	x
Bette		x	x	x
Betterave rouge	x	x	x	x
Brocoli	x		x	x
Carotte	x	x	x	x
Céleri branche	x	x		
Céleri rave	x	x		x
Champignon	x	x		x
Chou pommé (blanc, rouge, vert)	x	x		x
Chou de Bruxelles	x	x		x
Chou-fleur	x	x		x
Concombre			x	
Cucurbitacées – courges/potirons	x			x
Courgette			x	
Cresson	x	x	x	x
Endive	x			x
Epinard		x	x	x
Fenouil			x	x
Haricot vert			x	x
Laitue		x	x	
Mâche	x			x
Navet	x	primeur	x	x
Oignon blanc primeur		x	x	
Oignon jaune (et échalote)	x	x	x	x
Panais	x		x	x
Petit pois			x	
Poireau	x		x	x
Poivron			x	x
Pomme de terre	x		primeur	x
Radis rose		x	x	
Radis noir	x			x
Scarole	x			x

LEGUMES	HIVER	PRINTEMPS	ETE	AUTOMNE
Tomate			x	x
Topinambour	x			x
FRUITS	**HIVER**	**PRINTEMPS**	**ETE**	**AUTOMNE**
Abricot			x	
Ananas	x	x		
Avocat	x	x	x	x
Banane	x	x		x
Cerise		x	x	
Châtaigne	x			x
Citron	x	x		x
Clémentine	x			x
Figue			x	x
Fraise		x		
Framboise			x	x
Kiwi	x	x		x
Melon			x	
Nectarine			x	x
Orange	x			
Pastèque			x	x
Pêche			x	x
Poire	x	x	x	x
Pamplemousse	x	x	x	x
Pomme	x		x	x
Prune			x	x
Raisin			x	x
Rhubarbe		x	x	

Il y a largement de quoi se faire plaisir au rythme des saisons…

La vie est dans le germe

LES GRAINES GERMÉES

La germination améliore considérablement la proportion de minéraux et de vitamines. Par exemple, la teneur des lentilles en vitamine B12 est multipliée par 5 !

La germination permet la prédigestion des nutriments et une meilleure assimilation des protéines : elle double les apports en lysine, cystine et méthionine, et la qualité des acides aminés augmente. Les graines germées procurent une extraordinaire vitalité.

C'est très facile à faire, mais cela requiert tout de même de s'en occuper régulièrement, deux fois par jour.

Que faire germer ?

A priori, n'importe quelle graine de culture biologique datant de moins de 2 ans peut être mise à germer : légumes, légumineuses, céréales, sésame, tournesol, cresson, luzerne, moutarde, etc... Vous pouvez trouver dans le commerce des mélanges tout prêts très pratiques, par exemple : lentilles + radis + fenugrec.

Quel matériel utiliser ?

Un germoir à étages est commode pour les graines assez grosses telles que les lentilles, les radis et les céréales. Les plateaux sont percés de trous réguliers, qui laissent s'écouler l'eau versée sur le niveau du dessous, assurant ainsi le rinçage de toutes les couches de graines en un seul geste. L'eau est récupérée dans le récipient du bas prévu à cet effet.
Les très petites graines style luzerne sont à mettre dans une passoire à tamis très fin, car elles passeraient à travers les trous du germoir.
On peut aussi utiliser des assiettes creuses. Cela demande un peu plus de manipulations, mais il est plus facile d'en extraire les graines une fois germées, qui parfois se coincent dans les trous du germoir.
L'utilisation d'ouate pour les petites graines est déconseillée, car la récolte est difficile et le gâchis important, les graines ne se séparant pas volontiers du coton. Les compresses de gaze donnent un aussi mauvais résultat, les germes se cassant dans les petits espaces de la gaze. Un morceau de non-tissé comme du voile de forçage de jardinier convient mieux : la récolte est relativement commode, et on peut facilement le nettoyer pour le réutiliser.

Comment procéder ?

Tremper
Etaler
Rincer
Déguster

- Mettez 2 cuillères à soupe de graines à tremper pendant une nuit dans 4 fois la quantité d'eau. Cette quantité convient pour environ 4 personnes, selon la sorte de graines.

- Puis rincez et égouttez dans une passoire fine, et étalez sur le plateau du germoir, dans l'assiette ou dans le tamis fin pour les toutes petites graines.

- Les graines de cressonnette, moutarde, roquette, basilic, lin ont besoin que l'humidité soit maintenue constamment. Mettez-les dans une assiette creuse et veillez à ce qu'elles aient toujours "les pieds dans l'eau", mais sans les noyer.

- Placez le germoir ou l'assiette dans un endroit clair à température ambiante.

- Matin et soir, plus une troisième fois s'il fait très chaud, versez un grand verre d'eau sur les graines en germoir. Si elles sont dans une assiette, couvrez-les d'eau que vous reverserez à travers une passoire. Les moisissures éventuelles apparaissant lors de grosses chaleurs disparaîtront au rinçage.

Comment les utiliser ?

• Vous pouvez les consommer dès que le germe perce, ou bien attendre les pousses vertes. Ne tardez tout de même pas trop, sinon les tiges durcissent et ne sont plus très agréables à manger.

• Les graines de cressonnette, moutarde, roquette, basilic, lin seront mangées sous forme de jeunes pousses vertes. Durée de la germination : 6 jours. La luzerne - ou alfalfa - donne une grande quantité de pousses très longues.

• Rincez toujours les graines germées avant consommation. Le mieux est de les déguster crues pour préserver toutes leurs qualités. Vous pouvez aussi les attendrir quelques instants à l'eau bouillante. Certaines légumineuses doivent obligatoirement être blanchies à l'eau bouillante : haricots, petits pois, pois chiches, soja vert, afin que la chaleur détruise ce qu'il reste de substances antinutritionnelles.

• Vous pouvez garder quelques jours au réfrigérateur les graines germées à maturité si vous les rincez régulièrement.

• Utilisez-les dans une salade, une soupe, un plat de légumes ou de céréales, un muesli, une préparation au fromage blanc, des nems, etc...

Tableau de germination

GRAINE	GERMINATION	BLANCHIR AVANT CONSOMMATION
ALFALFA OU LUZERNE	5-6 jours	
BLE	2-3 jours	
CRESSONNETTE	6 jours	
FENUGREC	3 jours	
HARICOT MUNGO (SOJA VERT)	3-4 jours	oui
HARICOTS SECS	4-5 jours	oui
LENTILLES	3-4jours	de préférence
MOUTARDE	5-6 jours	
PETITS POIS	3-4 jours	oui
POIREAU	12 jours	
POIS CHICHES	3-4 jours	oui
RADIS	2 jours	
ROQUETTE	6 jours	
TOURNESOL	2 jours	

AROMATES, ÉPICES ET CONDIMENTS

• Sachons d'abord de quoi nous parlons :
Un aromate est une substance végétale odoriférante utilisée en médecine, en cuisine, en parfumerie…
Une épice est un aromate utilisé en cuisine pour l'assaisonnement.
Un condiment est une préparation ou une substance ajoutée aux aliments pour en relever la saveur.

• Les aromates sont riches en huiles essentielles qui stimulent les glandes endocrines et abondent en substances végétales secondaires bénéfiques. De ce fait, ils sont très présents dans les pharmacopées traditionnelles.

• Il vaut mieux consommer les herbes aromatiques sans cuisson afin qu'elles conservent toutes leurs vertus.

AROMATE/CONDIMENT	APPORTS
AIL	L'ail contient du soufre, de la silice et des phytoœstrogènes. C'est un digestif, un antiseptique, un stimulant et un vermifuge. Il fluidifie le sang, fait baisser la tension. Diurétique, il dissout l'acide urique.
ANETH	C'est un antispasmodique urinaire et digestif, qui combat les ballonnements et la faiblesse hépatique.
ANIS	L'anis favorise la lactation et la digestion. Il est carminatif, antispasmodique, diurétique.
BASILIC	Le basilic est digestif, antispasmodique gastro-intestinal, antiseptique, tonique, emménagogue.
BOURRACHE	Riche en acides gras polyinsaturés, la bourrache fait baisser le taux de cholestérol. C'est un régulateur cardiovasculaire, un hypotenseur, un stimulant du système nerveux et un régulateur métabolique général.
CANNELLE	La cannelle est carminative et stomachique, emménagogue, tonique, astringente. C'est un stimulant circulatoire, un aphrodisiaque. Elle fait baisser le taux de glucose et de certains lipides sanguins. C'est aussi un antiseptique intestinal. En cas de diarrhée, prenez 1 cuillère à café de cannelle dans un yaourt, c'est radical !
CARDAMOME	La cardamome est stomachique et carminative, antispasmodique.
CARVI	Le carvi est carminatif, digestif, vermifuge et diurétique, il stimule et tonifie. Il ressemble au cumin dont il diffère par sa note anisée et citronnée, et par la moindre persistance du goût piquant.
CERFEUIL	Il est stimulant et dépuratif, stomachique, diurétique et cholagogue, tonique. Il contient de la provitamine A, de la vitamine C, du fer.
CIBOULETTE/CIVETTE	Provitamine A, vitamine C, silice. Elle est alcalinisante et digestive.

AROMATE/CONDIMENT	APPORTS
CITRONNELLE	La citronnelle est diurétique, digestive et tonique.
CORIANDRE ou "persil chinois"	La coriandre est digestive, carminative, antispasmodique, bactéricide, stimulante.
CUMIN	Le cumin est digestif, antispasmodique et carminatif.
CURCUMA	Le curcuma est emménagogue, antiabortif et anti-inflammatoire. Il améliore la circulation, prévient le cancer et la maladie d'Alzeimer. Anti-émétique et dépuratif du foie, il facilite la digestion et protège la muqueuse gastrique. D'ailleurs, il entre dans la composition du curry pour contrecarrer l'agressivité du piment.
CURRY	Le curry est un mélange variable, composé essentiellement de : curcuma, piment, gingembre, coriandre, cannelle, fenugrec, oignon, poivre, muscade, girofle, cumin…
ÉCHALOTE	Elle est diurétique et digestive. Elle contient de la silice
ESTRAGON	C'est un emménagogue, un stimulant de l'appétit, un vermifuge. Il est diurétique, stomachique, tonique. Il renferme de la vitamine C.
FENOUIL	Le fenouil est carminatif, diurétique, tonique, vermifuge, emménagogue, galactogène. Il stimule l'appétit et fait disparaître les crampes.
FENUGREC	Le fenugrec est un hypoglycémiant et un stimulant de l'appétit. Il est galactogène, tonique, anti-inflammatoire, anti-ulcéreux. Il fait baisser la tension et le cholestérol. Pilé, il entre dans la composition de nombreux mélanges aromatiques. Dans les pays arabes, on donne des graines cuites aux femmes pour les faire grossir… Le fenugrec est bien adapté à la germination. Les graines étant très dures, il faut les faire griller ou tremper avant utilisation. Sa saveur est légèrement amère.
GENIEVRE	Ces baies sont diurétiques, antiseptiques, toniques, stomachiques, sudorifiques, dépuratives.
GINGEMBRE	Le gingembre est un rhizome très échauffant, fébrifuge, antiseptique, stomachique, digestif et anti-nauséeux, fortifiant et aphrodisiaque. Il favorise la prévention du cancer et soulage des douleurs d'arthrose.
GIROFLE (clous de)	Les clous de girofle ont un effet antiseptique et antalgique, tonique, stomachique et carminatif.
LAURIER	Le laurier est un antispasmodique et un stimulant, emménagogue, carminatif, stomachique, diurétique.
MARJOLAINE ou "origan"	Neurotonique et calmante, elle est rééquilibrante, antispasmodique, stomachique, alcalinisante. C'est un stimulant gastrique et digestif.
MENTHE POIVREE	La menthe poivrée est stomachique, carminative, neurotonique, stimulante, antalgique, antiseptique et rafraîchissante.
MOUTARDE (graines)	C'est un antiseptique et un stimulant du pancréas.

AROMATE/CONDIMENT	APPORTS
MUSCADE	La muscade est carminative, digestive, stimulante, antiseptique. À haute dose, c'est un hallucinogène !
OIGNON	Il contient sélénium, silice, soufre et phytoœstrogènes. IG = 10. Il facilite les sécrétions digestives et stimule le système nerveux. Il a un effet diurétique, hypoglycémiant, antiseptique et vermifuge. C'est un anticoagulant qui fluidifie le sang. Ses différents composants en font un anti-inflammatoire et un antioxydant notoires. Il protège ainsi de cancers (oesophagien et gastrique, pulmonaire, ovarien et prostatique), et du stress oxydant dû à l'âge. C'est notamment grâce à la quercétine, qui se révèle être un outil remarquable contre l'ostéoporose. Elle est présente en petite quantité dans l'oignon jaune mais c'est surtout l'oignon rose qui en regorge. L'oignon blanc n'en contient pas du tout. L'oignon rose est également le plus digeste.
ORIGAN	Voir marjolaine.
PAPRIKA ou «piment doux»	C'est une poudre de piment, douce et très rouge. Le "paprika" est une spécialité de Hongrie. Le "piment doux" vient en général d'Espagne. Le paprika renferme des caroténoïdes, de la provitamine A, des vitamines B1, B2 et C. Attention : riche en sucre, il est déconseillé aux diabétiques. Ne le faites surtout pas frire, car son sucre se dégrade ; il devient brun et amer.
PERSIL	C'est un concentré de vitamines (dont B 12) et de minéraux. Il est alcalinisant, détoxiquant, stimulant général, antianémique, stomachique, vasodilatateur. À hautes doses, il peut provoquer des vertiges et des hémorragies. A éviter pendant la grossesse.
PIMENT	Fort ou doux, le piment stimule la salivation et la digestion. Carminatif, il a aussi un fort pouvoir antiseptique. C'est un anti-douleur.
PERSIL CHINOIS	Voir coriandre.
POIVRE	Le poivre a un effet antibiotique et stimulant.
ROMARIN	Très riche en principes actifs, le romarin est alcalinisant. C'est un tonique musculaire et circulatoire, un antiseptique notoire, un antispasmodique. Il est stomachique, diurétique. Il renforce le cœur, stimule la vésicule biliaire. Il soulage l'insuffisance hépatique, se montre salutaire pour la sphère ORL et respiratoire.
SAFRAN	Il stimule la digestion et les glandes sudoripares, tonifie le cœur.
SARRIETTE	C'est un anti-infectieux puissant. Elle est tonique, stimulante, stomachique et carminative, digestive.
SAUGE	La sauge est antiseptique, emménagogue, antisudorale, tonique, anti-inflammatoire, digestive, carminative et antispasmodique.
THYM	Antiseptique puissant, le thym a aussi un effet immunostimulant, et antispasmodique. C'est un alcalinisant et un fortifiant général. Attention, il est hépatotoxique. Évitez d'en consommer abondamment, par exemple en tisane, si vous avez des problèmes hépatiques. Remplacez-le par du romarin, aux qualités similaires et ami du foie.

Vitamines et minéraux

À quoi servent-ils et où les trouver ?

Les vitamines

• Elles participent à toutes les fonctions du corps et sont donc indispensables. Elles servent d'activateur ou de catalyseur dans la dégradation et l'utilisation des autres nutriments (glucides, lipides, protéines, minéraux), et font partie des enzymes de l'organisme.

Pas de vie sans vitamines

• Il est impératif d'en absorber tous les jours, car l'organisme humain ne peut, pour la plupart d'entre elles, ni les synthétiser, c'est-à-dire les fabriquer à partir d'autres éléments, ni les stocker.
D'après certains chercheurs, les AJR préconisés par l'OMS semblent nettement insuffisants par rapport aux besoins réels de la santé. Études à l'appui, ces scientifiques ont démontré qu'un organisme bien pourvu en vitamines et minéraux résiste nettement mieux aux agressions et aux maladies, et nécessite donc beaucoup moins de médicaments et autres vaccins. Quand on sait que les décideurs de l'OMS ont presque tous partie liée avec les grands laboratoires pharmaceutiques qui fabriquent les médicaments, ou avec l'industrie agroalimentaire qui elle, contribue à l'avitaminose et à la déminéralisation, cela laisse rêveur…
Ce qui est sûr, c'est que l'alimentation dite «moderne», forcée aux engrais, raffinée, conservée par irradiation ou cuite au four à micro-ondes nous expose à de graves carences. Mais attention : se gaver de pillules-miracle survitaminées est aussi nocif à terme.

Attention fragile !

• Les vitamines sont fragiles et instables. Elles supportent mal le stockage à l'air, elles craignent la lumière et sont détruites à la cuisson, sauf la provitamine A et la vitamine B2. Au réfrigérateur, conservez les légumes dans un sachet ou une boîte à l'abri de l'air, et consommez- les le plus vite possible.
Comme déjà dit, ne laissez pas tremper les fruits et légumes, car les vitamines hydrosolubles prendront la fuite. En ce qui concerne la cuisson, mieux vaut porter à ébullition rapidement et cuire chaud peu longtemps, plutôt qu'à la chaleur dite «douce», car c'est entre 60° et 80° que les enzymes destructrices de vitamines sont au maximum de leur activité. Les vitamines liposolubles (A, D, E et K) ont besoin de graisse pour être correctement assimilées. Manger des carottes râpées sans huile pour entretenir sa silhouette prive par la même occasion du béta-carotène… Dommage !

• Évitez de consommer du blanc d'œuf cru, car il contient de l'avidine, qui détruit la vitamine B. Il est de toute manière fort indigeste.

VITAMINE	FONCTIONS	SOURCES
PROVITAMINE A ou **BÊTA-CAROTÈNE** (précurseur de la vitamine A)	Elle participe au métabolisme des lipides. Elle nourrit les tissus et muqueuses (croissance, cicatrisation). Elle a un rôle important dans le mécanisme de la vision. Elle participe à la lutte contre les agressions. La cuisson "libère" le béta-carotène de certains végétaux, peu assimilable à cru. La provitamine A est liposoluble.	Tomate, légumes verts, persil, céréales complètes, ail, oignon, champignon, fruits surtout jaunes (abricot, citron, orange, melon…), abricot sec, pruneau, beurre, jaune d'œuf. Carotte, potimarron, brocoli, poivron, épinard.
COMPLEXE VITAMINES B	Vitamine B1 (thiamine) Elle agit sur le système nerveux, sur le métabolisme des glucides et de l'acide lactique, sur la résistance aux infections.	Noisette, lentille, céréales complètes, noix, amande, soja, châtaigne, épinard, banane, figue sèche, pruneau.
	Vitamine B2 (riboflavine) Elle agit sur le métabolisme des glucides, sur la respiration des cellules et sur la régénération des tissus. La cuisson augmente sa concentration.	Amande, champignon, soja, châtaigne, noisette, épinard, pruneau, sarrasin, œuf, fromage blanc, persil, seigle, orge, lentille, blé, betterave, pois cassé, pomme de terre.
	Vitamine B3 ou PP (niacine) Elle assure le transport de l'oxygène, facilite la dilatation des vaisseaux sanguins, protège la peau. Sans elle, pas d'énergie !	Arachide, soja, amande, céréales complètes, banane sèche, champignon, cacao, petit pois, datte, noix de cajou, lentille, pois cassé, persil.
	Vitamine B5 (acide pantothénique) Présente dans la totalité des cellules du corps, elle régénère les épithéliums et les phanères (poils, cheveux, ongles), elle lutte contre le stress.	Champignon, arachide, œuf, lentille, soja, orge, riz, cacao, petit pois, blé, pomme de terre, céleri, laitue.
	Vitamine B6 (pyrodoxine) Elle agit sur le système neuromusculaire, sur le métabolisme des protides, des glucides et des lipides, et contribue à la synthèse de l'hémoglobine.	Soja, avocat, pois chiche, blé, épinard, lentille, pomme de terre, avoine, banane, arachide, maïs, tomate.
	Vitamine B8 (biotine) Elle participe à la formation et régénération de la peau et de l'épithélium.	Jaune d'œuf, cacao, haricot blanc, arachide, champignon, lentille.

VITAMINE	FONCTIONS	SOURCES
COMPLEXE VITAMINES B (suite)	Vitamine B9 (acide folique) Antianémique, elle participe à de nombreux métabolismes cellulaires et agit sur le système nerveux. Elle est détruite par les longues cuissons, ainsi que par la pilule contraceptive.	Levure, germe de blé, épinard, haricot sec, œuf, chou, asperge, banane, bette, champignon, concombre, pomme, salades, endive, fanes de radis, panais
	Vitamine B10 Elle fortifie l'épiderme et favorise la formation de mélanine (protection solaire).	Céréales complètes, mélasse, cacao, champignon, arachide, chou, œuf, tomate, laitue, haricot sec, banane.
	Vitamine B11 Elle stimule les sécrétions de l'estomac et du pancréas.	Thé, levure de bière, œuf.
	Vitamine B12 (cobalamine) Antianémique, elle agit sur le métabolisme des lipides et des protides, sur le système nerveux, et elle facilite le métabolisme du phosphore. Les vitamines du groupe B sont hydrosolubles.	Jaune d'œuf, levure de bière, algues, poireau, persil, chou vert, betterave rouge, orge, soja fermenté (miso, tempeh, tamari, shoyu), miel, sève de kitul.
C OU ACIDE ASCORBIQUE	Principal antioxydant, elle intervient dans de nombreux processus métaboliques (voir page 118). Attention : elle est très sensible à l'oxydation. Elle est détruite par la chaleur et la lumière. La vitamine C est hydrosoluble.	Fruits frais (surtout cassis, citron, orange, kiwis, fraises, pamplemousse), légumes verts (persil, estragon, cresson, poivron, chou, bette, tomate, navet, radis, oignon), germe de blé, pollen, acérola, argousier, cynorhodon.
C2 OU P	Action antihémorragique.	Fruits acides.
D	Indispensable au métabolisme du calcium et du phosphore, elle est anti-rachitique et prévient l'ostéoporose. La vitamine D est liposoluble.	Germe de blé, algues marines, beurre bio, jaune d'œuf, pollen, miel, cacao. Exposer sa peau au soleil, mais sans excès et en la préservant bien, puisque nous avons gravement endommagé la couche d'ozone protectrice…
E	Associée au sélénium, elle anéantit les radicaux libres. Elle stimule le système immunitaire et agit sur les fonctions de reproduction. Elle empêche l'organisme de s'encrasser avec les déchets toxiques, elle est vasodilatatrice et cicatrisante. La vitamine E est liposoluble.	Noix, noisette, germe de blé, algues marines, amande, soja, châtaigne, haricot blanc, petit pois, farine complète, cacao, chou de Bruxelles, céleri, haricot vert, beurre, cresson, épinard, lentille, jaune d'œuf.
F	C'est une autre dénomination pour acides gras polyinsaturés. La vitamine F est liposoluble, bien sûr.	Oméga 3 : noix, colza, soja, germe de blé. Oméga 6 : soja, colza, noix, olive (pour les mieux équilibrés).

Vitamine	Fonctions	Sources
K	Elle est indispensable à la coagulation du sang. La vitamine K est liposoluble.	Légumes verts (chou frisé, brocoli, épinard, romaine), tomate, carotte, betterave, soja, céréales complètes, beurre.

Les vitamines B6, B9 et B12 préservent nos artères

Artères protégées

Ces vitamines mettent hors d'état de nuire l'homocystéine, acide aminé provenant de la dégradation de la protéine appelée méthionine. Si ces vitamines font défaut, la concentration d'homocystéine augmente dans le sang. Elle se dépose alors sur les parois des vaisseaux, ce qui génère une calcification des artères et une formation de plaques athéromateuses propices aux accidents vasculaires.

Vitamine C, l'élixir magique

Notre organisme ne sait ni la synthétiser ni la stocker. D'après le grand spécialiste et prix Nobel Linus Pauling, nous devrions en consommer quotidiennement une quantité importante, environ 1000 à 3000 mg, et même plus en cas de maladie. Il est vrai que la vitamine C est vraiment «la bonne à tout faire» de notre corps et qu'elle intervient dans de multiples processus biochimiques.

Vitamine C, la panacée

En voici la liste :
- entretien et réparation des cellules : collagène, tissu conjonctif, os et dents,
- fonctionnement des glandes surrénales, lutte contre la fatigue et le stress,
- oxygénation du sang et des cellules, absorption du fer,
- réduction du cholestérol excédentaire qu'elle transforme en acides biliaires,
- renforcement des défenses anti-infectieuses et anti-tumorales par activation de la formation des anticorps,
- lutte contre les allergies par inhibition de la formation d'histamine,
- lutte contre le vieillissement par destruction des radicaux libres,
- régulation métabolique : activation d'enzymes, assimilation d'autres vitamines, meilleure utilisation des protéines, des graisses et des hydrates de carbone, régulation de l'insuline,
- équilibre nerveux et mental : elle contribue à la formation de neurotransmetteurs cérébraux (dopamine, noradrénaline, adrénaline) et permet la dégradation des amines cérébrales.

En outre, la vitamine C
- empêche en partie la transformation des nitrates en nitrites cancérigènes,
- diminue les effets du plomb dans l'organisme.

<u>Avis aux fumeurs</u> : une cigarette consommée dérobe 25 à 30 mg de vitamine C à l'organisme…

Les minéraux et les principaux oligo-éléments

Les minéraux

• Les sels minéraux ont de multiples fonctions capitales : régénération cellulaire, équilibres métaboliques, transmission de l'influx nerveux, etc... Ils servent, avec les protéines, à la croissance et à la réparation des tissus, et sont essentiels dans la régulation de l'équilibre acido-basique.
Ils sont particulièrement présents dans les os, les dents, le cartilage et les liquides (sérum, urine, larmes, salive, sueur).

Vie moderne carencée

• Ils sont absorbés au niveau de la paroi intestinale, qu'ils traversent en associations ionisées. Ainsi, les métalloïdes et les minéraux qui les composent peuvent se réassembler différemment, pour constituer de nouveaux minéraux dont l'organisme a besoin. Il peut par exemple métaboliser la silice pour donner du calcium.
Les sels minéraux sous forme minérale comme le sel de cuisine, l'eau minérale ou le calcium des laitages, sont difficilement dissociés et peu assimilables. Mais les minéraux sous forme organique se trouvant dans les fruits et les légumes ont une excellente biodisponibilité. Ils sont bien sûr à privilégier.

• L'alimentation, l'hygiène de vie, l'exposition au stress ont une grande influence sur nos ressources minérales. Les carences sont fréquentes, particulièrement en calcium et en magnésium (spasmophilie).
L'absorption des minéraux peut être entravée par l'acide phytique (céréales et légumineuses) et par l'acide oxalique (thé, cacao, oseille, épinards, rhubarbe, betterave rouge, pourpier). Ces acides rendent les sels minéraux insolubles et donc inassimilables.

Oligo-éléments, petits mais costauds !

Les oligo-éléments

• Ce sont des **catalyseurs** qui participent activement au fonctionnement harmonieux de l'organisme.
Nous n'avons pas besoin d'une grande quantité d'oligo-éléments, seule compte leur présence, même infime.

• Certains oligo-éléments – l'aluminium, l'arsenic, le mercure, le plomb, le bismuth, le cadmium... deviennent toxiques au-delà d'un certain seuil dans l'organisme, mais il semblerait que leur présence soit bénéfique à doses infinitésimales. En fait, on sait encore peu de choses à leur sujet...

MINERAL	FONCTIONS	SOURCES
ALUMINIUM	L'aluminium agit contre l'insomnie et l'atonie cérébrale. On a constaté une augmentation des quantités d'aluminium dans le cerveau des patients touchés pas la maladie d'Alzheimer : cause ou effet ? La question n'est pour l'instant pas entièrement tranchée, mais la suspicion que ce métal soit un facteur favorisant cette maladie est forte.	Peau des pommes de terre, persil, oignon, chou, poireau.
ARSENIC	Tonique général pour le terrain, il stimule le système immunitaire.	Chou, cresson, laitue, navet.
BORE	Le bore intervient dans l'utilisation des sucres et des graisses, dans la formation des os (prévention de l'ostéoporose), dans l'élaboration des globules rouges et des cellules du système immunitaire.	Pruneau, raisin sec, champignon de Paris, betterave rouge, radis, céréales, algues.
BROME	Le brome est sédatif et calmant.	Céréales complètes, lentille, haricot vert.
CALCIUM	Le calcium est fondamental pour la croissance et la solidité du squelette. Il intervient dans la perméabilité des membranes cellulaires, dans la coagulation sanguine, l'excitabilité neuromusculaire et le rythme cardiaque.	Algues marines, emmenthal, mélasse, soja, sésame, noisette, amande, cresson, persil, fromage de chèvre, brie, figue sèche, légumineuses (essentiellement le pois chiche), céréales complètes, jaune d'œuf, chou (surtout le brocoli), haricot blanc.
CHLORE	Associé au chlorure de sodium, le chlore maintient la pression osmotique et l'équilibre acido-basique. Il joue un rôle important dans la digestion (formation d'acide chlorhydrique dans l'estomac).	Algues (en particulier la spiruline), sel, emmenthal, pain complet, mélasse, banane séchée, datte.
CHROME	Le chrome favorise la croissance et potentialise l'action de l'insuline.	Huiles et graisses, cresson.
COBALT	Le cobalt est un des composants de la vitamine B 12. Il combat : l'anémie, les palpitations, les crampes, les migraines, l'artérite, l'hypertension, les troubles de la thyroïde.	Jaune d'œuf, levure de bière, algues, poireau, persil, chou vert, betterave rouge, orge, miso, laitages.

MINERAL	FONCTIONS	SOURCES
CUIVRE	Intervenant dans de nombreux métabolismes (foie et glandes corticosurrénales), le cuivre contribue à la fabrication de l'hémoglobine et renforce le système immunitaire. Il a aussi une action anti-inflammatoire.	Algues, mélasse, avoine, fève, haricot sec, amande, noix, soja, noisette, blé, banane sèche, orge, seigle, pois cassé, champignon, abricot sec, châtaigne, olive, cresson, lentille, pain complet, citron, figue et datte sèches.
FER	Le fer intervient dans la synthèse de l'hémoglobine, dans la formation de la myoglobine qui stocke l'oxygène dans les muscles. Il participe à la fonction respiratoire, au transport de l'oxygène vers les organes et à plusieurs réactions enzymatiques.	Mélasse, graine de courge et de tournesol, sésame, algues, soja (tofu), quinoa, amarante, cacao, persil, jaune d'œuf, figue et abricot secs, banane sèche, lentille, pois chiche, haricot blanc sec, noisette, noix, amande, brocoli, épinard, bette, céréales complètes (surtout seigle) et légumineuses .
FLUOR	Le fluor prévient la carie dentaire et aide à la recalcification.	Algues, thé, épinard, chou, vin, céréales complètes, abricot, graine de tournesol.
IODE	L'iode permet la synthèse des hormones thyroïdiennes.	Algues, haricot vert, ananas, oignon, navet, mûre, groseille, champignon de Paris, radis, pruneau, ail, carotte.
LITHIUM	La dépression nerveuse, l'anxiété, l'insomnie et les troubles psychologiques sont combattus par le lithium.	Pomme de terre, radis.
MAGNESIUM	Omniprésent dans les grands métabolismes cellulaires, le magnésium équilibre le système nerveux, active les enzymes, transmet l'influx nerveux aux muscles, régularise les contractions cardiaques, renforce les défenses de l'organisme. Il aide aussi à fixer le calcium et le phosphore. Ces 3 acolytes forment un trio indispensable pour la santé des os.	Germe de blé, cacao, amande, soja, noix du Brésil, arachide, noisette, haricot blanc, noix, pain complet, pois cassé, maïs en grains, riz complet, oignon, banane sèche, lentille, châtaigne, figue sèche.
MANGANESE	Antiallergique et anti-infectieux, le manganèse renforce l'immunité, favorise le métabolisme des graisses et des sucres.	Algues, germe de blé, pollen, mélasse, noisette, châtaigne, myrtille, pois cassé, soja, haricot blanc, amande, noix, arachide, pain complet, ananas, betterave, ail, persil, épinard.
NICKEL	Jouant un rôle actif au niveau du pancréas, le nickel favorise le métabolisme des lipides.	Soja, haricot blanc, lentille, pois cassé, céréales complètes, épinard, persil, fève, poivre.

MINERAL	FONCTIONS	SOURCES
PHOSPHO-RE	Associé au calcium, le phosphore contribue à la structure des os. Il favorise la production d'énergie par son action sur le métabolisme cellulaire, et se combine aux lipides pour former des composants essentiels du tissu nerveux (phospholipides).	Lécithine de soja, germe de blé, parmesan, cacao, emmenthal, jaune d'œuf, soja, amande, arachide, haricot blanc, lentille, flocons d'avoine, noix, pois chiche, farine complète, fromage de roquefort, pois cassé, noisette, riz complet.
POTASSIUM	Le potassium régule la teneur en eau des cellules, intervient dans le métabolisme des protéines et des glucides, accroît l'excitabilité du cœur, des muscles et du système nerveux. Il est très important pour la prévention de l'infarctus et des accidents cardio-vasculaires (AVC), ainsi que de l'ostéoporose. Avec le sodium, il régularise la pression osmotique et l'équilibre acido-basique.	Toutes les céréales, pois chiches, panais, topinambour, algues, germe de blé, pollen, soja, abricot sec, cacao, mélasse, haricot blanc, fruits séchés, olive verte, châtaigne, pois cassé, persil, pruneau, lentille, datte, fenouil, amande, raisin sec, arachide, noix du Brésil, noisette, épinard, bette, noix, ail, avocat, cèpe, champignon de Paris, pomme de terre et ipomée, kiwi, pomme, choux, courges, concombre.
SELENIUM	Le sélénium est anti-oxydant et anticancéreux.	Céréales complètes, fruits et légumes frais.
SILICIUM	Le silicium s'oppose au vieillissement de l'organisme, favorise la croissance et la cicatrisation. On le trouve dans la nature sous forme de silice.	Prêle, oignon, ail, échalote, ciboulette, ortie, céréales complètes, pêche, radis, chou-fleur, haricot, petits pois, pomme.
SODIUM	Contrôlant la répartition de l'eau dans l'organisme, le sodium maintient la pression osmotique du liquide extracellulaire. Il permet les contractions musculaires, régularise le fonctionnement des glandes sécrétoires (salive, sueur) et participe à l'équilibre acido-basique. L'abus de sodium est très néfaste pour le cœur et les reins, surtout en cas d'insuffisance cardiaque et d'hypertension.	Normalement, nos besoins quotidiens (entre 800 et 1600 mg) sont largement couverts par notre nourriture, qui est en général bien trop riche en sel (environ 4000 mg par jour !). La liste qui suit sert plutôt à éviter les abus. Aliments très riches en sel : Sel de cuisine, algues, seitan, parmesan, brie, emmenthal, aliments lacto-fermentés, mayonnaise, pain complet, toutes les conserves et produits industriels. Aliments pauvres en sel : Fruits frais et secs, légumes et céréales (cuits sans sel), yaourt et fromage blanc, huile.

MINERAL	FONCTIONS	SOURCES
SOUFRE	Le soufre neutralise les toxines, facilite la respiration et la régénération des cellules.	Algues, germe de blé, levure de bière, pollen, soja, haricot blanc, lentille, cacao, noisette, flocons d'avoine, noix, persil, jaune d'œuf, pois cassé, cresson, chou, pain complet, ail, oignon.
ZINC	Le zinc entre dans la composition de plus de 80 enzymes, ainsi que de l'insuline. Il participe aux principaux métabolismes et à la synthèse des acides nucléiques. Il stimule la production des lymphocytes (globules blancs), piliers du système immunitaire.	Algues, germe de blé, pollen, lentille, haricot blanc, farine et pain complets, jaune d'œuf, pois cassé, flocons d'avoine, soja, noix, chou, amande, noisette, ail, betterave rouge.

Le fer, quelle affaire !

Pour avoir une santé... de FER !

Notre organisme ne sait pas synthétiser le fer, mais il est capable de le réguler par recyclage et par ajustement de l'absorption.
Au niveau du duodénum, le fer héminique (d'origine animale) est absorbé à 23%, mais le fer non héminique (d'origine végétale) n'est absorbé quant à lui qu'entre 2 et 20% !

D'où cette question cruciale pour les végétariens :
Comment optimiser l'assimilation du fer non héminique ?

Il suffit de respecter les quelques simples règles suivantes :

- **Ingérer de la vitamine C** au cours du même repas. La vitamine C est la meilleure alliée du fer !
- **Éviter** les substances qui entravent l'absorption du fer :

- les **polyphénols** et les **phytates** : vous contournerez ce problème si vous prenez soin de faire tremper les céréales et les légumineuses avant cuisson (pensez à jeter l'eau), et de ne consommer que du pain complet au levain (et non pas à la levure chimique).
- **l'acide oxalique** : consommez avec parcimonie les aliments qui en contiennent (voir page 19).
- **les tanins**, contenus dans le vin, la bière, le café et le thé noir. Sachez qu'une tasse de thé noir réduit de moitié l'assimilation du fer. Par contre, le thé vert ne contient que fort peu de tanins et n'est pas contre-indiqué.
- le **zinc** et le **calcium** : pas d'excès de fromages et autres laitages !
- certains **additifs** (EDTA) et quelques **médicaments** comme les antiacides gastriques, les tétracyclines, ou les antihistaminiques.

Une seule amie et beaucoup d'ennemis

Qui risque surtout d'être carencé ?

- toute femme aux menstruations abondantes, et encore plus les futures mères ou les mamans allaitantes dont les besoins sont accrus
- les femmes s'astreignant à des régimes alimentaires très restrictifs
- les végétariens
- les sportifs
- les adolescents à la croissance rapide.

Gare au manque de fer

La carence en fer est dangereuse. Elle peut conduire à une fatigue chronique, une anémie, un essoufflement, des palpitations, des troubles gastro-intestinaux…. Si vous faites partie des personnes à risques, par exemple si vous êtes une femme réglée, végétarienne, buveuse invétérée de thé noir et faisant un long footing quotidien, pensez à faire doser votre taux de ferritine (= votre réserve de fer).

Bien digérer pour bien assimiler

Ce n'est pas tout de bien choisir sa nourriture. Encore faut-il savoir que tous les aliments ne font pas bon ménage et que certaines associations sont à éviter. C'est en tenant compte des compatibilités alimentaires dans l'élaboration de nos menus que nous tirerons le meilleur profit de ce que nous absorbons.

Une digestion légère optimise l'assimilation des nutriments tout en facilitant le travail de l'organisme. Que d'énergie gaspillée à tenter de venir à bout d'une digestion laborieuse qui nous engourdit ! Et quel plaisir de se sentir frais et dispo après le repas, prêt à croquer la vie…

Quelques simples connaissances de base vont vous permettre de bien comprendre pour bien vous organiser.

Les glucides, producteurs d'énergie

LES NUTRIMENTS VUS À LA LOUPE…

Les nutriments sont les éléments chimiques issus de la nourriture assimilables par l'organisme. On distingue essentiellement les **glucides**, les **lipides**, les **protéines**, les **sels minéraux** et les **vitamines**.
Les sels minéraux et les vitamines ont été examinés de près dans leurs chapitres spécifiques. Passons donc en revue les trois autres catégories de nutriments.

Les glucides, aussi appelés «hydrates de carbone».

- Ils servent à produire de l'énergie : chaleur (thermogenèse) et travail (métabolisme, efforts).
- Ils sont régulés par le pancréas.
- Ils peuvent être stockés sous forme de glycogène dans le foie et les muscles, puis refournis à la demande de l'organisme. En cas d'excès, ils sont transformés en graisse.

Sucres rapides et sucres lents

Les glucides se divisent en sucres simples et sucres complexes.

Les sucres simples, dits «rapides».
Ce sont le glucose, le fructose des fruits et du miel, ainsi que le galactose. Ils peuvent s'associer entre eux pour former du saccharose (dans les fruits et légumes, la canne et la betterave à

sucre), du maltose (dans les céréales et la bière) et le lactose du lait.
L'absorption intestinale est immédiate et l'élévation de la glycémie rapide, sauf pour le fructose qui est assimilé plus lentement.
Les sucres complexes, dits «lents».
On les trouve essentiellement sous forme d'amidon, dans les céréales, les légumes secs et les tubercules.
Il existe 2 sortes d'amidon : **l'amylose**, structure fermée longue à digérer (IG bas) et **l'amylopectine**, structure plus ouverte, plus rapide à digérer et dont le glucose est libéré plus vite (IG élevé). Il vaut donc mieux consommer des aliments riches en amylose (céréales traditionnelles rustiques) que des aliments riches en amylopectine (pomme de terre, céréales «modernes» comme le blé ou le riz à cuisson rapide). Les sucres complexes sont absorbés progressivement par l'intestin.

Les lipides

- Ils sont indispensables au bon fonctionnement de l'organisme, car leurs fonctions sont nombreuses. Une alimentation sans graisses est à proscrire sous peine de carences graves.
- Ils sont absorbés directement à travers la paroi intestinale, sans filtration ni régulation.
- La plupart des nutriments (protéine, glucide, lipide, éthanol) peuvent être stockés sous forme de graisse dans l'organisme. En effet, leur oxydation produit de l'acide acétique à l'origine de tous les acides gras et dérivés liposolubles. Ils forment alors une réserve d'énergie sous forme de triglycérides. C'est pourquoi les excès alimentaires génèrent une surcharge lipidique.

Les lipides structurent nos cellules

Les **acides gras** se divisent en :

acides gras saturés (AGS, qui n'acceptent plus d'ions hydrogène)
Très présents dans les graisses animales, ils présentent un grand danger cardiovasculaire. Ils augmentent l'agrégation plaquettaire , ce qui veut dire que les plaquettes s'agglutinent aux plaques athéromateuses des artères, formant ainsi un caillot. Ce caillot peut soit boucher l'artère où il s'est formé, soit migrer plus loin. Il risque alors de se coincer dans une coronaire et de provoquer un infarctus par arrêt de l'irrigation du muscle cardiaque, ou d'oblitérer une artère du cerveau occasionnant une embolie cérébrale.
Les acides gras saturés font aussi le lit de l'obésité et des processus inflammatoires. Mieux vaut donc ne pas en abuser....

Les acides gras, saturés, mono-insaturés, poly-insaturés

acides gras mono-insaturés (AGMI, qui acceptent un ion hydrogène)
C'est l'acide oléique ou oméga 9, présent surtout dans l'huile d'olive, mais aussi de colza et d'arachide, dans l'avocat et les amandes. Il abaisse le cholestérol total et le «mauvais cholestérol» sanguin (LDL).

acides gras poly-insaturés (AGPI, qui acceptent plusieurs ions hydrogène)
Ce sont surtout l'acide linoléique ou oméga 6 et l'acide alpha-linolénique ou oméga 3. Ils sont dits «essentiels» car l'organisme ne sait pas les synthétiser, et ils doivent donc obligatoirement être fournis par l'alimentation.

Comme leurs processus de transformation nécessitent chacun les mêmes vitamines, minéraux et enzymes, un apport trop important d'oméga 6 accapare ces éléments et empêche le développement des oméga 3 en EPA et DHA.
S'ils ne sont pas contrés par les oméga 3, les oméga 6 favorisent les processus inflammatoires auto-immuns comme l'arthrite, les allergies et les risques cardiovasculaires. Il est donc très important de respecter une proportion de 4 ou 5 oméga 6 pour 1 oméga 3, les proportions courantes se situant plutôt entre 15 et 20.
Les AGPI participent à la composition des membranes cellulaires et du tissu nerveux, du cerveau et de la rétine. Ils jouent un rôle dans la croissance et la cicatrisation. Ils protègent le système cardiovasculaire par leur action bénéfique sur l'élasticité des vaisseaux et sur le rythme cardiaque, régulé par les prostaglandines issues de ces AGPI. Ils favorisent la diminution du taux de cholestérol et de l'agrégation des plaquettes sanguines, et ils participent à la régulation de la tension artérielle.
Les acides gras poly-insaturés sont antioxydants, ont une action préventive sur certains cancers (sein, prostate, poumon, pancréas, côlon), contrôlent les processus inflammatoires et immunitaires. Plusieurs hormones sont synthétisées à partir des oméga 3. Ils interviennent aussi dans la formation et la mobilité des spermatozoïdes.

Les AGPI augmentent les capacités intellectuelles comme la mémoire et l'apprentissage. Ils agissent favorablement sur les syndromes dépressifs et dans la prévention de la maladie d'Alzheimer.

Les «trans»

Nota

*Les acides gras mono ou polyinsaturés ont une configuration normale dite «**cis**».*
Cette configuration originelle peut se trouver perturbée :
- de manière naturelle chez les ruminants, par les enzymes du rumen, responsables des «mauvaises graisses» des laitages,
- de manière artificielle, par exemple par raffinage, par hydrogénation ou par chauffage (friture, UHT, ...).
Cette structure modifiée est dite **«trans»**, *et les acides gras mono ou polyinsaturés* **«trans»** *deviennent alors nocifs pour le système cardiovasculaire.*

Le cholestérol

Le cholestérol (composé liposoluble)
Indispensable à l'organisme, il entre dans la composition des membranes cellulaires. C'est le précurseur des hormones stéroïdiennes, des sels biliaires et de la vitamine B3.
Le cholestérol est fabriqué selon ses besoins par le corps, grâce à une régulation automatique entre les apports extérieurs et l'origine endogène. Mais dans 34% des cas, cette régulation ne fonctionne pas et les personnes doivent alors limiter leur apport de cholestérol alimentaire.
Il se trouve essentiellement dans les graisses animales (jaune d'œuf, beurre, fromage).

• Elles servent à la construction et à la réparation des tissus.

• Elles ne peuvent pas être stockées. C'est pourquoi l'apport doit être quotidien et modéré, pour couvrir les besoins de la journée et seulement ceux-là.

• Elles sont absorbées sous forme d'acides aminés, qui se répartissent en 3 groupes :

Les **acides aminés indispensables**

Non synthétisables par l'organisme, ils doivent obligatoirement être procurés par l'alimentation. Ce sont la valine, la leucine, l'isoleucine, la thréonine, la méthionine, la lysine, la phénylalanine, le tryptophane, l'histidine indispensable à la croissance de l'enfant et les acides aminés donneurs de méthyle qui abaissent le taux de cholestérol sanguin.

Les **acides aminés non indispensables**

Alanine, acide aspartique, citrulline, glycocolle, hydroxyproline peuvent être synthétisés par l'organisme, mais cela exige un travail supplémentaire de sa part.

Les **acides aminés accélérateurs de croissance**

Arginine, acide glutamique, proline, cystine, serine, tyrosine, non indispensables à l'adulte, ces acides aminés le sont par contre à l'enfant.

Les protéines, acides aminés bâtisseurs du corps

• **L'arrivée excessive d'acides aminés** est régulée par la paroi intestinale.

Lorsque les protéines sont consommées en trop grande quantité, et surtout si elles sont d'origine animale, l'organisme doit se débarrasser de l'excédent. Trois processus sont possibles :

La désamination

De l'ammoniaque se forme dans le foie, qui le retransforme en urée devant être éliminée par les reins. Cela perturbe la fonction rénale et génère un risque de calculs rénaux, de crises de goutte, et à long terme d'urémie avec insuffisance rénale.

Des excès réguliers de protéines dans le sang produisent une accumulation d'homocystéine qui irrite les parois artérielles, parois d'autant plus fragiles que l'on manque de vitamine C. Naît ainsi une lésion initiale dite « plaque athéromateuse», où vont s'accumuler les plaquettes sanguines et les graisses cherchant à la «cicatriser».

Trop de protéines est nuisible

Ce phénomène est aggravé par le déficit en vitamines B6, B9 et B12, comme on l'a vu précédemment. Il est également renforcé lorsqu'une bonne quantité de sucre simple circule en même temps dans le sang. Les molécules de sucre se lient alors aux protéines pour former des «produits terminaux de glycation» (PTG ou AEG en anglais), qui sont des composés toxiques pour l'organisme. Certains aliments très sucrés comme les barres chocolatées contiennent déjà des PTG qui viennent encore s'ajouter. Ces composés s'accumulent dans les différents tissus en les rigidifiant. C'est ainsi que naissent la plupart des complications du diabète : atteintes cardiovasculaires, mais aussi rénales, rétiniennes…

La transamination

Lorsque l'organisme y est entraîné, en particulier chez les végétariens et les végétaliens, il devient capable de transformer les acides aminés excédentaires en d'autres acides aminés qui lui sont nécessaires.

La transformation en énergie

Malheureusement, celle-ci produit des poisons dangereux pour l'organisme.

En conclusion, nous dirons qu'il vaut mieux limiter notre apport protéique, particulièrement d'origine animale.

COMMENT SE PASSE LA DIGESTION ?

La digestion est une des occupations essentielles du corps. Elle sert à transformer les aliments en nutriments assimilables. Ces nutriments seront alors absorbés à travers la paroi intestinale pour passer dans le sang et être acheminés vers les cellules.
L'appareil digestif est composé des dents, du tube digestif (cavité buccale, pharynx, œsophage, estomac, intestin grêle, gros intestin), et de glandes annexes (glandes salivaires, foie, pancréas).

Les processus digestifs sont multiples.

- **Le processus mécanique**

Il se déroule ainsi : mastication, déglutition, brassage des aliments dans l'estomac et dans l'intestin grêle, compression puis propulsion des déchets vers le rectum (dernière partie du gros intestin).

- Le **processus chimique**

Les amidons, les graisses et les protéines subissent l'action d'enzymes provenant des sucs digestifs. Par exemple :
amidon + amylase ⇨ maltose + maltase ⇨ glucose absorbable
graisses + sels biliaires ⇨ émulsion + lipase pancréatique ⇨ glycérol et acides gras absorbables.

- Le **processus bactérien**

Dans l'intestin, les bactéries saprophytes composant la flore intestinale font subir aux aliments d'ultimes transformations.

- Les **autres processus**

- L'eau, les sels minéraux et les vitamines sont absorbés sans transformation tout au long du tube digestif, surtout au niveau de l'intestin grêle.
- Les sucres simples sont directement absorbés au niveau de l'intestin grêle.

Le problème, c'est que ces divers processus digestifs sont souvent antagonistes !

- Les **temps de digestion** sont très variables.

Par exemple :
- La digestion du sucre des fruits est très rapide car elle ne nécessite aucune transformation.
- Les autres sucres rapides se dirigent directement vers l'intestin en ne subissant qu'une seule transformation chimique.
- La digestion de l'amidon demande deux transformations chimiques.
- La protéine maigre est digérée plus vite que la protéine grasse.
- La matière grasse ralentit la digestion des autres aliments.

- Les aliments acides ont besoin d'une digestion prolongée.
- La digestion des légumes verts est rapide et facile.

Si on mélange des aliments dont les temps de digestion sont très différents, les plus lents vont bloquer les plus rapides, ce qui produira fermentation (aigreurs d'estomac) et putréfaction (ballonnements, gaz).

C'est le cas des sucres simples, dont la fermentation, en cas de ralentissement par un autre aliment, produit une putréfaction avec production de poisons comme la ptomaïne ou la leucomaïne, ou même de l'alcool et de l'acide acétique.

- **L'action** des **enzymes** peut être **entravée**

- Certaines enzymes agissent en milieu alcalin, d'autres en milieu acide. Par exemple, si on introduit un aliment acide quand la digestion d'un autre aliment nécessite un milieu basique, le processus est contrarié, ce qui génère une putréfaction.

De même, la digestion de l'amidon commence dans la bouche en milieu alcalin. Pour qu'elle se poursuive dans de bonnes conditions, le milieu stomacal ne doit pas être trop acide. Or, si on associe à l'amidon une protéine maigre, l'acidité secrétée en grande quantité empêchera la digestion de l'amidon, donnant de la putréfaction. Avec une protéine grasse, le processus digestif est seulement ralenti.

- Les graisses inhibent les enzymes qui agissent sur les protéines, et nécessitent un investissement énergétique très important (digestion «lourde»).
- Dans l'estomac, une grande concentration d'amidon inhibe la pepsine utile à la dégradation des protéines, ce qui provoque au minimum un ralentissement dans la digestion des protéines grasses, et au pire aigreurs et putréfaction en cas d'association avec des protéines maigres.

- Le **sel** est **rétenteur d'eau**

Il gêne ainsi la digestion des graisses qui ont besoin d'eau pour être hydrolysées (c'est-à-dire décomposées).

PANORAMA DES COMPATIBILITES

	Sucres rapides	Sucres lents	Légumes secs	Protéines maigres	Protéines grasses	Lipides	Légumes
Sucres rapides	N	I	I	N	I	N	N
Sucres lents	I	N	N	I	N	N	F ou N
Légumes secs	I	N	N	I	N	N	F ou N
Protéines maigres	N	I	N	F	N	N	F ou N
Protéines grasses	I	N	N	N	N	N	F ou N
Lipides	N	N	N	N	N	N	F ou N
Légumes	I ou N	F ou N	F ou N	F ou N	F ou N	F ou N	F

En résumé

I = incompatible ; N = neutre ; F = favorable

sucres rapides	=	sucre de canne, de betterave..., roux, blanc, complet...
sucres lents	=	céréales et dérivés, féculents
légumes secs	=	soja, pois, haricot, lentille...
protéine maigre	=	laitages écrémés, protéines végétales
protéine grasse	=	fromages, viande, jaune d'œuf, fruits secs (amande, noix...)
lipides	=	huiles, beurre, crème, avocat, olive...
légumes	=	là, ça devrait aller sans explications...

Et pour synthétiser la substantifique moëlle...

Les bonnes associations

Les mariages heureux

- Les légumes se digèrent bien avec tout.
- L'association céréales + légumineuses produit des protéines végétales d'excellente qualité, réunissant en bonne synergie les acides aminés indispensables.
- Lorsqu'un des acides aminés est présent en plus faible quantité, il est dit «facteur limitant», car il s'oppose en partie à l'élaboration maximale des chaînes peptidiques. Cela veut dire que les autres acides aminés seront utilisés de manière incomplète.

Le facteur limitant des céréales est la lysine. Ceux des légumineuses, des produits laitiers et de la viande sont la cystine et la méthionine.

C'est pourquoi, afin d'éviter les carences, il est indispensable d'associer au même repas céréales et légumineuses, dont les acides aminés se complètent harmonieusement.

Les associations à problèmes

Les mariages douteux...

- L'association sucres lents + viande ou fromage ou jaune d'œuf est une association relativement neutre, mais de digestion très ralentie.
- Le sel empêche la bonne digestion des graisses. Ne succombez que très occasionnellement aux chips et autres gourmandises dites apéritives, ou au beurre salé.
- Évitez d'associer 2 protéines dont les facteurs limitants se cumulent : viande + œuf, viande + fromage, légumineuse + fromage, légumineuse + viande.
- Les fruits crus ne sont bien digérés qu'absorbés seuls.

Profitons de ce chapitre pour signaler que l'on peut devenir «accro» aux aliments alliant le sucre et la graisse, tels que les viennoiseries, les corn flakes, les confiseries et barres chocolatées, les gâteaux, les snacks...

La spécialiste des neurosciences Ann Kelley de l'Université du Wisconsin *«a donné pendant deux semaines des aliments riches en graisses et en sucres à des rats, et s'est aperçue que ce régime entraînait au niveau cérébral des changements identiques à ceux que provoque l'usage prolongé de morphine ou d'héroïne.»*

Nous ne sommes pas des rats, mais cela peut donner à réfléchir...

Alors, si vous avez du mal à résister à toutes ces douceurs et que votre poids s'en ressent, vous pourrez peut-être bientôt vous «désintoxiquer» en vous appliquant sur le dos de la main un patch à la vanille, dont les effluves semblent réduire l'appétit pour les sucreries diverses. Ce

patch a été testé par les diététiciens de l'hôpital Saint Georges de Londres sur un groupe de volontaires, qui ont perdu en moyenne 2 kg en un mois grâce au changement de leur comportement alimentaire.
Se shooter à la vanille pour lutter contre son addiction au sucre…

Nous vivons une époque formidable !

L'équilibre acido-basique, pilier de la santé

Entre acides et bases, le corps joue à l'équilibriste

Notre corps est muni d'une dynamique qui veille à maintenir un juste équilibre entre les deux tendances naturelles inhérentes à son fonctionnement, l'acidité et son opposé l'alcalinité. Cette adaptation constante aux conditions intérieures et extérieures est une des conditions de la santé.

Le processus physiologique

Les besoins de l'organisme

Nos divers tissus et organes ont des besoins différents, qui correspondent à l'activité de leurs enzymes spécifiques.
Les uns requièrent un milieu acide comme l'estomac et le duodénum, les autres un milieu plus alcalin, tels la vésicule biliaire, le pancréas, le gros intestin et le colon.
Tous sont interdépendants, et c'est le sang qui sert d'agent de liaison entre les milieux.

Il faut éliminer les déchets acides

Les déchets

En fonctionnant, c'est-à-dire en gérant la digestion et l'activité physique, le corps produit des déchets : c'est ce qu'on appelle le catabolisme. Ces déchets, toujours **acides**, doivent bien sûr être éliminés. Les deux principaux organes émonctoires des déchets les plus acides sont les poumons et les reins.
- Les **poumons** sont chargés d'évacuer les acides dits «faibles» ou «volatils», provenant de la dégradation des **protéines végétales**. Ce sont les acides citrique, oxalique, pyruvique, acétylacétique. Leur élimination est rapide, facile et aisément adaptable.
- Les **reins** doivent quant à eux expulser les acides dits «forts» ou «non volatils», provenant de la dégradation des **protéines animales**. C'est le cas des acides urique, sulfurique, phosphorique. Leur élimination est lente, difficile et peu adaptable.

Trop de déchets, corps déminéralisé

Les déchets sont transportés par le sang, dont le pH doit obligatoirement être très stable (pH entre 7,35 et 7,45) sous peine de graves troubles métaboliques et de conscience pouvant entraîner la mort, comme le coma diabétique.

L'équilibre du pH sanguin est assuré par des systèmes tampons très spécialisés. Quand les acides sont en excès dans le sang, ils sont expulsés vers le tissu conjonctif pour y être stockés. Puis, dès que le taux sanguin le permet, ce qui se produit essentiellement la nuit, au repos et hors digestion, les déchets acides sont remis dans la circulation en vue de leur élimination.

Le corps se débarrasse des acides en les liant à des minéraux alcalins, ce qui donne des sels neutres éliminables. Les principaux minéraux basiques (= alcalins) sont le calcium, le sodium, le potassium, le magnésium, le manganèse, le cuivre et le fer, si précieux pour le fonctionnement général de l'organisme. D'où le grave danger qui nous guette : **plus il y a de déchets acides à éliminer, plus le corps s'appauvrit en minéraux indispensables** !

Connaître son terrain par la mesure du pH urinaire

Le pH urinaire, reflet de notre équilibre acido-basique

Le pH est la capacité d'une solution à libérer des ions hydrogène. Les chiffres sont compris entre 0 et 14, 7 étant le neutre. De 0 à 7, on parle d'acidité et de 7 à 14 d'alcalinité.
On peut facilement tester son pH urinaire avec des bandelettes adaptées ou du papier pH, disponibles en pharmacie ou en magasin diététique. Les mesures doivent être effectuées 3 fois par jour et plusieurs jours de suite pour établir une **moyenne** qui devrait normalement être comprise entre **6,5 et 7,5**.

- Un pH souvent ou toujours inférieur à cette moyenne indique une acidose tissulaire.
- Un pH toujours supérieur à cette moyenne peut révéler soit :

- une carence en protéines,
- un dérèglement glandulaire,
- une faiblesse métabolique face aux acides, ce qui cache en fait une acidose tissulaire ne parvenant pas à se réguler naturellement.

QUE SE PASSE-T-IL SI LA RÉGULATION NE FONCTIONNE PAS BIEN ?

L'acidose tissulaire

Dans ce cas, les acides ne sont pas éliminés totalement et ils s'accumulent, créant une acidose tissulaire qui porte atteinte à l'organisme de quatre manières différentes :
- Agression : irritations, inflammations des tissus et muqueuses (rhumatismes, arthrite, arthrose), hyperacidité gastrique, constipation, mauvaise haleine, leucorrhée…
- Déminéralisation par pillage des réserves en minéraux alcalins pour neutraliser les acides : fatigabilité, caries dentaires, ostéoporose…
- Diminution des défenses immunitaires : sensibilité aux infections, accélération du processus de vieillissement, prédisposition du terrain aux maladies dégénératives (diabète, affections rénales, cancers…)
- Formation de dépôts : les grandes quantités de minéraux prélevés finissent par encombrer et encrasser l'organisme, provoquant calculs, scléroses…

Les agents troublions

QU'EST-CE QUI PEUT PERTURBER LA RÉGULATION ACIDO-BASIQUE ?

Cet équilibre instable peut être gêné par différents facteurs :
- Les carences en vitamines et minéraux.
- La fatigue, le surmenage, les stress de toutes sortes, l'agressivité, la colère… qui occasionnent une surproduction de déchets acides.
- Une vie sédentaire, une mauvaise oxygénation. Il est essentiel de prendre l'air et de bouger régulièrement.
- La faiblesse organique d'un émonctoire : les reins, les poumons, les intestins et surtout le foie.
- Une faiblesse métabolique face aux acides. Il y a souvent une prédisposition familiale.
- La consommation de certains médicaments : aspirine, morphine, anti-inflammatoires non stéroïdiens.
- Les excès alimentaires.
- Une alimentation trop riche en acides ou en producteurs d'acides, ce qui est le cas de l'alimentation courante. Une alimentation adéquate préserve l'équilibre acido-basique

Bon, alors, qu'est-ce qu'on mange ?

UNE ALIMENTATION ADÉQUATE PRÉSERVE L'ÉQUILIBRE ACIDO-BASIQUE

Voici les recommandations de «base» :
- Éviter les aliments très acidifiants.
- Éviter l'excès d'aliments producteurs d'acides, c'est-à-dire dont le catabolisme génère des acides.
- Éviter l'excès d'aliments acides, tout en sachant que pour certaines personnes les aliments acides sont alcalinisants, et que pour d'autres particulièrement sensibles, ils sont acidifiants. À chacun de repérer ses propres particularités…
- Consommer sans excès des aliments en équilibre acido-basique.
- Consommer en grande quantité des aliments alcalinisants.
- Manger lentement, dans le calme, en mâchant bien : cela favorise l'alcalinisation les aliments.

	Catégorie d'aliments	Sont concernés :
A EVITER	TRÈS ACIDIFIANTS *à ne consommer qu'exceptionnellement.* L'idéal serait de les abolir complètement, mais quelques petits compromis ne sont pas interdits…	- le sucre blanc - les farines blanches et dérivés : pain, pâtes, biscottes, semoule, pâtisseries - les huiles raffinées, les graisses durcies, les bouillons gras - le thé noir, le café, les alcools, les sodas et boissons à base de cola - le chocolat.
A MODÉRER	PRODUCTEURS D'ACIDES *à consommer avec mesure.* En manger est indispensable car ce sont des nutriments fondamentaux. Il faut seulement veiller à en limiter les quantités absorbées.	- les fromages, surtout les fromages forts - les légumineuses, en dehors du soja - les fruits oléagineux, hormis l'amande, l'olive et l'avocat - l'abricot frais surtout peu mûr, l'abricot sec, le pruneau les asperges, les artichauts, les choux de Bruxelles - toutes les viandes, charcuteries, poissons, le blanc d'œuf… qui ne sont pas vraiment vitaux pour tout le monde.

A **SURVEILLER**	ACIDES *à consommer avec prudence.* Ils sont reconnaissables à leur saveur acidulée. Attention : ne confondez pas "saveur acide" et producteur de "déchets acides". En général plutôt alcalinisants, ils peuvent pourtant ne pas convenir à certaines personnes, et provoquer chez elles des déchets acides.	- les fruits peu mûrs, les fruits acidulés (framboises, griottes, cassis, groseilles, rhubarbe, certaines pommes et certaines prunes), les agrumes sauf le citron qui est reminéralisant - la tomate, l'oseille, le cresson, la choucroute - le miel - le vinaigre.
	EN ÉQUILIBRE ACIDO-BASIQUE *à consommer en les bonifiant…* Ce sont aussi des aliments essentiels, dont la légère tendance acide se compense facilement par l'ajout d'herbes aromatiques, d'huile vierge de première pression à froid, etc.…	- les céréales complètes et leurs dérivés - les noix fraîches - le sucre intégral - les haricots verts, les petits pois.
A **PRIVILEGIER**	ALCALINISANTS *à consommer abondamment.*	- les fruits mûrs, surtout les bananes, les melons, les poires - les légumes verts et colorés : légumes racines (carottes, betteraves, céleri…), légumes feuilles (salades, choux… sauf l'oseille), légumes tiges (sauf les asperges) - l'avocat, l'olive - l'oignon, l'ail, le persil, la ciboulette, le thym, l'origan, le romarin - la pomme de terre et la châtaigne

A **PRIVILEGIER** (suite)	ALCALINISANTS *à consommer abondamment.*	- le millet - le soja et ses dérivés - le jaune d'œuf - les amandes, les noix du Brésil - les fruits secs à part l'abricot - les huiles végétales vierges de première pression à froid - le vinaigre de cidre - les germes de blé - les tisanes, les boissons maltées, le "café" de céréales torréfiées - le fromage blanc et les yaourts, mais avec les inconvénients des laitages…

Voilà pour les règles générales.

On s'étonne toutefois de trouver quelques divergences entre les différents auteurs, et même des avis diamétralement opposés sur certains aliments. La remarque ne vaut d'ailleurs pas que pour l'équilibre acido-basique.

Comme disait Socrate, «Connais-toi toi-même !»

On peut sans doute en conclure que chaque individu a un fonctionnement particulier, qu'il métabolise les aliments d'une manière qui lui est propre, en fonction de ses besoins et de ses tolérances personnelles, de son groupe sanguin (voir plus loin), de son vécu, etc… Ce qui est bon pour l'un ne l'est pas forcément pour l'autre, quand cela ne lui est pas franchement nuisible.

Si vous avez des doutes quant à une éventuelle intolérance alimentaire, sachez qu'il existe des tests qui vous permettront d'en avoir le coeur net (Imupro 300 - Immogenics - Cytotest).

Tout être est parfaitement unique et ne peut pas être réduit à des croix dans les petites cases standardisées prévues à cet effet par les esprits trop cartésiens. Il s'agit donc, pour chacun de nous, d'observer objectivement ses réactions spécifiques. Ayons la sagesse d'éliminer ou au moins de réduire ce qui ne nous convient pas. Notre corps nous en remerciera !

Pour vivre longtemps et en bonne santé

Lorsqu'ils occupaient au sud du Japon l'île d'Okinawa entre 1945 et 1972, les Américains ont tenu un registre détaillé sur la santé des habitants. Le nombre élevé de centenaires attira l'attention du Dr Makoto Suzuki, qui dans les années 1980 entreprit une étude avec deux étudiants canadiens, Bradley et Craig Willcox.

Ce suivi d'une trentaine d'années nous indique qu'à Okinawa, il y a :

- 3 fois plus de centenaires qu'en France ou aux USA,
- 3 à 4 fois moins de cancers et de maladies dégénératives liées à l'âge.

Une étude parallèle menée dans les années 1990 a examiné la santé de natifs d'Okinawa ayant émigré au Brésil. Ceux qui n'avaient pas changé leur mode de vie parvenaient en général à un âge avancé. Par contre, ceux qui avaient abandonné leurs habitudes et changé d'alimentation étaient sujets à l'obésité et aux maladies cardio-vasculaires. Ils consommaient 18 fois plus de viande, 2 fois plus de charcuterie, 3 fois plus de laitages, 3 fois moins de légumes et de poisson, et 30% de calories supplémentaires. Il y avait parmi eux 5 fois moins de centenaires que sur leur île natale.

Les recherches ayant permis d'écarter un facteur génétique, la logique amène à conclure que l'explication de ce phénomène réside dans le régime alimentaire, ce qui mérite quelques éclaircissements.

Comment font-ils pour vieillir moins vite et mieux que nous autres, occidentaux «bien» nourris ?

Je mange, donc je vieillis

Pourquoi nous vieillissons...

Grâce à leurs mitochondries, nos cellules transforment les aliments (ou calories) ingérés en énergie corporelle. Mais ce métabolisme vital génère en même temps de vilains radicaux libres (RL - voir glossaire), des composés baladeurs très agressifs envers nos cellules et organes. Nous en produisons la bagatelle de 2 kg par an ! Au fur et à mesure du temps qui passe, nos cellules perdent en efficacité : elles produisent de moins en moins d'énergie et de plus en plus de radicaux libres, qui vont constamment assaillir nos organes et être ainsi à l'origine du vieillissement et des maladies dégénératives.

CALORIES INGÉRÉES ⇨ ÉNERGIE + RADICAUX LIBRES
⇩
VIEILLISSEMENT - DÉGÉNÉRESCENCE

COMMENT BIEN VIEILLIR ?

On peut déduire de ce qui précède que :
- plus on ingère de calories excédentaires, plus on produit de RL, moins bien on vieillit,
- moins on ingère de calories inutiles, moins on produit de RL, mieux on vieillit.

Élémentaire, mon cher Watson !

Je mange peu, je vieillis mieux

LA SOLUTION LOGIQUE = RESTREINDRE L'APPORT CALORIQUE EN FAVORISANT LA SATIETE

Restreindre l'apport calorique

Des expériences menées sur une cinquantaine d'espèces animales confirment que la restriction calorique améliore l'espérance de vie moyenne et la longévité maximale, surtout si on ajoute un complément de minéraux et de vitamines.

Les calories vides aux oubliettes !

Favoriser la satiété

D'autres expériences ont montré que c'est la quantité de nourriture ingérée, et non pas le nombre de calories, qui rassasie. Par exemple :

1 hamburger au fromage	=	280 kcal	=	100 g	=	quantité trop faible	⇨	pas rassasié	=	☹
1 repas Okinawa*	=	280 kcal	=	500 g	=	quantité suffisante	⇨	rassasié	=	☺

(* repas = légumes frits à volonté + riz + soupe miso)

Les aliments recommandés sont donc pauvres en calories mais riches en vitamines et minéraux. On apaise ainsi sa faim sans risquer de carences.

Voici l'alimentation préconisée par les frères Willcox (après adaptation «occidentale»)

À consommer à volonté

Lait de soja, légumes et germes de soja (haricot mungo), algues, champignons, tofu, fruits. Les oméga 3 bénéfiques se trouvent alors dans les algues et le soja.
Ces aliments devraient constituer les 3/4 des repas.

À consommer régulièrement et modérément

Patates douces, riz, pâtes, légumineuses, yaourts (+ poisson maigre pour les non-végétariens).

À consommer en petites quantités

Pain, pois chiches (+ poisson gras, viande maigre pour les non-végétariens).

À consommer parcimonieusement

Huiles de colza et d'olive, chocolat, biscuits et gâteaux, noix, fromages.
Ce sont des aliments riches en graisses ou pauvres en eau.

À ne jamais consommer

Tous les aliments raffinés !

S'alimenter selon son groupe sanguin

Comment est né ce concept...

La proposition de se nourrir en fonction de son groupe sanguin est «*l'aboutissement de l'œuvre de deux vies*» (sic), celle de l'auteur et celle de son père, tous deux naturopathes.

Le père, James D'Adamo, travaillait dans un grand établissement thermal européen. Il s'étonnait de ce que tous les patients ne tiraient pas le même profit du régime alimentaire en vigueur dans les thermes, «*certains voyant même leur santé se détériorer*». Plutôt pauvre en graisses et à tendance végétarienne, cette nourriture aurait dû convenir à tous. Il chercha donc à comprendre...

Le sang étant le principal transporteur des nutriments, James D'Adamo pensa qu'il était peut-être responsable de ces disparités. «*Pour tester sa théorie, il analysa le groupe sanguin de ses patients avant d'étudier l'effet sur eux de divers protocoles nutritionnels. Au fil des ans et des cas étudiés, un schéma se dégagea*».

Mais ces observations empiriques nécessitaient des fondements objectifs pour avoir une valeur scientifique. C'est ce à quoi s'employa son fils, Peter D'Adamo, en rédigeant sa thèse de doctorat. Les lignes qui suivent empruntent de larges extraits de son travail.

Les observations empiriques du père théorisées scientifiquement par le fils

L'origine des groupes sanguins

«Les divers groupes sanguins reflètent la capacité qu'a l'homme de s'adapter à son environnement, notamment sur le plan digestif et immunitaire».

À l'origine, nos ancêtres africains étaient tous du groupe O. L'homme était alors principalement chasseur et son carburant de base se trouvait dans les protéines de la viande. Sa dépense d'énergie était intense, son système immunitaire était hyperpuissant et très actif car son agressivité était «vitale».

Petit à petit, le gibier se faisant plus rare à mesure que la population s'accroissait, les chasseurs s'aventurèrent de plus en plus loin de leur territoire. «*Quand un bouleversement climatique transforma l'étendue giboyeuse du Sahara en désert et que les régions septentrionales jusque-là glaciales se réchauffèrent, ils osèrent quitter l'Afrique pour l'Europe ou l'Asie. Ces premiers mouvements ont donné naissance aux souches de base des peuples modernes, toutes appartenant au groupe sanguin O, qui demeure encore aujourd'hui le plus répandu*».

Puis le chasseur de Cro-Magnon ayant décimé tous les troupeaux sauvages pour se nourrir, il lui

fallut trouver une autre source d'alimentation. La surpopulation et la compétition provoquèrent des guerres qui engendrèrent de nouvelles migrations. «*Les humains primitifs établis sous des climats plus contrastés changèrent peu à peu d'aspect : leur peau s'éclaircit, leur structure osseuse s'affina et leur chevelure se fit plus raide… La nature les acclimatait progressivement à leur nouvel environnement*».

Entre 25 000 et 15 000 ans avant notre ère, en Asie ou au Moyen-Orient, naquit le groupe A, parallèlement au développement de l'agriculture et à l'apparition de la vie en communautés sédentarisées. «*Tous ces changements, et notamment l'alimentation nouvelle, ont provoqué des mutations de l'appareil digestif et du système immunitaire, qui leur ont permis de tolérer les céréales et autres produits de la terre.*» Cette mutation créatrice du groupe A a été très rapide : l'individu du groupe A résistant mieux aux maladies infectieuses fréquentes dans les zones peuplées, la sédentarisation et la vie en collectivité en ont favorisé la prolifération par sélection naturelle. Le groupe A essaima ensuite vers l'Europe occidentale.

Les groupes sanguins sont nés de l'épopée humaine

Entre 15 000 et 10 000 ans avant notre ère, sur les hauts plateaux de l'Himalaya, apparut le groupe B, résultat de l'adaptation des populations venues de l'Afrique de l'Est, chaude et fertile, au climat froid et rude de cette région, au sein de tribus du Caucase et de Mongolie. Ces hordes nomades vivaient de la capture et de la domestication du bétail, dont dépendait leur nourriture, à base de viande et de laitages. Les Mongols colonisèrent le reste de l'Asie, puis firent des incursions en Occident. C'est pourquoi il y a une forte présence du groupe B en Europe orientale.

Beaucoup plus récemment, il y a 10 à 12 siècles, l'union d'envahisseurs mongols du groupe B avec les populations européennes du groupe A donna naissance au groupe AB. Peu fréquent, il représente moins de 5% de la population mondiale actuelle.
Ce groupe a hérité à la fois des caractéristiques du groupe A et de celles du groupe B. Il affiche un système immunitaire particulièrement performant contre les agressions microbiennes. Mais paradoxalement, il s'expose aussi à certaines formes de cancers, car il considère parfois les cellules dégénérées ressemblant à celles du groupe A ou B comme des amies, si bien qu'il ne fabrique pas les anticorps nécessaires. C'est un groupe assez complexe et contradictoire.

Groupes sanguins et immunité

QU'EST-CE QU'UN GROUPE SANGUIN ?

«Le groupe sanguin constitue la clé de tout le système immunitaire de l'organisme. C'est lui qui détermine l'influence sur

vous et sur votre santé des virus, des bactéries, des infections, des produits chimiques, du stress et de tous les autres agents et facteurs susceptibles d'agresser vos défenses immunitaires... Le rôle du système immunitaire est de dépister les éléments étrangers à l'organisme et de les détruire. Cette fonction de dépistage est essentielle car, en son absence, votre système immunitaire pourrait s'attaquer par erreur à vos propres tissus ou, au contraire, laisser un dangereux envahisseur accéder à vos organes vitaux. En dépit de sa complexité extrême, ce système se résume donc à deux fonctions de base : «nous» reconnaître et «les» tuer.»

Les groupes sanguins sont définis par les antigènes portés par les globules rouges, ou par leur absence en ce qui concerne le groupe O, d'où le nom de 0 = zéro antigène.

Les antigènes, spécifiques à chaque être vivant

L'antigène est «*une substance chimique dont le contact avec le système immunitaire suscite la production d'anticorps. Les marqueurs chimiques qui déterminent le groupe sanguin sont considérés comme des antigènes car les autres groupes sont susceptibles de créer des anticorps à leur encontre... Beaucoup d'antigènes de micro-organismes et de cancers sont d'excellents imitateurs, capables de singer le groupe sanguin de l'organisme dans lequel ils s'introduisent pour mieux s'y dissimuler... Chaque être vivant, depuis le plus simple des virus jusqu'à l'homme, possède des antigènes spécifiques, qui constituent un élément de son empreinte biologique.»*

Le groupe A possède l'antigène A	Le groupe AB possède les antigènes A et B
Le groupe B possède l'antigène B	Le groupe O ne possède pas d'antigènes

L'anticorps détruit l'antigène importun

Il est à noter que les autres éléments identifiants (rhésus + ou -, statut sécréteur) ont un rôle relativement insignifiant quant aux grandes caractéristiques des différents groupes, et ne semblent pas avoir d'influence sur la digestion ou l'immunité par exemple. Cette étude n'en tient donc pas compte.

L'anticorps est produit par le système immunitaire qui détecte un antigène intrus. L'anticorps se «colle» alors à l'antigène étranger pour l'identifier avant de le détruire. «*Lorsqu'un anticorps est confronté à un antigène étranger, il se produit une réaction d'agglutination, c'est-à-dire que l'anticorps s'agrège aux intrus, les rendant «collants», si bien que ceux-ci viennent s'agglutiner en une masse plus commodément repérable, ce qui facilite d'autant leur élimination.»*

Des antigènes alimentaires sosies des antigènes du sang

Le **groupe A** possède l'**anticorps anti B**. Il peut recevoir du sang A et O.
Le **groupe B** possède l'**anticorps anti A**. Il peut recevoir du sang B et O.
Le **groupe AB** ne possède **pas d'anticorps** contre les autres groupes. Il est receveur universel.
Le **groupe O** possède des anticorps anti A et anti B. Il est donneur universel, mais il ne peux recevoir du sang que du groupe O.

L'agglutinine est une «*substance – anticorps ou lectine – qui provoque l'agglutination de certaines cellules contenant l'agglutinogène* (ou antigène, NDR) *– le «récepteur» – correspondant.*

Beaucoup d'agglutinines, notamment les lectines alimentaires, n'agissent que sur certains groupes sanguins... tandis qu'elles sont neutres pour les autres...»
Les lectines rendent l'intestin perméable à d'autres protéines ressemblant aux protéines de l'organisme. Le système immunitaire est leurré, et peut chercher à détruire ses propres cellules confondues avec les cellules étrangères provenant de l'alimentation. C'est le cas par exemple de la gliadine du blé. «*La plupart des antigènes desdits aliments ressemblent beaucoup aux antigènes A ou B.»*

Des lectines intruses

La lectine est une «*substance – en général, une protéine – susceptible d'interagir avec les antigènes de surface des cellules de l'organisme pour provoquer un processus d'agglutination. On trouve souvent ces lectines dans les aliments... Les cellules cancéreuses fabriquant énormément d'antigènes, de nombreuses lectines les agglutinent de préférence aux autres cellules... 95% (des lectines) que nous absorbons sont neutralisées par notre organisme. Mais les 5% restant passent dans notre flux sanguin... Même une petite quantité de lectines est capable d'agglutiner un grand nombre de cellules si le groupe sanguin du sujet l'y prédispose.»*
Chaque aliment possède ses propres lectines. Ce sont ces protéines, ou glycoprotéines, qui ont pour fonction de coller les sucres se trouvant à la surface des cellules épithéliales entre eux par «effet velcro». Quand une lectine n'est pas digérée car incompatible avec l'organisme, elle s'installe dans une partie du corps (sang, foie, reins, tissus nerveux, intestins...) et «*agit sur les cellules de cette zone comme un aimant. Celles-ci s'agglutinent alors et sont vouées à l'élimination comme si elles aussi étaient étrangères à l'organisme...*» provoquant allergies et intolérances alimentaires, encrassements des tissus, malaises, irritations, inflammations, putréfaction intestinale, candidoses et maladies chroniques...

Les quatre protocoles nutritionnels

Le régime «groupe sanguin» dope notre système immunitaire

Quel bénéfice peut-on tirer d'un «régime groupe sanguin» ?
C'est «*simplement le moyen de rétablir les fonctions protectrices naturelles de votre système immunitaire, de régler votre horloge métabolique et de débarrasser votre sang de dangereuses lectines agglutinantes... en outre... c'est à l'heure actuelle la meilleure politique pour ralentir le processus de détérioration des cellules responsables des symptômes du vieillissement.»*
D'après Peter d'Adamo, il est donc recommandé de ne consommer que des aliments ne contenant pas de lectines incompatibles avec notre groupe sanguin.Pour les malades, ce mode d'alimentation devrait être respecté à 100 %, une personne bien portante pouvant se contenter d'une observation à 80 % de ce mode nutritionnel.
Les tableaux succincts des quatre protocoles nutritionnels vous sont présentés dans les pages suivantes. Ne figurent que les aliments principaux. Pour plus de détails et pour un panorama global, consultez le livre, 440 pages, mais très facile et agréable à lire...

Les aliments sont classés en 3 catégories :
- Les aliments très bénéfiques agissent comme des médicaments. Ils corrigent les faiblesses de l'organisme.

- Les aliments neutres agissent comme des aliments. Ils procurent les nutriments utiles au bon équilibre de l'organisme.
- Les aliments à éviter agissent comme des poisons. Ils aggravent les faiblesses de l'organisme ou contiennent des lectines nocives pour lui.
- En plus, sont signalés les aliments qui favorisent la prise de poids et ceux qui facilitent la perte de poids.
- Et vous avez même droit aux indications sur les viandes et les poissons. Pas trop sectaire, la mère Gobuche !… qui vous recommande tout de même de modérer fortement l'apport carné.

Elle se pose d'ailleurs une question subsidiaire, la mère Gobuche. Combien y a-t-il de personnes à tendance végétarienne spontanée dans le groupe O ? Voilà qui mériterait une enquête sérieuse. Un petit sondage restreint a permis de constater qu'elles n'étaient pas si rares que ça…

L'essayer, c'est l'adopter !

Cela vaut la peine de tester ce régime pendant 3 ou 4 semaines. Peut-être n'en sentirez-vous aucun bénéfice, mais peut-être serez-vous très agréablement surpris de voir disparaître qui une acné rebelle, qui des ballonnements intestinaux ou des lourdeurs digestives, qui une rhinite tenace, etc… et se manifester une vitalité nouvelle !

Groupe O : le chasseur

«Mangeur de viande, tube digestif robuste, système immunitaire hyperactif, intolérant aux changements nuritionnels ou environnementaux, contrôle mieux son stress par une activité physique intense, a besoin d'optimiser son métabolisme pour rester mince et énergique.»

TRES BENEFIQUES	NEUTRES	À EVITER
Viandes et poissons: Agneau, bœuf, mouton, veau. Brochet, colin, hareng frais, maquereau, merlan, morue, sardine, saumon frais, sole, truite.	Canard, dinde, lapin, poulet. Anchois, bar, crevette, moule, thon.	Bacon, jambon, oie, porc. Hareng saur, saumon fumé.
Laitages et oeufs Aucun.	Beurre, féta, fromage de chèvre, fromage et lait de soja, mozzarella.	Bleu, brie, camembert, crème glacée, emmenthal, fromage frais, lait de vache et de chèvre, yaourt.
Corps gras: Huile d'olive.	Huile de colza, de sésame.	Huile d'arachide, de carthame, de maïs.
Produits céréaliers: Pain de blé germé.	Épeautre, orge, riz, seigle, millet, quinoa, sarrasin.	Blé sous toutes ses formes, avoine, maïs, multicéréales.
Légumes secs: Haricot azuki et coco.	Fève, flageolet, petit pois, pois chiche, soja jaune.	Haricot blanc et rouge, lentille verte et rouge.
Légumes: Algues, artichaut, bette, brocoli, chou frisé, épinard, navet, oignon, panais, patate douce, poireau, poivron rouge, potiron, romaine, scarole, topinambour.	Betterave, carotte, cerfeuil, chou romanesco, concombre, courge, cresson, endive, fenouil, laitue, olive verte, poivron jaune et vert, radis, tomate.	Alfalfa, aubergine, avocat, champignon de Paris, chou (vert + blanc + chinois + de Bruxelles + rouge + chou-fleur), maïs, olive noire, pomme de terre.
Fruits: Figue, prune.	Abricot, ananas, banane, cerise, citron, châtaigne, framboises, myrtille, pêche et nectarine, raisin, pamplemousse, pomme.	Clémentine, fraise, melon, mûre, noix de coco, orange, rhubarbe.
Noix, graines, condiments... Graines de courge, noix. Ail, persil. Curcuma, curry, piment de Cayenne.	Amande, sésame, tournesol, noisette, pignon de pin. Cerfeuil, ciboule, coriandre, gingembre, piment doux. Basilic, cumin, estragon, origan, romarin, moutarde, thym. Chocolat, miel, malt d'orge. tamari, miso.	Arachide, pavot, noix de cajou, pistache. Cannelle, câpre, noix de muscade, vanille. Mayonnaise, ketchup, vinaigre.
Boissons: Tilleul, eau gazeuse.	Tisane de menthe, verveine. Thé vert, bière, vin blanc et rouge.	Alcools forts, café, cidre, thé noir, sodas.

FAVORISENT LA PERTE DE POIDS	FAVORISE LA PRISE DE POIDS
Algue laminaire, fruits de mer, aliments riches en iode, foie.	Gluten de blé, maïs, haricot rouge et blanc, lentille, chou.

Groupe A : le cultivateur

«Le premier végétarien récolte ce qu'il sème, tube digestif sensible, système immunitaire tolérant, s'adapte bien aux conditions nutritionnelles et environnementales sédentaires, contrôle mieux son stress par des activités calmantes, a besoin d'un régime alimentaire essentiellement végétarien pour demeurer mince et actif.»

TRES BENEFIQUES	NEUTRES	À EVITER
Viandes et poissons: Aucune viande. Baudroie, maquereau, merlan, morue, sardine, saumon frais, truite.	Dinde, poulet. Bar, brochet, daurade, thon.	Agneau et mouton, bacon, bœuf, canard, jambon, lapin, oie, porc, veau. Anchois, hareng, homard, colin, crevette, crabe, lotte, moule, sole, saumon fumé.
Laitages et oeufs: Lait et fromage de soja.	Féta, fromage et lait de chèvre, yaourts.	Beurre, bleu, brie, camembert, crème glacée, emmenthal, fromage frais, lait.
Corps gras: Huile d'olive.	Huile de colza.	Huile d'arachide, de carthame, de maïs, de sésame.
Produits céréaliers: Amarante, avoine, farine et galettes de riz, sarrasin, seigle, pain de blé germé.	Kamut, épeautre, millet, orge, riz, quinoa.	Blé complet, multicéréales.
Légumes secs: Flageolet, haricot azuki, coco, lentille.	Fève, petit pois.	Haricot blanc et rouge, pois chiche.
Légumes: Alfalfa, artichaut, bette, brocoli, carotte, chou frisé et rave, épinard, navet, oignon, panais, poireau, potiron, romaine, scarole, topinambour.	Algues, avocat, betterave, céleri, chou-fleur + romanesco + de Bruxelles, concombre, courge, cresson, endive, fenouil, laitue, maïs, olive verte, pleurote, radis, shiitake.	Aubergine, champignon de Paris, chou blanc + chinois + rouge, olive noire, patate douce, pomme de terre, piment, poivron, tomate.
Fruits: Abricots, ananas, cerise, citron, figue, mûre, myrtille, pamplemousse, prune.	Châtaigne, fraise, framboise, pêche et nectarine, poire, pomme, raisin.	Banane, clémentine, mangue, melon, noix de coco, orange, rhubarbe.
Noix, graines, condiments... Arachide, graines de courge. Persil, ail. Gingembre, miso, tamari.	Amande, tournesol, pavot, sésame, noisette, noix, noix de macadamia, pignon de pin. Basilic, cannelle, cerfeuil, ciboule, coriandre, cumin, curcuma, curry, estragon, menthe, noix de muscade, origan, paprika, piment doux, romarin, vanille. Chocolat, miel. Moutarde.	Noix du Brésil, noix de cajou, pistache. Câpre, piment rouge et de Cayenne, poivre. Mayonnaise et ketchup, vinaigre.
Boissons: Camomille, ginseng, thé vert. Café, eau.	Tisane de menthe, thym, tilleul, verveine. Cidre, vin blanc.	Alcools forts, bière, eau gazeuse, sodas, thé noir.

FAVORISENT LA PERTE DE POIDS	FAVORISENT LA PRISE DE POIDS
Huiles végétales, soja et dérivés, légume, ananas.	Viande, laitages, haricot rouge, blé en excès.

Groupe B : le nomade

«Équilibré, système immunitaire vigoureux, le plus flexible sur le plan diététique, mangeur de laitages, contrôle idéalement son stress par des activités créatrices, a besoin d'un bon équilibre entre son activité physique et son activité intellectuelle pour demeurer mince et énergique.»

TRES BENEFIQUES	NEUTRES	A EVITER
Viandes et poissons: Agneau et mouton, lapin. Baudroie, brochet, colin, daurade, flétan, maquereau, morue, sardine, sole.	Boeuf, dinde, foie, veau. Hareng, lotte, merlan, saumon frais, thon, truite.	Bacon, canard, jambon, oie, porc, poulet. Anchois, anguille, bar, crabe, crevette, moule, saumon fumé.
Laitages et oeufs: Féta, lait et fromage de chèvre, yaourt.	Beurre, brie, camembert, emmenthal, fromage frais, lait et fromage de soja.	Bleu, crème glacée.
Corps gras: Huile d'olive.		Huile d'arachide, de carthame, de colza, de maïs, de sésame, de tournesol.
Produits céréaliers: Avoine, épeautre en grains, farine et galettes de riz, millet, pain de blé germé.	Farine d'épeautre, semoule de blé dur, quinoa, riz.	Amarante, blé concassé, kamut, farine de blé, de maïs, d'orge, de seigle, orge, sarrasin, seigle, multicéréales.
Légumes secs: Haricot rouge et mojette.	Fève, flageolet, soja en grains, haricot blanc, petit pois.	Haricot coco + azuki, lentille, pois chiche, tofu et tempeh.
Légumes: Aubergine, betterave, brocoli, carotte, chou, panais, patate douce, poivron, shiitake.	Algues, bette, céleri, courge, champignon de Paris, chou rave et romanesco, cresson, concombre, endive, épinard, fenouil, laitue, navet, oignon, poireau, pomme de terre, scarole.	Artichaut, avocat, maïs, olive, potiron, radis, topinambour, tomate.
Fruits: Ananas, banane, châtaigne, prune, raisin.	Abricot, cerise, citron, clémentine, figue, fraise, framboise, groseille, kiwi, mangue, melon, mûre, myrtille, pêche et nectarine, orange, pamplemousse, poire, pomme.	Noix de coco, rhubarbe.
Noix, graines, condiments... Persil. Curry, gingembre, piment de Cayenne, raifort.	Amande, noix, noix du Brésil, noix de macadamia et de pécan. Ail, basilic, câpre, cerfeuil, ciboule, coriandre, cumin, estragon, laurier, menthe, miso, moutarde, muscade, origan, paprika, piment, poivre en grains, romarin, sarriette, thym, vanille, vinaigres. Chocolat et miel, mayonnaise.	Arachide, graine de courge, tournesol, noisette, noix de cajou, pavot, sésame, pignon de pin. Cannelle, poivre moulu. Ketchup, malt d'orge.
Boissons: Réglisse, sauge, thé vert.	Verveine, bière, café, cidre, thé noir, vin blanc et rouge.	Gentiane, tilleul, alcools forts, eau gazeuse, sodas.

FAVORISENT LA PERTE DE POIDS	FAVORISENT LA PRISE DE POIDS
Légumes verts, viande, foie, œufs, laitages maigres, tisane de réglisse.	Poulet, maïs, lentille, cacahuète, sésame, sarrasin, blé.

Groupe AB : l'énigme

«Mélange moderne de A et de B, s'adapte tel un caméléon à des conditions environnementales et diététiques évolutives, tube digestif sensible, système immunitaire tolérant à l'excès, contrôle mieux son stress par la spiritualité et l'énergie créatrice, un mystère de l'évolution.»

TRES BENEFIQUES	NEUTRES	A EVITER
Viandes et poissons: Agneau et mouton, dinde, lapin. Baudroie, brochet, colin, daurade, maquereau, morue, sardine, thon, truite.	Foie. Hareng frais, lotte, merlan, moule, saumon frais.	Bacon, bœuf, canard, jambon, oie, porc, poulet, veau. Anchois, anguille, bar, crabe, crevette, flétan, hareng saur, saumon fumé, sole.
Laitages et oeufs: Féta, fromage et lait de chèvre, mozzarella, yaourt.	Emmenthal, fromage frais, fromage et lait de soja.	Beurre, bleu, brie, camembert, crème glacée.
Corps gras: Huile d'olive.	Huile d'arachide, de colza.	Huile de carthame, de maïs, de sésame, de tournesol.
Produits céréaliers: Épeautre, avoine, riz, seigle, millet, pain de blé germé.	Amarante, blé concassé, farine de blé dur, orge, multicéréales, quinoa.	Kamut, maïs, sarrasin.
Légumes secs: Soja en grains, tempeh et tofu, haricot coco et mojette, lentille verte.	Fève, flageolet, haricot blanc, lentille rouge, petit pois.	Haricot azuki + rouge, pois chiche.
Légumes: Aubergine, betterave, brocoli, céleri, chou-fleur et frisé, concombre, panais, patate douce, pissenlit, shiitake.	Algues, bette, carotte, champignon de Paris, chou, courge, cresson, endive, épinard, fenouil, laitue, navet, oignon, pleurote, poireau, pomme de terre, rutabaga, scarole, tomate.	Artichaut, avocat, maïs, olive noire, poivron, fane de radis, topinambour.
Fruits: Ananas, cerise, citron, figue, kiwi, pamplemousse, prunes, raisin.	Abricot, fraise, framboise, châtaigne, clémentine, melon, groseille, mûre, myrtille, poire, pêche et nectarine, pomme.	Banane, mangue, noix de coco, orange, rhubarbe.
Noix, graines, condiments... Arachide, noix. Ail, persil, curry, raifort, miso.	Amande, noix du Brésil + de cajou + de macadamia + de pécan, pignon de pin, pistache. Basilic, cannelle, cerfeuil, ciboule, coriandre, cumin, curcuma, estragon, gingembre, menthe, muscade, paprika, piment doux, romarin, sarriette, thym, vanille. Chocolat et miel, moutarde, tamari, vinaigre.	Graines de courge, pavot, sésame, tournesol, noisette. Anis, câpre, piment de Cayenne, poivre, vinaigre blanc. Ketchup, malt d'orge.
Boissons: Tisane de camomille, réglisse, thé vert, café.	Tisane de menthe, sauge, thym, verveine. Bière, cidre, eau gazeuse, vin blanc et rouge.	Gentiane, tilleul, alcools forts, sodas, thé noir.

FAVORISENT LA PERTE DE POIDS	FAVORISENT LA PRISE DE POIDS
Tofu, poisson et fruits de mer, laitages, légumes verts, algue laminaire, ananas.	Viande rouge, haricots rouges, graines, maïs, blé, sarrasin.

Et le plaisir dans tout ça ?

Se faire du bien ou se faire plaisir ? That is the question ! Cruel dilemme…
Et s'il était possible de se faire du bien ET de se faire plaisir ?
Peut-être «santé» et «plaisir» ne sont-ils pas antinomiques ?
Sortons des sentiers battus et voyons ce que nous pouvons faire afin de réaliser ce rêve…

Pas question d'oublier le plaisir

Pourquoi les habitudes alimentaires sont-elles si difficiles à changer ?

Il est étonnant de constater à quel point nous pouvons parfois être accrochés à nos habitudes, et particulièrement pour ce qui concerne l'alimentation. Nous pouvons même accepter d'être malades ou préférer avaler des médicaments plutôt que renoncer à quelque chose qui pourtant nous cause un préjudice.
Quels sont donc ces arcanes mystérieux qui nous gouvernent à notre insu ?

Formatés par notre histoire

L'inconscient, un ténébreux despote

Nos divers comportements sont souvent conditionnés à notre insu, prédéterminés par diverses influences. Nous agissons couramment par conformisme culturel ou familial, ou au contraire en réaction contre un modèle. Nous cédons à la facilité de «faire comme les autres» et au confort de ne pas se poser trop de questions, de ne pas nager à contre-courant. Nous nous laissons manipuler par la publicité et les images émotionnelles qu'elle véhicule.
Nos choix sont machinaux, non réfléchis. Ce ne sont pas des décisions lucides et motivées, nous semblons obéir à quelque maître logé dans les circonvolutions sinueuses de notre inconscient.

Esclaves de nos émotions

L'émotion, une mémoire très fidèle

Le goût est parfois lié à des sensations ou des sentiments, conscients ou inconscients. Certaines odeurs, certaines saveurs nous procurent une sensation de bien-être, nous rappelant de chaleureuses fêtes familiales, la bonne cuisine d'une grand-mère adorée, un événement heureux, etc…
Voici un exemple amusant. Il y a, dans l'entourage de la mère Gobuche, un adorateur d'une certaine boisson à la noix de cola, à qui ce breuvage évoque sa première et divine sensation de transgression libératoire. L'émotion est toujours intacte 40 ans après ! Et même s'il est bien

conscient du cocktail d'additifs et du taux colossal de sucre raffiné contenus dans sa canette, il ne saurait être question qu'il s'en passe…
De la même manière, nous pouvons détester un aliment lié à un mauvais souvenir ou à une impression pénible. Cette prise de conscience peut d'ailleurs être l'occasion d'une introspection très riche en enseignements…

La peur de l'inconnu, frein à l'ouverture et à la connaissance

Effarouchés par la nouveauté

Notre relation à l'aliment est très «intime» dans la mesure où il s'immisce jusqu'au plus profond de nos cellules. Nous avons donc tendance à faire confiance à ce que nous connaissons, et n'ouvrons pas facilement la porte à l' «étranger», pressenti comme un danger potentiel. «*Ce que le paysan ne connaît pas, il ne le mange pas*» dit un adage alsacien.

Les préjugés, un certain confort…

Par ignorance ou par désintérêt pour le sujet, nous adhérons à des idées toutes faites, sans nous donner la peine de vérifier. Nous jugeons hâtivement, sans savoir, par ouï-dire, par mimétisme, par dérision, et n'acceptons pas aisément de remettre en cause nos opinions.
Quelques croyances courantes :

Installés bien au chaud dans nos préjugés

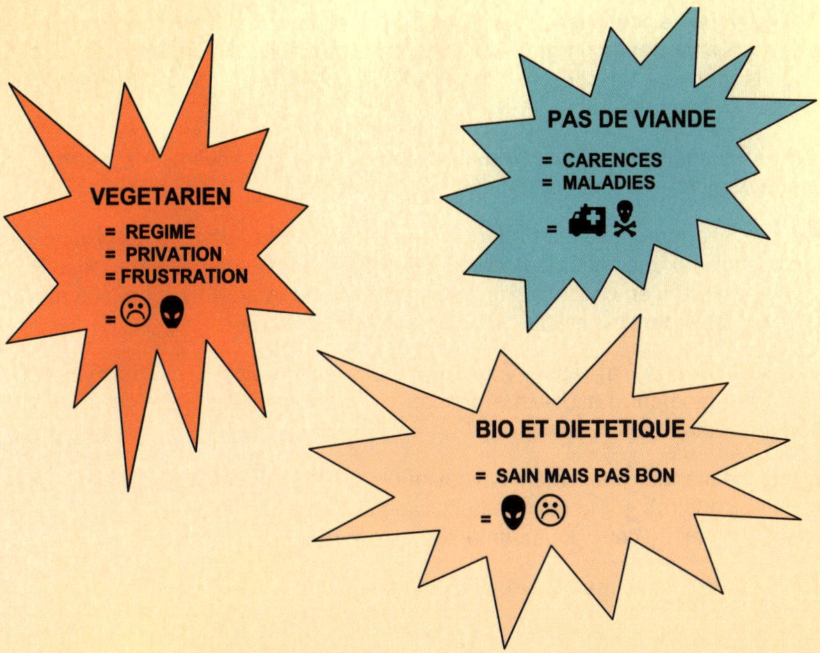

Ce qui est bien sûr totalement erroné.
Mais ces clichés sont abondamment relayés dans les médias, les fictions (livres et films)..., confortant d'autant plus le grand public profane dans son erreur.

Il est courant aussi de penser qu'en agissant différemment des autres, on se met en quelque sorte hors du groupe, et que cela nuit à la convivialité. Le plaisir doit être standard ! Fi des besoins individuels !
Pourtant, rien ne nous empêche de partager chaleureusement dans la diversité...

Car pour vous, lecteurs hardis que l'innovation n'effraie pas,
C'est dans de vrais délices que la santé se trouvera !

VOICI QUELQUES PISTES POUR ASSOCIER PLAISIR ET BIEN SE NOURRIR

- Régalez-vous de nouvelles saveurs, de nouvelles textures. Il est parfois nécessaire de se familiariser avec un goût inconnu pour l'apprécier pleinement. Ne renoncez pas dès la première bouchée ! Prenez plaisir à goûter, flattez votre curiosité, flânez dans la découverte...

- Si vous supprimez ou diminuez la consommation d'une chose que vous aimez, ayez soin de compenser cette perte en vous offrant une autre réjouissance.

- Disposez le couvert harmonieusement même si vous n'avez pas le temps de préparer une jolie table. Une bougie ou une lampe à huile donneront une ambiance chaleureuse et festive à vos dîners. Il est facile d'en conserver toujours à portée de main. Et si une jolie musique vous chatouille agréablement les oreilles, ce n'en sera que meilleur !

- Préservez-vous du bruit et de l'agitation. Vous regarderez la télévision ou réglerez vos conflits familiaux à un autre moment. Faites-vous cadeau d'un moment de sérénité et de partage convivial. Rien de tel pour bien digérer !

Savourer l'instant présent avec gratitude

- Si vous êtes seul, ne mangez pas à même la casserole (ou directement dans la boîte de conserve froide, tant qu'à faire), sur le coin de la cuisinière ou entre deux portes. Installez-vous confortablement, profitez de cette pause détente, vous le méritez bien !

- Vous vous sentez contracté au moment de vous mettre à table ? Attention, stress et digestion ne font pas bon ménage ! Alors, commencez par bien respirer. Inspirez profondément par le nez en gonflant le ventre, puis rejetez lentement l'air plutôt par la bouche, bien à fond. Vous pouvez vous aider en visualisant votre expiration comme une fumée grise s'échappant loin de vous. Faites cela plusieurs fois, pour lâcher vos tensions et apaiser vos émotions. Un massage abdominal dans le sens des aiguilles d'une montre, très doux ou plus appuyé selon le cas, vous fera aussi le plus grand bien.

♥ Mangez d'abord avec les yeux et humez les arômes délicats.
Ensuite, délectez-vous de la texture de l'aliment dans la bouche, mâchez doucement pour exhaler tous les parfums, salivez bien pour amorcer une bonne digestion. Ce serait vraiment du gâchis d'avaler gloutonnement, et votre estomac risquerait fort de vous le faire payer en lourdeurs inconfortables !

♥ Beaucoup de gens ont tellement peu conscience de ce qu'ils mangent qu'ils sont incapables de vous dire l'après-midi de quoi était composé leur déjeuner… Soyez vraiment présents !

♥ Appréciez l'agrément d'une digestion légère et d'un esprit clair.

♥ Ayez un instant de gratitude pour celui ou celle qui a préparé cette nourriture, vous inclus, et pour la Vie qui vous offre de ne pas souffrir de la faim.

Etre rigoureux sans être rigide

♥ Permettez-vous régulièrement des «entorses» à votre discipline alimentaire, dans la mesure où cela ne vous sera pas nocif. Ne culpabilisez pas, bien au contraire, savourez !
Si vous êtes en bonne santé, l'idéal est de suivre votre ligne de conduite à 80 %. 20 % d'écarts, ce n'est tout de même pas de l'ascèse ! Et même si vous n'êtes rigoureux qu'à 50 %, c'est toujours ça de gagné…

♥ Prenez conscience du bonheur d'être bien portant, de prendre sa santé en main, d'agir pour son bien-être. Soyez à l'écoute de vos sensations corporelles. Ne croyez rien à priori, expérimentez et tirez-en vos propres conclusions. Goûtez la satisfaction de n'être plus le «consommateur» ignorant, naïf et docile qu'espèrent de vous les industriels de l'agroalimentaire, mais un «consom'acteur» clairvoyant et actif.

S'engager pour gagner en sérénité

♥ Prenez de la hauteur, ayez une vision globale, incluant les causes et les effets, les interdépendances. Interrogez-vous, tirez les leçons d'hier afin que vos actions d'aujourd'hui aient un impact favorable sur demain. Constater les dégâts, c'est une chose, mais ne rien faire en se déclarant impuissant risque de n'apporter que de l'amertume et aucune solution. Seule l'implication personnelle semble profondément satisfaisante.
Il en est ainsi des ravages sanitaires causés par notre mauvaise alimentation. On sait déjà que l'accroissement vertigineux de l'obésité, du diabète, des maladies cardio-vasculaires et dégénératives va engendrer dans le futur des coûts exorbitants pour la société. Notre collectivité sera-t-elle capable de les assumer, alors que le déficit de la sécurité sociale explose déjà ? Nous allons la payer très cher, notre négligence d'aujourd'hui, et plus encore nos enfants ! Et c'est sans parler de tous les drames et souffrances individuels qu'elle va occasionner…
Allons-nous rester longtemps les bras ballants ?

Paix du coeur et chocolat, c'est le nirvana...

Réfléchissons avec lucidité à toutes les conséquences de nos actions et de nos inactions. Et que chacun de nous fasse déjà ce qu'il peut, là où il est, dans la mesure de ses moyens. Car finalement, avoir un comportement conscient et responsable qui procure sérénité et paix du cœur, n'est-ce pas là le plus grand, le plus profond des plaisirs ? … Accompagnez-le d'un bon carreau de chocolat savouré avec délicatesse, c'est la félicité assurée, bienheureux que vous êtes !

Méditons ces quelques mots choisis...

«Que ta nourriture soit ton médicament»
Hippocrate

«On creuse sa tombe avec ses dents»
proverbe arabe

«Les hommes mangent bien mais se nourrissent mal»
sagesse populaire

*«Ne croyez pas une chose simplement pour en avoir entendu parler.
Ne croyez pas dans les traditions pour la simple raison qu'il y a des générations qu'elles se transmettent.
Ne croyez pas en quoi que ce soit pour la simple raison que beaucoup en parlent.
Néanmoins, si après observation et analyse, vous constatez qu'une chose s'accorde avec la raison, favorise le bien et l'avantage de tous et de chacun, alors acceptez-la et vivez confortablement avec elle…
Ne vous fiez pas à la théorie mais à l'expérience»*
Bouddha

«Le succès de l'industrie de la propagande à nous persuader, depuis si longtemps, que nous sommes libres de toute propagande est l'une des réussites propagandistes les plus significatives du XXe siècle»
Alex Carey

*«Quand le dernier arbre aura été coupé,
Quand le dernier fleuve aura été empoisonné,
Quand le dernier poisson aura été attrapé,
Alors seulement vous verrez que l'argent ne peut être mangé…»*
un chef amérindien

*«Si tu veux changer le monde
commence par te changer toi-même»*
Gandhi

«Nos achats sont aussi nos bulletins de vote»
mère Gobuche

Les recettes toquées de la mère Gobuche

Simples et savoureuses

Potages

Soupes et veloutés

Sauces chaudes

Sauces froides

Sauces pour assaisonnement

Potage aux champignons

Pour 6 personnes

Huile d'olive
40 g de farine
60 cl de bouillon de légumes ou d'eau + tamari
40 cl de lait végétal
250 g de champignons de Paris émincés finement
1 gousse d'ail écrasée
Sel, poivre, muscade
1 cuillère à soupe de jus de citron
1 cuillère à soupe de persil haché
10 cl de crème de soja

Faites chauffer l'huile et versez-y la farine. Tournez vivement pour obtenir un roux blond.

Versez le bouillon et le lait. Portez à ébullition.

Ajoutez les champignons, l'ail, le citron, assaisonnez. Laissez frémir 5 minutes.

Puis éteignez le feu, ajoutez la crème et le persil, et servez aussitôt (surtout, ne laissez plus bouillir).

Vous pouvez aussi mixer ce potage avant d'incorporer la crème et le persil.

Un "roux" est traditionnellement obtenu en mélangeant, normalement à parts égales, de la farine à du beurre fondu. Cela donne du "liant" (de l'épaisseur) à la préparation.
Le roux sera "blanc" si on met la farine dès que le beurre est fondu.
Le roux sera "blond" si on met la farine quand le beurre mousse.
Le roux sera "brun" si on laisse colorer le beurre, ce que la mère Gobuche vous déconseille formellement, car votre sauce sera alors truffée de toxiques mutagènes et de graisses désastreuses pour vos artères…
De l'huile fera tout aussi bien l'affaire… D'ailleurs la part de graisse peut être réduite sans problème et la recette sera tout de même réussie.

Consommé au lait de coco

Pour 6 personnes

25 cl de lait de coco fluide
15 cl de lait de coco épais
2 cuillères à café de graines de fenugrec
1 oignon
1 petite écorce de cannelle
1 piment chili vert
1 pincée de curcuma
1 cuillère à soupe de jus de citron
Sel

Faites tremper les graines de fenugrec dans de l'eau chaude pendant 20 minutes.

Émincez finement l'oignon. Ôtez les graines du piment et hachez- le.

Égouttez les graines de fenugrec et placez-les dans une casserole avec l'oignon, la cannelle, le piment, le curcuma et le lait de coco fluide. Laissez cuire à feu doux jusqu'à ce que les oignons soient fondus et que la soupe ait la consistance d'une crème épaisse.

Ajoutez alors le lait de coco épais en mélangeant. Assaisonnez de jus de citron et de sel et servez chaud.

On trouve du lait de coco en boîte dans le commerce.
La graisse du lait de coco le rend solide à température ambiante. Il deviendra liquide en chauffant (cuisson ou bain-marie).
Si vous ne trouvez pas de lait de coco épais tout prêt, faites réduire du lait fluide sur le feu jusqu'à ce qu'il épaississe.
On peut aussi le préparer soi-même.
Pour préparer le lait de coco épais : placer 90 g de noix de coco séchée ou la chair râpée de 1 noix de coco fraîche dans le bol du mixer avec 45 cl d'eau chaude. Faire tourner l'appareil au moins 1 minute jusqu'à ce que les ingrédients soient bien mixés, puis passer la préparation dans un tamis en pressant fermement pour en extraire le lait. Éliminer les déchets.
Pour préparer le lait de coco fluide : idem avec 90 g de noix de coco et 70 cl d'eau chaude.
Ce lait "fait maison" ne se conserve pas plus de 48 heures au réfrigérateur.
Attention : le lait de coco contient beaucoup de graisses saturées et n'est pas toujours très digeste, surtout réchauffé !

Potage de légumes moulinés

Quantité selon consistance désirée

Bettes (côtes et feuilles), céleri branche, choux divers et brocoli, concombre, courge et courgette, fenouil, haricots verts, laitue, ortie, panais, patate douce, pois, potimarron, tomates, …
Herbes et aromates au choix
Sauce de soja
Algue kombu ou wakamé coupée en petits morceaux (10 cm pour 1 litre)
Eau en quantité suffisante pour couvrir les légumes

Faites chauffer de l'eau additionnée de sauce de soja dans un fait-tout.

Coupez tous les légumes en petits morceaux et jetez-les dans l'eau bouillante.

Portez le tout à ébullition et laissez cuire 20 à 30 minutes à feu doux jusqu'à cuisson complète de tous les légumes.

Passez au moulin à légumes ou mixez, puis servez.

Pour obtenir une soupe plus consistante et plus veloutée, ajoutez des lentilles à cuisson assez rapide, comme les lentilles corail ou béluga.
Un peu avant la fin de la cuisson, vous pouvez aussi incorporer des flocons de céréales, le temps de les laisser gonfler pour une soupe-repas complète.
Vous pouvez aussi saupoudrer d'un hachis d'herbes fraîches.

Potage de poireaux au gingembre

Pour 6 personnes

1,5 litre d'eau
3 beaux poireaux très finement émincés
1 cuillère à café rase de gingembre frais râpé
1 cuillère à soupe de jus de citron
Une petite branche de romarin (4 cm)
Tamari
Un peu de poivre
4 cuillères à café de maïzena diluée dans
2 cuillères à soupe d'eau
3 cuillères à soupe de purée d'amande

Portez le tout à ébullition et laissez cuire 30 minutes à feu doux. Retirez le bois du romarin, servez, et régalez-vous de ce délicieux potage qui vous fera chaud au corps !

Ce plat est largement inspiré d'une recette extraite de "Das fünf Elemente Kochbuch", Joy Verlag, Sulzberg, et aimablement traduite dans la langue de Molière par un très cher ami gourmet.

Le mot gingembre vient du sanskrit "shringavera", voulant dire "en forme du bois de cerf". Convoyé par les marchands arabes, ce rhizome fut l'un des premiers aromates originaires d'Asie connus en Europe, dès le 1er siècle avant notre ère.
Les Chinois l'utilisent depuis toujours pour faire circuler l'énergie dans le corps, réchauffer et provoquer la sudation. Il est réputé aussi combattre les nausées, le rhume et la toux. Revigorant et provoquant une vasodilatation sur les organes du bassin, il est considéré comme un aphrodisiaque efficace : les femmes sénégalaises ont l'habitude de porter une sorte de ceinture faite avec des tubercules de gingembre pour stimuler la virilité de leur époux.
Cet aromate entrait systématiquement dans la composition des différentes recettes de pain d'épices élaborées en Europe vers le XVIe siècle. Sa capacité à masquer le goût désagréable des farines qui sentaient presque toujours le rance en faisait un ingrédient de choix… N'abusez tout de même pas du gingembre, car il peut être irritant pour le tube digestif. Mieux vaut l'éviter en cas de gastrite ou de colite.
Où et comment conserver votre racine fraîche de gingembre ?
Elle se conserve facilement pendant quelques semaines à quelques mois :
- dans votre resserre à légumes : à la cave, au sec, comme les oignons ou les pommes de terre
- au réfrigérateur : déposez-la sur une tablette. Ne la mettez pas dans le bac à légumes, où l'humidité excessive entraînerait la formation de moisissures
- au congélateur : sortez votre rhizome congelé, râpez-le rapidement (comme il est bien dur, c'est très facile) et remplacez le au congélateur. Ne le laissez pas dégeler, il serait alors trop mou.

Potage du Barry

Pour 6 personnes

1 chou-fleur en bouquets
4 pommes de terre coupées en gros dés
2 blancs de poireaux en rondelles
1 litre de bouillon ou d'eau + tamari
Sel, poivre, muscade
Fines herbes hachées

Mettez dans une cocotte les pommes de terre et le chou-fleur.

Versez le bouillon, assaisonnez.

Portez à ébullition, puis laissez mijoter 25 minutes.

Mixez et saupoudrez de fines herbes.

Variante plus riche : déposez un jaune d'œuf au fond de la soupière et versez le potage en continuant de remuer.

La consommation du chou-fleur prit son essor en France durant le règne de Louis XIV.
La favorite du roi Louis XV, Madame du Barry, en était particulièrement friande, et ce souvenir perdure dans le nom de plusieurs recettes à base de ce légume (potage, purée…).

Potage printanier

Pour 6 personnes

2 cuillères à soupe d'huile d'olive
1 laitue coupée en fines lanières
300 g de haricots verts coupés en petits tronçons
300 g de petits pois écossés
1,5 litre de bouillon ou d'eau additionnée de tamari
Poivre
2 cuillères à soupe de farine complète
Crème de soja
1 cuillère à soupe de persil haché
1 cuillère à soupe de ciboulette hachée

Faites fondre la laitue quelques minutes dans l'huile.

Versez le bouillon, puis les haricots et les petits pois. Portez à ébullition, puis laissez cuire 40 minutes à feu moyen.

Réservez une louche de bouillon, et mixez la soupe.

Dans un bol, délayez la farine avec le bouillon, poivrez et versez dans le potage.

Portez à ébullition en remuant et laissez cuire 3 minutes.

Dans chaque assiette, nappez la soupe de crème et saupoudrez de fines herbes.

Les Pythagoriciens appelaient la laitue "plante des eunuques", car on lui prêtait une action sédative sur l'appareil génital, ce qui fit d'elle un symbole de chasteté.
"Un bain de vapeur préparé avec de la laitue sauvage permet à une femme qui a les organes enflammés de désir et qui ne peut se maîtriser de mettre ses désirs en fuite sans nuire à sa santé".
Il paraît d'ailleurs que la laitue entrait dans la composition des onguents anaphrodisiaques concoctés par les sorcières, ainsi que le recommandaient les " Secrets merveilleux de la magie naturelle et cabalistique du petit Albert", édités en 1782.
Les Romains, quant à eux, la consommaient pour "préparer l'estomac aux prouesses gastronomiques".

Tomates en potage

Pour 6 personnes

10 tomates bien mûres pelées et coupées en petits dés
6 gousses d'ail hachées
6 cuillères à soupe d'huile d'olive
1 litre de bouillon ou d'eau + tamari
1 cuillère à soupe de basilic haché + quelques feuilles de basilic pour la décoration
Petits croûtons

Dans une cocotte, faites dorer doucement l'ail dans l'huile d'olive pendant 5 minutes.

Ajoutez les tomates et le basilic, et faites cuire une quinzaine de minutes.

Versez le bouillon et portez à ébullition.

Laissez frémir 10 minutes à feu doux.

Servez bien chaud, décoré de feuilles de basilic et accompagné de croûtons.

Les croûtons sont meilleurs quand ils sont frits, mais c'est bien gras…
Pour qu'ils soient plus digestes, vous pouvez simplement passer des tranches de pain au grille-pain et les découper en dés.
Si vous voulez leur donner un petit air méridional, frottez le pain chaud "avé une gousse d'ail, té, peuchère !"

Courgettes au safran en soupe froide

Pour 6 personnes

2 cuillères à soupe d'huile d'olive
1 oignon émincé
2 gousses d'ail
3 courgettes moyennes coupées en gros dés
1 pomme de terre coupée en gros dés
1 litre de lait végétal
4 pistils de safran
Sel, poivre
Feuilles de menthe ciselées

Faites revenir tous les légumes dans l'huile.

Salez, poivrez, ajoutez le safran et couvrez avec le lait. Portez à ébullition, puis laissez cuire à petits bouillons 15 minutes.

Mixez puis laissez refroidir.

Servez bien frais, agrémenté de feuilles de menthe ciselées.

Le safran est le pistil d'un crocus (Crocus Sativus), dont il faut ramasser à la main environ 100 000 fleurs pour obtenir 5 kilos de stigmates, qui donneront 1 kilo de safran sec. L'opération de séchage des pistils est très délicate, et fera la qualité du produit. On comprend pourquoi le safran est l'épice la plus chère du monde ! D'ailleurs, ce prix très élevé excite l'imagination de certains fournisseurs indélicats : il n'est malheureusement pas rare que le safran en poudre soit remplacé par du curcuma (au moins, ce n'est pas dangereux) ou même carrément par de la brique pilée (là, c'est plus embêtant) ! Pour votre tranquillité, achetez-le plutôt en filaments.
Probablement originaire du Népal, puis répandu en Asie Mineure, le safran arriva en Europe grâce aux Croisés et aux Arabes qui, eux, l'introduisirent dans le sud de l'Espagne. D'ailleurs, aujourd'hui, l'un des meilleurs safrans est produit dans la Mancha espagnole.
En France, le Gâtinais fut longtemps réputé pour sa production de safran. Un édit du roi Louis XIV y officialisa cette culture en 1698. 30 000 kilos de safran y furent obtenus en 1789, 10 000 en 1869. Les cours mondiaux suivaient ceux du marché de Pithiviers. Dans le Rouergue voisin, on cultivait aussi un safran connu internationalement. Puis les grandes voies de communication entre l'Europe du Nord et l'Europe du Sud changèrent, et les marchands délaissèrent totalement ces régions au début du XXe siècle. Actuellement, quelques producteurs locaux tentent de faire revivre cette culture traditionnelle.
Le safran n'est pas qu'une plante aromatique. Il est utilisé comme colorant depuis belle lurette, en particulier pour teindre le vêtement des moines bouddhistes, puisqu'en Orient, il symbolise la sagesse…

Soupe de cresson

Pour 6 personnes

2 cuillères à soupe d'huile d'olive
2 oignons émincés
1 botte de cresson
4 pommes de terre émincées
1,5 litre de bouillon ou d'eau + tamari
Sel, poivre
Crème de soja

Faites revenir les oignons dans l'huile.

Ajoutez les pommes de terre et le cresson, laissez dorer quelques instants, puis versez le bouillon et assaisonnez.

Portez à ébullition, laissez mijoter 25 minutes.

Mixez, puis ajoutez la crème avant de servir.

La récolte des plants de cresson est faite entièrement à la main.
Toutes les cressonnières sont exclusivement alimentées en eau de source et sévèrement contrôlées par les services d'hygiène.
Par contre, évitez de ramasser du cresson sauvage : comme le pissenlit, il est très souvent infesté par un parasite dangereux, la douve du foie, qui affectionne les lieux humides.

Soupe de fanes

Pour 6 personnes

1 oignon émincé
2 gousses d'ail hachées
Une grosse poignée de fanes de carottes hachées
Une grosse poignée de fanes de radis ou de betteraves hachées
Persil
2 pommes de terre émincées
2 carottes en rondelles
1,5 litre de bouillon ou d'eau + tamari
1 cuillère à soupe de purée d'amandes
25 cl de crème de soja

Dans une cocotte, mettez tous les légumes.

Versez le bouillon et portez à ébullition.

Laissez frémir 25 minutes.

Mixez, puis ajoutez la purée d'amandes délayée dans la crème.

Autrefois, les fanes étaient réservées aux cochons ! On leur donnait un trésor insoupçonné…
Si les porcs se portaient bien, c'est peut-être parce qu'ils consommaient dans les fanes tous les bons minéraux qu'on a su repérer depuis…

Soupe légère de miso

Pour 6 personnes

2 poireaux
2 carottes
4 champignons noirs
1 algue kombu coupée en petits morceaux
2 algues wakamé coupées en petits morceaux
2 pincées d'algue nori en paillettes
1,5 litre d'eau
Gingembre en poudre
4 bonnes cuillères à soupe de miso
Ciboulette hachée

Mettez les champignons noirs à tremper pendant 10 minutes dans de l'eau tiède. Ensuite, égouttez-les et détaillez-les en petits morceaux.

Lavez puis mixez les légumes crus. Mettez-les dans une casserole, avec les algues et les champignons.

Versez l'eau et portez à ébullition. Laissez mijoter 10 minutes à couvert et à feu doux.

Incorporez un peu de gingembre en poudre et le miso. Saupoudrez de ciboulette et servez sans tarder.

Vous pouvez ajouter aux légumes :

- 4 cuillères à soupe de flocons de riz (ou d'orge)

ou

- 2 cuillères à soupe de flocons de riz + 2 cuillères à soupe de flocons d'azukis

- du tofu coupé en dés

La soupe n'en sera que plus complète.

Le champignon noir est très présent dans la cuisine asiatique, pour sa texture et sa couleur plus que pour son goût. Même s'il est peu prisé dans nos contrées, il pousse partout dans le monde, sur du bois mort ou malade. Vous pouvez donc trouver des champignons noirs d'origine française.
On l'appelle aussi "oreille de Judas" (Auricularia Judae), d'une part à cause à cause de sa forme lobée, et d'autre part à cause de sa prédilection pour le sureau, arbre qui, selon la légende, aurait accueilli la pendaison de Judas, envahi de remord coupable après sa trahison.
La version asiatique de l'oreille de Judas est Auricularia Polytricha.

Soupe d'orties

Pour 6 personnes

3 oignons émincés ou 8 échalotes
1 gousse d'ail hachée
Huile d'olive
Une trentaine de jeunes pousses d'orties
6 grosses pommes de terre émincées
1,25 litre de bouillon ou d'eau + tamari
Sel, poivre, muscade
Crème de soja
1 verre de lait végétal
Croûtons frits

Faites revenir les oignons dans l'huile.

Ajoutez les orties et laissez fondre à feu doux.

Incorporez les pommes de terre et l'ail. Versez le bouillon, assaisonnez.

Portez à ébullition, puis laissez mijoter 25 minutes.

Mixez, puis ajoutez le lait et la crème.

Servez avec les croûtons.

Ses qualités font de l'ortie est une aide précieuse, en nutrition bien sûr, mais également en horticulture et en médecine.
Les insectes aussi savent en tirer parti : ils la butinent, ils y pondent ou s'y développent. Mésanges et coccinelles se nourrissent de ses insectes parasites (pucerons…).
Ne vous laissez pas rebuter par son abord piquant : cette plante commune cache des trésors sous son apparence inamicale. Pour la manipuler sans désagréments, utilisez une pince à cornichons !

Soupe de pois cassés

Pour 6 personnes

1 gros oignon émincé
2 gousses d'ail hachées
250 g de pois cassés
2 poireaux coupés en rondelles
2 carottes coupées en rondelles
1 pomme de terre coupée en dés
1/4 de céleri-rave coupé en dés ou 2 navets
2 litres de bouillon ou d'eau + tamari
1 branche de thym + 1 feuille de laurier
Crème de soja
Croûtons à l'ail

Dans une cocotte, mettez les légumes, les pois cassés, le thym et le laurier.

Versez le bouillon et portez à ébullition. Laissez frémir 30 minutes.

Retirez la branche de thym et la feuille de laurier, puis mixez la soupe.

Servez avec de la crème de soja et des croûtons à l'ail. Des rondelles de saucisses de soja peuvent agrémenter agréablement cette soupe délicieuse et réconfortante.

Dans l'Antiquité gréco-romaine ainsi qu'en Asie et en Afrique du Nord, le pois était une des bases de l'alimentation, associé à diverses céréales. Au Moyen-Âge, les Européens en faisaient des soupes, des bouillies et même du pain noir en le mélangeant avec une farine de céréale.
C'est au XVIIe siècle que des maraîchers hollandais élaborèrent les pois plus raffinés, pois gourmands, pois mange-tout et petits pois. Lorsqu'il découvrit cette nouvelle légumineuse, rapportée de Gènes par un marchand français, Louis XIV en devint toqué à se rendre malade d'indigestion. Il la fit cultiver sous serre à Versailles. Les amateurs de pois hollandais se multiplièrent, et la culture gagna bientôt la région parisienne, surtout Clamart et Saint Germain, comme le rappellent des noms de recettes classiques : purée Clamart et potage Saint-Germain.

Potimarron velours

Pour 6 personnes

1 gros potimarron avec la peau, coupé en petits dés (environ 1 kg 200)
2 oignons émincés
4 gousses d'ail émincées
250 g de lentilles corail
1,5 l de bouillon ou d'eau + tamari
Poivre, muscade, piment doux

Mettez tous les ingrédients dans une cocotte.

Portez à ébullition et laissez cuire environ 30 à 45 minutes, jusqu'à ce que le potimarron soit bien tendre.

Mixez et servez chaud, agrémenté de persil haché et de crème de soja ou de purée d'amande.

Cultivé en Extrême-Orient depuis des temps très reculés, le potimarron porte aussi les noms de "potiron doux d'Hokkaïdo", "Red Kuri" ou de "courge de Chine". Mais comme toutes les cucurbitacées, son origine est assurément américaine.

Velouté de tomates

Pour 6 personnes

1 kg de tomates pelées et coupées en 4
3 oignons émincés
2 gousses d'ail hachées
200 g de flocons de céréales (avoine, orge, millet, 5 céréales, kamut…)
2 cuillères à soupe d'huile d'olive
1,25 litre de bouillon ou d'eau + tamari
1 cuillère à café d'herbes de Provence
1 cuillère à soupe de purée d'amandes
1 cuillère à soupe de basilic haché

Dans une cocotte, faites dorer doucement les oignons et l'ail dans l'huile d'olive quelques minutes.

Ajoutez les tomates et les herbes, et faites cuire une dizaine de minutes.

Mouillez avec le bouillon et portez à ébullition, puis laissez mijoter 20 minutes à feu doux.

Prélevez une petite louche de liquide pour délayer la purée d'amandes.

Ôtez la cocotte du feu, ajoutez les flocons à la soupe et laissez gonfler 15 minutes.

Passez au mixer, puis incorporez la purée d'amandes délayée.

Servez bien chaud, saupoudré de basilic.

Originaire de l'Inde, le basilic est encore aujourd'hui une plante associée au sacré, utilisée dans de nombreux rites religieux et funéraires. Chez les Egyptiens, ses qualités bactéricides en faisaient un élément important dans la composition du processus de momification.
Appelé "pistou" dans le midi, le basilic est réputé éloigner certains insectes comme les moustiques. Pour passer des nuits d'été tranquilles, vous pouvez poser un pot de basilic sur le rebord de la fenêtre de votre chambre à coucher. Méfiez-vous cependant ! Autrefois, cela voulait dire que la voie était libre de tout danger et que l'amoureux pouvait venir dans les bras de sa dulcinée. Alors, si quelque preux chevalier égaré dans les méandres du temps passe par là, vous risquez peut-être une visite inattendue…

Bologuaise végétale

Pour 6 personnes

4 cuillères à soupe d'huile
12 tomates pelées et coupées en petits cubes
1 oignon émincé
4 gousses d'ail écrasées
2 carottes râpées très finement
1 côte de céleri-branche coupée en petits morceaux
60 g de cèpes séchés
Sel, poivre
Origan, 1 branche de thym, 2 feuilles de laurier, 1 clou de girofle
120 g de protéines de soja texturé (petits morceaux)

Dans une sauteuse, faites revenir les oignons et l'ail dans 2 cuillères à soupe d'huile à feu doux.

Ajoutez les tomates, les carottes, la côte de céleri et l'assaisonnement.

Laissez mijoter une vingtaine de minutes.

Pendant ce temps, mettez les protéines de soja à tremper dans de l'eau froide pendant 10 minutes. Faites de même avec les champignons.

Égouttez les cèpes et faites-les revenir doucement 10 minutes dans une poêle dans le reste de l'huile.

Retirez le bois du thym et le laurier, et passez éventuellement la sauce au mixer.

Incorporez les protéines de soja égouttées et les champignons.

Servez bien chaud.

Dans la recette traditionnelle, "Ragù alla bolognese", il n'y a pas de tomates mais 2 cuillères à café de concentré + 80 ml de vin rouge + 150 ml de bouillon, et 80 ml de crème fraîche ajoutée au moment de servir (et de la viande à la place du soja, bien évidemment).

À vous de tenter de subtiles variations…

Outre sa sauce éponyme, Bologne est célèbre pour ses pâtes et plus particulièrement les fameux tortellinis.
Une des légendes (il y en a 3) raconte que Vénus, chassée des cieux, s'était réfugiée dans une auberge à Castelfranco. "L'aubergiste ne put résister à l'envie d'aller épier Vénus par le trou de la serrure de sa chambre. Son insolence fut punie. Frappé par la vision de son divin nombril, il fut condamné à recréer désespérément cette image dans la pâte jusqu'à la fin de ses jours." (source : www.cafebabel.com). D'ailleurs, les tortellinis s'appellent aussi "nombrils de Vénus".
Une autre version dit qu'il s'agit d'une trouvaille imaginée par les domestiques pour accommoder les restes des plats de leurs riches employeurs. Ou encore qu'ils ont été créés en 1095 par un cuisinier reconnaissant envers les croisés bolonais, afin qu'ils puissent emporter avec eux ce souvenir de leur terre.

Sauce béchamel

Pour 6 personnes

40 g (= 1 dl) d'huile d'olive (ou d'arachide) ou 50 g de beurre
50 g de farine complète (= 1 grosse cuillère à soupe bien bombée)
1 litre de lait végétal
Sel, poivre, muscade

Dans une casserole à fond épais, faites chauffer l'huile ou fondre tout doucement le beurre (attention, le beurre ne doit en aucun cas brunir, sinon danger !).

Hors du feu, incorporez petit à petit la farine en remuant énergiquement avec un fouet à main.

Puis versez un peu de lait, mélangez bien pour éviter les grumeaux, reverser du lait, remuer en raclant bien le fond, puis verser le reste du lait.

Remettez sur feu doux, et laissez épaissir durant une dizaine de minutes en remuant constamment avec le fouet à main ou une cuiller en bois.

Puis salez, poivrez et "muscadez". C'est prêt !

Variante plus légère sans matière grasse : délayez à froid la farine dans le lait et faites épaissir sur feu doux. C'est très bon aussi.

Utiliser du lait chauffé au préalable n'a pas d'intérêt, cela risque plutôt de favoriser la formation de grumeaux. Vous n'aurez plus qu'à passer votre béchamel au mixer pour les éliminer !

Cette sauce doit son nom au marquis de Béchamel, qui fut un maître d'hôtel de Louis XIV. Ajoutez-y :
- du gruyère râpé, et vous obtiendrez une sauce mornay,
- de la sauce tomate, et vous obtiendrez une sauce aurore,
- un œuf dur écrasé, et vous obtiendrez une sauce écossaise.

Utilisez un bouillon de légumes à la place du lait, et vous obtiendrez une sauce blanche. Ajoutez-y :
- de la crème + 1 jaune d'œuf + quelques gouttes de citron, et vous obtiendrez une sauce bâtarde,
- des champignons avec leur jus de cuisson + 1 jaune d'oeuf + quelques gouttes de citron, et vous obtiendrez une sauce poulette.

Sauce cacahuète au tamari

Pour 6 personnes

2 cuillères à soupe d'huile d'olive
2 gros oignons émincés fin
4 gousses d'ail émincées
4 pointes de couteau de gingembre moulu, un peu de cumin et de muscade
50 cl d'eau
Tamari
25 cl de crème de soja
1 cuillère à soupe bombée de purée d'arachide
Estragon

Faites revenir dans l'huile pendant quelques minutes l'ail, les oignons et le gingembre.

Ajoutez l'eau et la crème, la purée d'arachide en délayant bien, arrosez de tamari et saupoudrez d'estragon.

Portez à ébullition, puis baissez le feu et laissez frémir 5 minutes.

Servez cette sauce assez liquide avec des céréales et des légumes à la vapeur. C'est particulièrement bon avec des carottes et des choux de Bruxelles.

L'arachide est aussi appelée cacahuète, du mot aztèque tlacacahualt.
La présence de cette légumineuse est très ancienne tout au long de la Cordillère des Andes. Mais des arachides fossilisées vieilles de 100 000 ans prouvent que les Chinois la connaissent aussi depuis très longtemps. D'ailleurs, l'art culinaire traditionnel asiatique abonde de recettes comprenant de l'arachide.
Dans le sud des Etats-Unis, les grandes plantations d'arachide sont dues à George Washington Carver. Né esclave en 1864, il fut vendu et travailla comme valet de ferme, mais il parvint néanmoins à obtenir une éducation au lycée. Il fut le premier étudiant noir admis au Simpson College dans l'Iowa. Finalement diplômé en sciences de l'agriculture de l'Iowa Agricultural College, il devint le premier afro-américain enseignant. Puis en 1896 il fut nommé à la tête du Département d'agriculture de l'institut Tuskegee. Afin de libérer l'économie du sud de sa dépendance au coton, il réussit à persuader les agriculteurs de planter des patates douces et des arachides pour régénérer les sols épuisés, leur offrant une alternative très rentable : en effet, il créa et développa 300 produits issus de la cacahuète et 100 produits issus de la patate douce.
Un monument national est dédié à cet homme modeste, engagé et altruiste, qui révolutionna et restaura l'agriculture du sud des USA.

Sauce aux champignons

Pour 6 personnes

2 cuillères à soupe d'huile d'olive
2 échalotes émincées
2 gousses d'ail émincées
250 g de champignons (de Paris ou autres)
Sel, poivre, muscade
50 cl de crème de soja

Lavez et émincez les champignons.

Dans une poêle, faites revenir les échalotes et l'ail dans l'huile d'olive 3 ou 4 minutes, puis ajoutez les champignons.

Laissez cuire en remuant fréquemment avec une cuiller en bois pendant une bonne dizaine de minutes, sans couvercle pour que les champignons dégorgent toute leur eau.

Au moment de servir, ajoutez la crème et l'assaisonnement.

Cette sauce va très bien avec des pâtes, une céréale en grains, avec des légumes braisés ou à la vapeur. Elle peut aussi servir de base pour recouvrir un gratin d'endives : il suffit d'y ajouter un fromage frais de chèvre ou de brebis écrasé ou du tofu mixé, et de saupoudrer de graines ou de pignons de pin. Passez au four. Mmm, comme c'est bon !

Le champignon, végétal ou animal ?
La matière organique est principalement constituée de carbone. Les plantes s'en procurent grâce à la photosynthèse et au soleil, et les animaux (y compris humains) en consommant des plantes ou d'autres animaux.
Il existe toutefois des organismes, les champignons, qui doivent trouver d'autres moyens de s'en fournir. En effet, la photosynthèse leur est interdite car ils n'ont pas de chlorophylle comme les plantes, et ils ne sont pas outillés pour dévorer d'autres organismes comme les animaux. Qu'ils soient minuscules comme les levures ou gros comme un cèpe de Bordeaux, le problème est le même : comment faire pour trouver du carbone dans leur environnement immédiat ?
Deux possibilités se présentent à eux :
- le puiser dans de la matière en décomposition
- le dérober à un organisme vivant.
Les champignons sont dits :
- "parasites" quand ils s'approprient le carbone sans rien donner en retour et que l'hôte en souffre, tels l'oïdium, le mildiou, l'ergot de seigle ou l'aspergillus
- "commensaux" quand ils absorbent le trop-plein de carbone, qu'ils vivent sur les "restes" de l'hôte sans lui nuire, comme le Candida Albicans, qui ne devient parasite que lorsque l'organisme de l'hôte est déréglé,
- "en symbiose" lorsque le champignon et son hôte sont nécessaires l'un à l'autre. On peut citer le lichen, association en symbiose d'une algue et d'un champignon, ou encore la graine d'orchidée, qui a besoin de l'intrusion d'un champignon spécifique pour germer.
Commensaux ou en symbiose, les champignons sont saprophytes. Parasites, ils sont pathogènes.
Comme on ne savait pas vraiment à quel règne ils appartiendraient plutôt, végétal ou animal, ayant des caractéristiques propres aux deux, on leur a créé un règne particulier, les Fungi ou Mycota.

Sauce au curry

Pour 4 personnes

40 cl de crème de soja
1 cuillère à soupe de moutarde forte
2 cuillères à café de curry
Sel, poivre, muscade

Dans une casserole, mélangez tous les ingrédients et faites chauffer tout doucement en remuant constamment avec une cuillère en bois. Attention, cette sauce a tendance à faire de gros bouillons gicleurs dès qu'on ne s'occupe plus d'elle !

Vous pouvez ajouter quelques fines herbes hachées au moment de servir (persil, menthe, ciboulette, basilic…).

Voilà un accompagnement simple et délicieux, idéal pour le chou-fleur ou les brocolis simplement cuits à la vapeur.

Originaire des pays méditerranéens, la graine de moutarde nature a certes du goût mais elle ne pique pas. C'est grâce à un processus chimique, par macération et fermentation, qu'elle développe l'allylsénévol, huile essentielle lui conférant son piquant typique. Les Romains délayaient les graines broyées dans du moût de raisin, ce qui donnait un résultat très relevé qui prit le nom latin de Mustum Ardens, signifiant "moût brûlant", et qui se transforma plus tard en "moutarde". La graine de moutarde s'appelle aussi "sénevé".
Les différences entre les préparations de moutarde sont dues essentiellement à la couleur de la graine (jaune, blanche, brune ou noire pour la moutarde de Chine,) ainsi qu'au produit de délayage : verjus (suc acide extrait du raisin vert) et vin blanc à Dijon, moût de raisin (jus non fermenté), vinaigres variés. Parfois on ajoute des graines concassées (moutarde à l'ancienne), du sucre (Allemagne), des épices (Angleterre). En Asie, la moutarde se présente en poudre et doit être délayée avant usage : c'est le "gai" en Chine et le "karashi" au Japon.
"Une femme froide et paresseuse peut devenir, avec quelques cuillerées de moutarde, une épouse idéale", disait Pline l'Ancien… Et les graines de moutarde répandues autour de soi peuvent chasser les mauvais esprits d'une maison. Que de qualités !

Sauce aux izikis et à la purée d'amandes

Pour 6 personnes

2 poignées d'algues izikis (quantité moyenne à adapter suivant le goût)
1 litre d'eau
2 jus de citron
2 cuillères à soupe de sauce de soja
6 cuillères à soupe de purée d'amandes
25 cl de crème de soja

Faites tremper les algues dans l'eau pendant une dizaine de minutes.

Mettez les izikis avec leur eau de trempage dans une casserole, ajoutez le jus de citron, portez à ébullition et laissez cuire doucement à couvert une demi-heure. L'eau doit avoir beaucoup réduit, sinon retirez le couvercle quelques minutes pour faciliter l'évaporation.

Au bout de ce temps, ajoutez la sauce de soja, la purée d'amandes et la crème.

Mêlez délicatement à cette sauce des légumes cuits à la vapeur (par exemple des choux de Bruxelles et des carottes, c'est délicieux !) et dégustez accompagné de pâtes ou d'une céréale.

Variante plus grasse : égouttez les izikis en réservant l'eau, et faites-les revenir 5 minutes dans 2 cuillères à soupe d'huile d'arachide. Puis versez l'eau de trempage dans l'ustensile de cuisson et faites cuire comme précédemment.

L'iziki est une algue qui pousse le long des côtes rocheuses de l'Océan Pacifique, peu profondément à 1 ou 2 mètres, car elle a besoin de la lumière du soleil. Elle forme des petits buissons, que l'on récolte à la main, au printemps.

Sauce marocaine aux petits raisins

Pour 6 personnes

400 g de raisins secs mis à tremper 1 heure dans de l'eau tiède
4 gros oignons émincés
4 cuillères à soupe d'huile d'olive
1 bonne pincée de sel, 1 pincée de safran,
1/2 cuillère à café de cannelle en poudre
1 cuillère à café de sucre complet

Dans une grande poêle, faites fondre doucement les oignons dans l'huile pendant 15 minutes.

Ajoutez les raisins égouttés, le sel, le sucre, la cannelle et le safran.

Laissez mijoter encore 10 minutes.

Cette sauce accompagne traditionnellement le couscous, mais convient également à d'autres céréales.

Les raisins secs proviennent de variétés très sucrées contenant peu de pépins, spécialement cultivées pour cet usage. Voici les plus répandues :
- Les raisins "de Corinthe" sont cultivés en Grèce. Ils sont minuscules, sombres et sans pépins. Bien parfumés avec une légère note poivrée, ils conviennent bien à la pâtisserie. Très secs, ils nécessitent un trempage.
- Les raisins "de Malaga" viennent d'Espagne. Leurs gros grains à la saveur de muscat ont très peu de pépins.
- Les raisins "de Smyrne" proviennent principalement de Turquie ou de Californie (USA). Ils sont de taille moyenne, blonds, très moelleux, sans pépins. Leur saveur sucrée est légèrement acidulée.
- Les raisins "sultanine" sont des variétés sans pépins. Le sultanine brun est cultivé en Grèce et en Turquie, le sultanine blond en Californie, en Afrique du Sud et au Chili
- Les raisins "thomson seedless", de couleur très foncée, nous viennent de surtout de Californie et d'Argentine.

Sauce au roquefort

Pour 6 personnes

25 cl de crème de soja
100 g de roquefort
Sel, poivre, muscade
100 g de noix hachées grossièrement

Dans une casserole, écrasez le roquefort à la fourchette, puis ajoutez la crème et l'assaisonnement.

Mettez à chauffer à feu très doux en remuant constamment jusqu'à ce que le fromage ait complètement fondu.

Ajoutez les noix et servez sans attendre.

C'est excellent avec des pâtes al dente !

Les caves de Roquefort furent aménagées en bordure des Grands Causses, dans l'Aveyron, au cœur d'un immense éboulis rocheux, où l'air humide en provenance des entrailles de la montagne pénètre par de longues failles appelées "fleurines". C'est cette spécificité unique de la nature qui donne au fromage de Roquefort l'apanage de sa saveur caractéristique.
Cette région était particulièrement défavorisée et pauvre, "un pays où ne pousse ni pied de vigne, ni grain de blé", et la fabrication de son fromage répondait à un besoin économique vital. Une charte royale datant de 1411 reconnaît officiellement "l'impérieuse nécessité" de défendre le roquefort, puis en 1666, le Parlement de Toulouse accorde aux habitants de Roquefort "le monopole de l'affinage du fromage tel qu'il est pratiqué de temps immémorial dans les grottes dudit village". À l'époque de la révolution, la Convention enfonce le clou : "Ne sera Roquefort que ce qui sortira des caves de Roquefort".
La collecte du lait de brebis nécessaire à la production actuelle provient d'un terroir comprenant l'Aveyron et les départements limitrophes, mais aujourd'hui encore, l'affinage demeure l'exclusivité de Roquefort.

Sauce tomate

Pour 6 personnes

2 cuillères à soupe d'huile
12 tomates pelées et coupées en petits cubes
1 oignon émincé
4 gousses d'ail écrasées
2 carottes râpées très finement
1 côte de céleri-branche coupée en petits morceaux
Sel ou tamari, poivre
Piment doux
Herbes de Provence

Dans une sauteuse, faites revenir les oignons et l'ail dans l'huile à feu doux.

Ajoutez les tomates, les carottes, la côte de céleri et l'assaisonnement.

Laissez mijoter une vingtaine de minutes.

La tomate nous vient d'Amérique du Sud. Elle fut probablement d'abord cultivée au Pérou, puis au Mexique où elle prit le nom de tomalti. Ce sont les conquistadores espagnols qui lui firent traverser l'océan Atlantique au XVIe siècle. Elle était alors considérée comme plante médicinale.
Puis elle s'immisça dans la cuisine italienne à Naples, alors possession espagnole. Les Italiens lui donnèrent le nom de "pomme d'or", puis ils la firent connaître en Provence, à Gênes et à Nice, où l'on nomma bientôt "pomme d'amour" ces jolis fruits rouges décoratifs.
Mais les Français croyaient la tomate aussi toxique que d'autres solanacées comme la belladone, et ils répugnèrent longtemps à la goûter. Ils ne commencèrent à la cultiver pour la consommation qu'au XVIIIe siècle. C'est avec les progrès de l'irrigation au cours du XIXe siècle que la production de tomates se développa largement.

Tomates en coulis

Pour 6 personnes

1 cuillère à soupe d'huile
12 tomates de préférence pelées et coupées en petits cubes
1 oignon émincé
4 gousses d'ail écrasées
Sel ou tamari, poivre
Piment doux
Origan + 1 branche de thym + 1 feuille de laurier, ou basilic + persil

Dans une sauteuse, faites revenir les oignons et l'ail dans l'huile à feu doux.

Ajoutez les tomates et l'assaisonnement. Laissez mijoter une vingtaine de minutes.

Retirez le bois du thym et la feuille de laurier.

Vous pouvez déguster ce coulis chaud (avec des galettes de céréales) ou froid (avec un pain de légumes).

Le piment (Capsicum) provient d'un arbuste d'Amérique tropicale. Il en existe plusieurs sortes, de formes, de couleurs et de saveurs différentes, dont les variétés douces sont appelées "poivrons". Le piment était déjà utilisé en médecine et en cuisine par les civilisations précolombiennes sous le nom de chili.
En Hongrie, le piment a subi des améliorations afin de convenir au goût local pour les saveurs sucrées, ce qui a donné naissance au "paprika", un piment doux spécifique, pilier de la cuisine nationale.
Le poivre de Cayenne, quant à, lui est en réalité une poudre de piment rouge appelé "piment enragé" !
C'est un alcaloïde, la capsicine, qui donne au piment sa saveur piquante, dont l'intensité varie en fonction de la teneur.
Si l'effet piquant vous incommode, mangez du yaourt, du pain ou du riz. Inutile de boire de l'eau, car la capsicine ne s'y dissout pas.

Sauce citronette

Pour 6 personnes

6 cuillères à soupe de jus de citron
2 cuillères à soupe de miso
1 cuillère à café bombée de purée d'amandes
1 cuillère à soupe d'huile d'olive
1 cuillère à soupe d'huile de colza
1 cuillère à soupe d'huile de noix ou de noisette
2 cuillères à soupe d'algues en paillettes
1 bonne poignée de graines germées
Herbes fraîches hachées

Délayez d'abord le jus de citron avec le miso, puis avec la purée d'amandes.

Ajouter les huiles, les algues, les graines germées et les herbes.

Le citron est originaire des contreforts de l'Himalaya.
En raison de sa teneur élevée en vitamine C et de sa relative facilité de conservation, il fut d'un grand secours pour lutter contre le scorbut qui décimait les marins durant les voyages au long cours. Grâce à lui, le célèbre navigateur britannique James Cook put se targuer de n'avoir perdu qu'un seul homme au cours de sa deuxième expédition qui le mena en Antarctique.

Sauce à la crème et au gomasio

Pour 6 personnes

2 cuillères à soupe de gomasio
1 cuillère à soupe de vinaigre de cidre
2 cuillères à soupe de crème de soja
1 cuillère à soupe d'huile d'olive
Un peu de poivre
Facultatif : 1 cuillère à café de purée d'amandes ou de noisettes
Ciboulette et menthe hachées

Mélangez tous les ingrédients.

Cette sauce assaisonne particulièrement bien une salade de concombre à l'avocat.

La menthe est une plante très rustique aux nombreuses variétés. En voici quelques-unes :
- la menthe verte (Mentha Viridis ou Spicata) est la plus commune, la moins forte en goût
- la menthe poivrée (Mentha Piperita) est la plus parfumée
- la menthe bergamote (Mentha x Citrata) ou menthe citronnée, au parfum d'agrume, aromatise boissons, salades de fruits et marinades
- la menthe pouliot (Mentha Pulegium) peut être dangereuse. Originaire d'Espagne et d'Afrique du Nord, elle contient du pulegone, une substance toxique très abortive qui pourrait même entraîner la mort à haute dose. Autrefois, cette menthe était utilisée pour se débarrasser des poux.
- la menthe coq (Tanacetum Balsamica) est un des ingrédients de la célèbre chartreuse. Elle est aussi réputée faire fuir les mites.
- la menthe ananas (Mentha x) a un délicieux parfum qui rappelle… la pomme ! Son feuillage multicolore et ses tiges rouges sont superbes. Elle est délicieuse en infusion.
- la menthe marocaine (Mentha Spicata Nannah) est une proche cousine de la menthe verte, mais son goût est plus prononcé. C'est l'idéal pour aromatiser le taboulé et le fameux thé à la menthe.
- la menthe cervina (Mentha Cervina Alba) a un parfum épicé. Son feuillage est très fin, un peu comme le romarin.
- la menthe suave panachée (Mentha Suaveolens Variegata) au feuillage vert et blanc et à l'odeur poivrée convient bien en infusions.
- la menthe "Eau de Cologne" a un joli feuillage sombre persistant. Comme son nom le suggère, elle a plus sa place dans l'eau du bain que dans une recette de cuisine…

Sauce au fromage blanc

Pour 6 personnes

4 cuillères à soupe de fromage blanc battu (ou de yaourt de soja)
1 cuillère à soupe de gomasio
1 cuillère à café de purée de noisettes ou d'amandes, ou 1 cuillère à soupe de moutarde
Poivre, 1/2 cuillère à café de curry (facultatif)
Une bonne poignée de fines herbes hachées (ciboulette, persil, oignon vert, basilic…)

Mélangez intimement tous les ingrédients.

Cette sauce légère est idéale pour l'été et ses légumes de saison : tomates, concombre…

Elle accompagne aussi très bien des légumes cuits à la vapeur et rafraîchis (carottes, chou-fleur, brocolis…). Augmentez alors les quantités.

Ajoutez de l'ail pilé, et vous obtiendrez une excellente variante de l'aïoli, bien plus facile à digérer.

L'aïoli (ou "aiolli" ou "aioli"), c'est bon, mais c'est un peu lourd…
Cette appellation vient du provençal ai (= ail) et oli (= huile). Il s'agit d'une mayonnaise à base d'ail pilé et d'huile d'olive, avec de l'œuf mais sans moutarde, qu'on appelait aussi "Beurre de Provence".
L'aïoli était traditionnellement le plat du vendredi. La sauce accompagnait légumes pochés, morue et escargots de mer, parfois des oeufs.
Frédéric Mistral, le célèbre écrivain provençal, disait de l'aïoli qu'il "concentre dans son essence la chaleur, la force, l'allégresse du soleil de Provence, mais il a aussi une vertu, celle de chasser les mouches…"

Sauce vinaigrette

Pour 6 personnes

1 cuillère à soupe de gomasio
Un peu de poivre
1 cuillère à soupe de vinaigre de cidre
1 cuillère à soupe d'huile de colza
1 cuillère à soupe d'huile d'olive
1 cuillère à soupe d'huile de pépin de courge, de noix ou de noisette

Vous pouvez ajouter :

- 1 cuillère à soupe de purée d'amandes ou de noisettes
- 1 cuillère à café de moutarde
- de la sauce de soja à la place du gomasio
- des herbes hachées (cerfeuil, persil, ciboulette, menthe, basilic, estragon, bourrache, livèche…)
- une gousse d'ail pilée, une échalote, de l'oignon vert (ou ciboule)
- des graines (tournesol, lin, graines de courge) ou des fruits secs (noix, amandes effilées grillées, pignons de pin…)

La vinaigrette doit être un mariage harmonieux entre l'acidité et le piquant du vinaigre, la suavité moelleuse de l'huile et les autres ingrédients.
Le journaliste James de Coquet, qui avant la 2e guerre mondiale tenait une chronique intitulée "Propos de Tables" au Figaro, préconisait d'être "Un avare pour le vinaigre, un prodigue pour l'huile, et pour le reste, un sage." Voilà qui est joliment dit, à condition d'être un prodigue "raisonnable" pour l'huile…

Sauce au yaourt

Pour 6 personnes

1 cuillère à soupe de gomasio
Un peu de poivre
1 yaourt blanc (ou du fromage blanc ou un yaourt de soja)
1 cuillère à soupe de vinaigre de cidre ou le jus d'1 citron
1 cuillère à soupe d'huile d'olive

Vous pouvez ajouter :

- 1 cuillère à soupe de purée d'amandes ou de noisettes, ou 1 cuillère à café de moutarde.
- des herbes hachées (persil, ciboulette, menthe, basilic, estragon, cerfeuil, bourrache, livèche…)
- des épices : 1 pointe à couteau de curry, curcuma, cumin, gingembre, paprika…
- une gousse d'ail pilée, une échalote, de l'oignon vert (ou ciboule).
- 50 g de roquefort écrasé.
- des graines (tournesol, lin, graines de courge) ou des fruits secs (noix en cerneaux ou écrasées, pignons de pin, amandes effilées grillées …)

Le yaourt apporte de la douceur à cette sauce de salade, ce qui l'équilibre agréablement.

Le "gomasio" est une vieille recette japonaise de sel au sésame (en japonais, "goma" signifie "sésame").
Les graines de sésame sont légèrement grillées, puis broyées avec du sel marin. Ainsi, chaque grain de sel est enveloppé d'huile de sésame, ce qui l'empêche de provoquer la soif.
Les graines de sésame contiennent jusqu'à 60% de lipides réputés pour leur résistance au rancissement. Torréfiées, elles prennent un délicieux petit goût de noisette.

Tartes

Gâteaux et galettes

Céréales variées

Lentilles, pois et haricots...

Feuilleté aux épinards

Pour 6 personnes

Huile d'olive
500 g d'épinards, surgelés de préférence
2 gousses d'ail finement émincées
Sel, poivre, muscade
250 g de pâte feuilletée
3 œufs entiers + 1 jaune
150 g de tomme de brebis coupée en lamelles
Cerneaux de noix hachés

Dans une sauteuse, mettez à dessécher les épinards avec l'ail dans un peu d'huile. Salez légèrement, poivrez, "muscadez", puis laissez refroidir.

Plongez les 3 œufs dans de l'eau froide, portez à ébullition et laissez durcir environ 7 minutes.

Étalez la pâte en un carré d'environ 30 cm de côté.

Recouvrez-la d'une couche d'épinards en laissant 5 cm de bords libres.

Disposez des lamelles de tome sur les épinards et parsemez de hachures de noix.

Placez les œufs durcis au centre et repliez la pâte des 2 côtés.

Soudez bords et extrémités en pinçant la pâte.

Dorez le dessus du feuilleté avec le jaune d'œuf délayé dans un peu de lait de soja ou d'eau.

Placez-le sur une plaque à four graissée et faites cuire à four chaud (200° thermostat 6-7) pendant 30 minutes.

Servez chaud, tiède ou même froid avec une salade verte.

L'épinard est probablement originaire du Caucase et de la Perse, où il poussait à l'état sauvage. Il fut introduit dans le sud de l'Espagne lors de son invasion par les Arabes, puis pénétra en France vers la fin du premier millénaire grâce aux Croisés. Mais on ne l'aimait guère et on le surnommait "herbe de Carême". Il servait surtout à faire des cataplasmes pour soigner les douleurs du foie et de l'estomac.
C'est Catherine de Médicis, originaire de Florence et fort gourmande de ce légume, qui le mit à l'honneur à la cour de France au XVIe siècle. Ce goût de la reine pour les épinards se retrouve dans l'appellation des préparations dites "à la florentine". La culture de l'épinard fut ainsi encouragée, et il connut un siècle plus tard un véritable engouement, cuisiné… sucré !

Quiche au roquefort

Pour 6 personnes

200 g de pâte feuilletée ou brisée
120 g de roquefort
4 cuillères à soupe de crème de soja
4 œufs entiers
Poivre, muscade

Dans un petit saladier, écrasez très finement le fromage et ajoutez les œufs et la crème. Assaisonnez légèrement de poivre.

Étalez la pâte et garnissez-en une tourtière graissée.

Versez la préparation sur la pâte.

Faites cuire à four chaud (200° thermostat 6-7) pendant 30 à 40 minutes.

Servez chaud ou froid.

Déjà cité par Pline l'Ancien au Ier siècle de notre ère, le roquefort était particulièrement apprécié par Rabelais, Casanova, Voltaire, Diderot ou d'Alembert. C'était aussi le fromage préféré de Charlemagne.

Tarte aux champignons

Pour 6 personnes

200 g de pâte brisée
Huile d'olive
500 g de champignons de Paris émincés
1 gros oignon émincé
Le jus d'1 citron
Sel, poivre, muscade
1 cuillère à soupe de farine bise
25 cl de crème de soja
2 œufs battus

Moulez la pâte pour une cuisson à blanc : posez dessus une charge qui l'empêche de gonfler comme un moule plus petit, des haricots secs ou encore du papier sulfurisé recouvert de cailloux. Faites-la cuire à blanc pendant 10 minutes au four à 230° (thermostat 7-8).

Dans une poêle, faites revenir l'oignon et les champignons dans un peu d'huile à feu assez doux. Quand les champignons ont bien rendu leur eau, ajoutez le jus de citron et assaisonnez.

Versez la farine et laissez cuire 2 minutes en remuant régulièrement.

Battez les œufs en omelette avec la crème, et ajoutez-les à la garniture.

Versez sur le fond de tarte et terminez la cuisson durant 30 minutes à four chaud (200° thermostat 6-7).

Le mot "champignon" recouvre de nombreuses espèces différentes, divisées en 2 grandes familles :
Les champignons avec pied et chapeau, dits "supérieurs"
- Le "chapeau" est en fait une sorte de "fruit" très développé appelé sporophore, qui est la partie aérienne contenant les spores et permettant la reproduction.
- Le "pied", appareil végétatif appelé mycélium, est souterrain.
Les champignons microscopiques, dits "inférieurs"
Levures, moisissures, rouilles… et même certains parasites de l'homme comme le Candida Albicans.
On a longtemps apparenté les champignons au règne végétal, en dépit du peu de ressemblances hormis l'immobilité, mais aujourd'hui ils ont "gagné" leur propre règne.

Tarte chevrette

200 g de pâte brisée
220 g de fromage de chèvre en bûche
220 g de fromage de chèvre frais
3 oeufs
2 gousses d'ail
Feuilles de basilic (ou ciboulette + feuilles de menthe)
40 cl de crème de soja (ou moitié crème + fromage blanc)
Sel, poivre, muscade

Pour 6 personnes

Garnissez un moule à tarte avec la pâte brisée.

Mixez les fromages, les œufs, la crème, l'ail, le basilic, le sel, le poivre et la muscade.

Recouvrez la pâte de ce mélange et mettez à cuire à four chaud (200° thermostat 6–7) environ 45 minutes, jusqu'à ce que le dessus soit bien doré, en surveillant pour que cela ne brûle pas.

Servez chaud, tiède ou froid avec une salade verte.

Comme le nota Jean de la Fontaine dans une fable, la chèvre était réputée pour son goût d'une liberté un peu impulsive. Elle a ainsi donné son nom latin "capra" au "caprice", envie soudaine et inconsidérée…

Tarte poireaux champignons

Pour 6 personnes

10 poireaux moyens coupés en rondelles
2 cuillères à soupe d'huile d'olive
1 gros oignon émincé
200 g de champignons de Paris émincés
1 cuillère à soupe de farine bise
2 gousses d'ail hachées
Sel, poivre, muscade
2 cuillères à soupe de persil haché
25 cl de crème de soja
2 œufs battus (facultatif)
140 de tomme de brebis (ou de comté)
200 g de pâte brisée
Pignons de pin

Faites cuire les poireaux à la vapeur pendant une vingtaine de minutes.

Dans une grande poêle ou une cocotte, faites revenir l'oignon et les champignons dans un peu d'huile à feu assez doux. Quand les champignons ont bien dégorgé leur eau, ajoutez les poireaux cuits.

Délayez la farine dans un peu d'eau et ajoutez-la aux légumes ainsi que l'ail, le sel, le poivre, la muscade, le persil, la crème, (les 2 œufs) et le fromage.

Étalez la pâte dans un moule à tarte graissé.

Versez la préparation sur le fond de tarte et saupoudrez de pignons.

Faites cuire à four chaud (200° thermostat 6–7) durant environ 30 minutes.

Le poireau (Allium porum) est un proche cousin de l'ail et de l'oignon.
Il était déjà très apprécié des Assyriens, des Chinois et des Egyptiens. Le pharaon Chéops récompensait ses meilleurs guerriers en leur offrant des bottes de poireaux ! On raconte également que lorsque les Hébreux furent dans l'obligation de fuir en Egypte, ce qu'ils ont regretté le plus étaient les concombres, les melons et… les poireaux.
L'empereur Néron quant à lui faisait une consommation effrénée de bouillon de poireau, pour calmer sa toux et adoucir ses cordes vocales (on pourrait d'ailleurs déduire de cet exemple historique que les poireaux ne semblent pas être une médication efficace en psychiatrie !).
Le poireau fut un légume de base de l'alimentation du Moyen-Âge.

Tarte au potimarron

1 kg de potimarron avec sa peau, coupé en dés
2 cuillères à soupe d'huile d'olive
1 gros oignon émincé
2 gousses d'ail hachées
Sel, muscade, piment doux
Sauce de soja
1 cuillère à soupe de farine complète
2 cuillères à soupe de crème de soja
2 œufs battus
150 g de tomme de brebis râpée (ou de comté)
200 g de pâte brisée épicée à la moutarde et au paprika
Pignons de pin

Variante végétalienne :
Remplacer les œufs + le fromage par 200 g de tofu au basilic + 1 cuillère à soupe de purée d'amandes

Pour 6 personnes

Faites cuire le potimarron à la vapeur ou à l'étouffée pendant environ 1/2 heure.

Dans une poêle, faites revenir l'oignon et l'ail dans l'huile à feu assez doux.

Dans une terrine, réduisez le potimarron en purée au presse-purée (ou mixez-le).

Incorporez les oignons et l'ail, la farine, la crème, les œufs, le fromage (ou le tofu et la purée d'amande) et tout l'assaisonnement

Étalez la pâte dans un moule à tarte graissé.

Verser la préparation sur le fond de tarte et saupoudrez de pignons.

Faites cuire à four chaud (200° thermostat 6–7) durant environ 30 minutes.

Cette tarte est un pur régal !

Plus longtemps on conserve le potimarron, plus il s'enrichit en vitamines et en sucre.

Tarte tomate à la féta

Pour 6 personnes

200 g de pâte brisée parfumée aux herbes de Provence et au curry
1 cuillère à soupe bombée de moutarde forte
Semoule de maïs ou de blé
Une douzaine de tomates
125 g de féta
Sel, poivre, origan
Quelques olives noires
Huile d'olive

Abaissez la pâte et foncez un moule à tarte.

Étalez la moutarde sur le fond de tarte et saupoudrez généreusement de semoule qui absorbera le jus des tomates.

Détaillez les tomates en rondelles fines, et posez-les sur la pâte en les faisant se chevaucher.

Coupez la féta en dés et parsemez-en la tarte.

Salez, poivrez, saupoudrez d'origan et décorez d'olives noires. Arrosez d'un très léger filet d'huile d'olive.

Faites cuire à four chaud (200° thermostat 6–7) durant 45 minutes.

On peut aussi intercaler de fines tranches de mozzarella entre les rondelles de tomates à la place de la féta. Mais le résultat sera moins goûteux, car la mozzarella courante est assez fade, le lait de vache ayant succédé au traditionnel lait de bufflonne.

En Italie, les bufflons prospéraient tranquillement dans les zones marécageuses propices à leur bonheur. Mais au courant du XXe siècle, la politique d'assèchement et les réformes agraires ont fait quasiment disparaître ces paisibles bovidés. Et le lait de vache, abondant et bon marché, commença à se substituer au lait de bufflonne raréfié et plus cher, au détriment de la qualité du fromage.
On peut toutefois encore trouver de la vraie mozzarella de bufflonne, au goût subtil, en provenance de la région Campania, certifiée par une Dénomination d'Origine Protégée.

Tourte au chèvre

Pour 6 personnes

150 g de tomme de chèvre râpée
80 g de comté râpé
10 cl de crème de soja
4 jaunes d'œufs
4 gousses d'ail finement émincées
1 dl de vin blanc sec
Sel, poivre, muscade
350 g de pâte feuilletée
Dorure : jaune d'œuf délayé dans un peu de lait végétal ou d'eau

Dans une terrine, mélangez les fromages râpés, la crème, les jaunes d'œufs, le vin blanc, les gousses d'ail, et assaisonnez légèrement de sel et de poivre.

Étendez la moitié de la pâte et garnissez-en une tourtière graissée. Versez-y la préparation.

Abaissez la deuxième moitié de pâte et recouvrez-en la tourte en pinçant bien les bords pour les souder.

Au centre, découpez une petite cheminée.

S'il reste un peu de pâte, faites quelques décorations (fleurs, feuilles…), pour le plaisir des yeux ! Dorez le dessus de la tourte au jaune d'œuf.

Faites cuire à four bien chaud (210° thermostat 7) pendant 45 minutes en surveillant de près.

Servez chaud avec une salade verte.

La tomme de chèvre est très riche en arômes mais jamais forte, même si elle est sèche.
La "tommette" est affinée 20 jours. Elle est crémeuse et sa saveur est douce.
La "tomme" est affinée 1 mois. Ses arômes sont très développés.
La "grande tomme" est affinée 3 mois. Son cœur reste toujours moelleux, son bouquet est totalement épanoui.

NB : 2 orthographes sont admises pour ce type de fromage à caillé : "tomme" ou "tome" (tomme de chèvre, tomme de Savoie…)

Tourte aux trois fromages

Pour 4 personnes

100 g de tomme de chèvre râpée
100 g de comté râpé (ou de cantal, pour changer)
100 g de roquefort
Une pincée de paprika
350 g de pâte feuilletée
1 jaune d'œuf délayé dans un peu de lait végétal ou d'eau pour la dorure

Dans une terrine, écrasez le roquefort à la fourchette, puis mélangez-le aux deux autres fromages. Assaisonnez de paprika.

Étalez la moitié de la pâte et garnissez-en une tourtière graissée.

Versez la préparation sur la pâte en l'étalant bien.

Abaissez la deuxième moitié de pâte et recouvrez la tourte en pinçant bien les bords pour les souder.

Dorez le dessus de la tourte au jaune d'œuf.

Faites cuire à four chaud (210° thermostat 7) pendant 45 minutes.

Le comté est un fromage au lait cru à pâte pressée et cuite, affiné au moins 4 mois, garanti sans colorant. Il est produit dans le Massif du Jura, qui recouvre 3 départements, le Jura, le Doubs et l'Ain.
Seules les vaches de races Montbéliarde et Simmental française sont habilitées à produire le lait du comté. Leur alimentation est strictement naturelle, et chaque vache a droit à 1 hectare de prairie. La veinarde ! Il vaut mieux produire la matière première du comté qu'être vache laitière pour quelque grand industriel du yaourt…

Cake aux courgettes et au chèvre

Pour 6 personnes

50 g farine bise d'épeautre
1/2 sachet de levure
3 oeufs
10 cl d'huile d'olive
12,5 cl de lait végétal chaud
1 à 2 courgettes (selon la taille) rapées, précuites et bien égouttées
2 crottins de Chavignol mi-secs coupés en gros dés
100 g de comté râpé
Herbes au choix : persil, ciboulette, estragon, menthe
Sel et poivre

Dans une terrine, mélangez la farine et la levure, ajoutez les œufs, l'huile et le lait, les dés de fromage de chèvre, le comté et les courgettes.

Verser la préparation dans un moule à cake graissé et faites cuire à four chaud (200° thermostat 6-7) pendant 3/4 d'heure à 1 heure (vérifiez la cuisson avec la lame d'un couteau).

Le crottin de Chavignol est fabriqué avec du lait entier de chèvre et un peu de présure. Le caillé est pré-égoutté sur une toile puis mis en faisselles. Ensuite, il est démoulé, salé, et mis à sécher en étant souvent retourné. Suit un affinage d'au moins 10 jours. La croûte naturelle du fromage est tachetée de moisissures bleues, blanches ou brunes. Sa coupe doit être lisse.
Sa pâte molle renferme 45% de matière grasse.
Le crottin de Chavignol peut être consommé frais (saveur douce et goût caprin discret), demi-sec (avec des arômes de champignon et de sous-bois) ou sec (goût plus corsé, au bouquet de noix et de noisette).

Cake "Mélou"

Pour 4 personnes

150 g farine bise d'épeautre
1/2 sachet de levure
3 oeufs
10 cl d'huile d'olive
12,5 cl de lait végétal chaud (ou moitié lait moitié crème de soja)
100 g de tome de brebis râpée
250 g de bûche de chèvre
100 g de noix concassées
75 g de raisins secs
Sel et poivre

Coupez le fromage de chèvre en dés et mettez les raisins à tremper dans de l'eau.

Dans une terrine, battez les œufs en ajoutant petit à petit la farine et la levure, puis l'huile et le lait, le fromage de brebis, les dés de fromage de chèvre, les noix et les raisins égouttés.

Versez la préparation dans un moule à cake graissé et faites cuire à four chaud (180° thermostat 6) pendant 45 minutes.

Dégustez tiède ou froid.

Ce cake est assez riche en calories, mais c'est un régal !

Le noyer est originaire d'Asie centrale. Il produit une "drupe", fruit charnu dont on ne consomme que le noyau oléagineux extrait de sa coque ligneuse. La partie charnue (brou) n'est pas comestible, mais on en tire un colorant brun, le brou de noix.
Les Grecs appréciaient déjà l'huile de noix, mais ce sont les Romains qui ont développé la culture du noyer en Europe. Aujourd'hui en France, la noix est principalement cultivée dans le Dauphiné et dans le Périgord. La Noix de Grenoble et la Noix du Périgord bénéficient d'une appellation AOC.
On trouve dans le commerce :
- des noix fraîches, à la peau légèrement amère (mais qui se retire aisément), de mi-septembre à mi-octobre. Il faut les consommer rapidement car elles sont humides et très fragiles. Elles moisissent vite.
- des noix sèches, qui peuvent se conserver toute l'année au frais et au sec.
- des cerneaux décortiqués, bien pratiques quand on est pressé. Le goût est-il aussi bien préservé que dans une coque ?…

Dans la kabbale juive ainsi qu'au Moyen-Âge, on voyait dans la noix une représentation du cerveau protégé par sa coque, le crâne.
Pendant la fête juive du Seder, dans certaines communautés séfarades et tout particulièrement à Smyrne, on distribuait des noix aux filles comme allégorie de la décence : "C'est l'intérieur de la noix qui est précieux et non pas l'enveloppe."
Et dans l'ancienne Russie, à l'époque de Noël, on suspendait des noix aux branches des arbres pour évoquer "l'impénétrabilité des voies du Seigneur".

Cake noisette au tofu

Pour 4 personnes

200 g de farine complète ou bise
1/2 sachet de levure
125 g de noisettes moulues
Sel, poivre, muscade
3 œufs entiers
125 g de tofu
10 cl de lait végétal
10 cl d'huile d'olive
1,5 cuillère à soupe de moutarde
1 cuillère à soupe de basilic
150 g de tomme de brebis coupée en dés
Graines de sésame
Variante : ajouter
2 carottes crues râpées ou mixées
1 pointe à couteau de cumin en poudre
Des olives en rondelles

Mélangez soigneusement la farine, la levure, les noisettes, le sel, le poivre, la muscade.

Ajoutez le lait et l'huile.

Mixez ensemble les œufs, le tofu, le basilic et la moutarde, et versez le mélange dans la préparation précédente (si la pâte semble un peu trop sèche, ajouter du lait). Puis incorporez les dés de fromage.

Versez dans un moule à cake graissé à l'huile d'olive. Saupoudrez de graines de sésame.

Faites cuire environ 50 minutes à four moyen (160° thermostat 5-6).

Variante : si vous ne mettez pas de tome de brebis, augmentez la dose de tofu.

Le sésame est la plus ancienne graine oléagineuse connue et utilisée depuis 4000 ans avant notre ère. En Inde, il est symbole d'immortalité. En Chine, c'est dans les lampes que l'huile de sésame était employée, ou pour faire de l'encre avec du noir de fumée. Dans tout le Moyen-Orient, les graines de sésame enrichissent les pâtisseries et parfument la purée de pois chiches.

Chavignol en brioche

Pour 4 personnes

4 brioches à boules un peu rassises
2 crottins de Chavignol bien secs
2 crottins frais (ou à défaut un autre chèvre)
100 g de crème de soja
1 échalote
Ciboulette finement ciselée
Sel, poivre
1 poignée de raisins secs mis à tremper dans un peu de Cognac

Écrasez ou mixez les fromages avec l'échalote et la crème. Assaisonnez de sel, de poivre et de ciboulette. Ajoutez les raisins et mélangez bien avec une spatule.

Retirez les chapeaux des brioches. Creusez délicatement l'intérieur avec une petite cuillère sans trouer la croûte, puis garnissez avec la préparation. Remettez les chapeaux en place.

Disposez les brioches dans un plat à four en veillant à bien les caler.

Mettez à cuire 20 bonnes minutes à four chaud (160° thermostat 5–6) en surveillant de près pour que les chapeaux ne noircissent pas.

Servez bien chaud sur un lit de salade verte.

Depuis le XVIe siècle, le fromage de chèvre est la principale richesse des paysans du Sancerrois. Ces petits fromages sont connus sous le nom de "crottins de Chavignol", déjà mentionnés dans un ouvrage datant de 1829. L'appellation "crottin" dérive probablement d'une petite lampe à huile en terre cuite qui se nommait ainsi.
Le crottin de Chavignol est fabriqué dans un terroir recouvrant le Sancerrois, le Pays Fort, la Champagne berrichonne et les régions voisines (départements du Cher, du Loiret et de la Nièvre).
Dans le Berry, on aime beaucoup passer ce fromage sous le gril ou bien le paner, et le déguster simplement avec une salade de pissenlit ou de chicorée.

Gâtolive

Pour 6 personnes

150 g de farine complète
1/2 sachet de levure
Sel, poivre, muscade
4 œufs entiers
1 cuillère à soupe d'huile d'olive
20 cl de lait de soja (ou 10 cl de lait de soja + 10 cl de vin blanc)
200 g d'olives vertes dénoyautées coupées en rondelles
1 petite boîte de champignons de Paris émincés (100 g égouttés)
150 g de tome de brebis râpée (ou de comté)
2 carottes râpées
Graines de sésame

Mélangez soigneusement tous les ingrédients.

Versez dans un moule à tarte ou à cake graissé à l'huile d'olive.

Saupoudrez généreusement de graines de sésame.

Faites cuire environ 50 minutes pour la tarte et 1 heure pour le moule à cake à four moyen (150° thermostat 5).

L'olivier est un symbole universel de Paix et de réconciliation. Dans la Genèse de la Bible, Dieu envoie à Noé une colombe tenant dans son bec un rameau d'olivier. Il lui indique ainsi que le déluge prend fin et qu'il accorde son pardon aux humains.
Dans la Grèce antique, l'olivier symbolisait la sagesse. À ce titre, sa culture était confiée à des hommes purs et à des vierges. Il représentait aussi la fécondité et la gloire : c'est couronnés de branches d'olivier que les vainqueurs des jeux triomphaient à Olympie.
L'olivier est un arbre pouvant vivre très vieux. On le dit même éternel. Dans les Alpes Maritimes, on peut voir un olivier âgé de plus de 2000 ans, dont la circonférence fait 20 mètres. Certains spécimens du Mont des Oliviers, à Jérusalem, auraient "vu" passer le Christ...

Soufflé au fromage

Pour 4 personnes

40 g de beurre (ou 30 g d'huile d'olive)
2 cuillères à soupe bombées de farine type 110
1/2 litre de lait végétal
100 à 150 g de fromage râpé (ou 125 g de roquefort ou de bleu écrasés)
5 ou 6 œufs (selon la taille), jaunes et blancs séparés
Assaisonnement : sel, poivre, muscade, paprika ou piment doux, cumin, herbes… comme vous aimez !

Variante : le fromage peut être remplacé par une purée de légumes ou de pommes de terre. C'est pratique pour accommoder des restes…

Préparez une béchamel épaisse : dans une casserole à fond épais, faites fondre doucement la matière grasse et jetez-y la farine. Tournez vivement avec un fouet à main, puis hors du feu, mouillez petit à petit avec le lait.

Ajoutez le fromage, l'assaisonnement puis les jaunes d'œufs.

Battez les blancs en neige bien ferme et incorporez-les délicatement à la préparation.

Versez dans un moule à soufflé graissé, et faites cuire une bonne 1/2 heure à four chaud (160° thermostat 5-6). N'ouvrez pas la porte en cours de cuisson, le soufflé retomberait.

Cette recette à base d'œufs est l'occasion de poser la question existentielle fondamentale : "Qui est apparu le premier, l'oeuf ou la poule ?"

Crêpe aux légumes

Pour 6 personnes

1 verre de lait végétal
1 verre de farine type bise
1 cuillère à café d'oignon haché
1 cuillère à café d'ail et de persil hachés
Sel, muscade
1 verre de légumes crus râpés très fin (carottes, poireaux, courgettes, etc…)
1 œuf ou 1 cuillère à soupe de purée d'amandes
Huile d'arachide pour la cuisson

Mélangez bien tous les ingrédients dans une terrine.

Faites chauffer de l'huile dans une grande poêle, versez-y la préparation. Faites cuire à feu vif comme une crêpe (utilisez un plat pour la retourner).

Vous pouvez aussi faire de petites galettes, mais c'est un peu plus gras.

Crêpes et galettes ont dû apparaître vers 7000 ans avant notre ère. Elles étaient simplement constituées d'un mélange de farine et d'eau. On les fait encore ainsi dans de nombreuses régions pauvres du globe, où elles tiennent lieu de pain.
Ce n'est que très récemment, avec l'augmentation du niveau de vie, qu'on a commencé à incorporer du lait, des œufs, du beurre…

Galette de céréales

Recette-type

Pour 4 personnes

Céréales cuites : 250 à 300 g de blé, épeautre, kamut, orge, seigle, millet, riz, avoine, maïs, ou un mélange… Ce sera plus complet avec 1/3 de légumes secs cuits (lentilles, azukis, soja…)

Liant au choix : 1 œuf ou 125 g de tofu ou 120 g de fromage râpé (tomme de brebis, de chèvre ou Comté, crottin de Chavignol ou Roquefort écrasés) ou 1 cuillère à soupe de purée d'amandes (vous pouvez aussi associer plusieurs liants)

Assaisonnement : sel + poivre ou sauce de soja, herbes fraîches, épices, algues en paillettes
Huile d'arachide pour la cuisson à la poêle ou d'olive pour la cuisson au four

On peut ajouter :
Ail et oignon émincés, crus ou revenus dans de l'huile d'olive
Divers légumes râpés crus ou revenus dans de l'huile d'olive (carottes, poireaux, fanes, tomates, etc…)
Champignons émincés revenus dans de l'huile d'olive
De la levure maltée
Des olives dénoyautées coupées en rondelles

Mixez ou écrasez à la fourchette les céréales et les légumes secs dans un saladier. Puis assaisonnez, ajoutez les ingrédients choisis et liez la préparation. Mélangez intimement le tout.

Pour la cuisson, il y a 2 possibilités :

A la poêle : Faites chauffer de l'huile dans une grande poêle, versez et étalez la préparation. Faites cuire à feu doux avec un couvercle le premier côté de la galette pendant une dizaine de minutes. Glissez-la sur un plat et retournez-la sur un autre plat. Remettez un tout petit peu d'huile dans la poêle et faites dorer le deuxième côté, sans couvercle (pour que le dessus reste croustillant). Même temps de cuisson. Vous pouvez aussi faire de petites galettes, mais elles absorbent beaucoup plus de graisse.

Au four (c'est bien moins gras qu'à la poêle, mais plus long à cuire et très énergivore) : La préparation doit être très "mouillée" au départ pour ne pas être sèche à la dégustation. Ajoutez du liquide si nécessaire. Étalez dans un plat à gratin graissé, saupoudrez de graines ou de chapelure (biscottes mixées, avec peut-être des amandes/noisettes/noix de cajou) et arrosez d'un léger filet d'huile d'olive, puis enfournez à température moyenne (150° thermostat 5) 30 à 45 minutes.

Galette aux flocons

Recette-type

Pour 4 personnes

Flocons de céréales: 250 à 300 g de blé, épeautre, kamut, orge, seigle, millet, riz, avoine, maïs, ou un mélange .... Ce sera plus complet avec 1/3 flocons de légumes secs (pois cassés, soja...)

Liquide : eau, bouillon ou lait végétal

Liant : 1 oeuf, 125 g de tofu, 120 g de fromage râpé (tomme de brebis, de chèvre ou Comté, crottin de Chavignol ou Roquefort écrasés) ou 1 c à s de purée d'amandes

Assaisonnement : sel + poivre ou sauce de soja, herbes fraîches, épices, algues en paillettes
Huile d'arachide pour la cuisson à la poêle ou d'olive pour la cuisson au four

On peut ajouter :
Ail et oignon émincés, crus ou revenus dans de l'huile d'olive
Divers légumes râpés crus ou revenus dans de l'huile d'olive (carottes, poireaux, fanes, tomates, etc...)
Champignons émincés revenus dans de l'huile d'olive
De la levure maltée
Des olives dénoyautées émincées coupées en rondelles

Mettez les flocons de céréales dans un saladier et couvrez-les juste de liquide. Laissez-les tremper 20 à 30 minutes. Retirez le liquide non absorbé si la cuisson s'effectue à la poêle, puis assaisonnez, ajoutez les ingrédients choisis et liez la préparation. Mélangez intimement le tout.

Pour la cuisson, il y a 2 possibilités :

A la poêle : Faites chauffer de l'huile dans une grande poêle, versez et étalez la préparation. Faites cuire à feu doux avec un couvercle le premier côté de la galette pendant une dizaine de minutes. Glissez-la sur un plat et retournez-la sur un autre plat. Remettez un tout petit peu d'huile dans la poêle et faites dorer le deuxième côté, sans couvercle (pour que le dessus reste croustillant). Même temps de cuisson.

Vous pouvez aussi faire de petites galettes, mais elles absorbent beaucoup plus de graisse.

Au four (c'est bien moins gras qu'à la poêle, mais plus long à cuire et très énergivore) : La préparation doit être très "mouillée" au départ pour ne pas être sèche à la dégustation. Ajoutez du liquide si nécessaire. Étalez dans un plat à gratin graissé, saupoudrez de graines ou de chapelure (biscottes mixées, avec peut-être des amandes/noisettes/noix de cajou) et arrosez d'un léger filet d'huile d'olive, puis enfournez à température moyenne (150° thermostat 5) 30 à 45 minutes.

Galettes de maïs

Pour 4 personnes

250 g de semoule de maïs
1 litre d'eau
1 oeuf, ou 120 g de fromage râpé ou 1 cuillère à soupe de purée d'amandes (facultatif)
Assaisonnement : tamari, épices (piment doux ou paprika, gingembre en poudre, muscade, ...)
Huile d'arachide pour la cuisson

On peut ajouter :
Divers légumes râpés ou émincés (ail, oignon, carotte, poireau, fanes, tomates, etc...)
Des herbes
De la levure maltée
Des olives dénoyautées coupées en rondelles
Des algues en paillettes

Préparez une polenta avec l'eau et la semoule de maïs.

Puis assaisonnez, ajoutez les ingrédients choisis. Mélangez soigneusement le tout.

Tassez bien la préparation dans un moule à cake graissé, et laissez durcir au frais.

Démoulez sur une planche, et découpez des tranches.

Faites frire les tranches des 2 côtés dans une poêle avec un peu d'huile.

On a découvert les premières traces d'un maïs très primitif dans les grottes du Téhuacan au Mexique. Ces épis dateraient d'environ 7000 avant Jésus-Christ.
Une légende aztèque raconte que le soleil a déversé sur la terre une pluie de grêlons dorés pour nourrir les hommes.
Toutes les tribus d'Amérique, du Chili au Canada, ont cultivé le maïs, déjà appelé maï par les indiens iroquois.
Lorsque Christophe Colomb débarqua en Amérique, il croyait avoir découvert le continent asiatique. C'est pourquoi il a appelé le maïs "blé d'Inde", dénomination qui est encore utilisée au Québec.
Mais ce sont les Espagnols, encore et toujours eux, qui rapportèrent des épis de maïs en Europe, où leur culture débuta au XVIe siècle.

Lasagne aux légumes

Pour 6 personnes

4 cuillères à soupe d'huile d'olive
500 g d'oignons émincés
800 g de tomates pelées avec leur jus
500 g de courgettes râpées
500 g de carottes râpées
4 gousses d'ail hachées
1 cuillère à café d'origan
Sel, poivre
350 g de lasagnes précuites (sinon, faites-les cuire avant utilisation)
1 litre de sauce béchamel parfumée à la muscade
300 g de comté râpé
Graines de sésame

Dans une cocotte, faites fondre les oignons dans l'huile. Ajoutez les tomates et les courgettes, et laissez dorer quelques minutes.

Ajoutez l'ail, l'origan, le sel et le poivre. Couvrez et laissez mijoter à feu doux environ 25 minutes, jusqu'à ce que les légumes soient cuits.

Préparez la sauce béchamel.

Dans une grand terrine à gratin graissée, mettez 1/3 des légumes, recouvrez de béchamel et de comté et posez par-dessus des lasagnes. Continuez de même en terminant par une couche de sauce, puis du comté. Saupoudrez de graines de sésame.

Mettez un couvercle. Enfournez pendant 1 heure à four chaud (200° thermostat 6-7), puis enlevez le couvercle pour laisser gratiner pendant une quinzaine de minutes.

Petite devinette : connaissez-vous la ressemblance entre une lasagne et un pot de chambre ?
Eh bien la réponse réside dans l'étymologie, car l'appellation "lasagne" vient du mot grec "lasanon" qui voulait dire "pot de chambre" ! Les Romains utilisèrent ensuite ce mot pour désigner un récipient de cuisson, le lasanum. Puis le lasanum devint le plat dans lequel les Italiens préparaient les lasagnes. Aujourd'hui, la lasagne n'est plus que le nom de la préparation culinaire.
La lasagne est une recette ancienne, dont on parlait déjà au XIIIe siècle. Mais on n'y mettait pas encore de tomates, car celles-ci ne sont arrivées en Europe que 3 siècles plus tard avec les conquistadores.

Lasagne de courgettes

Pour 6 personnes

1 kg de courgettes détaillées en cubes
2 oignons émincés
3 gousses d'ail hachées
4 cuillères à soupe d'huile d'olive
3 tomates + un peu de coulis
Basilic, sel, poivre, piment doux
Sauce de soja
3 cuillères à soupe de pesto
500 g de lasagnes précuites
Comté ou parmesan râpé, éventuellement de la mozzarella

Dans une cocotte, faites fondre les courgettes dans l'huile.

Ajoutez les tomates et les oignons, l'ail, le basilic, la sauce de soja et le piment, le pesto, le sel et le poivre. Couvrez, et laissez mijoter à feu doux environ 20 minutes, jusqu'à ce que les légumes soient cuits. Ajoutez éventuellement un peu de coulis de tomates pour obtenir une bonne fluidité.

Écrasez grossièrement cette purée de courgettes à la fourchette. La préparation doit rester assez liquide pour bien mouiller les lasagnes.

Dans un grand plat à lasagne graissé, mettez 1/4 de la purée, recouvrez de lasagnes et saupoudrez de fromage. Faites ainsi 4 couches de purée et terminez par une couche de pâtes puis de fromage. Pour cette dernière couche, vous pouvez utiliser de la mozzarella, qui gratinera encore mieux.

Enfournez environ 1 heure à four moyen (180° thermostat 6).

Pour une version moins grasse, vous pouvez cuire les légumes à la vapeur.

Le pesto est une spécialité de la ville de Gênes. Son nom provient du verbe latin pestare, qui ne veut pas dire pester comme on pourrait le croire, mais "écraser" ou "piler" (quoique… Quand on se sent écrasé, on a tendance à pester). En effet, il est primordial de bien piler le basilic pour réussir la recette. Elle est très facile à faire, d'ailleurs la voici :
Il vous faut : 2 cuillères à soupe de pignons (grillez-les légèrement, ce sera encore meilleur), 100 g de feuilles de basilic, 2 gousses d'ail, 1 dl d'huile d'olive, 1 cuillère à soupe de vinaigre, sel et poivre. Mixez le tout. Vous pouvez ajouter 80 à 100 g de parmesan râpé.
Des pâtes avec un peu de pesto, c'est un bonheur simplissime !

Polenta au beaufort

Pour 6 personnes

250 g de semoule de maïs fine (polenta)
1 litre d'eau
300 g de beaufort coupé en lamelles (ou de comté, de tomme de brebis ou de chèvre)
100 g de beurre (ou 80 g d'huile d'olive)
Noix de muscade, sel

Dans une casserole, portez l'eau salée à ébullition. Versez la semoule en remuant énergiquement avec une cuiller en bois. Ajoutez la noix de muscade.

Laissez cuire 15 à 20 minutes à feu très doux en remuant très fréquemment. Attention, ça a tendance à attacher ! Puis retirez du feu.

Versez la moitié de la polenta dans un plat à gratin huilé, et recouvrez de la moitié du fromage. Parsemez de noisettes de beurre (ou arrosez d'un filet d'huile). Recommencez l'opération avec le reste des ingrédients.

Passez à four très chaud (240° thermostat 8) pendant 10 minutes pour faire gratiner.

Le beaufort est un fromage onctueux et fruité, à la saveur douce bien que typée. Ces belles qualités lui ont valu une médaille d'or de la catégorie "gruyères", lors des " Käsiade" de1992 en Autriche, où il est monté sur la plus haute marche du podium, devançant des fromages suisses, allemands et autrichiens...
Son terroir regroupe de vastes alpages (450 000 hectares) du Beaufortain, de la Tarentaise, de la Maurienne et d'une partie du Val d'Arly, où paissent des vaches de race Tarine et Abondance.
Le beaufort ne possède quasiment pas "d'yeux" (trous), mais juste quelques fines "lainures", car il est affiné longtemps à froid (5 à 12 mois) et ainsi ne produit presque pas de bulles de gaz carbonique.

Polenta aux haricots rouges

Pour 6 personnes

250 g de semoule de maïs fine (polenta)
1 litre d'eau
125 g de haricots rouges mis à tremper 12 heures
Tamari
50 g de beurre
Huile d'olive
100 g de fromage râpé (comté ou tomme de brebis)
Noix de muscade

Égouttez les haricots rouges, et faites-les cuire dans une casserole d'eau pendant environ 2 heures (un peu moins si vous ajoutez un morceau d'algue kombu). Puis égouttez-les dans une passoire.

Dans une casserole, portez à ébullition le litre d'eau additionnée de tamari. Versez la semoule en remuant énergiquement avec une cuillère en bois. Ajoutez la noix de muscade.

Laissez cuire 15 à 20 minutes à feu très doux en remuant très fréquemment. Retirez du feu.

Versez la moitié de la polenta dans un plat à gratin huilé, et recouvrez avec les haricots rouges. Parsemez de noisettes de beurre (ou arrosez d'un filet d'huile).

Étalez par-dessus le reste de polenta et saupoudrez de fromage râpé. Arrosez d'un filet d'huile d'olive.

Passez à four très chaud (240° thermostat 8) pendant 10 minutes pour faire gratiner.

La polenta est un mets traditionnel en Italie du Nord, surtout dans le Frioul et la Lombardie. Le maïs est cultivé en Padanie, plaine traversée par le Pô, depuis le XVIIe siècle, date où il fut rapporté d'Amérique par les Espagnols.
Avec les pois et les fèves, la polenta était le plat de base des nécessiteux, fort nombreux dans tout le pays. On l'appelait d'ailleurs "le pain des pauvres". Les montagnards, dont les seules richesses étaient la cueillette et l'élevage, descendaient dans les vallées échanger du fromage, du beurre et des châtaignes contre le riz et le maïs produits sur des terrains plus favorables. Le riz accéda en Italie par Venise, porte ouverte sur l'Orient.
Voilà qui explique que dans cette région, le risotto au safran et la polenta sont plus populaires que les fameuses pâtes, et que le beurre est souvent préféré à l'huile d'olive.
La polenta est facile à faire, très nourrissante, et se mange de mille manières : chaude ou froide, épaisse ou crémeuse, en bouillie ou grillée en gnocchi, cuite dans de l'eau, du lait ou du bouillon, salée ou sucrée, et les accompagnements sont multiples. Aujourd'hui, ce plat du pauvre est mis à l'honneur par de grands chefs cuisiniers et figure sur les tables les plus raffinées….

Boulghour et haricots blancs aux épices

Pour 6 personnes

100 g de haricots blancs mis à tremper 12 heures
300 g de boulghour de kamut
2 oignons hachés
4 gousses d'ail hachées
500 g de courgettes coupées en petits dés
50 g de raisins secs
3 cuillères à soupe de graines de coriandre (ou en poudre)
1 cuillère à café de cardamome en poudre
1/2 cuillère à café de 4 épices
2 cuillères à soupe d'huile d'olive
3 cuillères à soupe de graines de sésame
Sel

Dans une casserole, mettez les haricots à cuire dans de l'eau bouillante pendant 1 heure 30 à 2 heures.

Dans une cocotte, faites revenir dans l'huile les oignons et l'ail avec les graines de sésame. Ajoutez les courgettes et laissez cuire 25 minutes.

Incorporez ensuite les haricots, le boulghour, la coriandre, la cardamome, le 4 épices et les raisins secs. Salez et laissez mijoter encore 20 minutes. Surveillez de près : il faut parfois ajouter un peu d'eau si les courgettes n'en rendent pas assez.

Recette originale et délicieuse, à servir avec une crudité.

Le terme "haricot" désigne deux genres botaniques distincts, mais présentant de fortes ressemblances et une formidable diversité :
- le Phaseolus ("bean" pour les Américains), né en Amérique du Sud et en Amérique Centrale
- le Vigna ("cowpea" pour les Américains), afro-asiatique, né au Nigeria.
Le Phaseolus étant plus facile à cultiver et bien plus rentable que le Vigna, c'est l'espèce la plus consommée (16 millions de tonnes contre 3 millions).
Vers 1200 avant notre ère, on cultivait déjà le haricot sec en Egypte. Il est cité comme aliment commun par plusieurs auteurs antiques.
Il était appelé autrefois "la viande des pauvres" en raison de ses qualités nutritionnelles, et tenait une place vitale dans l'alimentation paysanne de par le monde. Il se conservait bien et pouvait être transformé en farine lors des périodes de disette. On pense d'ailleurs trouver là l'origine de l'expression populaire "c'est la fin des haricots" : c'est fini, c'est la catastrophe, il n'y a vraiment plus rien à manger !

Lentilles aux carottes

Pour 6 personnes

400 g de lentilles vertes ou brunes
1,2 kg de carottes émincées
3 oignons émincés
2 bulbes de fenouil émincés
1 cuillère à soupe d'herbes de Provence
3 branches d'estragon frais (ou 1 cuillère à café d'estragon en poudre)
1 cuillère à soupe d'huile d'olive
2 cuillères à soupe de Tamari
2 cuillères à soupe de câpres

Dans une cocotte, faites fondre les oignons dans l'huile une dizaine de minutes. Ajoutez les carottes et le fenouil, et laissez cuire 10 minutes.

Incorporez alors les lentilles, les herbes, l'estragon, le tamari et recouvrez d'eau. Portez à ébullition, puis laissez mijoter à feu doux environ 45 minutes.

Ajoutez les câpres, mélangez bien et servez saupoudré d'estragon frais haché.

En France, on pratique essentiellement la culture de la lentille verte, surtout en Auvergne et dans la région Centre. La lentille verte du Puy-en-Velay bénéficie d'ailleurs d'une appellation AOC, et celle du Berry d'un Label Rouge, gages de qualité. Cette lentille au goût fin rappelant la noisette a une bonne tenue à la cuisson.
En Champagne, on produit la très rare lentille rouge, sous la dénomination de "lentillon".

Moussaka de lentilles

Pour 6 personnes

Huile d'olive
1 oignon haché
1 gousse d'ail écrasée
4 côtes de céleri-branche émincées fin
400 g de tomates pelées avec leur jus (ou 1 grande boîte)
250 g de lentilles vertes (ou brunes ou lentillons)
2 cuillères à soupe de sauce de soja
1 litre d'eau
500 g d'aubergines coupées en rondelles
Sel, poivre, muscade, cumin en poudre
2 œufs battus
250 g de fromage blanc (ou de yaourt de soja)
Comté ou parmesan râpé

Dans une cocotte, faites revenir l'oignon à feu doux. Ajoutez le céleri, l'ail, les tomates et leur jus, les lentilles, la sauce de soja, du poivre et l'eau. Portez à ébullition et laissez frémir 50 minutes.

Pendant ce temps, saupoudrez de sel les rondelles d'aubergines et laissez-les dégorger 1 heure. Rincez et essuyez.

Dans une poêle, faites chauffer de l'huile et faites dorer les aubergines sur les deux faces (c'est un petit peu long à faire…).

Répartissez la moitié du premier mélange dans un plat à gratin, recouvrez-le avec la moitié des rondelles d'aubergines et répétez l'opération.

Battez ensemble les œufs et le fromage blanc, salez, poivrez, assaisonnez de muscade et de cumin, et versez sur les aubergines.

Saupoudrez de fromage et faites cuire à four chaud (180° thermostat 6) pendant 30 à 40 minutes.

La lentille avait un rôle sacré : les morts en emportaient dans leur bagage pour nourrir les dieux.
Le plus célèbre "toqué" des lentilles est Esau. La Bible raconte que ce petit-fils d'Abraham échangea son droit d'aînesse avec son frère Jacob contre un bon plat de lentilles… Fallait-il qu'il aime ça, le bougre !

Pois chiches en salade

Pour 6 personnes

300 g de pois chiches mis à tremper 12 h
1 algue kombu coupée en petits morceaux
1 oignon rose
2 gousses d'ail
1 poignée de raisins secs
15 olives noires dénoyautées et émincées
Vinaigrette au gomasio, à la moutarde et au cumin
Herbes fraîches (cerfeuil, estragon, persil, ciboulette…)

Rincez les pois chiches et mettez-les à cuire dans de l'eau (démarrage à froid) avec l'algue kombu.

Egouttez-les et laissez refroidir.

Puis ajoutez le reste des ingrédients et réservez au frais.

Suggestions :

1. Servez avec une salade de carottes cuites. C'est un mariage très heureux !

2. Ajoutez des rondelles de carottes attendries à la vapeur, du boulghour de kamut cuit, du persil, et vous obtiendrez le savoureux "taboulé mère Gobuche" !

Torréfié, le pois chiche était utilisé pour prévenir l'impuissance sexuelle des messieurs…
Cuit, il avait la réputation d'arrêter les diarrhées. On l'utilisait aussi en poudre ou en cataplasme sur les plaies et furoncles comme anti-infectieux.

Purée de pois cassés

2 gros oignons émincés
4 gousses d'ail hachées
400 g de pois cassés
4 carottes coupées en rondelles
Eau additionnée de tamari
1 branche de thym
1 feuille de laurier

On peut ajouter d'autres légumes : poireaux, pommes de terre, céleri-rave ou navets…

Pour 6 personnes

Dans une cocotte, mettez tous les légumes, les pois cassés, le thym et le laurier. Couvrez juste de d'eau, portez à ébullition, puis laissez frémir environ 45 minutes (les pois doivent se déliter).

Retirez la branche de thym et la feuille de laurier, puis passez au presse-purée en laissant la quantité d'eau nécessaire à la consistance désirée.

Vous pouvez décorer le plat avec des quartiers de citron à presser sur la purée.

Servez de préférence avec du riz, très complémentaire du pois cassé.

Le pois cassé est un petit pois cueilli avant maturité, ce qui lui fait conserver sa couleur verte. Il est séché puis débarrassé de son enveloppe cellulosique. C'est pendant cette opération que les 2 cotylédons de la graine se séparent, ce qui vaut au pois le qualificatif "cassé". Comme il n'a plus de peau, il cuit assez rapidement et il est très digeste.

Purée de lentilles au potimarron

Pour 6 personnes

1 gros potimarron avec sa peau, coupé en dés (environ 1 kg 200)
2 oignons émincés
4 gousses d'ail émincées
500 g de lentilles corail
Eau additionnée de tamari
Poivre, muscade, piment doux

Mettez tous les ingrédients dans une cocotte et couvrez juste d'eau.

Portez à ébullition et laissez cuire environ 1 heure, jusqu'à ce que le potimarron soit bien tendre.

Écrasez au presse-purée.

Parsemez de persil haché et servez bien chaud avec une céréale.

Des fossiles datant d'environ 8000 ans avant notre ère (fin du paléolithique) prouvent que la lentille est un des premiers aliments à avoir été cultivé. Originaire d'Asie centrale, elle a essaimé tout autour du bassin méditerranéen, puis en Europe du Nord et en Inde.
Après avoir été la base de l'alimentation des pauvres dans l'Antiquité, elle a joué et joue encore un rôle essentiel pour les populations indiennes, qui l'appellent dahl (= "légumineuse" en hindi). Dans ce pays, elle est traditionnellement (et judicieusement !) consommée avec du riz.

Ragoût aux aubergines

300 g de pois chiches mis à tremper 12 heures
2 oignons émincés
3 aubergines coupées en dés
5 courgettes coupées en dés
10 gousses d'ail entières
2 cuillères à café de cumin en poudre
1/2 cuillère à café de paprika
5 cuillères à soupe d'huile d'olive
Persil haché
Tamari
Poivre

Pour 6 personnes

Égouttez les pois chiches et faites-les cuire à l'eau pendant 1 heure 30.

Dans une cocotte, faites revenir les oignons dans 3 cuillères à soupe d'huile pendant 10 minutes. Ajoutez alors les dés d'aubergines et de courgettes, et faites revenir à feu vif quelques minutes.

Puis incorporez les gousses d'ail, le cumin, le paprika, le tamari, le poivre et le reste d'huile. Laissez mijoter 30 à 45 minutes.

Ajoutez ensuite les pois chiches égouttés et laissez cuire encore pendant 30 minutes.

Saupoudrez de persil, et servez ce ragoût avec de la semoule à couscous et une sauce marocaine aux petits raisins. C'est bon comme là-bas !

Le nom latin du pois chiche était Cicer arietinum. Un grand homme politique romain, brillant orateur, portait une verrue en forme de pois chiche sur le nez. Cela lui valut le surnom, demeuré célèbre, de "Cicéron".

Ragoût de riz aux haricots rouges

Pour 6 personnes

300 g de riz Basmati complet
250 g de haricots rouges mis à tremper 12 heures
250 g de champignons de Paris émincés
6 tomates coupées en dés
1 gros oignon émincé
2 gousses d'ail émincées
Huile d'arachide (ou d'olive)
Assaisonnement : sel, poivre, piment doux, gingembre en poudre
Sauce de soja
2 poignées de noix de cajou
Persil haché

Égouttez les haricots rouges, puis mettez-les dans de l'eau froide. Portez à ébullition et laissez cuire à petits bouillons pendant environ 1 heure 30 à 2 heures.

Faites revenir le riz dans un peu d'huile en enrobant bien les grains, et recouvrez avec 2 volumes d'eau pour un volume de riz. Ajoutez la sauce de soja, portez à ébullition et laissez frémir environ 35 minutes.

Faites dorer l'oignon et l'ail dans de l'huile. Incorporez les champignons, puis les tomates. Assaisonnez.

Laissez cuire 30 minutes et ajoutez les noix de cajou en fin de cuisson.

Au moment de servir, mélangez le riz, les haricots et la sauce, puis saupoudrez de persil.

Savouré avec un pâté de potimarron, c'est un régal !

Au Japon, pendant le sadô ou "rituel du thé", on servait en accompagnement du thé vert des gâteaux nommés wagashis, à base de pâte de haricots rouges et de sucre.
Pour être en harmonie avec la nature et respecter le rythme des saisons, ces gâteaux avaient des formes et des couleurs diverses : fleur de prune au printemps, poisson rouge nageant dans un torrent en été, feuilles rousses en automne ou grue blanche dans la neige d'hiver… Les cinq sens étaient invités à cette dégustation.

Riz au citron

Pour 6 personnes

300 g de riz basmati complet mis à tremper 20 minutes
Le jus de 2 citrons
2 cuillères à soupe d'huile de sésame (ou d'olive)
1/2 cuillère à café de curcuma en poudre
1/2 cuillère à café de coriandre en poudre
1/2 cuillère à café de graines de cumin
1 feuille de laurier
1 bâton de cannelle
1 cuillère à soupe de coriandre fraîche hachée (ou à défaut, du persil)
2 volumes d'eau bouillante pour un volume de riz
Sel
1 citron pour la décoration

Dans une cocotte, faites chauffer l'huile, mettez à brunir le cumin et la cannelle pendant 1 minute, puis ajouter les autres épices.

Ajoutez le riz égoutté, et faites-le revenir quelques minutes en remuant constamment. Lorsque tous les grains sont bien enrobés de graisse et d'épices, versez l'eau et salez. Portez à ébullition, puis laissez cuire à feu doux jusqu'à ce que l'eau ait été entièrement absorbée, environ 30 minutes.

Ôtez le laurier et la cannelle, arrosez de jus de citron. Parsemez de coriandre fraîche et décorez de fines rondelles de citron.

Pour parfaire l'apport protéique, ajoutez 100 g de haricots azukis cuits.

La croyance populaire prête au cumin des vertus "anti-colériques". Pensez-y quand le climat familial est à l'orage…

Salades fraîches

Entrées gourmandes

Cocottes de légumes

Pommes de terre "cent façons"

Gratins croustillants

Salades légères

Quantités selon l'envie...

Quelques idées de mélanges

Rondelles d'endives, feuilles de mâche, raisins secs, fines lamelles de pomme, fines lamelles de fenouil, dés de céleri branche, cerneaux de noix, sauce yaourt au roquefort, ou dés de fromage de chèvre un peu sec (charollais, picodon, crottin…) avec une sauce yaourt au cumin

Mâche, betterave rouge, cerneaux de noix, raisins secs, radis noir râpé, dés de céleri branche, dés de comté ou de tomme de brebis + vinaigrette, ou sauce yaourt au roquefort

Concombre, avocat, éventuellement radis noir râpé, noisettes concassées grillées, menthe ou ciboulette, sauce au yaourt ou fromage blanc au curry avec une gousse d'ail pilée, sur lit de batavia

Chou blanc émincé en fines lanières, lamelles de pomme rouge, céleri branche haché, dés de fromage de chèvre assez sec, noix de cajou, ciboule, graines de carvi ou de cumin, sauce au yaourt

Chou blanc émincé en fines lanières, carottes râpées (râpe à gros trous), pignons de pin, graines de carvi ou de cumin, câpres, vinaigrette à la moutarde

Chou blanc émincé en fines lanières, fines lamelles de fenouil, céleri branche haché, raisins secs, olives, graines d'anis vert, noisettes concassées grillées, vinaigrette aromatisée à l'aneth ou sauce yaourt au roquefort

Chou blanc émincé étuvé 5 minutes à la vapeur, carottes émincées étuvées 5 minutes à la vapeur, amandes effilées grillées, vinaigrette aromatisée au cumin

Choucroute crue, pomme râpée, échalote, vinaigrette avec 1 cuillère à café de tamari

Choucroute crue, carottes râpées, betteraves rouges râpées, olives noires, échalote, vinaigrette au cumin

Carottes râpées, betteraves rouges crues râpées, graines de tournesol, vinaigrette

Cresson, fines rondelles d'endives, roquefort en dés ou écrasé dans la sauce, œuf dur, sauce yaourt à la moutarde

Rondelles de tomates, laitue, olives, échalote ou ail, dés de fromage de chèvre assez sec, graines de tournesol, vinaigrette

Haricots verts cuits, rondelles de tomates, grains de maïs doux, basilic ou menthe hachés, échalote, estragon, sauce "citronette"

Pois chiches cuits, oignon rose, ail, câpres, olives noires, raisins secs, éventuellement : tomates + poivrons, vinaigrette à la moutarde, persil ou basilic

Lentilles cuites, dés de pomme, dés de céleri branche, échalote, raisins secs, cerneaux de noix, vinaigrette au fromage blanc et à l'huile de noix, cumin en poudre, curry, quelques graines de fenouil, persil. Laisser reposer 3 heures au frais.

Salades-repas

Quelques idées de mélanges

Quantités selon l'envie...

Orge cuit (ou riz, ou épeautre…), haricots rouges cuits, rondelles de tomates, lanières de poivrons, olives noires, câpres, noix de cajou ou pignons de pin, cerfeuil, sauce au choix

Boulghour de kamut cuit, pois chiches cuits, raisins secs, olives noires, échalote, dés de fenouil-tomates-concombre, sauce vinaigrette au gomasio

Pâtes 1/2 complètes cuites "al dente", tomates ou carottes râpées (râpe à gros trous), poivron jaune, lamelles de fenouil ou de céleri-branche, olives noires, dés de fromage ou de tofu aux herbes, 1 gros bouquet de basilic, sauce au choix

Rondelles de pommes de terre cuites, haricots verts cuits, rondelles de radis, rondelles de tomates, oignon, feuilles de salade verte en lanières, rondelles d'œuf dur ou dés de fromage, estragon, vinaigrette allongée avec un peu d'eau et de tamari (les pommes de terre absorbent beaucoup de sauce)

Céréales, légumineuses et légumes s'allient harmonieusement pour vous offrir un repas complet, frais et savoureux, idéal pour les chaudes journées estivales.

Un petit "truc" pratique :
une fois les pâtes ou les céréales cuites et égouttées, mélangez-les encore chaudes, sans attendre, à la sauce de votre choix. Vous éviterez que ça colle !

Les variations sont infinies. C'est l'occasion de laisser libre cours à votre créativité.

Faites participer vos cinq sens à la fête gustative.
Jouez avec les couleurs des ingrédients, mariez des saveurs inattendues, le sucré et le salé, les épices originales…
Réunissez croquant sous la dent et moelleux au palais en variant les textures.
Mélangez les formes : dés, triangles, feuilles entières ou en lanières, émincés, tout petits fruits et légumes entiers (olives, graines, tomates-cerises…) et osez les mariages surprenants.
Variez les sauces d'accompagnement.
Chaque salade devient ainsi une œuvre d'art, à admirer, à humer, et à déguster avec le plaisir de la découverte !

Les raïtas

Base pour 6 personnes

4 yaourts nature
Sel
Poivre

Les raïtas doivent toujours être servis très frais.

Battez les yaourts avec l'assaisonnement, puis ajoutez au choix :

Raïta de carotte

3 carottes râpées très fin
1 pincée de garam massala

Raïta de tomate

600 g de tomates pelées en petits dés
1 échalote émincée très finement
1/2 cuillère à café de paprika en poudre
1 pincée de piment
Gardez une heure au frais avant de servir.

Raïta de concombre

1 gros concombre râpé
3 gousses d'ail hachées
1 cuillère à soupe de feuilles de menthe hachées
1 pincée de cumin moulu
Enlevez le cumin, et cette recette ressemble comme 2 gouttes d'eau au tzatziki grec.

Les raïtas, à mi-chemin entre la sauce épaisse et la salade fluide, font partie de la cuisine traditionnelle de l'Inde. Ils sont destinés à accompagner des mets très épicés comme les curry, apportant une fraîcheur apaisante au palais grâce à la douceur du yaourt.

La fermentation du lait, ancêtre du yaourt, est une technique très ancienne, qui permettait une meilleure conservation de ce produit : le lait Ribot en Gaulle, le kéfir au Moyen-Orient ou encore le koumys d'Asie Centrale à base de lait de chamelle, d'ânesse ou de jument. Déjà Pline l'Ancien notait que les Barbares savaient "épaissir le lait en une matière d'une agréable acidité" qui soignait de nombreux maux.

Une légende datant de Gengis Khan, père de l'empire mongol, raconte à sa manière la naissance du yogurt (mot d'origine turque) ou du yaourt (mot d'origine grecque).
"Au seuil du désert, l'un des cavaliers du grand Khan s'arrêta un jour dans un village fraîchement conquis et demanda de l'eau. Les habitants remplirent sa gourde avec du lait, persuadés qu'il allait se corrompre dans le désert... Mais sous l'effet du galop du cheval et de la chaleur, le lait se transforma dans une substance blanche que le cavalier goûta et apprécia. Le yogurut ou yogurt était né !" (source : www.public-histoire.com)

Salade de carottes cuites

12 belles carottes
Pignons de pins
Estragon
Vinaigrette à la purée d'amande + 1 pointe à couteau de cumin en poudre

Pour 6 personnes

Lavez les carottes et faites-les cuire à la vapeur 15 à 20 minutes, puis laissez-les refroidir.

Débitez-les en rondelles et mettez-les dans un saladier avec la sauce. Saupoudrez de pignons et d'estragon juste avant de servir bien frais.

Le cumin est l'une des principales épices constituant le garam massala, curry courant dans le nord de l'Inde. Son arôme envoûtant est très puissant : ayez la main assez légère…

Au Moyen Âge, il fallait porter sur soi un petit sachet de graines de cumin pour être protégé des mauvais sorts.
En Allemagne et dans le Piémont, il était gage de loyauté. Lorsqu'un fiancé devait s'absenter, on lui fallait boire du vin assaisonné de cumin pulvérisé et manger du pain au cumin pour s'assurer de sa fidélité.

Le cumin est aussi une drogue. Dans l'Antiquité, il entrait dans la composition de philtres élaborés par les sorciers égyptiens et grecs. En inde, dans les harems, les femmes fumaient des mélanges de cardamome, de clous de girofle et de grains verts de cumin. On pouvait aussi placer les graines dans une feuille d'or ou d'argent repliée et placée sous la joue, pour que la salive et l'épice se mélangent. Ce n'était probablement pas la drogue des miséreux… D'ailleurs, le cumin, épice des riches, a également toujours été associé à l'idée d'avarice.

Taboulé

Pour 6 personnes

350 g de semoule à couscous de kamut complet
4 citrons pressés
1 grand verre d'eau chaude
4 cuillères à soupe d'huile d'olive
Sel
500 g de tomates
1 gros oignon émincé
1 poignée de persil haché
1 poignée de menthe fraîche hachée
1/2 concombre
Pois chiches cuits

La veille au soir

Mettez la semoule à couscous dans un saladier et mouillez avec l'eau, le jus de citron et l'huile et le sel. Mélangez bien, recouvrez et laissez reposer toute la nuit au réfrigérateur.

Le lendemain

Ajoutez les pois chiches, les tomates et le concombre coupés en dés, l'oignon et les herbes. Servez frais.

Variante : vous pouvez aussi utiliser du boulghour cuit à la place du couscous. Il est inutile alors de laisser reposer. C'est plus rapide à cuisiner, c'est différent et c'est aussi très bon !

Boulghour et couscous sont tous deux des semoules de blé dur. Le boulgour est précuit à la vapeur, ce qui réduit le temps de préparation. Le taboulé d'Afrique du Nord est plutôt préparé à base de couscous, celui du Proche-Orient plutôt à base de boulghour. Les façons d'accommoder le taboulé sont multiples, surtout déterminées par les ressources locales : dans les régions arides par exemple, il y a peu de verdure à mettre dans la semoule…

L'ancêtre du taboulé est le bazargan, plat traditionnel originaire de la région Turquie-Irak-Syrie, encore consommé aujourd'hui dans tout le Kurdistan. Il n'était pas fait avec du citron, mais du jus de pomme grenade, un fruit né en Perse.

Taboulé de Pierre

Pour 3 personnes

200 g de couscous complet
2 jus de citron
3 cuillères à soupe d'huile d'olive
Sel, poivre
500 g de tomates épluchées
8 petits oignons blancs émincés très finement
6 cuillères à soupe de persil haché
2 cuillères à soupe de menthe fraîche hachée
Et du soleil dans le coeur…

Dans un saladier, mettez le couscous dans le jus de citron.

Coupez la moitié des tomates en dés, et mixez l'autre moitié pour obtenir une purée juteuse. Versez le tout sur le taboulé. Ajoutez les oignons, le persil et la menthe.

Salez, poivrez, versez l'huile. Mélangez et laissez 2 heures au frais en remuant de temps en temps.

La menthe poivrée symbolise la chaleur des sentiments, la mémoire et la sagesse.

Il paraît qu'un bouquet de menthe suspendu à la fenêtre fait fuir les moustiques…

Caponata

Pour 6 personnes

1 kg d'aubergines
500 g d'oignons
500 g de tomates
100 g de côtes de céleri (la partie supérieure est la plus tendre)
100 g d'huile d'olive
100 g d'olives vertes dénoyautées
50 g de câpres
5 cl de vinaigre
Basilic frais
1 cuillère à café de sucre complet
Sel

Coupez les aubergines en petits cubes et mettez-les sur un tamis. Salez pour qu'elles perdent leur eau amère.

Émincez les oignons et faites-les dorer dans un peu d'huile.

Épépinez et coupez les tomates en 1/2 rondelles, ajoutez-les aux oignons ainsi que les câpres, les côtes de céleri et les olives. Faites bien dorer l'ensemble, et retirez du feu lorsque les tomates sont cuites.

Égouttez les aubergines, essuyez-les et faites-les revenir dans le reste d'huile d'olive. Quand elles sont bien colorées, égouttez-les puis mélangez-les aux autres légumes. Ajoutez le vinaigre, le sucre et mélangez bien.

Poursuivez la cuisson à feu doux. Quand le vinaigre est évaporé, ajoutez quelques feuilles de basilic et retirez le récipient du feu. Laissez refroidir.

En fin de cuisson, on peut ajouter des raisins secs ou des pignons de pin à cette recette sicilienne très rafraîchissante, à savourer les soirs d'été…

Le câprier est un arbuste épineux présent dans tout le bassin méditerranéen. Les câpres ne sont pas des fruits, mais les boutons floraux cueillis juste avant éclosion. Les plus petites, appelées "non-pareilles" et "surfines", sont les meilleures. Ensuite, il y a les "fines", les "mi-fines", les "capucines" ou "capottes", à la saveur plus grossière. Le fruit est appelé "cornichon de câpre", mais il est peu utilisé car son goût est assez violent. En séchant, les câpres perdent leur arôme, c'est pourquoi on les conserve dans du vinaigre.

Les câpres sont emblématiques de la cuisine méridionale. En provençal, on les appelle lei tapeno, mot qui a donné son nom à la tapenade, illustre purée d'olives noires qui ne serait pas ce fameux délice sans l'ajout de câpres.

Pour la diététique, la câpre est intéressante parce-qu'elle contient des flavonoïdes, anti-oxydants notoires. Mais attention : elle excite l'appétit !

Flan de courgettes

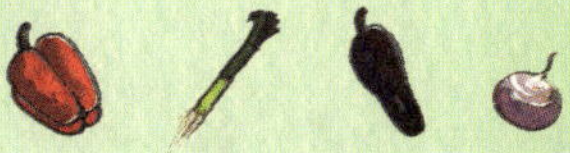

Pour 4 personnes

1 kg de courgettes râpées
1 gros oignon
Huile d'olive
Sel, poivre, ciboulette, feuilles de menthe
3 oeufs
100 g de fromage blanc
100 g de crème de soja
100 g de comté râpé
Graines de sésame, de tournesol ou pignons de pin

Faites dorer doucement l'oignon dans l'huile. Ajoutez les courgettes, augmentez un peu le feu et faites revenir jusqu'à ce que l'eau soit évaporée.

Mélangez les autres ingrédients et ajoutez-les aux courgettes.

Versez le tout dans un moule à cake graissé, et saupoudrez de graines ou de pignons de pin.

Faites cuire à four chaud (180° thermostat 6) pendant une petite heure.

Dégustez chaud ou froid, avec une sauce tomate au basilic bien relevée.

La courgette est un légume à consommer jeune, à environ 1/4 de son développement. Sa chair cuite est agréablement moelleuse.
Si on la cueille tardivement, elle est plus chargée en cellulose, et devient fibreuse à la cuisson. Il se peut d'ailleurs qu'il soit nécessaire de la peler, car parfois sa peau devient dure.
Pour manger des courgettes crues en salade, choisissez-les très jeunes afin qu'elles ne renferment pas encore de glucides complexes (amidon), qui nécessitent une cuisson pour être digérés.

Les courges, dont la famille est très vaste, sont originaires d'Amérique Centrale, d'où elles furent rapportées par des explorateurs du Nouveau Monde. On ne les cueillait qu'à maturité complète. Ce seraient les Italiens qui, au XVIIIe siècle, auraient eu l'idée de les consommer plus jeunes. La courgette devint alors un des légumes-fruits de base de leur cuisine, ainsi que de la cuisine grecque. Mais en France, elle n'est connue que depuis 1920.

Adoptée depuis longtemps en Afrique et en Asie, la courgette y symbolise l'abondance et la fécondité.

Papeton d'aubergines

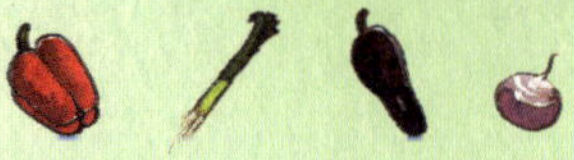

Pour 6 personnes

1 kg d'aubergines coupées en dés
600 g d'oignons émincés
3 gousses d'ail hachées
6 œufs entiers battus en omelette, ou 5 œufs + 80 g de comté râpé
5 cuillères à soupe d'huile d'olive
1 cuillère à soupe de farine complète
1 cuillère à café d'origan haché
1 cuillère à soupe de persil haché
Une bonne pincée de thym
Sel, poivre

Dans une cocotte, faites fondre doucement les oignons dans l'huile une dizaine de minutes. Ajoutez les aubergines et laissez cuire 45 minutes jusqu'à cuisson complète.

Hors du feu, incorporez l'ail, les œufs, la farine, les herbes, le sel et le poivre.

Versez dans un moule à cake huilé.

Faites cuire à four modéré (160° thermostat 5-6) pendant 1 heure 30. Ne démoulez le papeton qu'une fois bien refroidi.

Le papeton d'aubergines se déguste froid, nappé d'une sauce tomate épaisse bien relevée, ou accompagné de sauce au fromage blanc parfumée au basilic.

Cette spécialité avignonnaise était cuite dans un moule ressemblant à une tiare papale, ce qui lui a valu le nom de "papeton". D'ailleurs, certaines saintetés résidant en Avignon raffolaient de ces "aubergines du pape", autre dénomination de ce plat fameux.

Terrine tricolore

Pour 6 personnes

1 kg 200 d'épinards frais émincés (ou surgelés)
500 g de carottes râpées
300 g de céleri-rave râpé
Huile d'olive
Le jus d'1/2 citron
6 oeufs
5 cuillères à soupe de crème de soja
Sel, poivre, muscade

Faites revenir les carottes dans de l'huile 15 minutes. Ajoutez sel, poivre, 3 cuillères à soupe de crème et 1 œuf entier + 1 jaune.

Faites revenir le céleri 10 minutes avec le citron, puis ajoutez 2 cuillères à soupe de crème + 1 blanc d'œuf.

Faites revenir les épinards (laissez-les bien dessécher s'ils sont surgelés) et ajoutez-y 4 œufs entiers.

Dans une terrine huilée, déposez la couche de céleri, puis celle des carottes et enfin des épinards. Recouvrez de papier sulfurisé et d'un couvercle.

Faites cuire à four assez chaud (180° thermostat 6) au bain-marie pendant 45 minutes.

Laissez refroidir, puis mettez au réfrigérateur pendant au moins 6 heures.

Démoulez sur un plat de service.

C'est un petit peu long à faire, mais le résultat en vaut la peine : très joli et très bon !

Céleri-rave et céleri-branche sont tous deux issus de l'ache odorante sauvage, qui fut au Moyen-Âge une des simples (= plantes médicinales) les plus utilisées pour son action diurétique et stimulante sur le système nerveux.

Les Romains consommaient de grandes quantités de céleri pour ses vertus aphrodisiaques. Ils n'étaient pas si fous, ces Romains ! La science a démontré que le céleri contient effectivement une substance très proche de la testostérone.

Betteraves rouges en petit ragoût

Pour 4 personnes

4 betteraves rouges crues, épluchées et coupées en rondelles fines
3 cuillères à soupe d'huile d'olive
2 oignons émincés
2 gousses d'ail émincées
1 cuillère à soupe bombée de farine complète ou bise
1 cuillère à soupe de vinaigre de cidre
30 cl d'eau
Tamari
Poivre
Persil haché

Dans une cocotte, faites fondre les oignons et l'ail dans l'huile à feu doux. Ajoutez les rondelles de betteraves, et laissez-les bien dorer sur les deux faces.

Puis saupoudrez de farine, et tournez avec une cuillère en bois jusqu'à ce que la farine roussisse. Mouillez alors avec le vinaigre, le tamari et l'eau, poivrer. Remuez vigoureusement en raclant le fond pour que la sauce n'attache pas.

Couvrez la cocotte, et laissez frémir à petit feu pendant 20 à 30 minutes, jusqu'à ce que les betteraves soient bien tendres. Il est recommandé de remuer doucement une fois ou deux la préparation pendant la cuisson.

Saupoudrez généreusement de persil juste avant de servir bien chaud.

Il est courant que les messieurs de par chez nous ne soient pas très amateurs de betteraves rouges, mais cette recette originale les fait souvent changer d'avis…

Par contre, en Europe de l'Est, même le sexe masculin apprécie les betteraves rouges. En Russie, tout le monde se régale du Bortsch, soupe traditionnelle à base de ce légume.

La betterave rouge renferme un pigment très puissant et soluble dans l'eau, la bétacyanine, qui colore par conséquent aussi les selles et les urines. Donc, pas d'affolement inutile !
Et si vos mains sont tachées, frottez-les avec du citron pour les nettoyer.

Bouts d'choux

Pour 6 personnes

2 cuillères à soupe d'huile d'olive
1 gros oignon émincé
2 gousses d'ail hachées
Chou-rave : 2
Chou-fleur : 1 petit
Brocoli : 1
Choux de Bruxelles : 3 poignées
Carottes : 2
Patate douce : 1
Curcuma, gingembre, cumin, cardamome : 1 bonne pointe à couteau de chaque
Piment doux
Tamari
1 verre d'eau

Pour accompagner : sauce aux girolles légèrement parfumée au curry

Découpez grossièrement les carottes, les choux-raves et la patate douce. Laissez entiers les petits bouquets de chou-fleur et de brocoli. Débitez en rondelles la queue de brocoli.

Dans une cocotte, faites revenir les oignons, l'ail et les épices (sauf le piment) avec l'huile.

Ajoutez les légumes, arrosez de tamari et d'un verre d'eau, assaisonnez de piment doux.

Faites cuire à l'étouffée sur feu très doux pendant environ 30 minutes, jusqu'à ce que les légumes soient fondants.

Servez bien chaud, sauce à part.

Carottes et patate douce apportent une note joliment colorée en plus de leurs vertus diététiques.

La girolle est aussi appelée "chanterelle ciboire". C'est un délicieux champignon très parfumé, fin et subtil, à l'odeur fruitée, qui affectionne les terrains acides et l'humidité.

Ne lavez pas les girolles fraîches sous l'eau : elles l'absorberaient comme une éponge et perdraient toute leur saveur. Grattez-les, brossez-les ou essuyez-les dans un linge humide.
Cuisez la girolle à feu moyen : un feu vif la rendrait caoutchouteuse.

Carottes aux épices

Pour 4 personnes

Une dizaine de carottes
2 cuillères à soupe d'huile de sésame ou d'olive
2 cuillères à soupe de graines de sésame
1/2 cuillère à café de curry en poudre
1 bonne pointe de couteau de cumin en poudre
1 bonne pointe de couteau de gingembre en poudre
4 cuillères à soupe de jus de citron
Un peu de sel
Persil, cerfeuil, estragon ou ciboulette hachés

Inutile d'éplucher les carottes si elles sont biologiques, mais lavez-les soigneusement. Détaillez-les en petits morceaux puis faites-les cuire à la vapeur, environ 10 à 15 minutes. Vous pouvez aussi choisir de toutes petites carottes nouvelles que vous laisserez entières.

Dans une sauteuse, faites chauffer l'huile et faites-y revenir quelques minutes en remuant bien les graines de sésame, le curry, le cumin et le gingembre.

Ajoutez les carottes cuites, faites dorer, puis incorporez le sel et le jus de citron. Laissez cuire encore 2 ou 3 minutes (5 minutes pour la variante) en mélangeant doucement.

Au moment de servir, saupoudrez d'herbes fraîches.

Variante délicieuse :

Au moment d'ajouter le citron, incorporez en plus 2 cuillères à café de miel + 80 g de raisins secs. Servez avec du riz basmati, c'est un ravissement !

C'est Ali Baba qui a immortalisé le sésame, avec sa célèbre formule "Sésame, ouvre-toi !"
Cette formule magique viendrait du fait que lorsque les graines sont mûres, les gousses éclatent et s'ouvrent toutes seules pour les libérer.
Ainsi, pour récolter le sésame, on suspend les branches coupées avant maturité au-dessus de nattes destinées à recueillir les graines matures dans leur chute.

Carottes en cocotte

Pour 4 personnes

Une dizaine de carottes
2 oignons moyens émincés
3 gousses d'ail émincées
2 cuillères à soupe d'huile d'olive
Éventuellement 1 cuillère à soupe de farine complète
Tamari
2 verres d'eau
Poivre
2 clous de girofle
2 branches de thym
1 ou 2 feuilles de laurier
Éventuellement un peu de crème de soja
Persil ou ciboulette hachés

N'épluchez pas les carottes si elles sont biologiques, mais lavez-les soigneusement. Détaillez-les en petits morceaux dans le sens dans la longueur (ça change des rondelles et ça modifie subtilement le goût. Essayez, vous verrez !).

Dans une cocotte, faites fondre les oignons dans l'huile à feu doux. Ajoutez les carottes et l'ail, remuez bien. Laissez dorer 5 minutes en remuant fréquemment. Vous pouvez saupoudrer alors de farine, la sauce en sera plus onctueuse.

Puis incorporez le tamari, l'eau et les aromates. Laissez cuire à feu doux 15 à 20 minutes, jusqu'à ce que les carottes soient bien tendres.

Au moment de servir, vous pouvez ajouter un peu de crème de soja. Saupoudrez d'herbes fraîches.

La carotte "longue-orange", ancêtre de nos carottes actuelles, n'a été mise au point par les Hollandais qu'au XVIIe siècle, et la culture ne s'est vraiment développée qu'à partir du XIXe siècle. Auparavant, en Occident, on ne connaissait qu'une carotte fibreuse de couleur blanche ou jaune, peu engageante.

Profitons de cette recette pour expliquer la croyance populaire : les carottes rendent aimable.
Les personnes souffrant du foie semblent souvent moroses et de méchante humeur, car un dysfonctionnement de cet organe influe largement sur le moral. Or, la carotte est parée de multiples vertus, dont celle d'une action dépurative bienfaisante sur le foie et les affections hépatiques. Que les hépatiques mangent beaucoup de carottes, leur foie s'en portera mieux, leur moral aussi, et ils redeviendront aimables et souriants !
À Vichy, ville thermale spécialisée dans les affections hépatiques, on donnait à la fin du XIXe siècle une large place à ce légume-racine dans le régime des curistes. Ainsi sont nées les fameuses "carottes Vichy", destinées à désengorger le foie surchargé de patients souvent obèses et adeptes de nourritures autrement riches dans leur quotidien…

Chou rouge aux pommes

Pour 6 personnes

1 gros chou rouge détaillé en fines lanières
2 gros oignons émincés
Huile d'olive
3 cuillères à soupe de vinaigre de cidre
Sel
Quelques baies de coriandre
Graines d'anis vert ou de fenouil
1 grand verre d'eau
Une trentaine de châtaignes cuites au naturel
10 pommes coupées en gros cubes
Persil haché ou aneth pour servir

Dans une cocotte, faites fondre doucement les oignons dans l'huile. Ajoutez le chou, remuez bien, puis incorporez le vinaigre, le sel, la coriandre, l'anis et l'eau. Portez à ébullition et laissez cuire environ 2 heures à feu doux.

Unpeu avant la fin de la cuisson, plongez les châtaignes cuites dans la cocotte, juste pour les réchauffer.

20 minutes avant la fin de la cuisson, mettez les pommes dans une sauteuse et faites-les cuire tout doucement.

Parsemez le chou de persil ou d'aneth et servez-le avec la purée de pommes.

Petite astuce pour ceux qui n'aiment pas retrouver les graines de coriandre et d'anis dans leur bouche : mettez-les dans une boule à thé pendant la cuisson, puis retirez de la casserole avant de servir.

Séquence culture scientifique

Saviez-vous que le jus de chou rouge est un bon indicateur acido-basique naturel ?
En effet, selon le pH du produit à tester, la couleur du jus de chou va évoluer du rouge (très acide) au jaune (très basique), en passant par toute une gamme de couleurs.
Ce phénomène est dû à la présence d'anthocyanes, qui sont des indicateurs colorés acido-basiques naturels.
(Source : Séquence expérimentale - préparation à l'agrégation de chimie de l'ENS 2002-2003)

Choucroute

Pour 6 personnes

1 kg de choucroute, non rincée pour conserver son jus précieux
2 cuillères à soupe d'huile d'olive ou d'arachide
2 gros oignons piqués de 4 clous de girofle émincés
4 gousses d'ail émincées
Quelques baies de genièvre, graines de carvi ou de cumin
Poivre
100 g de beurre coupé en dés (ou 80 g d'huile)
1 grand verre de vin blanc d'Alsace sec
Eau
1 kg de pomme de terre à chair ferme (type Charlotte) avec leur peau (pour garder plus de vitamine C), bien lavées et brossées

Dans une cocotte, faites chauffer l'huile et déposez par-dessus la moitié de la choucroute avec son jus, en la démêlant grossièrement avec une fourchette.

Mettez les oignons, l'ail, les baies de genièvre et le beurre. Poivrez. Nul besoin de saler puisque la lacto-fermentation s'effectue dans du sel. Recouvrez avec le reste de choucroute, versez le vin et l'eau jusqu'à presque couvrir le chou.

Mettez le couvercle et portez à ébullition, puis laissez frémir pendant 2 bonnes heures.

Avant la fin de la cuisson (30 à 45 minutes selon la taille), mettez les pommes de terre à cuire à la vapeur dans une passoire au-dessus de la choucroute.

Variantes :

Ajoutez au chou 6 pommes de reinette coupées en gros dés, ce qui réduit l'acidité du plat.

Ajoutez des saucisses de soja réchauffées une dizaine de minutes sur le chou.

Servez la choucroute avec des pommes de terre au fromage de brebis (voir recette) à la place des pommes de terre vapeur : c'est un peu plus lourd mais qu'est-ce c'est bon !

Bien que la recette des légumes en saumure soit née en Asie et soit parvenue en Europe dans les bagages des Huns et des Tartares, l'origine du mot choucroute est germanique, Sauer kraut signifiant "chou acide" en allemand et se disant sür krüt en alsacien.

En Alsace, la choucroute est traditionnellement garnie de cochonnailles, mais cet accompagnement récent serait né en réalité à Paris au milieu du XXe siècle. Auparavant, les Alsaciens dégustaient ce mets avec du poisson du Rhin, surtout du saumon, dont le fleuve regorgeait à l'époque (source : Conférence de David Frank, président de l'Association française des choucroutiers).

Curry de légumes au lait de coco

Pour 4 personnes

1 oignon
1 gousse d'ail
1/2 cuillère à café de gingembre frais râpé
1/2 cuillère à café de curcuma, 4 cuillères à café de curry, piment en poudre
1 petit morceau de cannelle, 1 brin de citronnelle
45 cl de lait de coco (sa graisse est solide à température ambiante, et se liquéfiera totalement au chauffage)
500 g de légumes mélangés (chou-fleur, chou, brocoli, pomme de terre, courgettes, poireaux, carottes, panais, bettes…)
Sel

Émincez finement l'oignon et pilez la gousse d'ail. Mettez-les dans une grande casserole avec le gingembre, le curcuma, la cannelle, la citronnelle, le curry et le lait de coco. Portez à ébullition puis laissez chauffer à feu doux sans couvrir 10 à 15 minutes, jusqu'à ce que l'oignon soit fondu et que la sauce ait épaissi.

Pendant ce temps, épluchez et lavez les légumes et coupez-les en tranches fines. Ajoutez-les dans la casserole et saler. Mélangez bien, donnez un bouillon et laissez cuire doucement sans couvrir, jusqu'à ce que les légumes soient cuits mais encore un peu fermes.

Servez chaud accompagné de riz basmati.

Cette recette d'origine asiatique utilise de la citronnelle (Cymbopogon citratus) appelée aussi "jonc odorant" ou lemon grass en anglais, aromate très apprécié dans la cuisine traditionnelle de ce continent. Sa douce saveur citronnée se marie bien avec le piment, le gingembre, la noix de coco, l'ail et l'oignon également présents dans ce curry.
Si vous ne trouvez pas de citronnelle fraîche, vous pouvez l'utiliser sous forme séchée, bien que son goût s'en trouve très affaibli. Faites-la alors tremper 1 heure dans de l'eau chaude avant de la cuisiner.

Attention : ne confondez pas la citronnelle avec la "mélisse citronnelle" (Melissa Officinalis), qui pousse si bien dans nos jardins. Cela dit, rien ne vous empêche de l'utiliser dans cette recette si cela vous chante : la mère Gobuche a essayé, c'est très bon aussi !

Émincé de légumes aux izikis

Pour 4 personnes

1/2 bol de haricots rouges mis à tremper 12 heures
Thym, laurier
2 poignées d'algues izikis
1 cuillère à soupe d'huile d'arachide
Sauce de soja
3 cuillères à soupe de purée d'amandes
3 carottes
2 beaux poireaux
1/4 de chou blanc ou vert
2 cuillères à soupe d'huile d'olive

Jetez l'eau de trempage des haricots et faites-les cuire pendant 2 heures dans de l'eau avec un peu de thym et une feuille de laurier. Égouttez et réservez.

Mettez à tremper les izikis dans un bol d'eau pendant 5 à 10 minutes. Egouttez-les en réservant l'eau de trempage, puis faites-les revenir avec l'huile d'arachide pendant 5 minutes (on peut très bien se passer de cette opération, ce sera moins gras).

Ajoutez l'eau de trempage, portez à ébullition, et laissez mijoter à couvert 30 minutes environ (parfois plus selon l'épaisseur des algues).

Émincez finement les légumes, puis faites-les revenir quelques minutes dans l'huile d'olive. Couvrez et laissez cuire à tout petit feu environ 20 à 30 minutes jusqu'à ce que les légumes soient tendres.

Ajoutez la sauce de soja et la purée d'amandes à l'eau de cuisson des algues. Délayez soigneusement.

Incorporez les haricots et les izikis avec leur sauce dans la casserole de légumes. Mélangez avec délicatesse et servez avec une céréale (millet, orge, riz…).

L'iziki est une algue fibreuse très coriace. Elle nécessite impérativement un trempage avant cuisson. Sa teneur en minéraux est particulièrement intéressante, surtout en calcium hautement assimilable, et les Japonais en consomment quotidiennement.

Endives braisées

Pour 4 personnes

8 belles endives entières (évidez le fond si elles semblent amères)
2 oignons émincés
Un jus de citron
2 cuillères à soupe d'huile d'olive
2 verres d'eau
Sauce de soja
Poivre, muscade
Persil haché
Amandées effilées grillées

Dans une cocotte, faites fondre doucement les oignons dans l'huile à feu doux. Ajoutez et faites revenir les endives en les tournant régulièrement et délicatement avec une cuillère en bois.

Arrosez de jus de citron, puis mouillez avec l'eau. Ajoutez la sauce de soja, le poivre et la muscade. Laissez cuire à feu doux une demi-heure.

Avant de servir, saupoudrez d'amandes et de persil.

Ce plat est délicieux avec des pâtes et une sauce aux champignons.

Si vous êtes pressés, coupez les endives en rondelles : la cuisson sera plus rapide.

Comment est née l'endive, dite aussi "chicon", alias "l'or blanc du Brabant" (ou witloof en flamand) ?

Son lointain ancêtre est la chicorée sauvage au goût très amer, à qui on appliqua le principe de la culture du champignon : naquit ainsi la "barbe-de-capucin", recouverte de fumier et cultivée dans des caves sombres. Entre temps, on apprit à torréfier la racine de chicorée pour faire un succédané de café, d'autant plus apprécié et recherché que le blocus imposé par Napoléon empêchait le vrai café d'arriver dans les ports. La culture de chicorée prit donc de l'ampleur.
Puis, pendant la Révolution de septembre 1830, un agriculteur nommé Jan Lammers déserta un moment sa ferme, après avoir pris soin de recouvrir de terre les racines de chicorée entreposées dans sa cave. À son retour, les racines avaient donné des feuilles blanches qu'il goûta et qu'il trouva délicieuses. C'est 37 ans plus tard, à la suite de nombreuses sélections et divers essais de culture, que furent vendus sur le marché de Bruxelles les premiers "chicons" de pleine terre.
Aujourd'hui, les Belges sont toujours les meilleurs spécialistes de l'endive, produite essentiellement dans des entreprises familiales où on lui prodigue les plus grands soins.

Endives au fromage frais

12 belles endives coupées en rondelles (évider le fond si elles semblent amères)
Le jus de 2 citrons
250 g de fromage frais de chèvre ou de brebis écrasé à la fourchette (ou de tofu)
30 cl de crème de soja
2 cuillères à soupe de basilic haché
4 cuillères à soupe d'huile d'olive
Sel, poivre, muscade
Graines au choix (tournesol, sésame, lin, pignons de pin, etc…)

Pour 6 personnes

Déposez les endives dans un plat à gratin graissé et arrosez-les de jus de citron.

Battez ensemble vigoureusement (ou mixez) la crème, l'huile, le basilic, l'assaisonnement et le fromage.

Nappez les endives de ce mélange, et saupoudrez de graines.

Faites cuire à four assez chaud (180° thermostat 6) pendant 45 minutes.

Variante :

Remplacez le mélange crème + basilic + huile + sel par une sauce aux champignons dans laquelle vous ajouterez le fromage écrasé. Un délice !

La noix de muscade nous vient des îles Moluques, archipel indonésien. La culture du muscadier s'est étendue aujourd'hui à de nombreuses îles tropicales.
La muscade fut rapportée en Europe par les Croisés et les Arabes. Son usage se développa très vite et son parfum agrémenta rapidement de nombreux mets, ainsi que la cervoise et le vin. Dans les rues, on la brûlait pour chasser les odeurs des rigoles chargées d'immondices qui servaient d'égouts.

Le "macis" est en fait l'enveloppe charnue orange vif de la noix de muscade. Il a une saveur identique quoique plus douce, qui convient souvent mieux aux enfants. Le macis est surtout utilisé dans la cuisine indienne.

La noix de muscade fraîchement râpée peut aussi être une drogue. Une simple cuillerée prise à jeun le matin peut vous déconnecter de la réalité pendant 24 à 36 heures, avec des effets secondaires très désagréables. Et 2 noix pourraient vous tuer ! Alors, pas d'abus…

Fenouil au vin de muscat

Pour 4 personnes

4 bulbes de fenouil bien bombés
2 cuillères à soupe d'huile d'olive
20 cl de muscat de Rivesaltes (un pineau des Charentes convient aussi)
25 cl de crème de soja
Sel, poivre
Aneth

Débarrassez les bulbes de fenouils des premières feuilles si elles sont dures, et coupez-les en 4.

Dans une cocotte, faites chauffer l'huile et déposez les fenouils. Assaisonnez. Laissez dorer quelques minutes, puis mouillez avec le vin. Couvrez la cocotte et laissez mijoter 40 minutes à feu doux (vous pouvez aussi découper les fenouils en lamelles, la cuisson sera plus rapide).

Disposez les fenouils sur un plat. Tenez-les au chaud.

Versez la crème dans le jus de cuisson et donnez un bref tour de bouillon.

Nappez les fenouils avec cette sauce et saupoudrez d'aneth. Server aussitôt.

Une très ancienne croyance dit que le fenouil faisait partie de l'alimentation des dieux et permettait à celui qui en consommait d'accéder à la Connaissance (comme quoi nous devrions tous en manger bien plus souvent !).

Les Grecs en firent un symbole de victoire lorsqu'ils vainquirent les Perses à Marathon, car la bataille se déroula justement dans un champ de fenouil. Depuis lors, ils tressèrent ses branches en forme de couronnes pour les cérémonies.

Puis au Moyen-Âge, le fenouil fit partie des neuf herbes magiques qui servaient à combattre les maladies, les sorts et maléfices jetés par les sorcières et autres suppôts de Satan. Une poignée de graines de fenouil dans le trou de la serrure ou jetées dans le feu éloignait les démons…

En Inde et en Chine, il était réputé guérir les morsures de serpents et de scorpions.

Fenouil aux olives

4 bulbes de fenouil bien bombés coupés en lamelles
2 oignons émincés
4 carottes émincées
4 tomates pelées hachées grossièrement
75 g d'olives noires dénoyautées
2 cuillères à soupe d'huile d'olive
1 cuillère à soupe de graines de fenouil
1 cuillère à soupe de thym ou 1 branche de thym frais
Sauce de soja
Poivre

Pour 4 personnes

Dans une cocotte, faites revenir les oignons dans l'huile quelques minutes. Ajoutez les carottes et les fenouils. Laissez revenir 15 minutes en remuant régulièrement.

Incorporez alors les tomates, les olives, la sauce de soja, les aromates et le poivre. Ajoutez un verre d'eau si vous aimez avoir beaucoup de sauce, et laissez mijoter environ 30 minutes jusqu'à cuisson complète.

Vous pouvez ajouter des pois chiches cuits à part. Ça se marie très bien !

Olive noire, olive violette et olive verte sont le même fruit, cueilli à des degrés différents de maturité. Mais même mûre, et donc noire, l'olive est inconsommable telle quelle. Elle doit subir un traitement pour atténuer son amertume et son âcreté avant la mise en conservation.

L'olive verte est d'abord plongée dans un bain légèrement alcalin (avec de la soude) pour perdre son amertume, puis elle est rincée et mise en saumure. Elle est consommable environ 5 jours plus tard.
L'olive noire quant à elle est simplement rincée à l'eau avant d'être plongée dans une saumure. Ce n'est qu'après 6-8 mois qu'elle pourra être dégustée.

L'huile d'olive est obtenue à partir du broyage de la pulpe et de l'amande du noyau des olives noires. C'est un excellent stimulant hépatique : si vous avez prévu un festin bien arrosé, prenez une cuillère à soupe d'huile d'olive avant de passer à table et votre digestion devrait s'en trouver alors nettement facilitée…

Fondue de légumes

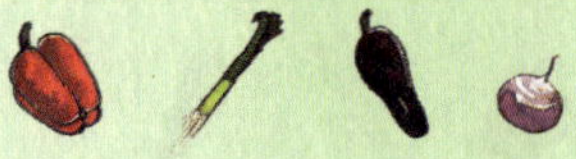

Pour 6 personnes

1 petit chou vert coupé en lanières
6 carottes râpées
4 poireaux émincés finement
1/2 céleri-rave râpé
1 gros oignon émincé
2 cuillères à soupe d'huile d'olive
Tamari
1 branche de romarin ou de thym frais
Persil

Dans une cocotte, faites revenir les oignons dans l'huile. Ajoutez les autres légumes, un peu de tamari, un verre d'eau, remuez puis déposez la branche de romarin sur le dessus.

Faites cuire à l'étouffée sur feu très doux pendant environ 30 minutes. Retirez le bois du romarin et saupoudrez de persil avant de servir.

Le romarin a la particularité de saler : tenez-en compte pour la quantité de sel ou de tamari que vous ajoutez dans le plat. D'autre part, son arôme étant très puissant, n'en mettez pas trop car il couvrirait le goût des autres ingrédients.

Le romarin était utilisé pour purifier l'air et éloigner les maladies contagieuses. Il était d'ailleurs l'un des composants du fameux "vinaigre des 4 voleurs", dont voici l'histoire (une des nombreuses versions…).

Pendant une épidémie de peste qui ravageait le sud de la France, 4 brigands détroussaient tranquillement malades et cadavres dans leurs logis sans pour autant contracter la maladie. Après leur capture, ces bandits acceptèrent, pour échapper au bûcher, de révéler la recette du mélange dont ils se frictionnaient avant de commettre leurs forfaits. Il s'agissait d'une mixture à base d'huiles essentielles : du romarin bien sûr, avec semble-t-il (et selon les sources), de la lavande, de la sauge, de la cannelle, du thym, de l'acore vrai, de la menthe, de l'absinthe, de l'ail, de la rue, de l'angélique, des clous de girofle et du camphre, le tout macéré dans du vinaigre. Toute la ville s'imprégna de cette mixture qui lui offrit une protection très efficace. En guise de remerciement, les 4 voleurs ne furent "que" pendus !

Au XIVe siècle, la reine Isabelle de Hongrie, âgée de 72 ans, tira aussi de grands bénéfices de cette plante. Une eau de jouvence devenue légendaire, contenant romarin, lavande, marjolaine et menthe, lui fit recouvrer jeunesse et santé.

Au Moyen-Âge, on déposait une branche de romarin sous son oreiller pour éloigner esprits malfaisants et mauvais rêves.

Symboliquement, le romarin représentait l'amour, l'amitié, la fidélité et le souvenir ; pour les mariages et les deuils, on le portait tressé en couronnes.

Légumes sautés

Légumes râpés ou coupés en très petits morceaux, seuls ou mélangés.
Conviennent particulièrement bien : carottes, courgettes, poireaux, céleri-rave, betteraves rouges, tomates, fenouils, oignons, ail, germes de soja et pourquoi pas des lanières de feuilles de chou vert ou blanc, de salade ou des fanes de radis…
Huile d'arachide pour la cuisson ou huile de sésame après cuisson
Sauce de soja et aromates (gingembre, citronnelle, piment…)

Pour 6 personnes

Dans une sauteuse, ou encore mieux un wok (voir ci-dessous), faites revenir vivement les légumes dans un peu d'huile à feu vif en les remuant sans arrêt, pendant une petite minute. Si vous utilisez un wok, l'huile est inutile, sauf pour certains légumes comme les choux ou les légumes-racines, qui gagneront de plus à être blanchis auparavant.

Ajoutez de l'eau par petites quantités : son évaporation va permettre d'attendrir les légumes. Continuez à les faire sauter, en incorporant petit à petit la sauce de soja et les aromates. Les légumes doivent rester fermes, et la cuisson est brève (environ 5 minutes). Vous pouvez lier la sauce avec de la fécule délayée dans un peu d'eau.

Au moment de servir, aspergez de quelques gouttes d'huile de sésame si les légumes ont cuit sans graisse.

Le wok est appelé huo kou en chinois, ce qui signifie "bouche à feu". C'est un ustensile intéressant à plusieurs titres.
- Composé traditionnellement de tôle et d'un manche, il est léger et facile à manier. Au fur et à mesure des utilisations, grâce à la patine qui se dépose, il devient quasiment anti-adhésif.
- Son bord haut récupère les projections de graisse et les renvoie vers le fond grâce à la courbure de la tôle, ce qui diminue la quantité d'huile nécessaire.
- On peut se passer de spatule pour manipuler les denrées, ce qui évite de les écraser. En effet, la forme hémisphérique du wok permet d'induire un mouvement circulaire décollant et entraînant ce qui est accroché, tout en graissant la paroi.
- L'eau versée sur le fond très chaud va se transformer en vapeur puissante, et attendrir rapidement les ingrédients. En moins de trois minutes, les légumes sont prêts, sautés et juste fermes ! C'est d'ailleurs cette rapidité de cuisson qui a présidé à la naissance du wok, à une époque où la Chine manquait cruellement de sources d'énergie.
Le wok est accompagné de sa louche, nommée shao en chinois, qui permet de ne manipuler qu'un seul instrument. Sa forme ovoïdale est parfaitement adaptée à la courbure du wok, et le décollage des aliments adhérant aux parois est très efficient. Et grâce à son étroitesse, il est facile de puiser les ingrédients nécessaires. Un panier en bambou fait aussi partie des accessoires. Accroché à la paroi du wok, il permet de cuire à la vapeur ou de garder au chaud.
Le wok demande cependant des précautions d'utilisation.
- Son fond étant arrondi, il faut le poser au-dessus du brûleur à gaz sur un trépied pour assurer sa stabilité. Il existe aujourd'hui des woks à fond plat de fabrication européenne, en fonte ou en inox, mais ils conviennent moins bien pour saisir les aliments.
- Le wok en tôle est à nettoyer sous l'eau courante en utilisant plutôt une brosse végétale, pour préserver la patine. Il faut prendre soin aussi d'éviter l'oxydation, et le sécher méticuleusement, si possible sur le feu.

Légumes vapeur sauce miso

Pour 6 personnes

Assortiment de légumes : carotte, poireau, céleri-rave, fenouil, patate douce, brocoli, chou-rave, courge, navet…
1 cuillère à soupe de miso par personne
3 ou 4 cuillères à soupe de crème de soja par personne. Vous pouvez remplacer la moitié de la crème de soja par de la purée d'amandes
Curcuma, gingembre, cumin, cardamome, muscade, paprika : un peu de chaque
Graines germées

Variante :
Algues nori ou izikis (choisies fines)

Lavez les légumes puis coupez-les en gros dés. Faites-les cuire à la vapeur dans la passoire d'un fait-tout avec juste ce qu'il faut d'eau, pendant quelques minutes.

Vous pouvez ajouter des algues, la nori avec les légumes dans la passoire, ou les izikis (après trempage préalable de 10 minutes) dans l'eau de cuisson.

Enlevez la passoire avec les légumes cuits, réservez au chaud.

En laissant le fait-tout sur feu doux, délayez le miso dans l'eau de cuisson, ajoutez la crème et les épices, puis incorporez les légumes, les graines germées, et mélangez délicatement.

Servez sans attendre.

Le chiang est fabriqué en Chine depuis 2500 ans. Introduit au Japon au VIIe siècle, il prend le nom de miso et devient rapidement un aliment protéinique de base, d'autant que la consommation de produits carnés dans ce pays est traditionnellement rarissime. Les Japonais améliorent et diversifient les recettes de miso, et ils deviennent maîtres en la matière. L'élaboration de cette pâte de soja fermentée se mue en un art complexe de première importance.

Dès le VIIIe siècle, la consommation de ce nouvel aliment était recommandée officiellement par le ministère impérial chargé de la sécurité alimentaire (et oui, ça existait déjà à la cour du Mikado…). À l'époque, le miso faisait même partie des avantages en nature des agents du gouvernement, avec le sel, le riz et autres graines.

Les 3/4 des Japonais débutent leur journée en dégustant une soupe de miso, un stimulant sans effets nocifs. Dans certains villages réputés pour leurs nombreux centenaires, les habitants déclarent avaler plusieurs bols de soupe miso à l'algue wakamé par jour, jusqu'à 6 ou 7 !

Il existe dans toute l'Asie une multitude de recettes de miso : essentiellement soja mais aussi haricots azukis ou pois chiches sont mis à fermenter avec diverses céréales et herbacées comme le riz, l'orge, le blé, le seigle ou le millet. Aujourd'hui, on tente le miso à l'amarante, au chanvre, à l'avoine ou au quinoa…

Au Pays du Soleil levant, on dit que si une femme ne sait pas préparer la soupe au miso, elle ne trouvera pas de mari !

Méli-mélo

Pour 6 personnes

2 cuillères à soupe d'huile d'olive
1 gros oignon émincé
2 gousses d'ail hachées
Assortiment de légumes : carotte, poireau, céleri-rave, fenouil, patate douce, brocoli, chou-rave, courge, navet… selon la taille, compter 2 ou 3 légumes par personne
Curcuma, gingembre, cumin, cardamome : 1 bonne pointe à couteau de chaque
Tamari
1 verre d'eau

Pour accompagner : sauce aux izikis et à la purée d'amandes

Dans une cocotte, faites dorer les oignons et l'ail avec l'huile.

Coupez les légumes en gros dés. Ajoutez-les dans la cocotte ainsi que les épices, et faites revenir quelques minutes. Puis arrosez de tamari et d'un verre d'eau. Faites cuire à l'étouffée sur feu très doux pendant environ 20 minutes, jusqu'à ce que les légumes soient fondants.

Servez bien chaud, sauce à part.

Si vous ajoutez des petits morceaux de tofu dans la sauce, vous ferez en plus le plein de protéines.

L'ail porte également le nom romantique de "rose puante"…

L'"ail des ours", appelé aussi "ail des bois", est la variété sauvage de l'ail cultivé. Il a les mêmes propriétés. C'est une plante vivace des sous-bois ressemblant un peu au muguet et poussant à la même période, mais fort reconnaissable à son odeur forte. Il se nomme ainsi car les ours, au sortir de leur hibernation, en mangent pour se purger. Toute la plante est comestible, le bulbe frais et les feuilles fraîches ou séchées.

L'haleine des mangeurs d'ail cru peut être incommodante : les Grecs leur interdisaient l'accès au temple de Cybèle et le roi Alphonse de Castille n'admettait pas à sa cour les chevaliers amateurs d'ail… Par contre, le roi de France Henri IV en raffola dès sa plus tendre enfance : son père lui aurait frotté les lèvres avec une gousse d'ail (et quelques gouttes de vin de Jurançon !) alors qu'il était encore au berceau. Notons que l'ail contient du sulfure d'allyle, non seulement responsable de l'odeur piquante, mais aussi excellent aphrodisiaque, qui maintenait en forme le "Vert Galant", réputé pour son ardeur auprès des dames.

L'allicine et ses dérivés sont évacués par l'haleine et par la sueur. Si l'ail cru vous donne mauvaise haleine, mâchez des graines de cardamome, de café, de coriandre ou d'anis.

En guise de conclusion, voici un bon conseil d'Alexandre Vialatte, ancien chroniqueur talentueux des magazines Paris-Match et Marie-Claire : "Mangez beaucoup d'ail. Il rajeunit l'organisme et écarte les importuns."

Navets salés

Pour 6 personnes

1 kg de navets salés (appelés aussi "naveline") avec leur jus précieux
2 cuillères à soupe d'huile d'olive ou d'arachide
2 gros oignons émincés
2 gousses d'ail écrasées
100 g de beurre coupé en dés
30 cl de vin blanc sec d'Alsace
30 cl d'eau
1 kg de pomme de terre à chair ferme (type Charlotte) avec leur peau, bien brossées et lavées

Dans une cocotte, mettez à suer doucement les oignons dans l'huile, couvercle fermé.

Répartissez par-dessus les navets et les gousses d'ail. Versez le vin et l'eau. Couvrez et portez à ébullition, puis laissez frémir pendant 1 heure et demie environ.

30 à 45 minutes (selon la taille) avant la fin de la cuisson, mettez les pommes de terre à cuire à la vapeur dans une passoire au-dessus des navets.

Pourquoi donc appelle-t-on "navet" un film ennuyeux et sans intérêt ?

Au XIXe siècle, ce mot était déjà utilisé dans les salons pour désigner un tableau de peu de valeur (on dirait aujourd'hui une "croûte") ou une œuvre littéraire insipide. Dans l'argot de cette même époque, on disait "fleur de nave" pour parler d'un imbécile, "nave" étant bien entendu dérivé de "navet".

Le légume "navet" était-il lui-même considéré comme fade et sans intérêt ? C'est bien mal connaître ses qualités nutritionnelles et gustatives, surtout lorsqu'il est lactofermenté et cuisiné comme ci-dessus !

"Qui mange du navet, gagne une année", dit d'ailleurs un dicton populaire, reconnaissant envers cet aliment d'avoir si bien nourri le petit peuple pendant des siècles.

Pâté de potimarron

Pour 6 personnes

1 potimarron avec sa peau coupé en lamelles fines
500 g d'oignons coupés en rondelles
300 g de comté râpé
Sel, poivre, muscade
Environ 1 litre de lait végétal
Graines de sésame

Huilez une terrine à four assez profonde. Déposez une couche d'oignons, une couche de potimarron, une couche de comté, assaisonnez.

Renouvelez cette opération en terminant par du comté que vous saupoudrerez de graines de sésame. Versez le lait.

Recouvrez avec le couvercle de la terrine et faites cuire à four très chaud (240° thermostat 8) pendant environ 1 heure. Vérifiez la cuisson du potimarron avec une pointe de couteau.

Les variétés de courges sont innombrables, en goût, forme, couleur…

La "calebasse" est le nom donné au fruit du plant de courge. Elle est pourvue d'une paroi légère et résistante qui lui valut d'être l'ancêtre de notre bouteille thermos. Les Indiens l'utilisaient comme gourde où, paraît-il, le maté gardait tout son arôme. Ils furent en cela imités par nos pèlerins du Moyen-Âge qui l'accrochaient à leur ceinture, car entre temps, la courge avait traversé l'Atlantique grâce aux Conquistadores. D'ailleurs, "courge" et "gourde" viennent du même mot latin, cucurbita, qui désigne le genre botanique.

Mais les calebasses pouvaient servir à beaucoup d'autres choses, en Amérique et ailleurs. Elles tenaient lieu de hochet, d'écuelle ou de récipients de toutes sortes, de pipe, de masque, d'objets décoratifs ou d'instruments de musique : en Inde le sitar, en Afrique le tambour, en Amérique le banjo, les maracas et les marimbas.
Certaines peuplades les ont également utilisées comme étui protecteur du précieux organe dont les messieurs sont si fiers, cette faveur étant tout de même réservée aux mieux placés dans la hiérarchie sociale.

Nous connaissons maintenant aussi les citrouilles d'Halloween, dont le rituel automnal venu d'outre-Atlantique a quelque peu envahi au moins notre univers commercial. En fait, elles ont remplacé les navets, à qui la tradition irlandaise avait confié ce rôle de porteur de bougie. Mais les immigrés fraîchement débarqués ne trouvèrent pas assez de navets en Amérique pour leur chasse aux démons annuelle, et c'est ainsi que le navet fut détrôné par la citrouille !
La gourde tenait une grande place dans les civilisations de tout le continent américain. La République d'Haïti a même donné ce nom à sa monnaie nationale. La plupart de ces utilisations perdurent de nos jours.

Pâtissons aux noix de cajou

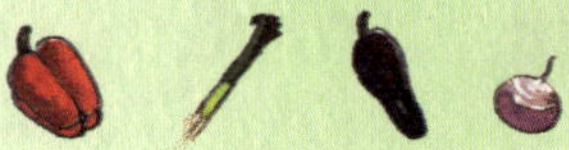

Pour 4 personnes

2 beaux pâtissons
2 gousses d'ail émincées
1 oignon émincé
Sauce de soja
Poivre
2 cuillères à soupe d'huile d'olive
25 cl de crème de soja
50 g de noix de cajou grossièrement hachées
Persil haché

Si les pâtissons sont très jeunes, inutile d'enlever la peau. Il suffit de bien les laver. Mais il faut les peler s'ils sont trop durs. Détaillez-les en tranches fines.

Dans une cocotte, faites revenir l'oignon dans l'huile, et ajoutez-y les tranches de pâtisson. Incorporez la sauce de soja, poivrez. Laissez cuire à feu très doux environ une heure (vérifiez la cuisson : c'est parfois moins long).

Disposez le tout dans un plat à gratin graissé, et versez la crème. Recouvrez avec les noix de cajou et le persil hâché.

Mettez à dorer à four chaud (200° thermostat 6–7) une quinzaine de minutes.

Pâtisson est un mot provençal désignant un gâteau cuit dans un moule au bord festonné, ressemblant à cette petite courge.
Le pâtisson se nomme également "artichaut de Jérusalem" : sa saveur rappelle effectivement celle de l'artichaut. Vous pouvez aussi le trouver sous les noms de "Bonnet d'électeur", "Bonnet de prêtre", "Couronne impériale", "Arboufle d'astrakan" et "Courge du Congo". Il est cultivé dans des régions plutôt chaudes.

Le pâtisson est plus tendre et goûteux quand son diamètre n'excède pas 8 à 10 cm. C'est un légume hypocalorique et très digeste.

Poireaux au fromage de chèvre

Pour 4 personnes

12 poireaux débités en rondelles
3/4 de litre de lait végétal
5 cuillères à soupe de farine bise ou complète
1 tomme de chèvre fraîche émiettée (environ 250 g)
50 g de raisins secs
1 cuillère à soupe de ciboulette
Sel, poivre

Faites cuire les poireaux à la vapeur.

Pendant ce temps, mettez la farine dans une casserole et délayez-la à froid avec le lait, puis faites cuire à feu doux jusqu'à épaississement.

Ajoutez la tomme, les raisins, les poireaux.

Salez, parsemez de ciboulette et servez sans tarder.

Variante :

Vous pouvez aussi verser cette préparation dans un plat à gratin graissé, saupoudrer de comté et faire gratiner 10 minutes à four chaud (210° thermostat 7).

Au VIe siècle, lors d'une bataille contre les Saxons se déroulant dans un champ de poireaux, Saint David, le patron des Gallois, aurait ordonné à ses soldats d'arborer un de ces légumes comme signe de reconnaissance.

La victoire ayant souri, le poireau devint l'emblème du Pays de Galles, et le 1er mars de chaque année, pour le St David's Day, les patriotes gallois sont fiers d'afficher cet emblème.

Poireaux en fondue

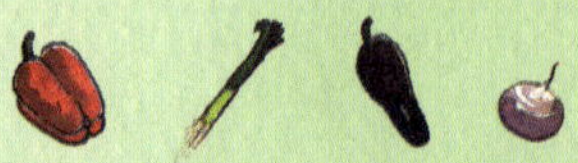

Pour 6 personnes

2 kg de poireaux coupés en rondelles d'environ 1 cm
3 cuillères à soupe d'huile d'olive
20 cl de vin blanc
20 cl d'eau
Tamari
Sel, poivre
2 cuillères à café de curry
4 cuillères à soupe de crème de soja
Persil ou ciboulette

Faites chauffer l'huile dans une cocotte et jetez-y les poireaux. Faites dorer en remuant bien.

Au bout de 5 minutes, ajoutez le vin blanc et l'eau additionnée de tamari. Poivrez.

Laissez frémir doucement à couvert pendant 20 à 30 minutes. Il ne doit quasiment plus rester de liquide. Ajoutez alors le curry et la crème, et servez bien chaud.

Le mot curry est l'anglicisation du mot kari signifiant "sauce aux épices" en langue tamoul. Dans le nord de l'Inde, on parle plutôt de massala. Le garam massala, qui veut dire "chaud mélange" en hindi, est une recette typique de cette région septentrionale.

Le curry est un mélange d'herbes aromatiques et d'épices torréfiées et broyées au pilon, dont les ingrédients varient selon les régions et suivant les plats à accompagner. Le curry contient en général du sel, du gingembre, de l'ail, de l'oignon, de la coriandre, de la cardamome, du cumin, de la casse ou de la cannelle, du curcuma, du piment, du poivre noir, du fenouil, du fenugrec, mais cette liste n'est pas exhaustive. La saveur piquante est proportionnelle à la quantité de poivre et de piment. Le curry existe sous forme de poudre ou de pâte.

La recette, très ancienne, a environ 2500 ans. Lors des fêtes consacrées au dieu Shiva, toutes les familles se rendaient au temple pour apporter en offrande un plat de curry, que se partageaient le dieu et les prêtres. Vers l'an 0, fut rédigée la Bhagavad Gita, le livre le plus sacré de l'Hindouisme. Ce livre recommandait de ne pas absorber de curry, "nourriture sujette à éveiller les passions et l'humeur querelleuse", peu compatibles avec la quête de la sagesse … Bien que ce texte fût extrêmement vénéré, la tradition populaire était trop bien ancrée et le curry continue toujours à faire des dégustateurs heureux.

Le terme de curry a été répandu par les Britanniques durant la colonisation pour qualifier de manière globale les plats en sauce indiens, et il s'applique de nos jours dans toute l'Asie.

Poireaux en mousseline

2 kg de poireaux coupés en rondelles
200 cl de crème de soja
Le jus d'1 citron
Sel, poivre
Persil ou ciboulette

Pour 6 personnes

Faites cuire les poireaux à la vapeur, puis réduisez-les en purée (mixer ou presse-purée).

Versez cette préparation dans une casserole avec le jus de citron et laissez cuire à petit feu quinze minutes environ pour l'épaissir légèrement.

Salez, poivrez, incorporez la crème en battant vivement le tout à la fourchette.

Servez rapidement, saupoudré de persil ou de ciboulette.

Le vrai poivre

Le poivrier est un arbrisseau tropical grimpant, originaire de la côte de Malabar en Inde, dont les baies se présentent en grappes. En mûrissant, les fruits évoluent du vert au brun en passant par le rouge, ce qui donne les différentes couleurs du poivre, car les baies sont ramassées et séchées à des stades différents. Le Piper Nigrum, du Sanskrit Pippali, est la seule espèce à pouvoir prétendre au titre de "poivre" en France.

On trouve dans le commerce plusieurs variétés de ce "Roi des épices".
- Le poivre "noir" est récolté avant maturité et mis à sécher immédiatement. Son goût est le plus relevé.
- Le poivre "blanc", ou "poivre de Singapour" est extrait de la graine mûre. Ses baies rouges sont trempées et décortiquées, et son goût est plus doux.
- Le poivre "vert" est obtenu en récoltant des graines vertes mises en saumure. C'est le poivre le plus parfumé.
- Le poivre "long" est un poivre spécifique (Piper Longum) cultivé en Inde. Récolté avant maturité et séché au soleil, il est moins fort, avec un léger goût de cannelle. Ses fruits en forme de chatons sont difficiles à moudre et plutôt utilisés entiers. Ce fut le premier poivre connu en Europe.
- Le poivre "gris" est un mélange de poivre noir et de poivre blanc

Galette de pommes de terre

Pour 4 personnes

8 pommes de terre râpées et égouttées
1 gros oignon émincé
2 gousses d'ail
Sel, poivre, muscade, persil haché
1 œuf (ou 2 cuillères à soupe de purée d'amandes, ou 125 g de tofu)
Huile d'arachide ou d'olive pour la cuisson

Dans une terrine, mélangez à la fourchette les pommes de terre, l'oignon, l'ail, l'assaisonnement et l'œuf.

Faites chauffer de l'huile dans une grande poêle, et étalez la préparation.

Cuisez à feu doux avec un couvercle le premier côté de la galette pendant une dizaine de minutes.

Faites glisser sur un plat, retournez la galette sur un autre plat.

Remettez un tout petit peu d'huile dans la poêle et glissez-y la galette pour faire dorer le deuxième côté, sans couvercle pour que le dessus reste croustillant.

Servez bien chaud avec une salade verte.

Les faux poivres

Il existe d'autres sortes de "poivres" qui n'en sont pas réellement.
- Le "cubèbe" ou "poivre à queue" qui agrémente surtout les cuisine asiatique, océanienne et maghrébine. Il entre dans la composition du mélange ras-el-hanout. Il est moins fort et plus amer que le poivre noir, et sa saveur se rapproche de celle du piment de Jamaïque.
- Le "poivre de Sichuan" provient d'un cousin épineux du frêne. Sa baie très parfumée, boisée et citronnée, entre dans la composition du "cinq parfums" chinois. Son harmonie avec le gingembre est parfaite.
- Le "poivre de Setchuan" est en fait du piment fort grillé et moulu. Il est parfois mélangé à du véritable poivre.
- Le "poivre de Jamaïque" a des saveurs de girofle, cannelle, muscade et poivre noir. Il est extrait des graines d'un arbre poussant dans les Caraïbes et en Amérique Centrale appelé pimenta. On l'appelle également "poivre giroflée" ou "toute-épice". Ne le confondez pas avec la préparation "4 épices", qui mélange effectivement 4 ou 5 aromates différents (poivre, girofle, muscade, gingembre et parfois cannelle).
- Le "poivre de Cayenne" est un piment séché en poudre, extrêmement relevé.
- Le "poivre rose" ou "rouge" ou "faux poivre" ou "poivre brésilien" ou "poivre d'Amérique" ou "café de Chine" est issu du Schinus Molle, un arbre d'Amérique du Sud, cousin du pistachier. Cette dénomination n'est plus autorisée en France : on doit parler de "baies roses de Bourbon" ou "baies roses de la Réunion". Ces baies à la saveur douce, d'abord sucrée, puis chaude et piquante, poivrée et anisée, sont souvent mélangées à du vrai poivre. Les Indiens en faisaient du miel, du vinaigre et s'en servaient dans leur pharmacopée : boisson contre les problèmes urinaires, solution contre la gale, solution cicatrisante. Mais il semblerait qu'elles soient toxiques prises en grande quantité.

Galette de pommes de terre au comté

Pour 4 personnes

8 pommes de terre râpées et égouttées
1 gros oignon émincé
Sel, poivre, muscade, persil haché
200 g de comté râpé
Huile d'arachide ou d'olive pour la cuisson

Dans une terrine, mélangez à la fourchette les pommes de terre, l'oignon et l'assaisonnement.

Faites chauffer de l'huile dans une grande poêle, et étalez la moitié de la préparation.

Recouvrez d'une couche de comté, puis versez le reste de la préparation. Étalez bien jusque sur les bords.

Posez un couvercle et faites cuire le premier côté de la galette à feu doux, pendant une dizaine de minutes.

Glissez la galette sur un plat, retournez-la sur un autre plat.

Remettez un tout petit peu d'huile dans la poêle et déposez la galette pour faire dorer le deuxième côté, sans couvercle pour que le dessus reste croustillant.

Servez bien chaud avec une salade verte.

Le poivre : un peu d'histoire…

Les épices furent un moteur de l'histoire. Appréciées dans la gastronomie et utiles dans les pharmacopées, peu encombrantes et de bonne conservation donc faciles à transporter, les épices servaient surtout de monnaie d'échange. D'abord véhiculées par les marchands nomades au cours de longs et périlleux voyages, elles attisaient la convoitise en raison de leur cherté. C'est d'ailleurs une des raisons pour lesquelles Alexandre le Grand mena ses conquêtes jusqu'à l'Indus. On pense même que l'expression "payer en espèces" viendrait de "payer en épices".

À ce titre, le poivre était particulièrement prisé. Il fut par exemple adopté d'emblée par les Romains, qui le mélangeaient à du genièvre pour parfumer certains plats modestes, ou qui l'utilisaient pur afin de masquer le goût des viandes faisandées… Lorsqu'en 410 le roi des Wisigoths Alaric Ier pilla la ville de Rome, il ajouta à son faramineux butin entre 3000 et 5000 livres (selon les sources) de poivre.
Cette épice constituait même souvent la récompense offerte aux soldats valeureux. Les marchands arabes et persans vendaient le poivre à des prix prohibitifs et leur monopole dura longtemps. Les taxes prélevées enrichissaient les pouvoirs en place, rendant les épices inabordables pour le commun. Puis Venise, en développant sa flotte lors des croisades, devint le centre richissime du négoce européen des épices.

Gâteau de pommes de terre

Pour 4/5 personnes

250 g de farine bise
1/2 sachet de levure
Sel, poivre, muscade, persil haché ou herbes de Provence
100 g de beurre fondu ou 2 dl d'huile d'olive
1 gros oignon émincé
3 ou 4 pommes de terre râpées
50 g de comté râpé
1 œuf
2 cuillères à soupe de lait végétal
Huile d'arachide ou d'olive pour la cuisson

Mettez tous les ingrédients dans une terrine et mélangez bien avec une fourchette.

Faites chauffer de l'huile dans une grande poêle, et étalez la préparation.

Posez un couvercle et faites cuire le premier côté du gâteau à feu doux, pendant une dizaine de minutes.

Glissez le gâteau sur un plat, retournez-le sur un autre plat.

Remettez un tout petit peu d'huile dans la poêle et déposez le gâteau pour faire dorer le deuxième côté, sans couvercle pour que le dessus reste croustillant.

Servez bien chaud avec une salade verte.

Le poivre : un peu d'histoire… (suite et fin)

Lorsque l'empire ottoman coupa le chemin terrestre vers l'Asie en 1453, ce qui marqua la fin du Moyen-Âge, on chercha une "nouvelle route des Indes" afin de contourner ce blocus. Des expéditions furent montées pour trouver des itinéraires maritimes vers cette lointaine contrée : Christophe Colomb, Vasco de Gama ou Magellan, à bord de leurs navires explorateurs, ouvrirent la voie des futures colonies sous joug européen…
Mais le monopole persistait, dominé par les Hollandais alors rois des mers, et le poivre était toujours aussi cher, réservé à la haute société qui en raffolait.
Au XVIIIe siècle, un botaniste explorateur lyonnais au nom prédestiné de Pierre Poivre, se prit de passion pour le négoce des épices après s'être essayé à la prêtrise missionnaire. Ses nombreuses aventures en Asie et dans l'océan indien le rendirent célèbre, au point d'être nommé intendant de l'île de France (actuelle île Maurice) et de l'île Bourbon (actuelle île de la Réunion), qu'il tenait pour d'excellentes terres à épices et dont il voulait favoriser le développement. Il commença par implanter des plants de muscadier et de giroflier qu'il fit dérober au prix de maints dangers aux Hollandais, détenteurs jaloux de ce monopole qu'il avait déjà vainement tenté de briser 20 ans auparavant. Puis il introduisit beaucoup d'autres cultures, comme l'avocat, le letchi, l'arbre à pain, la cannelle, l'anis étoilé, et bien sûr le poivre.
L'augmentation de la production et l'abolition du monopole rendit le poivre moins cher pour les Français, qui en firent bientôt un ingrédient omniprésent dans leur cuisine.

Pommes de terre à la tome de brebis

Pour 4 personnes

1 kg de pommes de terre à chair ferme (type Charlotte) pelées
2 oignons émincés
2 gousses d'ail écrasées
4 cuillères à soupe d'huile d'olive ou d'arachide
Sel, poivre
100 g de tome de brebis râpée finement
Ciboulette

Faites chauffer l'huile dans une cocotte, et faites-y dorer les oignons et l'ail.

Ajoutez les pommes de terre coupées en rondelles, laissez bien dorer des deux côtés. Puis couvrez et laissez mijoter 10 à 15 minutes en remuant fréquemment.

Salez et poivrez.

Au moment de servir, éparpillez sur le dessus le fromage et la ciboulette. Laissez juste fondre et dégustez immédiatement.

C'est excellent avec de la choucroute (non garnie !), dont le goût est alors bien mis en valeur.

La pomme de terre est originaire des Andes, où les Indiens l'appelaient papa. Arrivée en Europe dans les cales des galions des Conquistadores, elle s'implanta assez rapidement en Espagne (en Andalousie, on l'appelle toujours papa) ainsi que dans les pays du Nord et de l'Est. Mais en France, son entrée fut très discrète : trop facile à cultiver, non citée dans la Bible, souterraine et peut-être toxique comme d'autres solanacées, la "cartoufle", comme on disait à cette époque, était considérée comme un "fruit du diable" à réserver au bétail.

Il fallut attendre la venue d'Antoine-Augustin Parmentier pour que l'histoire d'amour entre la pomme de terre et les Français débute réellement. Le jeune pharmacien aux armées avait été conquis par les qualités nutritives de ce tubercule durant sa captivité en Prusse. De retour en France, il entreprit une campagne d'information en publiant plusieurs ouvrages, afin de vulgariser la culture de ce végétal nourrissant, à même d'être une solution de remplacement en temps de disette. Ce jeune homme malin s'adressa directement au roi Louis XVI. Il lui présenta cette nouvelle plante en lui en offrant quelques branches fleuries. Il obtint alors l'autorisation d'en planter 2 hectares dans la plaine des sablons, où s'étend actuellement la ville de Neuilly. Pour attirer l'attention de la population, les champs furent placés ostensiblement sous la protection de l'armée, mais uniquement le jour. Les gens pensèrent que cela devait être une bien précieuse culture puisque la soldatesque veillait ! Alors, la nuit, on venait chaparder un peu du trésor enterré… Aucune maladie ne se déclarant, les pillards mangeurs de pommes de terre en assurèrent eux-mêmes la publicité.

Puis vint 1789, la grande famine où la cartoufle rendit de grands services, et depuis, la pomme de terre trône en bonne place dans l'alimentation française.

Péla

Pour 6 personnes

1 kg de pommes de terre à chair ferme (type Charlotte) coupées en petits dés
2 gros oignons émincés
4 cuillères à soupe d'huile d'arachide
Sel, poivre
1 reblochon bien crémeux

Dans une sauteuse ou une cocotte, faites dorer les oignons et les pommes de terre dans l'huile, puis laissez cuire doucement en remuant fréquemment. Au bout de 25 minutes environ, salez et poivrez.

Enlevez la croûte de reblochon, coupez-le transversalement et recouvrez les pommes de terre.

Mettez un couvercle et laissez fondre le fromage. Vous pouvez aussi passer le plat au four (position gril) pour faire dorer le dessus. Vous obtiendrez alors une péla croustillante.

Servez immédiatement avec une bonne salade verte à l'ail.

Ce plat délicieux est à déconseiller formellement pour un dîner léger !

Savez-vous que le reblochon est un fraudeur ?

Ce fromage crémeux est fabriqué dans la vallée de Thônes en Haute-Savoie depuis le XIIIe siècle. Les fermiers devaient payer aux propriétaires des alpages des loyers proportionnels à la production de lait. Pour abaisser leurs charges, ils avaient recours à un stratagème astucieux : ils trayaient les vaches de manière incomplète puis, une fois le bailleur hors de vue, ils terminaient la traite, dont le lait était beaucoup plus riche et plus gras. Pour cacher cette production illicite, on fabriquait aussitôt un fromage pour la consommation familiale. Ce fromage fut appelé reblochon, car en patois savoyard blocher veut dire "pincer le pis de la vache" et donc re-blocher signifie "pincer une seconde fois".
Le reblochon bénéficie d'une AOC depuis 1958. Il est fabriqué principalement dans le massif des Aravis. Le lait provient exclusivement de vaches de race Abondance, Tarine et Montbéliard, nourries d'herbe dans les alpages en été et de foin dans les étables en hiver.
Le reblochon fermier est fabriqué à la ferme avec le lait d'un seul troupeau, 2 fois par jour, juste après la traite. Il porte une pastille de caséine verte.
Le reblochon laitier (groupement de plusieurs producteurs) ou fruitier (groupement des producteurs d'un même village) est fabriqué 1 fois par jour, avec le lait de plusieurs troupeaux. Il porte une pastille de caséine rouge.
C'est un fromage au lait cru, à pâte légèrement pressée, affiné entre 2 et 4 semaines, très digeste. Sa croûte safranée est recouverte d'une fine mousse blanche qui indique un affinage de qualité. Rejetez les croûtes dures, craquelées ainsi qu'une odeur forte ou acide. La pâte doit être tendre mais pas coulante.
Le reblochon est emballé dans un papier adapté, avec une fine rondelle d'épicéa pour réguler l'humidité et poursuivre l'affinage. Conservez-le dans ce papier, dans le bas de votre réfrigérateur, et savourez-le à une température d'environ 16°C. La meilleure période de dégustation se situe en été et en automne, quand le lait est tout fleuri des parfums d'alpages.
Il existe un reblochon fabriqué avec du lait de chèvre. Il se nomme "chevrotin", et c'est une pure merveille !

Ragoût de pommes de terre aux olives

Pour 4 personnes

1 kg de pommes de terre à chair ferme (type Charlotte) coupées en 4
2 oignons émincés
3 gousses d'ail hachées
80 g d'olives noires dénoyautées
2 cuillères à soupe de farine bise ou complète
1/2 litre d'eau
2 cuillères à soupe d'huile d'olive
Sauce de soja
Thym, 1 feuille de laurier-sauce, muscade
Persil haché

Dans une cocotte, faites revenir les oignons dans l'huile. Ajoutez les pommes de terre et l'ail, et laissez dorer quelques minutes en remuant fréquemment.

Saupoudrez de farine, remuez vigoureusement, puis incorporez l'eau, le condiment, les olives, la muscade, le thym et le laurier.

Laissez mijoter à feu doux environ 30 minutes.

Saupoudrez de persil au moment de servir.

C'est un plat original et savoureux !

Originaire d'Asie Mineure et d'Europe méridionale, le laurier-sauce est un arbre pouvant atteindre 6 mètres de haut, donnant de petites fleurs jaunes et possédant un feuillage rigide, vert sombre et brillant très aromatique. Il a besoin de soleil et on le trouve en France surtout sur le pourtour méditerranéen et sur le littoral du sud-ouest. Attention à ne pas le confondre avec ses cousins toxiques, le laurier-rose et le laurier-cerise, aux feuilles vert pâle et aux fleurs abondantes très odorantes, blanches, roses ou fuchsia.

Dans l'Antiquité gréco-romaine, il fut surnommé "laurier noble" ou "laurier d'Apollon". Plante sacrée dédiée à ce dieu, interdite aux profanes, elle servait à des fins divinatoires. Des couronnes de laurier honoraient les poètes et les vainqueurs. La langue française s'en souvient, d'ailleurs. On dit bien "ne pas s'endormir sur ses lauriers" ! De même, le mot "baccalauréat" évoque la remise aux docteurs en médecine de laurier à baies (du latin Bacca Laureus) qui marquait la réussite de leurs études.

Le laurier-sauce est l'un des composants du bouquet garni. Laissez-en macérer une feuille dans une bouteille d'huile ou de vinaigre pour la parfumer discrètement. En Afrique du Nord, les Bédouins l'utilisent même pour parfumer leur café !

Gratin d'aubergines

Pour 6 personnes

4 belles aubergines
2 gros oignons émincés
4 gousses d'ail hachées
6 tomates coupées en dés
2 cuillères à soupe de basilic haché
2 cuillères à soupe de persil haché
1 cuillère à soupe d'origan
Sel, poivre
Levure alimentaire
Pignons de pin

Lavez les aubergines, coupez-les en 4 dans le sens de la longueur, et débitez ces tronçons en tranches épaisses.

Dans une sauteuse, faites fondre les oignons et l'ail, puis ajoutez les tomates, les herbes, le sel et le poivre. Laissez mijoter quelques minutes pour que les tomates tombent en purée.

Disposez les aubergines dans un plat à gratin graissé, et recouvrez-les avec la sauce mijotée. Saupoudrez de levure alimentaire et de pignons de pin.

Faites cuire à four chaud à (190° thermostat 6–7) pendant 30 à 40 minutes.

L'aubergine (Solanum Melongena), est une solanacée originaire de l'Inde, aux formes et aux couleurs assez variées. Les Anglo-saxons en cultivaient une espèce ornementale donnant des petits fruits blancs en forme d'œuf, ce qui valut à l'aubergine son nom anglais de eggplant. L'aubergine demande de la chaleur, car sa croissance est stoppée en dessous de 12°C, et il faut la cueillir avant sa pleine maturité, sinon sa chair devient amère.

Le mot "aubergine" est dérivé de l'arabe albadindjan. En effet, grâce aux grandes caravanes arabes, l'aubergine s'impose au Moyen-Orient, charme l'Afrique du Nord, puis conquiert l'Espagne, l'Italie et la Grèce. Dans tous ces pays, elle devient une pièce maîtresse de la gastronomie. Mais en France, elle inspire la plus grande méfiance, comme la tomate et la pomme de terre, car la famille inquiétante des solanacées comprend aussi la belladone et la mandragore, dangereuses "plantes de sorcières". Sa forme phallique, qui inspire aux Provençaux l'appellation de Vié d'aze ("vit d'âne"), en rajoute encore dans le sulfureux et le diabolique. Le botaniste allemand Leonhart Fuchs déclare ainsi gravement : "Le nom seul d'aubergine doit effrayer ceux qui ont souci de leur santé". Les médecins l'accusent de provoquer fièvres et crises d'épilepsie. On l'affuble du sobriquet de "Pomme de Sodome", on lui décerne le titre de "plante des fous", et le grand naturaliste Carl von Linné l'étiquette officiellement du nom latin de Solanum (= "morelle", autre nom pour "solanacée") Insanum ou Mala Insana, ce qui veut dire pomme malsaine, folle. Elle est juste utilisée comme plante décorative ou à la rigueur en cataplasme. Mais voilà que Louis XIV en personne s'intéresse à cette plante originale aux fruits dodus d'un beau violet, et demande à son jardinier de la cultiver. Petit à petit, on y prend tout de même goût, et l'aubergine finit pas se faire un (petit) nom en France vers 1750. De Solanum Insanum elle devient Solanum Melongena, morelle apaisante. Elle n'apparaît sur les marchés parisiens que vers 1825 et n'est jamais devenue depuis un légume de grande consommation dans notre pays.

Gratin d'automne

Pour 6 personnes

1,5 kg de potimarron avec sa peau coupé en dés
500 g de châtaignes cuites
4 oignons émincés
4 gousses d'ail émincées
4 pommes acides coupées en tranches
Huile d'olive
Tamari
Sel, poivre
Muscade, piment doux
25 cl de crème de soja
Pignons de pin

Faites cuire les dés de potimarron environ 20 à 30 minutes à la vapeur jusqu'à ce qu'ils soient bien tendres.

Dans une poêle, faites dorer les oignons et l'ail dans l'huile d'olive.

Dans une sauteuse, faites revenir à feu vif les tranches de pommes dans l'huile d'olive.

Écrasez grossièrement le potimarron au presse-purée, assaisonnez avec le tamari, le sel, le poivre, la muscade et le piment doux. Incorporez la crème de soja.

Dans un plat à gratin huilé, versez la moitié du potimarron, puis disposez par-dessus les oignons, puis les pommes, les châtaignes, et le reste du potimarron. Saupoudrez de pignons de pin et arrosez d'un filet d'huile d'olive.

Faites cuire à four chaud (200° thermostat 6-7) pendant 1/2 heure.

Chauds les marrons !… ou les châtaignes ?

Dans leur bogue hérissée de piquants, marron et châtaigne sont tous deux fruits d'un châtaignier (famille des fagacées genre Castanea), mais pas tout à fait de la même espèce de châtaignier.
Les châtaignes sont serrées à trois amandes dans une bogue. Elles ont assez petites, de forme irrégulière et s'émiettent à la cuisson. Elles poussent sur les châtaigniers sauvages.
Le marron quant à lui prend ses aises tout seul dans son enveloppe. Il devient charnu et bien joufflu. Lorsque sa peau est enlevée, il reste entier, ce qui en fait le candidat idéal pour la confiserie. Il pousse sur des châtaigniers cultivés et sélectionnés, ce qu'on nomme castanéïculture.

Et l'autre marron, celui que nous ramassons sur les trottoirs de nos villes en automne ? C'est le marron d'Inde, fruit du marronnier éponyme (famille des hippocastanacées), d'ailleurs originaire non pas d'Inde mais de Turquie ! Même s'il est gros, beau et brillant, ne le mangez pas, il n'est pas comestible. Tout juste sert-il à la pharmacopée pour soulager varices et hémorroïdes…

En Asie, la gastronomie donne une place importante à une autre châtaigne, la châtaigne d'eau, dont la saveur rappelle celle du maïs. Il s'agit en fait du bulbe d'une plante aquatique poussant dans des eaux peu profondes, qui est d'ailleurs souvent cultivée dans les rizières.

Gratin de pommes de terre

Pour 6 personnes

1,5 kg de pommes de terre à chair ferme (type Charlotte)
4 poireaux
2 oignons
2 gousses d'ail coupées en 2
150 g de comté râpé
1 litre de crème de soja (ou de lait végétal, mais ce sera moins onctueux)
Sel, poivre, 1 cuillère à café de muscade
Huile pour graisser le plat

Frottez d'ail le fond et le tour du plat, puis graissez-le.

Coupez les pommes de terre pelées, les oignons et les poireaux en tranches fines.

Déposez une couche d'oignons, une couche de pommes de terre, une couche de poireaux, assaisonnez, recouvrez d'un peu de comté, puis recommencez jusqu'à épuisement des ingrédients, en terminant par une couche de fromage.

Versez le lait.

Cuisez à four assez chaud (180° thermostat 6) pendant 1 heure 30 à 2 heures.

Servez avec une salade verte bien relevée.

Depuis la nuit des temps, les hommes ont eu recours aux vertus et "pouvoirs" plus ou moins avérés de l'ail.

Lors de la construction des grandes pyramides d'Egypte, les centaines de milliers d'esclaves qui se tuaient à la tâche étaient abondamment sustentés en ail, censé leur donner force et endurance au labeur.

Au Moyen-Âge, pour ne pas être contaminés pendant les épidémies, les médecins se couvraient le visage avec un masque de cuir muni d'un long nez, enduit d'une mixture à base d'ail, bon antiseptique, et d'herbes aromatiques protectrices.

Les mauvais esprits de tout poil semblaient avoir la même terreur de l'ail. En sanskrit, ail se dit bhûtagna, ce qui signifie "tueur de monstres". Pour les Chinois, il éloignait l'œil du diable. Le roi d'Ithaque Ulysse utilisa de l'ail doré pour empêcher la magicienne Circée de transformer ses hommes en cochons. À l'époque médiévale, on mettait des tresses d'ail autour du cou des enfants pour les défendre contre les sorcières. Dans toute l'Europe, l'ail était réputé faire fuir les vampires.

Gratin merveilleux d'hiver

Pour 4/5 personnes

1 potimarron avec sa peau coupé en tout petits morceaux
8 à 10 côtes de bettes avec leurs feuilles, grossièrement hachées
3 cuillères à soupe d'huile d'olive
3 beaux oignons
6 gousses d'ail hachées
250 g de champignons lavés et émincés
Sel, poivre, piment doux
Sauce de soja
Une trentaine de châtaignes cuites
1 litre de sauce béchamel (moitié lait végétal / moitié bouillon ou eau de cuisson des légumes)
Panure : 4 biscottes + 1 poignée de noisettes + 1 poignée d'amandes

Faites cuire à la vapeur le potimarron avec les bettes pendant environ 25 minutes.

Pendant ce temps, faites revenir dans une cocotte les oignons et l'ail dans l'huile pendant 5 minutes, puis ajoutez les champignons. Laissez dorer et cuire jusqu'à ce que l'eau rendue par les champignons soit évaporée.

Ensuite, versez potimarron et bettes dans la cocotte de champignons et assaisonnez.

Préparez la béchamel.

Préparez la panure en mixant les biscottes, les amandes et les noisettes.

Dans un plat à gratin, versez les légumes et recouvrez-les avec les châtaignes émiettées.

Nappez généreusement de béchamel et recouvrez d'une couche de panure. Ajoutez un filet d'huile d'olive.

Faites cuire à four chaud (200° thermostat 6-7) pendant 45 minutes.

La châtaigne est un fruit fragile qui supporte mal le transport. Préférez les variétés qui poussent près de chez vous, bien adaptées au climat local. Les châtaignes importées ont en général été traitées avec des produits chimiques pour ne pas être gâtées à l'arrivée. Du coup, le consommateur lui non plus n'est pas gâté…

Très nourrissante, la châtaigne a tenu une grande place dans l'alimentation des hommes et des bêtes de certaines régions plutôt pauvres, comme la Corse, le Massif Central et les Cévennes, le Massif Armoricain. Sa richesse nutritive supérieure aux céréales lui a même valu le surnom d'"arbre à pain". Les recettes traditionnelles sucrées ou salées à base de châtaigne ou de farine de châtaigne sont innombrables. Il est par ailleurs amusant de noter que la châtaigne était signe de ruralité miséreuse, alors que, sous le nom de marron et trônant sur la table des citadins, elle était une marque de richesse !

Moussaka “à la Brigitte”

Pour 6 personnes

3 belles aubergines
200 g de soja texturé
100 g de boulghour
4 tomates pelées
1 oignon
1 gousse d'ail
150 g de comté
Huile d'olive
Sel, poivre, paprika, persil
1/2 litre environ de sauce béchamel

Coupez les aubergines en tranches fines dans le sens de la longueur et faites-les dégorger dans du sel fin pendant 30 minutes. Elles absorberont ainsi moins de graisse. Puis farinez-les très légèrement et faites-les revenir dans l'huile 1 à 2 minutes sur chaque face. Salez et poivrez.

Réhydratez le soja et mettez-le à cuire ainsi que le boulghour dans de l'eau bouillante salée (1 volume pour 2 volumes d'eau) pendant 7 minutes (vérifiez les indications sur le paquet). Puis couvrez et laissez gonfler hors du feu.

Coupez l'oignon en rondelles, hachez l'ail, et faites-les revenir dans un peu d'huile.

Coupez les tomates en tranches.

Huilez un plat à gratin et tapissez d'une couche d'aubergines, puis déposez une couche de boulghour + soja, puis une couche de tomates et saupoudrez de comté, d'ail et d'oignon. Renouvelez cette opération et nappez de sauce béchamel.

Mettez à four chaud (190° thermostat 6-7) pendant 30 minutes, et saupoudrez de persil haché et de paprika juste avant de servir.

Emblème de la cuisine grecque, la moussaka n'en est pas moins un plat traditionnel de tout le Moyen-Orient et de la région des Balkans. Les premières recettes de moussaka, très anciennes, font déjà partie de la gastronomie arabo-persane. D'ailleurs, l'appellation "moussaka" est à l'origine un mot turc, musakka. La recette varie selon la région et les produits locaux.

En Bulgarie, les rondelles d'aubergines sont remplacées par des dés de pommes de terre. En Arménie, le plat est parfumé à la cannelle. Parfois, il n'y a pas de béchamel ou bien elle peut être remplacée par une pâte à crêpes très liquide. Au Liban, elle n'est pas gratinée, mais agrémentée de citron, de menthe et d'ail cru, et souvent savourée froide.

Purée de brocolis

Pour 6 personnes

2 kg de brocolis
Le jus de 2 citrons
25 cl de crème de soja
125 g de comté râpé
Sel, poivre, muscade
Huile d'olive
3 biscottes écrasées
Graines : tournesol, sésame, pignons de pin…

Détaillez les têtes des brocolis en bouquets et les tiges en rondelles. Faites-les cuire à la vapeur une vingtaine de minutes, jusqu'à ce qu'ils soient bien tendres.

Mettez les brocolis dans un saladier, arrosez-les de jus de citron et écrasez-les au presse-purée. Incorporez la crème, le comté, le sel, le poivre et la muscade.

Versez le tout dans un plat à gratin graissé. Saupoudrez avec les biscottes écrasées et les graines, et arrosez d'un filet d'huile d'olive.

Cuisez à four assez chaud (180° thermostat 6) pendant 20 à 30 minutes.

Vous pouvez vous passer du comté et de la panure. Le plat sera plus léger et tout de même très bon.

Variante encore meilleure :

Remplacer les biscottes et les graines par des noix de cajou grossièrement hachées et arrosées d'un léger filet d'huile d'olive…

Choisissez votre brocoli d'un beau vert foncé avec des bouquets fermés très serrés, gardez-le au frais et consommez-le rapidement. Quand il jaunit, c'est que ses inflorescences fleurissent, ce qui se produit rapidement lorsqu'il reste à température ambiante.

Le brocoli est une variété de chou-fleur cultivée depuis longtemps près de la Méditerranée. D'après les recettes du gastronome Apicius, les Romains en mangeaient déjà sous le nom de cyma, cité aussi par Pline l'Ancien. Les Italiens le mirent très tôt à l'honneur dans leur cuisine. D'ailleurs sa dénomination chantante à consonance bien transalpine ne change pas quand il traverse les frontières : les broccoli (broccolo au singulier), signifiant "pousses de chou" en italien, sont devenus français (en perdant un "c"), anglais, hollandais, espagnols, allemands (avec deux "k")… Ils ont gagné les Etats-Unis avec les cohortes de migrants italiens où ils sont devenus le légume préféré des Américains.

En France, le brocoli a fait une entrée discrète au début du XVIe siècle dans les bagages de Catherine de Médicis, sous le nom d'"asperge italienne". Ce n'est que très récemment, à partir des années 1980, qu'il s'est vraiment fait une place sur nos tables.

Soufflé de potimarron

Pour 6 personnes

1 potimarron avec sa peau coupé en petits morceaux
2 oignons émincés
300 g de comté râpé
Huile d'olive
Sel, poivre, muscade
Levure de bière
Sauce de soja
8 œufs, jaunes et blancs séparés
Graines de sésame ou chapelure

Faites cuire le potimarron à la vapeur jusqu'à ce que sa peau soit tendre (environ 20 à 30 minutes).

Pendant ce temps, faites blondir les oignons dans l'huile à feu doux.

Écrasez le potimarron au presse-purée. Ajoutez les oignons, le comté et tout l'assaisonnement, ainsi que les 8 jaunes d'œufs.

Montez les 8 blancs d'œufs en neige ferme que vous incorporerez délicatement à la purée de potimarron.

Versez dans un grand plat à soufflé graissé et saupoudrez de graines de sésame.

Faites cuire à four chaud (210° thermostat 7) pendant environ 45 minutes.

Bien utile dans la cuisine, l'œuf l'est aussi pour imager certaines expressions.

"Tondre un œuf" est synonyme d'avarice.

"Marcher sur des œufs" indique une situation délicate où il faut agir prudemment.

"Etre plein comme un œuf" c'est être totalement repu ou complètement ivre.

En Belgique, "j'ai un oeuf à peler avec toi" veut dire "j'ai un compte à régler avec toi, nous devons en parler".

Au Bénin, "avoir l'oeuf colonial", c'est avoir un gros ventre à force d'alcool et d'oisiveté. Ce qui était bien sûr l'apanage des hommes blancs qui vivaient avec profit depuis quelques années dans les colonies.

Terrine d'épinards

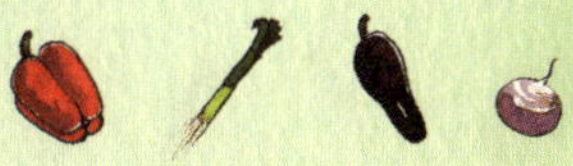

Pour 6 personnes

1,5 kg d'épinards
3/4 de litre de sauce béchamel
100 g de comté râpé
1 cuillère à soupe de moutarde au citron
Sel
Petits croûtons frits à l'huile d'olive

Épinards frais : faites-les cuire à l'étouffée 15 minutes environ et réduisez-les en purée.

Épinards surgelés : desséchez-les directement à la poêle.

Salez la purée d'épinards et versez-la dans un plat à gratin graissé ou dans des terrines individuelles.

Préparez la béchamel, ajoutez-lui la moutarde et recouvrez-en les épinards.

Parsemez de croûtons et saupoudrez de comté.

Faites gratiner à four assez chaud (180° thermostat 6) pendant 20 minutes.

Comme l'épinard aime les climats tempérés, on en trouve toute l'année sur les étals français. Au printemps, il est produit en Bretagne et en Ile-de-France, en automne dans ces mêmes régions ainsi que dans le Nord et en Picardie, et en hiver c'est en Provence qu'il est récolté. Et l'été ? L'épinard n'aime pas beaucoup la chaleur… Il est alors souvent remplacé par une plante très voisine moins sensible, la tétragone cornue, commercialisée sous le nom d'"épinard d'été" ou "de Nouvelle-Zélande".

Dans la série "idées reçues"… Le fer et l'épinard
L'épinard contient effectivement du fer mais en quantité relativement négligeable, et sa réputation dans ce domaine est largement surfaite. Elle provient d'une erreur de transcription des premiers dosages, qui multiplia le résultat par 10… Et cette bourde a été amplifiée, voire consacrée, par le célèbre personnage de Popeye, mangeur invétéré d'épinards en conserve, censé y puiser sa force herculéenne.

Tomates à la provençale

Pour 6 personnes

6 grosses tomates coupées en 2 horizontalement
4 biscottes complètes
5 gousses d'ail
2 cuillères à soupe de persil
Sel, poivre
Huile d'olive

Posez les demi-tomates dans un plat à four huilé en les calant les unes contre les autres.

Mixez ensemble les biscottes, l'ail, le persil. Salez, poivrez. Recouvrez chaque demi-tomate de ce mélange et arrosez d'un très léger filet d'huile d'olive.

Mettez à cuire à four assez chaud (180° thermostat 6) pendant 20 à 30 minutes.

Pour la saveur, préférez le persil plat, mais pour la décoration, rien de mieux que le persil frisé.

Si le persil est excellent pour l'être humain, ce n'est pas le cas pour de nombreux oiseaux. Ne donnez pas de graines de persil à vos perruches, elles n'y survivraient pas !

Dans la Grèce Antique, le persil était utilisé lors des rites funéraires. Les Romains quant à eux en mangeaient de grandes quantités pour masquer les odeurs alcoolisées post-orgiaques.

Mais jusqu'au Moyen Âge, le persil servait plus de plante médicinale que d'aromate. On le recommandait dans les pathologies rénales et hépatiques, et il était reconnu comme diurétique et tonifiant général.
Le botaniste Nicholas Culpeper recommandait d'ailleurs aux Anglais de ne pas trop consommer de persil, son pouvoir stimulant et aphrodisiaque risquant de les égarer hors de la bonne observance religieuse… Les Anglais ne devaient pas être les seuls sensibles à cette influence, car les bergers espagnols donnaient à leurs troupeaux des infusions de persil pour favoriser l'accouplement des moutons et des brebis hors des périodes de reproduction.

Variation sur fenouil et carotte

4 bulbes de fenouils
8 carottes
2 oignons roses
4 gousses d'ail
4 cuillères à soupe rases de miso
40 cl de crème de soja
1 pointe de couteau de curcuma et de cardamome, 2 pointes de couteau de 4 épices, un peu de cumin
80 g de noix de cajou
4 biscottes
Huile d'olive

Pour 4 personnes

Émincez tous les légumes, et faites-les cuire rapidement (5 à 10 minutes) à la vapeur avec assez peu d'eau. Déposez-les dans un plat à gratin.

Dans l'eau de cuisson, délayez le miso, puis ajoutez la crème et les épices. Versez sur les légumes.

Mixez les noix de cajou avec les biscottes, et recouvrez le plat de cette panure. Arrosez d'un léger filet d'huile d'olive, et faites cuire à four chaud (200° thermostat 6-7) 15 à 20 minutes.

La cardamome est originaire de la côte Malabar en Inde et de l'île de Ceylan. Elle se présente sous la forme de 3 graines protégées dans un fruit en forme de capsule. Mieux vaut l'acheter en gousses qu'en poudre, car elle conserve mieux sa saveur. Nécessitant une main d'œuvre importante, c'est une des épices les plus chères.
La cardamome verte est fine et très parfumée. Les grosses graines de la cardamome noire ont un arôme plus rustique. La cardamome blanche est à éviter, car elle est traitée au dioxyde de soufre et bien fade.
On la trouve dans tous les currys et masalas indiens, le thé Tchaï et les desserts orientaux. À la suite des Vikings et des croisades, elle est arrivée en Europe, fort appréciée pour parfumer les vins chauds et le pain d'épices. En outre, croquer des graines de cardamome élimine les odeurs persistantes d'ail !
Les orientaux aiment en aromatiser leur café. Cette habitude vient d'une très ancienne croyance qui accusait le café de diminuer les forces viriles, alors que la cardamome était réputée aphrodisiaque. Associer les deux permettait de s'accorder le plaisir d'un bon café sans se priver de celui des sens ! D'ailleurs, la reine Cléopâtre faisait parfumer sa demeure à la cardamome lors des visites de Marc-Antoine…
La cardamome était aussi appelée "graine des anges", car elle a toujours servi dans les dialogues entre les humains et le divin. Depuis la nuit des temps, elle a été utilisée dans les fêtes religieuses, y compris au début du christianisme, et jusque de nos jours en Inde et au Pakistan.

Desserts aux fruits

Crèmes et entremets

Pâtisserie et petits gâteaux

Crème anglaise

Pour 1/2 litre de crème

50 cl de lait végétal (ou de lait de chèvre)
1 gousse de vanille fendue en 2
1 cuillère à soupe de sucre complet
2 jaunes d'œuf
1/2 cuillère à soupe de maïzena

Délayez la maïzena dans un peu de lait froid.

Dans une casserole, faites bouillir le lait avec la gousse de vanille.

Dans une terrine, battez au fouet les œufs, le sucre et la maïzena jusqu'à ce que le mélange devienne jaune pâle et bien mousseux. L'utilisation de maïzena évite la formation de grumeaux.

Retirez la gousse de vanille et versez peu à peu le lait chaud dans la terrine sans cesser de remuer.

Reversez la préparation dans la casserole, et mettez à épaissir sur feu très doux pendant une quinzaine de minutes en remuant constamment avec une spatule en bois (en faisant des cercles du milieu vers le bord, puis du bord vers le milieu). Cette crème reste assez liquide. Dès qu'elle nappe la spatule, retirez-la du feu. Elle ne doit surtout pas bouillir.

Versez la crème dans une jatte et laissez-la refroidir en remuant de temps en temps pour prévenir la formation d'une peau.

Le vanillier est une orchidée grimpante originaire du Mexique, dont les fleurs donnent des gousses comestibles. D'ailleurs, les Aztèques l'appelaient Tlilxochill ("gousse noire"), et le mot "vanille" vient de l'espagnol vanilla signifiant "gaine" ou "gousse". Les Indiens l'utilisaient pour parfumer leur chocolat.
Cette liane aux fruits subtilement aromatiques traversa l'océan atlantique sur les galions des conquistadores, s'introduisit en Europe, puis finit par débarquer en juin 1819 sur l'île Bourbon, devenue depuis l'île de la Réunion, en vue de diversifier les ressources de cette possession coloniale.
Pas si facile ! Car la fécondation de la fleur de vanillier est faite naturellement dans la nature par la mélipone, abeille endémique au Mexique, ou par les colibris. Et ces bestioles sont restées bien sûr en Amérique. Voilà donc la production de vanille fortement compromise… Mais en 1841, intervint l'heureux hasard (version romantique) ou le coup de génie (version cartésienne), en la personne d'un esclave réunionnais, Edmond Albius. Dans la version romantique, c'était un enfant qui aimait frotter les fleurs de vanillier l'une contre l'autre pour en exhaler le parfum. Son maître se rendit compte que cela multipliait les gousses de son jardin. Dans la version cartésienne, Edmond Albius était jardinier et avait appris la fécondation artificielle des citrouilles, qu'il adapta au vanillier.
En tout cas, la découverte de la pollinisation manuelle fit la fortune de l'île (mais pas celle de ses esclaves, Edmond Albius mourut même dans la misère). La vanille la plus réputée est justement la vanille "Bourbon", qui vient de la Réunion, de l'Ile Maurice, de Madagascar et des Comores. Les gestes fécondants de l'enfant (ou du jardinier) sont encore accomplis aujourd'hui dans les vanilleraies.
Le vanillier est également cultivé dans d'autres régions : le Mexique, son berceau, les Antilles, Tahiti et l'Indonésie.

Sauce au chocolat

Pour 6 personnes

Selon la consistance désirée
100 g à 200 g de bon chocolat noir à pâtisser
15 cl de lait de riz

Faites fondre tout doucement le mélange au bain-marie, puis remuez délicatement avec une spatule en bois.

Nota : n'utilisez pas de crème de soja à la place du lait de riz. La sauce "tournerait" désagréablement et deviendrait grumeleuse.

Le bon chocolat noir a du tempérament, mais c'est un aliment délicat qui exige des égards.
Il craint :
- l'humidité : le sucre cristallise en surface et des traces blanches apparaissent
- la chaleur et les changements de température (trop chaud ou trop froid) : les matières grasses se désagrègent, remontent à la surface en provoquant un blanchiment
- la lumière : elle provoque une oxydation faisant rancir le beurre de cacao, ce qui dégrade le goût.

Comment le chouchouter ?
- conservez-le au sec et au frais (entre 15 et 18°C) et ne le gardez pas plus d'un an après sa fabrication
- stockez-le à l'abri des odeurs contagieuses, comme l'ail, le fromage…
- protégez-le de la lumière et laissez-le dans son emballage
- ne le mettez pas au réfrigérateur, cela "casse" sa saveur
- lorsque vous le faites fondre pour une recette, ne le mettez jamais directement dans la casserole où il risquerait en brûlant de devenir granuleux et amer. Utilisez toujours un bain-marie très doux à 40-45°C, et ne remuez doucement votre chocolat que lorsque tous les morceaux sont fondus.

Les plaisirs que le chocolat nous offre méritent bien ces quelques soins attentifs !

Sauce légère à la vanille

Pour 20 cl de crème

1/2 gousse de vanille
3 gouttes d'extrait de vanille
1 à 2 cuillères à soupe de sucre complet suivant le goût
20 cl de crème de soja

Fendez en deux dans sa longueur la gousse de vanille. À l'aide d'un couteau, grattez les petits grains noirs et récupérez-les.

Dans un bol, versez le sucre, l'extrait et les grains de vanille.

Incorporez la crème de soja et remuez bien pour faire fondre le sucre.

Réservez au frais.

Ce sont les petits grains noirs qui donnent tout son arôme à la vanille.

Si vous rencontrez sur une étiquette le terme "gousse de vanille épuisée", ne vous laissez pas abuser. Car il s'agit en fait d'un déchet de la fabrication de l'extrait de vanille, qui lui a recueilli tout le parfum. Les résidus sont séchés afin d'être débarrassés du solvant contenu, puis broyés finement. On les retrouve dans les produits industriels comme les gâteaux, les glaces, les crèmes dessert… où ils ont pour rôle d'imiter les vrais grains de vanille, et de donner un petit air artisanal qui met le client en confiance. Mais ils ont l'air sans l'effet, puisqu'ils ne contiennent plus ni vanilline naturelle ni le moindre arôme !

Finalement, c'est le consommateur qui finit par être "épuisé" par toutes ces entourloupettes…

Aspic de poires aux fruits secs

1/2 litre de jus de fruit
1 cuillère à soupe remplie d'agar-agar
7 figues et 8 abricots secs émincés
2 belles poires coupées en dés
Vanille liquide

Pour 6 personnes

Dans une casserole, mettez à cuire les fruits secs pendant 10 minutes dans la moitié du jus de fruit.

Délayez l'agar-agar dans le reste du jus de fruit froid. Versez-le dans la casserole en ajoutant également les dés de poire et quelques gouttes de vanille.

Portez à ébullition en remuant sans cesse avec une cuillère en bois. Quand l'ébullition est atteinte, ôtez du feu.

Versez la préparation dans un moule à cake rincé à l'eau froide. Mettez au réfrigérateur au moins 3 heures.

C'est délicieux en accompagnement d'un crumble de quetsches !

Né en Asie centrale, le poirier a essaimé vers l'Europe dès l'époque néolithique. Son petit fruit dur servait surtout à élaborer des boissons fermentées. Les Grecs appréciaient déjà la poire qu'Homère appelait "cadeau des dieux", et les Romains en développèrent une cinquantaine de variétés à force de greffons. Toutefois, au Moyen-Âge, différents noms de poires laissaient à penser qu'il y avait encore des progrès à faire pour les rendre vraiment savoureuses : "Caillou rosat", "Poire d'angoisse"… qu'on devait probablement consommer plutôt cuites. Enfin au XVIIIe siècle, un moine belge nommé Nicolas Hardenpont donna à ce fruit ses lettres de noblesse en créant des variétés succulentes et agréables sous la dent.

En France, la poire apparut discrètement au XVIe siècle, puis Louis XIV, qui l'appréciait beaucoup, en fit cultiver de nombreuses sortes dans son potager. On en recensait alors 500 variétés différentes.

La poire était un fruit estimé. La preuve en est que les souverains sacrés à Reims, Louis XV, Louis XVI, Marie Louise et Charles X, se voyaient remettre une poire et une coupe de champagne en offrande, ce que la région produisait de meilleur.

Clafoutis

Pour 4 personnes

500 g de fruits au choix, émincés si nécessaire : poires, cerises, abricots, prunes…
3 oeufs
100 g de farine bise
50 g de sucre complet vanillé
1/4 de litre de lait végétal ou de crème de soja, ou de mélange fromage blanc + crème
1 cuillère à soupe de fleur d'oranger

Suivant le fruit : un peu de cannelle, de vanille, de 4 épices, …

Rangez les fruits dans un plat à gratin beurré.

Dans une terrine, battez ensemble les œufs et le sucre. Ajoutez le lait, la fleur d'oranger, puis la farine.

Recouvrez les fruits de ce mélange.

Faites cuire à four moyen (150° thermostat 5) pendant au moins 45 minutes.

Le jour de leurs noces, Jupiter offrit à Junon des "pommes d'or", que nous appelons vulgairement "oranges".

La fleur d'oranger est symbole de virginité et de fécondité. Depuis l'Antiquité, elle est traditionnellement présente aux mariages, sur les vêtements des époux, dans la couronne ou le bouquet de la mariée.

Délice de mirabelles aux noisettes

10 figues coupées en petits morceaux
800 g de mirabelles au sirop (ou fraîches juste cuites à la vapeur)
1/2 litre de lait végétal
2 cuillères à soupe bombées de purée de noisettes nature
1 cuillère à soupe remplie d'agar-agar
Vanille liquide (ou en poudre)
2 poignées de noisettes

Pour 6 personnes

Faites cuire les figues à la vapeur pendant 5 minutes.

Rincez un plat (style moule à manqué) à l'eau froide et déposez-y les mirabelles égouttées. Répartissez les morceaux de figues sur les mirabelles.

Préparez le lait de noisettes en délayant la purée dans le lait végétal. Versez-le dans une casserole, ajoutez quelques gouttes de vanille liquide et l'agar-agar. Portez à ébullition sans cesser de remuer, puis versez sur les fruits.

Laissez refroidir, puis mettez au réfrigérateur quelques heures.

Pendant ce temps, concassez grossièrement les noisettes, et faites-les doucement griller dans une poêle anti-adhésive, sans ajouter de graisse. Réservez. Au moment de servir, saupoudrez les noisettes sur les mirabelles.

Essayez aussi en remplaçant les mirabelles par des poires !

L'origine du joli nom de mirabelle est incertaine. Il pourrait venir du latin mirabilis voulant dire "belle à voir", de l'italien myrobolan signifiant "gland parfumé", ou encore du patronyme d'un maître-échevin de Metz, le sieur Mirabel, qui lui aurait donné son nom en 1430.

Il semble que ce petit fruit venu d'Asie ou du Moyen Orient ait été introduit en Lorraine par le bon roi René 1er de Naples, devenu duc de cette province de l'Est par son mariage avec Isabelle de Lorraine en 1420. Le mirabellier s'acclimata fort bien à ce terroir, dont le sol lourd et argileux ainsi que le climat semi-continental lui convenaient parfaitement. En 1568, on offrit déjà des mirabelles confites à Catherine de Médicis de passage à Metz. Puis la mirabelle devint "l'or de la Lorraine", qui fournit actuellement 70% de la production mondiale, excusez du peu ! On la mange fraîche, on en fait des conserves et de la confiture, ou on distille une célèbre eau-de-vie.

Le botaniste Jean-Marie Pelt, président de l'Institut Européen d'Ecologie de Metz, assure que "le mirabellier est à la Lorraine ce que l'olivier est à la Provence".

Flognarde aux poires

Pour 4 personnes

4 grosses poires
1/2 litre de lait végétal ou de lait de chèvre
60 g de beurre
100 g de farine bise
1 pincée de sel
3 oeufs
1 cuillère à soupe de sucre complet vanillé
3 cl de cognac ou une cuillère à soupe de fleur d'oranger
Amandes effilées grillées

Dans une casserole, faites chauffer le lait avec le beurre.

Dans une terrine, battez ensemble les œufs, le sucre, la farine et le sel. Ajoutez ensuite le lait et le beurre, puis le parfum choisi.

Pelez les poires, émincez-les et déposez-les dans un plat à gratin beurré. Nappez avec la pâte et saupoudrez d'amandes effilées.

Faites cuire environ 45 minutes à four moyen (160° thermostat 5-6).

Ce flan d'origine auvergnate se consomme chaud, tiède ou froid.

Choisir et conserver les poires

La poire est un fruit très fragile, sensible aux chocs et à la chaleur, qui blettit rapidement. Une fois mûre, elle n'attend pas. Mais verte, elle est indigeste.
Si elle est un peu ferme, conservez-la plutôt à l'air libre, au frais et au sec, dans un compotier où les fruits ne seront ni serrés ni entassés. Si vous la mettez au réfrigérateur, sortez-la une heure avant dégustation pour qu'elle retrouve tous ses arômes.
Les poires d'été se choisissent souples et doivent être consommées rapidement. On les récolte de mi-juillet à septembre et elles sont sur les étals jusqu'en octobre. Ce sont la guyot, à la chair ferme, et la williams jaune ou rouge, très aromatique.
Les poires d'automne et d'hiver ont besoin de temps et d'un "coup de froid" pour mûrir. Autrefois, elles étaient récoltées vertes et entreposées dans un cellier ou un fruitier pour achever leur mûrissement. Si vous achetez vos poires d'hiver un peu fermes, mettez-les un moment dans le bac à légumes de votre réfrigérateur, puis laissez-les s'affiner quelques jours à température ambiante. Les poires d'automne et d'hiver sont récoltées de mi-septembre à novembre et sont proposées à la vente jusqu'en février ou mars. Il s'agit de l'alexandrine douillard, de la beurré hardy, de la louise bonne, de la packam's triumph, de la comice et la doyenné, fines et fondantes, de la passe crassane, à la chair grumeleuse et parfumée, et d'une nouvelle venue mise au point par l'INRA, l'angélys, croisement entre la doyenné d'hiver et la doyenné du comice, qui semble mieux se conserver.

Fruits en gelée

Pour 6 personnes

Comptez l'équivalent de 2 beaux fruits de saison par personne. Par exemple :
en automne : 1 poire + 1/2 banane + 2 figues fraîches ou des grumes de raisin ou 2 prunes
en été : 1 pêche + 2 abricots + fraises, myrtilles ou framboises
en hiver : 1 pomme + 1 clémentine ou 1/4 de pamplemousse + 1 kiwi
Ajoutez quelques fruits secs mis à tremper dans le jus de fruit ou passés à la vapeur (raisins, figues, abricots, pruneaux…)
1/2 litre de jus de fruit (le jus de raisin rouge donne une gelée rose très jolie)
1 cuillère à soupe remplie d'agar-agar
1 brique de 525 g de crème dessert soja à la vanille (ou une crème maison si vous avez le temps)
Amandes effilées grillées pour la décoration

Lavez, pelez les fruits et coupez-les en dés si nécessaire.

Passez-les rapidement à la vapeur quelques minutes. Laissez refroidir.

Dans une casserole, portez à ébullition le jus de fruit additionné d'agar-agar sans cesser de remuer avec une cuiller en bois. Quand l'ébullition est atteinte, ôtez du feu et laissez tiédir. Le liquide va gélifier en refroidissant.

Préparez une coupe à dessert par personne : au fond, déposez de la crème à la vanille puis les différents fruits.

Quand le jus de fruit est attiédi, versez-le délicatement par-dessus les fruits. Laissez refroidir complètement puis mettez ces coupes au réfrigérateur au moins 3 heures.

Juste au moment de servir, saupoudrez d'amandes effilées.

Cette gelée est un dessert délicat et léger.

L'agar-agar, précisions utiles :

- agar-agar en poudre : retirer du feu dès ébullition
- agar-agar en paillettes : laisser cuire 1 à 3 minutes après ébullition
- agar-agar en barre : laisser cuire 10 minutes après ébullition.

Ne jamais réchauffer une préparation à l'agar-agar : elle se liquéfierait complètement !

Gratin de fruits

Pour 4 personnes

800 g de fruits au choix : mirabelles, quetsches, framboises, pommes de reinette coupées en tranches, etc…
Le jus d'1 citron
100 g de farine bise complète
50 g d'amandes
50 g de noisettes
1 cuillère à soupe de sucre complet
100 g de beurre
2 cuillères à café de cannelle en poudre

Disposez les fruits dans un plat à gratin beurré, et arrosez-les de jus de citron.

Mixez les amandes et les noisettes pour les réduire en poudre.

Dans le bol mixer, ajoutez la farine, le sucre et la cannelle.

Mélangez, puis ajoutez le beurre coupé en petits morceaux. Mixez. Le mélange obtenu doit être très friable. Rajoutez un peu de farine si nécessaire.

Répartissez ce mélange sur les fruits et faites cuire une petite heure à four moyen (150° thermostat 5).

Ce délicieux crumble se déguste tiède ou chaud, accompagné d'une boule de glace à la vanille pour les plus gourmands !

Riches en sucres, les mirabelles font partie des fruits les plus énergétiques. Leur compote stimule efficacement les intestins paresseux.

Cette petite prune dorée est présente sur les étals de mi-août à mi-septembre. Cueillie à maturité, fragile, elle demande à être dégustée rapidement.
Les signes qui indiquent que la mirabelle a bien été cueillie à la maturité optimale sont les taches de rousseur et les petites marques sur sa peau, ainsi que la pruine, ce léger voile de cire naturelle qu'elle secrète naturellement pour se protéger du dessèchement.

La mirabelle bénéficie d'IGP ("indication géographique de provenance") qui protège son nom et sa qualité dans toute l'Europe. Mais la meilleure garantie de consommer des mirabelles d'excellente qualité, cultivées en Lorraine dans le respect de l'environnement, des traditions et des hommes, est de vous fier au logo "Mirabelles de Lorraine".

Paillasson de pommes

6 grosses pommes de reinette
1 cuillère à soupe de sucre complet
Huile d'arachide
1/4 de litre de crème anglaise

Pour 4 personnes

Préparez la crème anglaise et réservez-la au frais.

Pelez les pommes, râpez-les grossièrement et sucrez-les légèrement.

Dans une grande poêle, mettez la matière grasse et faites cuire les pommes. Laissez caraméliser.

Dressez les pommes chaudes en forme de galette épaisse sur un plat de service et servez accompagné de crème anglaise.

Pour réaliser cette recette, évitez d'utiliser des pommes de discorde…

Légende de la pomme de discorde

Eris, déesse de la discorde, avait la fâcheuse habitude de semer la zizanie partout où elle allait. On prit donc soin d'oublier de l'inviter lors des noces de la déesse Thétis avec le roi Pelé de Phtie. Vexée, Eris décida de se venger. Elle fit parvenir au banquet une pomme d'or sur laquelle elle avait écrit "À la plus belle". Bien sûr, toutes les déesses se trouvaient "la plus belle" et voulaient la pomme… Il fallut donc les départager.
L'assemblée en "nomina" trois pour l'attribution du titre convoité, Aphrodite, Héra et Pallas-Athéna. Zeus, pas fou, refusa d'arbitrer pour ne pas avoir d'ennuis avec ces dames peu commodes et rancunières, et confia cette tâche ingrate à un jeune berger nommé Pâris. Pour influencer le jugement de cet humain un peu simplet et s'attirer ses bonnes grâces, les déesses lui proposèrent chacune un cadeau. Pallas-Athéna lui promit victoires guerrières et honneurs, Héra lui offrit de régner sans partage sur l'Europe et l'Asie, et Aphrodite lui assura qu'elle se ferait fort de lui obtenir l'amour de la plus belle femme du monde. Émoustillé, Pâris opta pour ce dernier choix.
Manque de chance, cette créature magnifique se trouvait être la belle Hélène de Troie, mariée au roi Ménélas. La déesse Aphrodite, "élue" la plus belle grâce au pâtre soudoyé, tint la promesse qu'elle lui avait faite et l'aida à enlever une Hélène rendue amoureuse par magie divine. Mais dans le même temps, Pâris apprit qu'il était en réalité l'un des fils du roi Priam de Troie. Lorsqu'il était petit, à la suite d'un rêve prémonitoire funeste de sa mère, le pauvre enfant avait été mis à l'écart de la ville. Il retourna donc à Troie où tout le monde l'accueillit fort bien, ainsi que la belle Hélène qui désormais l'accompagnait. Lorsque Ménélas voulut récupérer sa femme, les troyens qui l'avaient adoptée refusèrent de la rendre, et c'est comme ça que commença la guerre de Troie…

Voilà pourquoi on dit qu'une pomme de discorde est un sujet qui divise et qui fâche …

Poires pochées aux épices

Pour 6 personnes

6 belles poires (william en été, comice ou passe crassane en hiver)
1,5 dl de vin blanc moelleux
2 dl d'eau
1 cuillère à soupe de sucre complet
1 bâton de cannelle
1 zeste de citron non traité
1 clou de girofle
1 gousse de vanille fendue en 2
100g d'amandes effilées grillées

Mettez le vin, l'eau et le sucre dans une grande casserole. Faites fondre le sucre à feu très doux, puis retirez du feu.

Ajoutez les épices, le zeste de citron et la vanille.

Pelez les poires sans ôter la queue, et plongez-les dans la casserole.

Portez à ébullition, et laissez frémir environ 20 minutes pour que les poires soient bien tendres. Retournez-les très délicatement plusieurs fois en cours de cuisson.

Retirez alors doucement les fruits et déposez-les dans le plat de service.

Faites réduire de moitié le jus de cuisson des poires, et versez-le à travers une passoire sur les fruits. Laissez refroidir, puis couvrez et mettez au réfrigérateur pendant au moins 4 heures.

Parsemez d'amandes grillées juste avant de servir.

Une gousse de vanille "Bourbon", en provenance de l'Océan Indien, doit être noire, charnue, souple et luisante, avec de délicates fragrances florales.
Les gousses de vanille "Mexique" sont noires et fines. Leur parfum chocolaté est puissant.
La vanille "Tahiti", en provenance de Polynésie, donne des gousses d'un brun foncé brillant, épaisses et grasses. Son parfum mêle des notes de pain d'épices et de pruneaux.

Conservez les gousses de vanille au sec, à l'abri de la lumière, de la chaleur et de l'humidité, enfermées dans un bocal hermétique. À l'air libre, elles se dessècheraient, s'oxyderaient et perdraient leurs arômes subtils…

Crème pâtissière

Pour 1/2 litre de crème

50 cl de lait végétal ou de lait de chèvre
1 gousse de vanille fendue en 2
1 cuillère à soupe de sucre complet
2 œufs entiers
60 g de farine bise

Dans une casserole, faites chauffer jusqu'aux premiers frémissements le lait avec la gousse de vanille, et laissez infuser 10 minutes.

Dans une terrine, battez au fouet les œufs et le sucre jusqu'à ce que le mélange blanchisse.

Puis incorporez la farine en remuant vigoureusement pour obtenir une préparation homogène.

Retirez la gousse de vanille et versez peu à peu le lait chaud en remuant énergiquement.

Reversez la préparation dans la casserole, et mettez à cuire à feu très doux jusqu'au premier bouillon, en tournant constamment.

Versez la crème dans un récipient et laissez refroidir en remuant de temps à autre pour empêcher l'apparition d'une peau désagréable. Vous pouvez aussi éviter cette pellicule en ajoutant 50 g de beurre à la crème cuite, mais c'est plus gras…

Lorsque vous achetez des œufs, vérifiez bien leur date de péremption et conservez-les au réfrigérateur (en dessous de 4 °C avec 70-80% d'humidité), mais pas plus de 5 semaines après la date d'emballage.

Pour vérifier leur fraîcheur, placez-les dans de l'eau froide. S'ils sont frais, ils coulent au fond du récipient, car le blanc frais est dense. S'ils sont vieux, ils flottent, parce-que l'humidité sortie à travers la coquille poreuse est remplacée par de l'air qui forme une poche entre les deux membranes coquillières au gros sommet de l'œuf. Cet air provoque l'altération de l'oeuf.

Quand vous utilisez plusieurs œufs pour une préparation, cassez-les un à un dans une coupelle et incorporez-les l'un après l'autre. Vous éviterez ainsi de gâcher toute la préparation :
- soit avec un œuf pourri (si vous n'avez pas pris les précautions décrites ci-dessus, bien sûr)
- soit de mélanger malencontreusement du jaune avec du blanc s'ils doivent être séparés (pour des blancs en neige par exemple).

Crème pâtissière végétalienne

Pour 3/4 litre de crème

70 g de farine bise
75 cl de lait végétal au choix
1 cuillère à soupe de sucre complet ou de miel
1 cuillère à soupe de purée d'amandes complète
Parfum au choix : cannelle, fleur d'oranger, essence de citron…

Mettez la farine dans une casserole et délayez en versant le lait petit à petit.

Portez à ébullition en remuant constamment avec un fouet ou une cuillère en bois, puis retirez du feu.

Ajoutez alors le sucre, la purée d'amandes et le parfum choisi.

Laissez refroidir.

Cette crème est parfaite pour recevoir des fruits sur un fond de tarte,

- avec cuisson : pommes, abricots, mirabelles, quetsches, etc…

- sans cuisson : framboises, fraises, kiwis, etc…

L'amandier est un arbre très sensible au froid, qui pousse sous un climat chaud de type méditerranéen.
Et pourtant, le croirez-vous ? On trouve des amandiers en Alsace, près de Colmar, et oui ! Le Mandelberg, ou "colline des amandiers", surplombe le joli village viticole de Mittelwihr, qui bénéficie il est vrai d'un microclimat si remarquable que s'épanouissent avec bonheur de belles vignes, de grands vins et de beaux amandiers.

Mais comment diable ces arbres sont-ils arrivés jusque-là ?
La légende raconte que le bon roi Charlemagne et son escorte, en route vers l'Italie, firent une pause sur la colline qui protège le village de Mittelwihr des vents froids, parmi les vignes. Pour accompagner leur collation, ils dégustèrent probablement un bon vin du cru, réputé depuis l'époque romaine. La caravane repartie, les paysans trouvèrent par terre des coquilles bizarres, inconnues, qu'ils se dépêchèrent d'enfouir sous terre afin de se protéger d'un mauvais œil éventuel. Quelque temps plus tard, poussèrent et fleurirent des amandiers…

Klouganane

4 dl de lait végétal
100 g de flocons d'avoine
2 œufs
350 g de fruits séchés divers coupés en tout petits morceaux (raisins, abricots, ananas, mangues, figues, bananes, pommes, poires, etc…)

Dans une casserole, faites bouillir le lait, puis versez-le sur les flocons. Laissez gonfler au moins 10 minutes.

Ajoutez alors les œufs, puis les fruits. Mélangez bien.

Versez dans un plat à gratin graissé.

Faites cuire pendant 1/2 heure à four assez chaud (180° thermostat 6).

Servez avec une crème dessert ou une compote de fruits.

Voilà une recette très consistante qui convient bien à un goûter réconfortant ou un petit-déjeuner solide…

Pour 6 personnes

D'après les études paléontologiques, l'homme mange des œufs depuis la préhistoire. Les Phéniciens se régalaient d'œufs d'autruche, les Romains paraît-il raffolaient des œufs de paon, de cygne, et même de serpent, les Chinois préférant les œufs de pigeons…

Grâce à la domestication de la volaille, la consommation d'œufs a pu augmenter, apportant une source de nutriments particulièrement précieuse pour les paysans pauvres. Cette haute valeur nutritionnelle amena d'ailleurs l'Eglise à classer l'œuf dans les aliments dits "gras", et donc interdits les jours "maigres" comme le vendredi ou la période de Carême.
Mais les poules n'ayant pas tout bien compris du calendrier liturgique, elles continuaient à pondre pendant les 40 jours avant Pâques, d'autant plus abondamment que la lumière du jour augmente en cette saison. Et on se retrouvait le dimanche pascal avec des montagnes d'œufs, que l'on avait pris soin de conserver dans de la cire ou de la graisse. Pour écouler cette production, on la partageait en s'offrant mutuellement des paniers d'œufs, bientôt peints et décorés pour faire de jolis cadeaux, et même dorés à l'or fin ou sertis de pierres précieuses. Puis au XVIIIe siècle, quelle bonne idée, on pensa à les vider pour les remplir de chocolat.

Selon les légendes locales, ces œufs sont apportés par une poule, ce qui est somme toute assez logique, mais aussi par les cloches revenant de Rome, par le coucou suisse ou le lièvre allemand…
Et comme l'œuf, dans toutes les traditions, a toujours représenté l'origine, la fécondité, le germe de la vie et le renouveau périodique, il est le symbole idéal de cette fête printanière de Pâques, qui fête la renaissance spirituelle.

Mousse au chocolat épicée

Pour 6 personnes

200 g de très bon chocolat à pâtisser, ou
100 g + 100 g de chocolat fort en cacao
3 cuillères à soupe d'eau
5 œufs, jaunes et blancs séparés
1/2 cuillère à café de cannelle
1/4 cuillère à café de muscade râpée
1 pointe de couteau de 4 épices
1 pincée de sel
Amandes effilées grillées

Cassez le chocolat en morceaux, et faites-le fondre doucement dans une terrine au bain-marie avec les 3 cuillères d'eau. Retirez du feu et laissez un peu tiédir.

Incorporez alors les épices, puis les jaunes d'œufs un à un en remuant vigoureusement avec une cuillère en bois.

Montez les blancs en neige très ferme avec la pincée de sel. Puis incorporez délicatement les blancs à la préparation au chocolat.

Laissez prendre au moins 4 heures au réfrigérateur.

Servez saupoudré d'amandes effilées grillées.

Variantes :

Les vrais adorateurs du chocolat noir préfèreront une version sans épices.

On peut remplacer les 3 cuillères à soupe d'eau par du café corsé.

Pour monter des blancs en neige bien mousseuse :

- Utilisez des œufs à température ambiante.
- Servez-vous d'ustensiles très propres.
- Évitez les récipients en plastique : le plastique retient les graisses, et les corps gras réduisent la capacité du blanc d'œuf à mousser.
- De même, à cause de sa richesse en graisses, aucune trace de jaune d'œuf ne doit se mêler au blanc, sous peine d'avoir une neige "raplapla". Séparez le blanc du jaune dans un autre bol, et incorporez-le à la préparation uniquement s'il est intact.
- Vous pouvez ajouter une pincée de sel en commençant à battre, la neige sera plus ferme.
-Si vous ajoutez du sucre, incorporez-le seulement quand les blancs commencent à se transformer.
- La neige est prête lorsqu'elle forme des pointes.

Terrine de châtaignes

Pour 6 personnes = un petit moule à cake

380 g environ de crème de marrons nature non sucrée, ou de châtaignes cuites écrasées au presse-purée
1/4 litre de lait végétal
10 cl de crème de soja
1 cuillère à café d'agar-agar en paillettes (= 2 g)
120 g de très bon chocolat noir

Dans une casserole, mettez les carreaux de chocolat, le lait, la crème et saupoudrez avec l'agar-agar. Portez à ébullition sur feu doux en remuant avec une cuiller en bois. Réduisez le feu, et laissez frémir pendant 3 minutes sans cesser de tourner.

Versez la purée de châtaignes dans un saladier et incorporez petit à petit le lait chocolaté chaud en brassant vigoureusement.

Passez un moule à cake en verre ou en porcelaine sous l'eau froide (la terrine devrait normalement alors assez bien se démouler), et remplissez avec la préparation.

Placez au moins 8 heures au réfrigérateur. Pour une prise plus rapide, utilisez des moules individuels.

Au moment de servir, démoulez la terrine, coupez-la en tranches et nappez avec une sauce légère à la vanille.

"Tirer les marrons du feu"
Cela voulait dire tenter une entreprise difficile ou hasardeuse sans profit personnel, par altruisme pour quelqu'un d'autre. L'expression complète citée en 1640 dit : "Tirer les marrons du feu avec la patte du chat". C'est le pauvre chat qui se brûle pour que nous puissions déguster les bons marrons chauds…
Mais ce sens premier a été quelque peu faussé, pour ne pas dire complètement retourné, puisque aujourd'hui, cela signifie plutôt tirer profit d'une situation pour son propre compte. Exactement l'inverse !

La châtaigne (du grec kastanea), et par analogie le marron (mot issu de l'italien), dans le sens de "coup" est une expression familière également ancienne, puisqu'en 1635 cela signifiait déjà "coup sur les doigts", qui est devenu "coup de poing". La castagne, mot méridional pour évoquer une rixe, a la même origine. Certains parlent même d'un "sport ancestral cévenol qui se pratique à mains nues".

Tiramisu

Pour 4 personnes

300 g de mascarpone
50 g de sucre complet
Zeste râpé d'1/2 citron non traité
2 œufs, jaunes et blancs séparés
150 g de biscuits à la cuillère
3 cuillères à soupe d'Amaretto (on peut aussi se passer d'alcool, s'il y a des enfants)
20 cl de café fort ou de succédané torréfié non sucré
Cacao amer non sucré en poudre

À préparer la veille.

Battez ensemble au fouet les jaunes d'œufs et les 3/4 du sucre jusqu'à ce que le mélange blanchisse.

Ajoutez le zeste râpé et le mascarpone. Mélangez bien.

Montez les blancs en neige très ferme, en n'ajoutant le reste du sucre que quand ils commencent à se transformer. Incorporez-les très délicatement à la crème.

Mélangez le café et l'alcool. Versez-les dans une assiette creuse et trempez-y les biscuits un à un.

Garnissez le plat de service d'une couche de biscuits, puis recouvrez d'une couche de crème. Déposez une deuxième couche de biscuits trempés sur la crème, et terminez par une couche de crème. Lissez la surface.

Laissez entre 6 et 24 heures au réfrigérateur, en veillant à protéger le tiramisu des odeurs contaminantes (oignon, poireau, fromage…).

Avant de servir, saupoudrez de cacao à travers un chinois.

Le tiramisu est un dessert d'origine vénitienne, devenu un classique de la cuisine italienne.
Le mascarpone est italien, originaire de Lombardie (région de Milan). Il s'agit d'un fromage frais fabriqué à partir de crème de lait. Originellement, c'était du lait de bufflonne, comme pour la mozzarella. Mais aujourd'hui, il s'agit plutôt de lait de vache, bien sûr. La crème est acidifiée et chauffée, caillée, égouttée, salée, puis en général battue. Cela donne un fromage extrêmement gras (de 50 à 86% de matières grasses), à la saveur douce un peu aigre.
On raconte qu'un haut dignitaire madrilène, de passage en Lombardie alors sous domination espagnole, goûta ce fromage crémeux et s'exclama : "Mas que bueno !" (= "mieux que bon"). C'est ainsi que serait né le nom de mascarpone…

L'Amaretto est une liqueur italienne faite avec des amandes de noyaux d'abricots. Elle est douce, très sucrée et se marie à merveille avec le goût du café.

Feuilleté aux pommes

Pour 6 personnes

400 g de pâte feuilletée
6 pommes de reinette
80 g de confiture d'abricots
1 cuillère à café de cannelle
Dorure : 1 jaune d'œuf délayé dans un peu de lait végétal ou d'eau
Un tout petit peu de sucre complet

Pelez et coupez les pommes en lamelles très fines. Mettez-les dans une terrine et mélangez-les à la confiture d'abricots. Ajoutez la cannelle.

Étalez les 2/3 de la pâte dans un moule à tarte graissé. Garnissez la pâte avec la préparation de fruits.

Étalez le reste de la pâte et recouvrez le feuilleté. Soudez bien les bords en les pinçant entre les doigts.

Badigeonnez de dorure, puis poudrez de sucre.

Cuisez à four chaud (200° thermostat 6-7) pendant 35 à 40 minutes, jusqu'à ce que le dessus soit doré et croustillant.

Délicieux chaud, tiède ou froid !

La première pâte feuilletée aurait vu le jour au XVIIe siècle. On hésite sur le nom de son père. Serait-ce Feuillet, le pâtissier du maréchal de Condé, qui aurait ainsi immortalisé son nom ? Ou bien cette recette serait-elle le fruit hasardeux d'une expérience tentée par l'artiste Claude le Lorrain, ancien pâtissier reconverti dans la peinture ?
Toujours est-il que ce n'est qu'au XIXe siècle qu'Antonin Carême, surnommé "le cuisinier des rois et le roi des cuisiniers", particulièrement féru de pâtisserie, fignola l'invention pour mettre au point le feuilletage à cinq tours utilisé depuis, et en faire cette pâte légère et aérée.

Légère ? Oui, mais seulement en apparence, car elle est extrêmement grasse : il y a autant de beurre que de farine ! En effet, le feuilletage est constitué d'une succession de couches également épaisses de pâte, appelée "détrempe", et de matière grasse. En cuisant, l'eau transformée en vapeur, retenue par la couche supérieure de graisse imperméabilisante, va pousser et soulever chaque feuillet de pâte, donnant cet aspect "aéré".

Linzertorte

Pour 6 personnes

250 g de farine bise
120 g de poudre d'amandes
90 g de beurre fondu, légèrement refroidi pour ne pas "cuire" les œufs
2 oeufs
100 g de sucre complet
1 zeste de citron non traité râpé
1 cuillère à soupe de cannelle
1 pincée de sel
1 pot de purée de framboise ou de confiture peu sucrée

Dorure : 1 jaune d'œuf délayé dans un peu de lait végétal ou d'eau

Dans une terrine, versez la farine, les amandes, le sucre, le sel, le citron et la cannelle. Mélangez bien, puis ajoutez les œufs et le beurre. Pétrissez le tout rapidement.

Emballez dans un film alimentaire et laissez reposer 2 à 3 heures au frais.

Abaissez les 3/4 de la pâte dans un moule à tarte graissé. Utilisez un moule à fond amovible ou du papier sulfurisé, car la pâte est très friable, et il est très difficile de la démouler sans faire de casse.

Recouvrez d'une bonne couche de confiture de framboise.

Étalez le reste de la pâte et découpez des lanières d'environ 1 cm de large, que vous disposerez sur la tarte pour former des croisillons. Passez à la dorure.

Faites cuire à four assez chaud (180° thermostat 6) pendant 30 à 40 minutes.

Variantes :

Ajoutez 70 g de chocolat râpé à la pâte et remplacez le zeste de citron par le zeste d'1/2 orange.

Remplacez la confiture de framboise par de la quetsche, de la myrtille…

Pour les Autrichiens, la pâtisserie fait partie du patrimoine culturel et ils mangent de nombreux gâteaux, à tout moment de la journée. Le moment privilégié est le goûter, une véritable institution. Un des grands plaisirs de la journée est de s'installer à une table dans un Kaffehäus ("café") ou une Konditorei ("pâtisserie") pour savourer une part d'Apfelstrudel (sorte de chausson fourré pomme-cannelle-raisins secs), de Sachertorte (gâteau au chocolat), de Mohntorte (tarte au pavot), un Buchtel (brioche à la crème), des Palatschinken (crêpes fourrées) ou encore les célèbres viennoiseries : croissant, brioches, beignets, chaussons…

La Linzertorte est un de ces délicieux gâteaux autrichiens, né dans la bonne ville de Linz.
Très calorique, la Linzertorte convient mieux pour un goûter que pour un dessert léger, surtout si elle est accompagnée comme il se doit d'un café ou d'un chocolat viennois agrémenté de crème fouettée !

Pâte brisée

Pour 1 grand moule

200 g de farine bise
80 g de beurre fondu tiède, ou 70 cl d'huile
1/2 verre à moutarde (12,5 cl) d'eau environ

Variante moins grasse :
200 g de farine bise
1 yaourt de soja (125 g) + 2 cuillères à soupe d'huile
ou moitié yaourt de soja moitié huile
Normalement, il n'y a pas besoin d'eau

<u>Et pour une tarte sucrée</u> : cannelle, sucre complet ou miel, cacao, quatre-épices ou épices de Noël, zeste de citron ou d'orange, petits dés de fruits confits…
<u>Ou pour une tarte salée</u> : sel, poivre, muscade, curry, paprika, herbes de Provence, cumin, gingembre ou toute autre épice… Moutarde, fromage râpé, flocons de céréales, petites graines (pavot, cumin…)…

Mélangez soigneusement la farine et l'assaisonnement.

Incorporez la matière grasse.

Versez l'eau, pétrissez rapidement jusqu'à ce que la pâte ne colle plus aux doigts. Ajoutez un peu de farine si nécessaire.

Cuisson : environ 45 minutes au four (180° thermostat 6).

Attention : les quantités d'eau et de matière grasse proposées conviennent à de la farine de blé bise type 80. Il faudra les adapter si vous utilisez la farine d'une autre céréale ou un autre blutage.

Plus la farine est complète, plus la pâte a du mal à s'agglomérer et plus elle est difficile à étaler. Sachez aussi que la farine intégrale peut être irritante pour certains intestins…

Le blutage ou taux d'extraction représente le pourcentage de farine obtenue à partir de la céréale. Par exemple, si on extrait 98 kg de farine à partir de 100 kg de grains, le taux d'extraction est alors de 98 % et la farine est dite "intégrale". Plus le taux d'extraction est bas, moins la farine a d'intérêt nutritionnel (minéraux, vitamines et fibres).

Type = T	*Taux d'extraction*	*Farine dite…*
45	*< 25 %*	*"pâtissière"*
55	*25 %*	*"blanche"*
65	*78 %*	*"blanche"*
80	*82 %*	*"bise"*
110	*85 %*	*"complète"*
150	*98 %*	*"intégrale"*

N'utilisez pas de farine sans gluten pure (quinoa, millet, amarante, lupin, soja …) sinon la pâte ne pourra pas s'amalgamer correctement. Vous pouvez par contre la mélanger avec une farine contenant du gluten (blé, épeautre, seigle, orge…).

Tarte au citron Gobuche

Pour un moule de 26 cm de diamètre

Pâte sablée à la cannelle
400 g de yaourt de soja
20 cl de crème de soja
100 g de miel
100 g d'amandes en poudre
3 oeufs
1 gros citron (zeste et jus)

Moulez la pâte dans un moule de préférence à fond amovible, ou recouvert de papier sulfurisé.

Dans une terrine, mettez le yaourt, la crème, le miel, la poudre d'amandes, le zeste finement râpé et le jus du citron puis les œufs. Mélangez intimement au fouet à main.

Versez sur le fond de tarte et faites cuire à four assez chaud (180° thermostat 6-7) pendant environ 30 minutes.

Menton, jolie ville de la Côte d'Azur, nichée entre Monaco et la Riviera italienne, organise tous les ans la Fête du Citron. En voici l'histoire…

Autrefois, la région de Menton vivait de cultures vivrières : céréales, vignes et figues. Au XVe siècle, suite à un accord avec les Comtes de Provence, l'importation du blé est autorisée. Profitant de leur microclimat subtropical et de l'abandon de la culture céréalière, les collines se couvrent d'oliviers et apparaissent aussi les premiers citronniers. En 1471, on en recense 67. En 1495, la première exportation de citrons, destinée au Duc d'Orléans, rapporte deux écus d'or. De 1740 à 1840 environ, c'est un véritable âge d'or, où le commerce et les exportations deviennent très florissants. Les citrons sont emballés dans du papier de soie en provenance de Gênes.
Et puis viennent des périodes de gel. Les techniques sont archaïques et n'évoluent pas. Le port devient trop petit pour accueillir les gros bateaux de commerce. La vapeur remplace la voile, les transports deviennent plus rapides et favorisent la concurrence de l'Italie et de l'Espagne. La naissance du tourisme engendre une pression foncière et une spéculation sur les terrains cultivés. Petit à petit, toutes ces causes rendent exsangue l'agrumiculture. En 1950, il ne reste plus que sept marchands de citrons à Menton. Le gel de 1956 met fin à cette culture de cinq siècles.

Parallèlement, le tourisme dicte ses lois. Dès 1896, Menton offre un grand carnaval pour créer une animation au cœur de la saison froide, dont vont profiter les riches visiteurs qui viennent fuir sous ce doux climat les rigueurs hivernales. Dans les années trente, comme Menton produit toujours quelques citrons et en souvenir de cette richesse passée, l'idée de créer une fête typiquement locale prend forme. C'est ainsi que naît ainsi la Fête du Citron, qui attire chaque année de nombreux touristes. Le fruit est devenu l'emblème de la Ville.

Tarte de fête au fromage blanc

Pour 6 personnes

Pour la crème pâtissière : (voir recette)
50 cl de lait végétal
100 g de sucre complet
3 jaunes d'œufs
35 g de beurre
80 g de maïzena
1 gousse de vanille
1 zeste de citron non traité râpé

En plus :
350 g de fromage blanc battu
6 blancs d'œufs

Et :
200 g de pâte brisée sucrée

Foncez un moule à manqué de 25 cm de diamètre avec la pâte brisée, et faites cuire à blanc pendant 20 minutes à four assez chaud (180° thermostat 6).

Pendant la cuisson, préparez la crème pâtissière et ajoutez-lui le fromage blanc.

Montez les blancs en neige très ferme et incorporez-les aussitôt intimement à la préparation précédente.

Remplissez le fond de tarte et lissez le dessus.

Passez la tarte pendant une dizaine de minutes sous le gril du four pour colorer la surface, en surveillant bien. La crème ne doit plus que très peu se développer et surtout ne pas brûler.

Laissez refroidir et durcir complètement avant de démouler, en renversant le moule sur une assiette.

Le blanc d'œuf battu en neige donne une légèreté et un gonflant incomparables aux préparations culinaires. Et il est bien difficile de se passer d'œufs en pâtisserie.

Mais il faut toutefois se méfier, car intolérance et allergie au blanc d'œuf, surtout cru, sont plus fréquentes qu'on le croit. En fait, on ne pense pas à faire le lien…

Tarte simplette au fromage blanc

Pour 6 personnes

200 g de pâte brisée
500 g de fromage blanc battu
100 g de sucre complet
1 sachet de préparation pour flan à la vanille non sucré
3 œufs, jaunes et blancs séparés
1 pincée de sel

Variante :
1 zeste de citron non traité râpé
100 g de raisins secs

Étalez la pâte et garnissez un moule à tarte.

Dans un saladier, mélangez le fromage blanc, le sucre, les jaunes d'œufs et la préparation pour flan.

Montez les blancs en neige ferme avec le sel et incorporez-les délicatement à la préparation.

Recouvrez le fond de tarte avec cette crème, lissez et faites cuire à four chaud (200° thermostat 6-7) pendant 40 minutes.

La tarte sucrée au fromage blanc est une recette traditionnelle alsacienne.

Tartes et gâteaux au fromage blanc sont des douceurs très courantes en Europe Centrale (Pologne, Hongrie, Russie…). On y ajoute souvent des raisins secs ou de la crème aigre. Les recettes sont nombreuses et variées.

Tourte aux pommes

Pour 6 personnes

300 g de pâte brisée
8 pommes de reinette
80 g de sucre complet
2 œufs
10 cl de crème de soja
1 cuillère à café de cannelle
Dorure : 1 jaune d'œuf délayé dans un peu de lait végétal ou d'eau

Étalez les 2/3 de la pâte et garnissez un moule à tarte graissé.

Pelez et coupez les pommes en lamelles. Posez-les sur la pâte, saupoudrez de sucre.

Battez ensemble les œufs et la crème et versez sur les pommes.

Étalez le reste de la pâte pour couvrir la tourte. Pincez les bords afin de bien souder le couvercle.

Badigeonnez de dorure ou simplement de lait, et faites cuire à four chaud (210° thermostat 7) pendant 35 à 40 minutes.

C'est encore meilleur tiède !

Né en Asie centrale, le pommier est un des arbres fruitiers les plus anciens. Les Romains le firent connaître en Europe, puis plus tard les colons européens l'emportèrent à bord de leurs navires vers l'Amérique du Nord au XVIIe siècle. C'est actuellement l'arbre de verger le plus cultivé dans le monde, et il en existe environ 6000 variétés.

Voici un survol des pommes les plus courantes sur les étalages :
- reine des reinettes : croquante, juteuse, acidulée. Bonne crue et cuite. Août à octobre.
- gala : croquante, sucrée, juteuse. Bonne crue et cuite. Août à février.
- golden : douce et sucrée, juteuse si elle est un peu verte. Bonne crue et cuite. Toute l'année.
- elstar : douceur acide, très juteuse, croquante. Bonne crue et cuite. Septembre à mars.
- granny smith : croquante, juteuse, bien acide. Bonne crue et cuite. Octobre à avril.
- jonagold : douceur acidulée, croquante et fondante. Bonne crue et cuite. Fin octobre à avril.
- les rouges (red chief, early red one) : très croquantes, sucrées, juteuses. Bonnes crues, et cuites plutôt épluchées. Mi-octobre à mars.
- belle de Boskoop : croquante et acide, à peau rugueuse. Idéale en tarte. Novembre à février.
- reinette grise du Canada : croquante, fondante et acide. Idéale en tarte et compotes. Novembre à février.
- idared : croquante, juteuse, acidulée avec une pointe d'amertume. Bonne crue et cuite. Janvier à juin.
- fuji : croquante, très juteuse, douce et sucrée. Bonne crue et cuite. Novembre à juin.
- braeburn : légèrement acidulée, très croquante. Bonne plutôt crue. Octobre à mai.
- pink lady : sucrée, acidulée, croquante et parfumée. Bonne crue et cuite. Novembre à mars.

Vous pouvez conserver les pommes quelques jours à température ambiante, la queue en bas. Si vous voulez les garder plus longtemps, mettez-les au frais dans un endroit aéré à l'abri de la lumière, en veillant à ce qu'elles ne se touchent pas.

Crêpes

Pour 4 personnes

350 g de farine d'épeautre bise
ou 270 g de farine bise + 80 g de farine de sarrasin
1 pincée de sel
4 œufs
1 litre de lait de soja
1 cuillère à soupe d'huile
Huile d'arachide pour la cuisson

On peut ajouter au choix :
crêpes sucrées : 1 cuillère à soupe de sucre complet, de la fleur d'oranger, de la vanille ou un autre parfum…
crêpes salées : herbes de Provence, curry ou toute autre épice…

Dans un saladier, mélangez la farine et le sel, éventuellement le sucre. Ajoutez lentement le lait tout en remuant avec un fouet à main, puis ajoutez les œufs un à un.

Mettez ensuite le parfum et en dernier lieu l'huile.

Couvrez et laissez reposer une bonne heure.

Cuisez des 2 côtés en crêpes fines avec très peu d'huile.

Les crêpes de la Chandeleur

Mi-février, les Romains célébraient traditionnellement les Lupercales, fêtes très libertines du renouveau printanier et de la fécondité, pendant lesquelles ils avaient l'habitude de déguster des crêpes. Les Celtes fêtaient aussi la sortie de l'hiver, par un rite de purification le 1er février, afin de s'assurer fertilité et abondance en harmonie avec le retour de la vie dans la nature.

L'église catholique ayant décidé d'éradiquer toutes les célébrations païennes, ces fêtes furent remplacées, au Ve siècle sous le règne du pape Gelase 1er, par celle de la Purification de la Vierge et de la présentation de Jésus au temple, célébrée le 2 février. A partir de cette époque, on organisa chaque année une procession où l'on portait des cierges bénis. Ce fut la festa candelarum ou "fête des chandelles", ou "Chandeleur".

Pour encourager et réconforter les nombreux pèlerins venant à Rome ce jour-là, le pape Gélase leur offrit des crêpes (du mot latin crispus voulant dire "ondulé"), appelées aussi "oublies". Si la tradition culinaire de la Chandeleur est assez bien respectée, son origine, par contre, a quelque peu sombré dans l'oubli… (dans l'oublie ?…)

Scones frits

Pour 4 personnes

300 g de farine bise
1 pincée de sel
1 cuillère à café de levure
3 œufs
45 cl de lait végétal
90 g de beurre fondu

Huile d'arachide pour la cuisson

Dans un saladier, mélangez la farine, la levure, le sel et le sucre.

Ajoutez lentement le lait tout en remuant avec un fouet à main, puis les œufs un à un, en battant vivement. Ajoutez dernier lieu le beurre fondu.

Préparez cette pâte juste au moment de vous en servir.

Dans une poêle légèrement graissée, déposez des petits tas de pâte et faites-les cuire comme des crêpes. Ils vont gonfler joliment !

Les scones sont très populaires outre-Manche, où on les déguste au petit-déjeuner ou au moment du Five o'clock tea.

Les recettes sont variées : frits ou cuits au four, sucrés ou salés, avec de la purée de pomme de terre ou des raisins secs, … servis avec du fromage, du beurre, de la crème fraîche, de la confiture, du miel…

Pain brioché

Pour 4 personnes

250 g de farine bise
1 cuillère à soupe de sucre complet
60 g de beurre fondu
2 œufs
2 cuillères à soupe de lait végétal
1 pincée de sel
15 g de levure de boulanger
Amandes effilées
Dorure : 1 jaune d'œuf délayé dans un peu de lait végétal

Dans un bol, mettez la levure avec le sel et laissez reposer quelques minutes jusqu'à ce qu'elle se liquéfie. Délayez avec une fourchette, puis, tout en remuant, ajoutez le lait tiédi (pas trop chaud, sinon il "tue" la levure).

Dans une casserole, faites fondre le beurre à feu doux.

Dans une grande terrine, mettez la farine en fontaine avec le sucre, et déposez la levure au centre. Ajoutez dans la terrine le beurre et les œufs. Pétrissez la pâte en l'aérant bien pendant une dizaine de minutes.

Recouvrez avec un linge et laissez lever dans un endroit chaud (la pâte doit doubler de volume).

Retravaillez la pâte quelques minutes, puis formez 3 boudins identiques et faites-en une tresse.

Déposez la tresse sur une tôle graissée ou recouverte d'une feuille à pâtisserie, et laissez à nouveau lever jusqu'à ce qu'elle soit bien gonflée.

Passez le dessus à la dorure avec un pinceau (sans trop appuyer pour que la pâte ne retombe pas), puis saupoudrez d'amandes effilées.

Cuisez pendant 30 minutes, d'abord à four assez chaud (180° thermostat 6), puis moyen (150° thermostat 5).

Laissez refroidir sur une grille.

L'amande dite "douce" est dégustée comme fruit frais ou comme fruit sec.
L'amande dite "amère" donne une essence très parfumée, utilisée en pharmacie et en agro-alimentaire. Elle sert parfois aussi en pâtisserie et en confiserie, mais à faible dose, car elle contient une substance très toxique, l'acide cyanhydrique.

Tresse alsacienne

Pour une grande tresse

750 g de farine bise
100 g de sucre complet
150 g de beurre
2 œufs
17,5 cl de lait de soja ou d'amande
1/4 de cuillère à café de sel
30 g de levure de boulanger
Amandes effilées
Dorure : 1 jaune d'œuf délayé dans un peu de lait végétal

Dans un bol, mettez la levure avec le sel et laissez reposer quelques minutes jusqu'à ce qu'elle se liquéfie. Délayez avec une fourchette, puis, tout en remuant, ajoutez le lait tiédi (pas trop chaud, sinon il "tue" la levure).

Dans une casserole, faites fondre le beurre à feu doux.

Dans une grande terrine, mettez la farine en fontaine avec le sucre, et déposez la levure au centre.

Ajoutez dans la terrine le beurre et les œufs.

Pétrissez la pâte en l'aérant bien pendant une dizaine de minutes. Recouvrez avec un linge et laissez lever dans un endroit chaud (elle doit doubler de volume).

Retravaillez la pâte quelques minutes, puis formez 3 boudins identiques et faites-en une tresse.

Déposez la tresse en arc de cercle sur une tôle graissée ou recouverte d'une feuille à pâtisserie, et laissez à nouveau lever jusqu'à ce qu'elle soit bien gonflée.

Passez le dessus à la dorure avec un pinceau (sans trop appuyer pour que la pâte ne retombe pas), puis saupoudrez d'amandes effilées.

Cuisez à four assez chaud (180° thermostat 6) pendant environ 35 minutes.

Laissez refroidir sur une grille.

Les Egyptiens, les Grecs puis les Romains ont considéré l'amande comme un symbole de fertilité, de longévité et de bonheur. La distribution rituelle de dragées (amandes enrobées de sucre), coutume très ancienne, pour un mariage ou un baptême perpétue d'ailleurs cette croyance.

Le langage ésotérique chrétien du Moyen âge utilise l'amande pour symboliser la virginité de Marie, mère de Jésus. Les mystiques considèrent l'amande, enfermée dans sa coque dure, comme le symbole de la Vérité à découvrir, de la Réalité cachée sous les apparences, du Divin derrière l'incarnation humaine du Christ. En peinture ou sculpture, le motif de l'amande mystique, appelée "mandorle", auréole le visage des plus saints personnages.

Kugelhopf (ou Kuglopf)

Pour un gros Kugelhopf

500 g de farine bise
100 g de sucre complet
100 g de beurre
2 œufs
25 cl de lait de soja ou d'amande
1/4 de cuillère à café de sel
20 g de levure de boulanger
Raisins secs
Amandes entières

Dans un bol, mettez la levure avec le sel et laissez reposer quelques minutes jusqu'à ce qu'elle se liquéfie. Délayez avec une fourchette, puis, tout en remuant, ajoutez le lait tiédi (pas trop chaud, sinon il "tue" la levure).

Dans une casserole, faites fondre le beurre dans le reste du lait à feu doux.

Dans une grande terrine, mettez la farine en fontaine avec le sucre, et déposez la levure au centre. Puis ajoutez les œufs, le lait + beurre, puis les raisins secs.

Pétrissez la pâte en l'aérant bien pendant une dizaine de minutes. Recouvrez avec un linge et laissez lever dans un endroit chaud (elle doit doubler de volume).

Pendant ce temps, beurrez le moule à Kugelhopf et garnissez le fond avec les amandes.

Retravaillez la pâte quelques minutes et mettez-la dans le moule. Laissez à nouveau lever jusqu'à ce qu'elle soit bien gonflée.

Cuisez à four chaud (200° thermostat 6–7) pendant environ 45 minutes.

Démoulez et laissez refroidir sur une grille.

Le moule vernissé spécifique, dit "moule à Kugelhopf", est indispensable pour une cuisson réussie. En effet, le rôle de la cheminée centrale est de diffuser régulièrement la chaleur au cœur de la pâte. Cette forme de moule est utilisée depuis l'époque romaine.

Dérivé de l'allemand Gugelhopf (gugel = "capuche" du Moyen-Âge, haber devenu Hopf = "levure"), le Kugelhopf autorise différentes orthographes. Dans le Palatinat, sa forme a inspiré l'appellation de "Bonnet de Turc". Les recettes diffèrent un peu d'une région à l'autre (plus ou moins riche et moelleux, avec ou sans raisins, parfumé au citron…).

C'est la reine Marie-Antoinette qui initia Versailles à cette pâtisserie venue de l'Est. Mais en Alsace, le Kugelhopf était connu depuis bien plus longtemps. Car la légende alsacienne raconte que les rois mages, en route vers Bethléem, firent étape à Ribeauvillé chez un pâtissier du nom de Kugel, et qu'en guise de remerciement pour son hospitalité, ils lui offrirent la recette de ce gâteau.

Biscuit léger aux pommes

Pour 6 personnes

125 g de beurre fondu
100 g de sucre complet vanillé
3 œufs entiers
100 g de farine bise
60 g de maïzena
1 pincée de sel
1/2 sachet de levure
2 cuillères à soupe de crème de soja
1 cuillère à soupe d'eau de fleur d'oranger
4 grosses pommes de reinette

Dans une terrine, battez ensemble les œufs et le sucre.

Ajoutez le beurre fondu, les 2 farines, le sel et la levure, puis la crème et la fleur d'oranger.

Versez la pâte dans un moule à tarte de service graissé (ou un moule à manqué).

Pelez les pommes et coupez-les en tranches épaisses. Déposez-les sur la pâte en les enfonçant un petit peu.

Faites cuire à four moyen (150° thermostat 5) pendant environ une petite heure.

Essayez cette recette avec des poires. Un régal !

La chair de la pomme a longtemps servi de base pour fabriquer onguents médicamenteux et produits cosmétiques. En vieux français, on appelait ces substances pomata, mot issu du latin pomum. C'est ainsi qu'est né le terme "pommade".

La pomme étant un fruit très ancien et très répandu, on la retrouve dans de nombreuses croyances, légendes et traditions. Les mythes la reconnaissent comme un symbole d'immortalité, de sagesse et de pouvoir suprême. D'ailleurs, au temps de l'empire romain, la "pomme d'or" représentait le soleil ou le globe terrestre. Un des douze travaux d'Héraclès (Hercule pour les Romains) fut d'aller chercher les pommes d'or d'Héra, conservées dans le jardin des Hespérides, les filles du géant Atlas. Toutefois, ces pommes d'or pourraient aussi bien être des oranges, elles aussi parfois surnommées ainsi.
Plus récente, la petite histoire suggère que c'est une pomme tombant dans son jardin (et pourquoi pas sur sa tête, allons-y carrément !) qui inspira au savant anglais Isaac Newton la loi de la gravitation universelle.

Biscuit cacao aux poires

Pour 6 personnes

3 oeufs
80 g de sucre complet
1 cuillère à café de sucre vanillé
4 cuillères à soupe de cacao amer non sucré
150 g de farine bise
1 cuillère à café de levure
75 g de beurre
3 belles poires

Sirop :
1/2 litre d'eau + 50 g de sucre complet + le jus d'1 orange + le jus d'1/2 citron

Préparez le sirop et mettez-le à chauffer dans une casserole.

Pelez les poires et coupez-les en petits cubes. Faites-les pocher 5 minutes dans le sirop, puis égouttez-les.

Faites fondre le beurre, puis laissez-le un peu refroidir.

Dans une terrine, battez les œufs entiers avec les sucres, puis ajoutez le cacao, la farine et la levure. Incorporez le beurre fondu, puis mélangez délicatement avec les poires.

Versez aussitôt dans un moule à manqué graissé et mettez à four moyen (150° thermostat 5) pendant 45 minutes. Laissez refroidir 10 minutes avant de démouler sur une grille.

Servez avec de la crème anglaise ou de la crème chantilly.

Ce gâteau se conserve bien plusieurs jours.

Le cacaoyer est un bel arbre très ancien, qui poussait à l'état sauvage dans la zone tropicale de l'Amérique du Sud. Les Indiens consommaient sa fève sous forme de cacao liquide, considéré comme une boisson divine aux grandes vertus thérapeutiques. Les fèves étaient récoltées au cours de cérémonies religieuses.
Les Mayas furent les premiers à cultiver le cacaoyer, suivis des Aztèques. La production était peu importante et la consommation de cacao était réservée aux seuls dignitaires.
Le cacao servait à la fois de monnaie et de boisson. Les fèves broyées donnaient une pâte qu'on mélangeait à de l'eau chaude, en l'agrémentant parfois d'épices ou de vanille. C'est de cette boisson que vient le nom de "chocolat", dérivé du mot aztèque xocolatl, lui-même issu du maya choco signifiant "bruit" et ati voulant dire "eau". Ces deux termes évoquaient le bruit du fouet dans l'eau pour dissoudre et faire mousser la pâte
Les Aztèques récupérèrent à leur compte l'origine du cacaoyer, en l'attribuant à Quetzalcoatl, le dieu Serpent à plumes. Dans cette légende, une princesse aztèque, dont l'époux était parti défendre l'empire, fut tuée pour avoir refusé de révéler où se trouvait le trésor. Quetzalcoatl voulut récompenser cet acte héroïque. Germa alors sur le sang versé par la princesse le cacaoyer, "dont les fruits cachent un trésor de graines amères comme la souffrance, fortes comme la vertu, rouges comme le sang".

Le brownie de Dagui

Pour 6 personnes

200 g de chocolat à cuire (+ 100 g de chocolat à 74 % de cacao si vous aimez très chocolaté)
200 g de beurre
4 œufs entiers
200 g d'amandes et de noisettes hachées grossièrement
75 g de farine bise
100 g de sucre complet

Dans une terrine au bain-marie, faites fondre le chocolat avec le beurre.

Dans une autre terrine, mélangez la farine, le sucre et les fruits secs.

Ajoutez les œufs un à un, puis le mélange beurre + chocolat.

Versez dans un grand moule à tarte (inutile de le graisser, la pâte est assez grasse pour ne pas coller).

Faites cuire environ 20 minutes à four moyen (150° thermostat 5).

Dégustez le brownie nature, ou accompagné d'une crème anglaise, d'une boule de glace…

(Cette recette est gentiment offerte par une amie gourmande dont les gâteaux font des heureux.)

Le brownie nous vient des Etats-Unis. Traditionnellement, il est fait avec des noix, cuit dans un moule rectangulaire et découpé en gros carrés après cuisson.

Remarque de la mère Gobuche : il semblerait que le brownie soit encore plus moelleux si l'on utilise du beurre ramolli et non du beurre fondu. Des noix de pécan font également merveille.

Cake choco-moka

Pour 6 personnes

200 g de beurre mou
100 g de sucre complet
1 cuillère à soupe de sucre vanillé
2 cuillères à soupe de café ou de succédané de café dilué dans un peu d'eau bouillante
1 pincée de sel
3 gros oeufs
200 g de farine bise
1 sachet de levure
120 g de poudre d'amandes
1/2 cuillère à café de cannelle
100 g de chocolat à cuire

Dans une terrine, travaillez le beurre avec les sucres.

Ajoutez le sel, le café, les œufs entiers un à un, la farine mélangée à la levure, les amandes en poudre et la cannelle. Mélangez parfaitement bien.

Coupez le chocolat en copeaux et incorporez-le à la pâte.

Graissez un moule à cake, et remplissez-le aux 2/3 avec la pâte.

Faites cuire à four moyen (150° thermostat 5) une heure environ.

Laissez tiédir avant de démouler. Ne découpez qu'une fois que le gâteau est bien refroidi.

Le cannelier est un petit arbre de la famille des lauriers, toujours vert, qui pousse dans des régions chaudes et humides (côte est de l'Afrique, Inde, Birmanie, Sri Lanka, Java, Madagascar). Tous les deux ans, à la saison des pluies, on prélève l'écorce des nouveaux rameaux pour obtenir la meilleure cannelle, brun très clair, celle qui provient des jeunes pousses. En séchant, l'écorce s'enroule sur elle-même en formant des petits tubes (cannella en latin) assez cassants. La difficulté de la récolte, entièrement manuelle, explique la cherté de cette épice. La cannelle en poudre a une saveur plus prononcée que les bâtonnets, mais qui s'affaiblit plus vite.
Dans tout l'Orient, la cannelle était appréciée comme encens. Les Egyptiens l'utilisaient dans leur panel de produits pour embaumer les morts. Même les textes sanskrits et la Bible parlent de cette épice.

Les Hollandais, rois du commerce maritime de l'époque, ont longtemps conservé le monopole du négoce de la cannelle, comme celui des clous de girofle et de la muscade, et ils en ont profité pour maintenir artificiellement des prix très élevés.

La cannelle de Chine, appelée "casse", connue depuis le troisième millénaire avant notre ère, donne des tuyaux épais, d'un brun-rouge sombre, au goût plus grossier. Moins onéreuse, la casse est produite en Chine, au Laos, en Inde, en Indonésie, et fait partie du mélange chinois dit "des cinq parfums".

Choco-amandes

Pour 6 personnes

175 g de chocolat à cuire
125 g de beurre
100 g de sucre complet
50 g de farine bise
125 g de poudre d'amandes
4 œufs, jaunes et blancs séparés

Décoration :
Glaçage : 100 g de chocolat à cuire +
25 g de beurre
Amandes effilées grillées

Dans une terrine au bain-marie, faites fondre le chocolat avec le beurre.

Retirez du feu, et ajoutez petit à petit la farine, la poudre d'amandes et le sucre, puis les 4 jaunes d'œufs.

Montez les blancs en neige et incorporez-les délicatement à la pâte.

Versez le tout dans un moule à manqué graissé.

Faites cuire environ 30 minutes à four moyen (150° thermostat 5). Laissez refroidir sur une grille.

Pour le glaçage, faites fondre le chocolat avec le beurre au bain-marie, puis recouvrez le gâteau. Saupoudrez généreusement d'amandes effilées.

"La fève de cacao est un phénomène que la nature n'a jamais répété ; on n'a jamais trouvé autant de qualités réunies dans un aussi petit fruit." (Alexander Von Humboldt, explorateur et géographe allemand du XIXe siècle)

Le chocolat est un aliment exceptionnel par ses richesses, qu'il faut savourer avec modération.

Plus un chocolat est riche en cacao, moins il contient de sucre mais plus il est gras. Les graisses de cacao sont cependant des graisses non saturées, qui se digèrent facilement. Le chocolat noir est très riche en minéraux (potassium, phosphore, magnésium, calcium, fer) et en vitamines du groupe B. Grâce aux substances qu'il contient (théobromine, phényléthylamine, caféine, sérotonine), le chocolat stimule les qualités physiques et psychiques, et génère la sécrétion d'endorphines, substances euphorisantes et calmantes. Ses polyphénols, qui lui donnent cette légère amertume, ainsi que ses flavonoïdes, sont des antioxydants puissants, anticancéreux et protecteurs du système cardiovasculaire.

Pour la santé, mieux vaut consommer du chocolat noir, moins sucré et plus riche en substances actives que le chocolat au lait. Le chocolat blanc, le plus riche en lipides, ne contient pas du tout de cacao hormis les graisses, et donc plus aucun polyphénol précieux.

Fondant aux noisettes

Pour 6 personnes

6 œufs, jaunes et blancs séparés
125 g de poudre de noisettes
100 g de sucre complet
50 g de maïzena

Battez les jaunes d'œufs avec le sucre jusqu'à ce que le mélange blanchisse.

Ajoutez la poudre de noisettes et la maizena.

Montez les blancs en neige ferme et incorporez-les délicatement à la pâte.

Versez dans un moule à cake graissé et faites cuire à four moyen (160° thermostat 5–6) pendant 45 minutes.

Démoulez aussitôt et laissez refroidir sur une grille.

Variante
Vous pouvez recouvrir ce gâteau léger d'un glaçage au chocolat (100 g de chocolat à cuire fondu au bain-marie avec 25 g de beurre), et décorer avec quelques noisettes grossièrement concassées, dorées à la poêle sans ajout de graisse.

Évitez d'utiliser un "œuf de cent ans" (dit parfois aussi "de mille ans") pour réaliser cette recette.
Ah, vous ne connaissez pas cette délicatesse chinoise ? Alors, découvrez-la…

On prend un œuf, de préférence de canard, que l'on recouvre entièrement d'une mixture faite avec de la chaux, de la cendre, du thé et du sel. On place l'oeuf dans un pot en terre, lui-même enterré dans le sol. Après 100 jours de résidence souterraine, l'œuf est déterré et rincé. On écale sa coquille devenue noire, ce qui laisse apparaître un blanc ambré. Le jaune est plutôt verdâtre, l'ensemble a durci et séché. L'œuf est alors découpé en tranches, servies en général en hors d'œuvre. Les Chinois raffolent de ce mets raffiné !

Galette aux fruits confits

Pour 6 personnes

250 g de farine bise
1/2 sachet de levure
125 g d'amandes en poudre
125 g de beurre
2 cuillères à soupe de miel
3 cuillères à soupe de lait
100 g de fruits confits coupés en tous petits morceaux
1 cuillère à café d'épices de Noël
2 œufs entiers + 1 jaune délayé dans un peu de lait pour la dorure
1 cuillère à soupe de cannelle

Dans une casserole, faites fondre doucement le beurre avec le lait et le miel.

Dans une terrine, mettez tous les autres ingrédients et mélangez bien.

Versez dans la terrine le contenu de la casserole, puis pétrissez à la main pour obtenir une galette la plus homogène possible.

Déposez la galette sur une tôle graissée ou recouverte de papier sulfurisé, aplatissez-la bien avec la paume de la main, et enduisez de dorure.

Cuisez à four moyen (160° thermostat 5–6) pendant une petite 1/2 heure en surveillant la cuisson de près. Couvrez en cours de cuisson si nécessaire.

Suggestion : pour la Saint Valentin, pétrissez la galette en forme de cœur !

Les Egyptiens connaissaient déjà les fruits confits voici 4000 ans. Confire un fruit revient à remplacer son eau par du sucre. Les fruits (bigarreaux, abricots, poires, figues, prunes, mandarines, melons, angélique, noix…) ou les fleurs (violettes, mimosas, pétales de roses…) sont immergés dans un sirop bouillant, où ils refroidissent lentement. On effectue cette opération à plusieurs reprises, chaque fois dans un bain plus dense en sucre. Ensuite, les fruits sont glacés dans un sirop chauffé à 1150°C pour qu'ils ne collent pas. Le processus prend d'une semaine à plusieurs mois selon les fruits.

Au cœur du grand verger provençal, la ville d'Apt, dans le Lubéron, est reconnue comme la capitale mondiale des fruits confits. Au Moyen-Âge, les apothicaires y fabriquent déjà confitures, pâtes de fruits (dites "confitures sèches"), fruits au sirop et fruits confits, mais trempés dans du miel. Cette technique sera améliorée grâce au sucre rapporté dans les bagages des Croisés. Au XIVe siècle, les confiseurs d'Apt fournissent la cour des papes, installée en Avignon, fort friande de ces gourmandises dont la technique est bien maîtrisée en Italie. Mais c'est au XIXe siècle que la spécialité prend réellement son essor, grâce à l'engouement des Anglais pour les fruits confits : que seraient le cake, le Christmas pudding ou le plum pudding sans fruits confits ? Un large marché s'ouvrant devant eux, les confiseurs les plus audacieux passent au stade industriel, et la première usine à vapeur est créée en 1864, place de l'Evêché. En 1992, naît la Confrérie du fruit confit d'Apt, ville qui produit actuellement 15000 tonnes de fruits confits par an, plus autant de préparations pour aromatiser les produits laitiers.

Gâteau à l'orange

Pour 6 personnes

150 g de farine bise
100 g de sucre complet
2 cuillères à soupe de sucre vanillé
1/2 sachet de levure
2 œufs, jaunes et blancs séparés
1/2 verre d'huile d'arachide
1/2 verre de jus d'orange

Dans une terrine, mélangez la farine, les jaunes d'œufs, les sucres, la levure, l'huile et le jus d'orange jusqu'à obtention d'une pâte bien mousseuse.

Battez les blancs en neige et incorporez-les délicatement à la pâte.

Versez dans un moule à manqué graissé.

Faites cuire à four d'abord assez chaud (180° thermostat 6) puis moyen (150° thermostat 5) pendant une heure.

Il existe 2 sortes d'oranges consommables : l'orange "douce" et l'orange "amère".

L'orange douce s'utilise en fruit cru à croquer, en quartiers, en jus, en zeste, dans la cuisine salée ou sucrée, dans la confiserie. On distingue 4 grandes familles d'oranges douces :
<u>Les bonnes à croquer</u> :
Les navel, gros fruits croquants et sans pépins, apparaissent dès octobre : la thomson, pulpe fibreuse et peau fine, et la washington juteuse à la peau épaisse. Elles doivent leur nom à l'existence d'un petit embryon de fruit interne formant une sorte d'ombilic, qui se dit navel en anglais.
Les sanguines à la peau et la pulpe teintées de rouge. Elles proviennent de la zone méditerranéenne et sont vendues de décembre à avril : la maltaise (Tunisie), la reine des oranges, savoureuse, juteuse et acidulée ; la moro, la taroco et la sanguinello (Italie) ; la double fine (Espagne), pulpe ferme et juteuse ; la washington sanguine (Maroc, Espagne).
<u>Les bonnes à presser</u> :
Les blondes, chair claire et peu de pépins : la valencia, la salustiana et la cadenera (Espagne), la shimouti et la jaffa (Israël), la pera (Brésil).
Les tardives commercialisées de mars à juin : la valencia late (Espagne) aux membranes épaisses, la vernia (Espagne, Maroc, Algérie) un peu fade, la plus tardive.

L'orange amère, appelée aussi "bigarade", est un petit fruit fibreux et amer, immangeable cru, qui n'est utilisé qu'en cuisine (confiture et marmelade, pâtisserie), en confiserie et pour la préparation de boissons "bitter" et de liqueurs (Curaçao, Cointreau, Grand Marnier). L'eau de fleur d'oranger est obtenue par distillation des fleurs du bigaradier.

Gâteau aux épices

Pour 6 personnes

250 g de farine bise
1/2 sachet de levure
60 g d'amandes en poudre
1 zeste de citron + 1 zeste d'orange non traités
1 cuillère à café d'épices de Noël
1 cuillère à café de cannelle
60 g d'écorce d'orange et de citron confits coupée en très petits morceaux
1 pincée de vanille en poudre ou quelques gouttes de vanille liquide
125 g de beurre
100 g de miel
Le jus d'une orange

Dans une casserole, faites fondre ensemble le beurre et le miel.

Dans une terrine, mélangez soigneusement tous les autres ingrédients.

Ajoutez le contenu de la casserole et mélangez jusqu'à obtention d'une préparation homogène.

Versez dans un moule à manqué graissé.

Faites cuire à four chaud (180° thermostat 6) pendant 30 à 40minutes.

L'oranger est né en Extrême-Orient, entre les contreforts himalayens et le sud-est de l'Asie. Son nom provient du sanscrit nagarunga qui donna narandj en arabe. Ce sont les caravaniers arabes qui firent connaître l'oranger en Palestine, d'où il fut rapporté en Europe par les Croisés. Les Portugais importèrent des plants d'orange douce depuis leurs comptoirs de Ceylan. Les Espagnols l'ont quant à eux installé en Floride.

Au XVIIIe siècle, on crée des "orangeries" comme à Amboise et à Versailles, où l'on entrepose durant l'hiver ces arbres craignant le gel. L'orange reste longtemps un fruit de luxe. Robespierre fut copieusement critiqué de se faire servir de grandes quantités d'oranges : on le qualifia de "sybarite", mot évoquant le faste et l'opulence, fort malvenu pendant cette période révolutionnaire ! Jusque vers le milieu du XXe siècle, l'orange n'apparaissait dans les foyers qu'aux périodes de Noël, et elle constituait souvent l'unique cadeau pour les enfants des familles modestes.

Gâteau au café et aux noix

Pour 6 personnes

175 g de farine bise
1/2 sachet de levure
1 pincée de sel
150 g de beurre fondu légèrement refroidi
100 g de sucre complet
100 g de noix hachées
3 œufs entiers
2 cuillères à café de café instantané, de malt ou de succédané de café
20 ml d'eau bouillante

Facultatif : crème pour fourrer le gâteau (crème soja dessert en brique ou crème fraîche battue avec 1 cuillère à café de succédané de café et un peu de sucre)

Facultatif : glaçage au chocolat (100 g de chocolat à cuire fondu avec 25 g de beurre)

Dans une terrine, battez ensemble les œufs et le sucre jusqu'à ce que le mélange blanchisse.

Puis ajoutez le beurre, la farine, la levure, le sel et les noix hachées.

Délayez le café ou son succédané dans 20 ml d'eau bouillante et incorporez-le à la pâte.

Versez dans un moule à manqué graissé.

Faites cuire à four assez chaud (180° thermostat 5–6) pendant 40 minutes.

Démoulez à la sortie du four et laissez refroidir sur une grille.

Vous pouvez couper le gâteau en deux transversalement et le fourrer de crème, puis l'enduire de glaçage et parsemer de noisettes concassées grossièrement. Mais il sera bon aussi sans cette finition.

La noix, fruit savoureux enfermé dans une coquille solide peu aisée à briser, peut nous amener aussi à la réflexion philosophique. Elle inspira ainsi au XVIIIe siècle le fabuliste Jean-Pierre Claris de Florian, qui proposa cette petite histoire (Fables, livre IV, 12) intitulée "La guenon, le singe et la noix".

Une jeune guenon cueillit une noix dans sa coque verte ; elle y porte la dent, fait la grimace...
Ah ! Certes, dit-elle, ma mère mentit quand elle m'assura que les noix étaient bonnes. Puis, croyez aux discours de ces vieilles personnes qui trompent la jeunesse ! Au diable soit le fruit ! Elle jette la noix.

Un singe la ramasse, vite entre deux cailloux la casse, l'épluche, la mange, et lui dit :
Votre mère eut raison, ma mie : les noix ont fort bon goût, mais il faut les ouvrir.
Souvenez-vous que, dans la vie, sans un peu de travail on n'a point de plaisir.

Moelleux au chocolat

Pour 6 personnes

175 g de chocolat à cuire
125 g de beurre
100 g de sucre complet
100 g de farine bise
4 œufs, jaunes et blancs séparés

Dans une terrine au bain-marie, faites fondre le chocolat avec le beurre.

Retirez du feu, et ajoutez petit à petit la farine et le sucre, puis les 4 jaunes d'œufs.

Montez les blancs en neige et mélangez-les délicatement à la pâte.

Versez dans un moule à manqué graissé.

Faites cuire environ 30 minutes à four moyen (150° thermostat 5).

Qui ne connaît pas la légende du Serpent à plumes ne sait pas combien la vie sait être malicieuse…

Au Mexique, au Xe siècle, s'étendait un jardin merveilleux, où régnait le dieu barbu serpent à plume Quetzacoalt, que l'on disait immensément riche. Quand la chance tourna pour Quetzacoalt, un magicien envieux lui fit goûter un breuvage qui, disait-il, allait lui apporter extase et guérison, et lui indiquer le chemin pour retrouver sa jeunesse. Au lieu de cela, le dieu enivré devint fou, faisant brûler les maisons et enterrer tous ses trésors. Il s'embarqua sur un radeau en direction du soleil levant, à destination du pays où il pensait retrouver la jeunesse, et disparut en promettant de revenir l'année placée sous le signe du roseau, avec tous les trésors du paradis pour son peuple.

En 1519, année du roseau, le roi aztèque Moctezuma guettait donc le retour annoncé de Quetzacoalt. Or, effectivement, arriva par la mer un vieux barbu, coiffé d'un casque à plumes. On fêta la réapparition de Quetzacoalt, qui était en réalité... Hernán Cortès, noble aventurier espagnol parti en conquête pour le compte de Charles Quint, et heureux bénéficiaire involontaire de la légende du serpent à plumes !
Cortès fut traité comme un dieu et on lui offrit la boisson divine, le quachahualt ("cacao" dans le mexicain ancien), dont "une tasse permet à un homme de marcher un jour entier sans manger" (Johann Wolfgang von Goethe, écrivain allemand).
Cortès expédia la première cargaison de cacao à son maître Charles Quint en 1524. Pendant un siècle, les Espagnols gardèrent jalousement la recette de cet aliment mystérieux. Afin de le stocker et de le transporter facilement, ils mirent au point les premières tablettes de cacao, qui n'étaient pas comestibles. Le chocolat était alors fort cher et réservé aux princes.

L'onctueux au chocolat

Pour 6 personnes

200 g de chocolat noir à fort pourcentage de cacao (au moins 70%)
150 g de beurre
125 g de sucre complet
2 cuillères à soupe de farine d'épeautre bise
4 œufs, jaunes et blancs séparés
125 g de poudre d'amandes

Dans une terrine au bain-marie, faites fondre le chocolat avec le beurre.

Retirez du feu, et ajoutez le sucre, les 4 jaunes d'œufs, puis petit à petit la farine et la poudre d'amandes.

Montez les blancs en neige très ferme et incorporez-les délicatement à la pâte.

Versez dans un moule à manqué ou à savarin, graissé et fariné.

Faites cuire environ 15 minutes à four très chaud (245° thermostat 8).

Lorsque l'infante d'Espagne Anne d'Autriche épouse Louis XIII en 1615, le chocolat fait de timides débuts à la cour de France. Mais le véritable engouement date du mariage de Louis XIV avec Marie-Thérèse d'Espagne, en 1660.

Les propriétés revigorantes et aphrodisiaques du chocolat vont favoriser sa propagation dans toute l'Europe, mais il demeure un produit de luxe. Ce n'est qu'en 1853 que les lourdes taxes baissent et que le peuple peut enfin goûter cette merveille.

Entre temps, en 1828, le chimiste hollandais Conrad Van Houten a inventé une presse pour extraire la graisse des fèves, ce qui permit d'obtenir une fine poudre de cacao pure pratiquement alipidique. Il eut aussi la bonne idée de réintégrer une partie du "beurre" extrait à la poudre en ajoutant du sucre, pour donner la première tablette de chocolat. Merci, Monsieur Van Houten !

Gâteau de la mère Gobuche

Pour 6 personnes

250 g de farine d'épeautre bise
1/2 sachet de levure
100 g de sucre complet
1/2 cuillère à café de vanille en poudre ou quelques gouttes d'extrait de vanille
1/2 cuillère à café de cannelle en poudre
4 œufs entiers
200 g de chocolat à cuire
100 g de beurre
125 g de raisins secs
80 g d'écorce d'orange confite coupée en très petits morceaux

Dans une terrine au bain-marie, faites fondre le chocolat avec le beurre.

Dans une grande terrine, mélangez la farine, la levure, le sucre, la vanille et la cannelle.

Ajoutez les œufs un à un, puis le mélange beurre + chocolat.

Mettez en dernier lieu les raisins secs et l'écorce d'orange confite.

Versez dans un moule à cake ou à savarin graissé.

Faites cuire environ 50 minutes à four moyen (150° thermostat 5).

De tout temps, on a pensé que le chocolat stimulait la libido, bien qu'aucune étude scientifique n'ait jusqu'à aujourd'hui corroboré cette croyance. En voici quelques témoignages…

Le roi Moctezuma II avait de nombreuses épouses qu'il honorait avec ardeur, buvant pour cela une cinquantaine de tasses de chocolat par jour. Les Espagnols étaient épatés ! Mais il faut dire que les Aztèques assaisonnaient leur boisson divine de poivre et de piment…

Parmi les favorites du roi Louis XV, la renommée du chocolat n'était plus à faire.
Madame de Pompadour, à qui le roi reprochait d'être "froide comme une macreuse", avalait force soupes aux truffes et au céleri, eux aussi réputés aphrodisiaques, accompagnées d'un grand nombre de tasses de chocolat ambré pour exciter ses sens.
Madame du Barry, grande libertine devant l'Eternel, faisait servir une bonne tasse de chocolat à ses galants pour les préparer aux ébats amoureux.

Sur les gravures et les estampes des XVIIe et XVIIIe siècles, sont souvent représentées des scènes dans lesquelles on voit des couples déguster du chocolat chaud.
Dans son "Traité des aliments" datant de 1702, le médecin et chimiste Louis Lemery précise au sujet du chocolat : "Ses propriétés stimulantes sont propres à exciter les ardeurs de Vénus."
D'ailleurs, au XVIIIe siècle, les enfants n'ont même pas le droit de goûter cette boisson à la réputation sulfureuse. Seuls les (riches) adultes peuvent y tremper les lèvres…

Gâteau marbré

Pour 6 personnes

2 cuillères à soupe de cacao amer non sucré
2 cuillères à soupe d'eau bouillante
175 g de beurre
100 g de sucre complet
3 oeufs
150 g de farine bise
1 cuillère à café de levure

Travaillez en crème le beurre et le sucre.

Ajoutez les œufs un à un, puis incorporez délicatement la farine et la levure.

Délayez le cacao dans l'eau bouillante.

Versez la moitié de la pâte dans un moule à savarin graissé (ou un moule à cake, mais la cuisson sera un peu plus longue).

Mélangez le cacao au reste de la pâte, et versez ce mélange à son tour dans le moule.

Avec une fourchette, entremêlez grossièrement les deux pâtes.

Faites cuire à four assez chaud (180° thermostat 6) pendant environ 45 minutes.

Démoulez et laissez refroidir sur une grille.

Vous pouvez napper ce gâteau refroidi d'un glaçage au chocolat ou au café.

Le terme "beurre" vient du grec bouturon (bous = " vache" – turos = "préparation au lait"), racine que l'on retrouve dans les mots latin (butyrum), allemand (Butter), anglais (butter) et italien (burro).

L'Antiquité gréco-romaine méprisait royalement le beurre. On le considérait comme la "graisse du pauvre", une denrée commune et vulgaire, à l'inverse de l'huile, estimable car plus rare et plus difficile à produire. Jules César ne se servait de beurre que pour l'entretien de ses sandales… On l'utilisait pour soigner les dermites et brûlures, pour avoir les cheveux brillants ou la peau douce. Cette image de produit insignifiant a donné naissance à des expressions populaires comme " compter pour du beurre" ou "vendre du beurre", qui au XIXe siècle voulait dire " être ignoré, délaissé dans une société" (définition Larousse).

L'utilisation courante du beurre en cuisine sera initiée, en Europe septentrionale, par les peuples envahisseurs barbares. Alors, le beurre devint petit à petit un produit de luxe. Cette idée de richesse se retrouve dans une autre série de locutions, comme "faire son beurre", "mettre du beurre dans les épinards" ou " vouloir le beurre et l'argent du beurre".

Kloug aux fruits secs

Pour 6 personnes

400 g de farine bise
100 g de sucre complet
4 oeufs
1 sachet de levure
200 g de beurre fondu
1 verre de lait végétal
Quelques gouttes d'extrait de vanille
100 g de noisettes moulues
100 g de raisins secs trempés dans le jus d'une orange
100 g d'abricots secs coupés en petits morceaux

Dans une terrine, mélangez petit à petit tous les ingrédients.

Versez la pâte obtenue dans un grand moule à cake graissé.

Faites cuire à four moyen (150° thermostat 5) pendant une bonne heure.

Vous pouvez aussi marbrer ce gâteau : mélangez 2 cuillères à soupe de cacao amer délayé dans 3 cuillères à soupe d'eau bouillante à 1/3 de la pâte, et mêlez légèrement les deux pâtes au moyen d'une fourchette, dans le moule.

L'abricot est une drupe connue en Chine depuis au moins 4000 ans dans sa forme sauvage. Il a traversé l'Inde et emprunté la Route de la Soie, s'est implanté au Moyen Orient et dans le Bassin Méditerranéen. Les Grecs puis les Romains l'ont appelé "(fruit) précoce" ou præcoquum, ce qui a donné le mot français "abricot" après être passé par le grec, l'arabe, l'espagnol et le catalan. Les Romains le nommaient aussi "Malum armeniacum" ("pomme d'Arménie") et son nom scientifique est Prunus armeniacum, car on a longtemps cru que son origine était arménienne.
Depuis les Romains, l'huile de noyau d'abricot était réputée pour lutter contre les tumeurs et les cancers. Importé d'Italie au milieu du XVe siècle, l'abricot arrive en France, mais il est peu apprécié et sert surtout en médecine comme vomitif ! C'est encore grâce à Louis XIV, à son potager de Versailles et à son jardinier La Quintinie que l'abricotier va connaître des jours meilleurs. Sa culture prendra vraiment son essor au XVIIIe siècle.
De leur côté, les Britanniques et les moines franciscains espagnols s'étaient chargés d'implanter l'abricotier dans leurs colonies et missions respectives aux Amériques, en particulier en Californie.

Choisissez les abricots mûrs à point. Ne vous fiez pas à leur belle coloration, qui est attractive bien avant la pleine maturité, mais à leur parfum et à la souplesse de leur chair. Un abricot cueilli insuffisamment mûr n'évoluera plus : il restera dur, peu sucré et sans parfum. C'est pourquoi il est difficile de manger de bons abricots loin des lieux de production : comment concilier maturité et transport ? L'abricot mûr est fragile et doit être consommé rapidement.

L'abricot sec est un aliment très nutritif, qui concentre toutes les qualités de l'abricot frais. Il figure d'ailleurs en bonne place dans les menus des astronautes de la NASA !

Kloug aux pommes

Pour 4 personnes

225 g de farine bise
100 g de sucre complet
1 oeuf
1/2 cuillère à café de levure
150 g de beurre fondu
1 cuillère à soupe de lait végétal
1/2 cuillère à café de cannelle en poudre
2 grosses pommes de reinette pelées et coupées en gros dés
120 g de raisins secs trempés dans le jus d'une orange

Dans une terrine, mettez 25 g de sucre avec la cannelle. Enrobez les dés de pommes de ce mélange en les faisant rouler dedans.

Dans une autre terrine, mélangez le beurre avec la farine et la levure, le sucre restant, l'œuf, le lait, les raisins avec le jus d'orange et enfin les pommes enrobées.

Versez dans un moule à cake graissé, et faites cuire à four moyen (150° thermostat 5) pendant une bonne heure.

Laissez refroidir dans le moule.

C'est consistant, mais qu'est-ce que c'est bon !

En latin, pomum voulait dire "fruit d'un arbre" et malum "pomme". Allez savoir pourquoi, le français a spécialisé pomum en "pomme", alors que d'autres langues ont gardé le terme latin malum, ce qui a donné mela en italien ou molla en albanais.

L'étymologie peut parfois nous aider à comprendre bien des bizarreries. Par exemple, comment la pomme est-elle devenue le fruit défendu de la Bible ? Pourtant, le livre saint écrit en hébreux parle seulement du "fruit de l'arbre de la Connaissance".
En latin, les mots malus ("mal", "mauvais") et malum ("pomme") sont très proches. L'arbre de la Connaissance étant "interdit", ce qui peut se traduire par "mauvais" (malus), il n'y a plus qu'un pas à faire en direction de la pomme (malum), ce qui symboliquement est bien pratique.
"E malo nascitur omne malum" ("c'est de la pomme qu'est né tout le mal") dit la bible vulgate de Saint Jérôme au Ve siècle. Ce n'est d'ailleurs qu'à cette époque que la pauvre pomme fut affublée du rôle sulfureux de fruit tentateur faisant basculer l'Homme dans le péché originel.

Moelleux aux pommes

Pour 6 personnes

1 kg de pommes acides (type reinette grise du Canada) épluchées et coupées en 8
200 g de farine bise
150 g de sucre complet
100 g de beurre, dont 50 g fondus et 50 g pour beurrer le moule
40 cl de crème de soja
2 grosses poignées de raisins secs
Un peu de Calvados

Allumez le four (210° thermostat 7). Mettez à tremper les raisins secs dans le Calvados.

Beurrez un moule à manqué de service avec la moitié du beurre, et déposez-y les quartiers de pommes. Saupoudrez avec la moitié du sucre. Faites fondre dans le four pendant 20 minutes. Les pommes doivent caraméliser.

Pendant ce temps, mélangez énergiquement la farine avec le reste du sucre, la crème et le beurre fondu. Ajoutez les raisins avec le Calvados.

Au sortir du four, versez ce mélange sur les pommes caramélisées. Remettez au four 30 à 40 minutes.

Dégusté tiède, ce "moelleux aux pommes" est encore meilleur !

Pourquoi surnomme-t-on la ville de New-York, "Big Apple" ou "La Grosse Pomme" ?

Explication n° 1, l'officielle : "Big Apple" était le surnom qu'avaient donné des palefreniers aux champs de courses de la ville, terme plaisant propagé par le chroniqueur hippique Fitzgerald dans les années 20. Il fut repris 10 ans plus tard par les grands musiciens de jazz, en référence aussi au trac qui serre la gorge et bloque la "pomme d'Adam" des artistes qui vont se produire en public.

Explication n° 2, la vraie : au XIXe siècle, Evelyne Claudine de Saint-Évremond, belle aristocrate française réfugiée au Nouveau Monde pour échapper à la Terreur, ouvrit un "salon" de luxe (et de luxure) pourvu de demoiselles cultivées autant qu'appétissantes, qu'elle surnommait "mes pommes irrésistibles", rappelant ainsi avec humour l'origine biblique de son propre prénom. "Évelyne" s'étant donc mué en "Eve", les jeunes gens de bonne famille disaient "aller goûter les pommes d'Eve" pour parler de leurs excursions galantes auprès de ces personnes de petite vertu. Cette image fut même reprise par l'Annuaire des Gentlemen de New-York en 1870, pour évoquer discrètement les pensionnaires des maisons closes : "de par leur fraîcheur, leur douceur, leur beauté et leur fermeté au toucher, les pommes de New-York sont supérieures à toutes celles du Nouveau Monde, et même de l'Ancien".
La densité de lupanars à New-York étant la plus élevée des Etats-Unis, la pomme devint vite le symbole de la ville. Plus tard, la débauche et l'esprit de "noce" s'étant déplacés vers des villes du sud, des conseillers en communication s'employèrent à améliorer l'image de la cité, en associant la pomme à des valeurs plus conformes à la bonne moralité : distribution de pommes aux pauvres pendant la grande dépression des années 30, slogans comme "as American as apple pie" ou "an apple a day keeps the doctor away", puis trac des jazzmen devant ce public éminent…

Pain d'épices choco

Pour 6 personnes

350 g de farine bise (de préférence moitié épeautre, moitié seigle)
1 paquet de levure
Quelques gouttes d'extrait de vanille
100 g de noisettes moulues
3 cuillères à café d'épices de Noël
150 g de fruits confits coupés en tout petits morceaux
4 œufs
1/4 de litre de lait végétal
150 g de beurre
200 g de miel

Glaçage au chocolat : 200 g de chocolat à cuire + 50 g de beurre

Dans une casserole, mettez à fondre à feu doux le beurre et le miel dans le lait.

Pendant ce temps, dans une terrine, mélangez : les farines, la levure, l'extrait de vanille, les noisettes, les épices et les fruits confits.

Versez le contenu de la casserole, mélangez puis ajoutez les œufs.

Étalez la pâte sur une feuille pour pâtisserie ou dans un moule recouvert de papier sulfurisé (type moule à tarte rectangulaire). Faites cuire à four chaud (200° thermostat 6–7) pendant 20 minutes. Laissez refroidir et démoulez le cas échéant.

Préparez le glaçage au chocolat et recouvrez le pain d'épices avec une spatule. Vous pouvez saupoudrer d'amandes effilées et grillées. Laissez prendre le glaçage, puis découpez en gros carrés.

Ce pain d'épices doit être consommé rapidement. Il ne se conserve que quelques jours, au frais.

Les Grecs comme les Romains appréciaient beaucoup les gâteaux au miel. Mais il semble que l'ancêtre de notre pain d'épices soit plutôt le Mi-Kongî, pain au miel chinois agrémenté de plantes aromatiques et cuit au four. Les Arabes l'introduisirent en Palestine, puis les Croisés le rapportèrent en Europe en même temps que nombre d'aromates.

Au XVIIe siècle, le pain d'épices était déjà une célébrité du Christkindmarkt ("marché de Noël") de la ville de Nuremberg en Allemagne. De là, il a vite essaimé vers l'ouest, pour conquérir l'Alsace où les enfants prirent l'habitude de décorer les sapins de Noël avec des étoiles et des bretzels en pain d'épices.

Mais c'est surtout à Reims que le pain d'épices prit son essor au XVIIIe siècle, grâce à la finesse des miels champenois. Nicolas Abraham, médecin d'Henri IV puis de Louis XIII, écrivait en 1608 : "On fait à Rheims de bon pain d'espice avec farine de seigle, miel et un petit peu de poyvre ou de cannelle... Aucuns ont opinion que les femmes lyonnoises, auvernoises, champenoises et spécialement les dames de Rheims pour user ordinairement de ce pain, sont rendues belles et ont un beau teint et le corps robuste et succulent".

Sacher torte

Pour 6 personnes

175 g de chocolat à pâtisser
140 g de beurre
100 g de sucre complet
100 g de farine bise
40 g de poudre d'amandes
6 œufs, jaunes et blancs séparés
100 g de confiture d'abricots

Décoration :
Glaçage : 100 g de chocolat à pâtisser + 25 g de beurre
Amandes effilées grillées ou copeaux de chocolat

Dans une terrine au bain-marie, faites fondre doucement le chocolat avec le beurre, puis retirez du feu.

Ajoutez le sucre, les 6 jaunes d'œufs un à un, puis petit à petit la farine et la poudre d'amandes.

Montez les blancs en neige et mélangez-les délicatement à la pâte.

Versez dans un moule à manqué graissé.

Faites cuire environ 35 à 40 minutes à four assez chaud (180° thermostat 6).

Laissez refroidir le gâteau sur une grille, puis coupez-le en 2 transversalement. Garnissez de confiture la moitié inférieure et reformez le gâteau.

Recouvrez-le de glaçage au chocolat et décorez de copeaux de chocolat ou d'amandes effilées.

Si vous allez à Vienne en Autriche, ne manquez pas de vous installer à une table du café Sacher, unique endroit au monde où vous pourrez savourer la seule vraie Sacher Torte, dont la recette est tenue jalousement secrète, gardée paraît-il dans un coffre-fort logé au sous-sol. Pour vous faire patienter en attendant la dégustation, un petit journal vous racontera comment est née cette merveille.
"L'origine de ce fameux gâteau remonte à 1832. Le Prince de Metternich commanda un jour un dessert très spécial pour des invités de marque qui étaient de passage à Vienne. Le chef pâtissier étant malade au lit, ce fût son jeune apprenti, alors âgé de 16 ans, Franz Sacher, qui hérita de cette commande. Il réalisa un gâteau au chocolat qui porte toujours son nom : le gâteau de Sacher."

La Sacher Torte que vous propose la mère Gobuche n'est bien sûr qu'une pâle imitation du gâteau le plus célèbre du monde… Mais elle est très bonne tout de même !

Amandines

Pour une trentaine d'amandines

100 g de bon chocolat à pâtisser
100 g de sucre complet
100 g d'amandes en poudre
1 oeuf
1 cuillère à café de vanille en poudre

Râpez le chocolat dans une terrine, puis ajoutez tous les autres ingrédients. Mélangez bien (ou passez le tout dans un bol mixer), puis mettez la préparation un petit moment au réfrigérateur.

Prélevez un peu de pâte à l'aide d'une petite cuiller, et formez des boulettes que vous aplatirez légèrement. Déposez-les au fur et à mesure sur une tôle recouverte de papier cuisson, en les espaçant suffisamment car elles vont un peu s'étaler à la cuisson. Petit "truc" : la pâte se réchauffant au contact de la peau, elle a tendance à adhérer à la paume : passez régulièrement vos mains sous l'eau froide (toutes les 10 boulettes environ), cela facilitera bien les choses !

Faites cuire à four moyen (150° thermostat 5) pendant 10 à 15 minutes. Surveillez bien la cuisson, ça a tendance à brûler assez vite…

Laissez refroidir sur une grille et conservez-les dans une boîte en métal.

L'amande est souvent associée à l'amour. C'est une légende grecque qui semble être à l'origine de cette symbolique.

Le jeune Demophon et une belle princesse du nom de Phyllis étaient très amoureux, et s'étaient promis le mariage. Or survint brutalement le décès du père de Demophon, et son fils dut se rendre à Athènes pour les funérailles. Le jeune homme promit à sa belle d'être de retour pour la date des noces, mais des aléas lui firent prendre du retard (il n'avait pas de téléphone portable pour la prévenir…).
Désespérée, Phyllis se crut abandonnée et se pendit. Les dieux, émus par ce grand amour, la transformèrent en un bel amandier. À son retour, éperdu de chagrin, Demophon déposa des baisers sur l'amandier dont les feuilles n'avaient pas encore poussé, et sous chaque baiser s'épanouit une fleur.

C'est pourquoi un amandier fleurit avant d'avoir des feuilles.
C'est pourquoi l'amour infini est représenté par une amande.

Biscuits à la confiture

Pour une vingtaine de gâteaux

250 g de beurre
150 g de sucre complet
2 œufs entiers
Quelques gouttes d'extrait de vanille
500 g de farine bise
Confiture ou purée de fruit au choix

Dans une terrine, travaillez le beurre et le sucre avec une spatule en bois (ou utilisez un bol mixer).

Ajoutez les œufs battus et la vanille.

Pétrissez doucement sur une surface farinée en incorporant peu à peu la farine.

Étalez la pâte au rouleau sur une épaisseur de 3 millimètres, et découpez un nombre pair de ronds (ou une autre forme). Vous pouvez évider un cœur sur la moitié des ronds, ou faire des gâteaux avec 2 trous (comme des lunettes).

Déposez les formes sur une tôle recouverte de papier cuisson et faites cuire à four chaud (190° thermostat 6-7) pendant une quinzaine de minutes. Surveillez de près.

Laissez refroidir sur une grille.

Collez les biscuits deux par deux avec de la confiture.

Confiture, confiture allégée, purées de fruits… C'est le taux de sucre et le taux de fruits utilisés qui départagent ces appellations.

La confiture "extra" contient au minimum 45% de fruits. Sa teneur totale en sucres (sucre du fruit + sucre ajouté) est au moins de 60 g pour 100 g. Le sucre permet la prise de la confiture ainsi que sa bonne conservation : vous pouvez garder un pot entamé à température ambiante sans risque de moisissure. Mais le taux élevé de sucre étouffe quelque peu le goût du fruit, sans parler des calories engrangées.
La confiture "allégée en sucre" contient au minimum 50% de fruits et de 25 à 30% de sucre en moins que la confiture classique. Sa teneur totale en glucides se situe donc entre 42 et 45 g pour 100 g. On ajoute un gélifiant, en général de la pectine de fruit. Elle se garde au frais après ouverture et pour un temps limité.
Les purées ou spécialités aux fruits n'ont pas droit au titre de confiture, car elles sont trop peu sucrées (30 à 35% de taux de glucides). Elles sont constituées uniquement de purée de fruits, édulcorée au sirop d'agave, au jus de pomme,…. Elles contiennent en général un gélifiant pour donner de la tenue à la préparation (pectine de fruits). Il faut les consommer rapidement après ouverture et garder le pot ouvert au frais. Mais on a droit au vrai bon goût des fruits !

Attention toutefois à l'ajout de correcteurs d'acidité (citrate ou lactate de calcium…), d'acidifiants (acide citrique…), de fructose, d'aspartame, etc… dans certains produits. Lisez bien les étiquettes !

Bredele aux épices

Pour une centaine de gâteaux

500 g de farine bise
1 paquet de levure
200 g de sucre complet
2 cuillères à soupe de sucre vanillé ou quelques gouttes d'extrait de vanille
1 cuillère à soupe d'épices de Noël
1 cuillère à café de cannelle
1/2 cuillère à café de muscade
250 g de beurre fondu
3 œufs
Un peu de lait végétal

Dorure : 1 jaune d'œuf délayé dans un peu de lait

Dans une terrine, mélangez la farine, la levure, les épices et les sucres. Ajoutez les œufs un à un, puis le beurre fondu. Pétrissez la pâte en ajoutant un peu de lait si nécessaire.

Sur une surface farinée, étalez un peu de pâte au rouleau (pas trop à la fois car elle est très cassante), et découpez des formes à l'emporte-pièce. Déposez-les au fur et à mesure sur une plaque à pâtisserie recouverte de papier cuisson.

Enduisez-les de dorure et faites cuire à four moyen (150° thermostat 5) pendant environ 1/4 d'heure.

Laissez-les refroidir sur une grille et conservez-les dans une boîte en métal.

Vous pouvez remplacer une partie de la farine par de la poudre d'amande, c'est très bon, mais la pâte est encore plus difficile à étaler…

En Alsace, les Wihnàchte bredele (littéralement "petits gâteaux de la nuit sacrée") sont une véritable institution. Pas de vrai Noël sans eux ! On les concocte en famille durant toute la période de l'Avent, les cuisines chaleureuses embaument la cannelle et le sablé cuisant au four. Et enfin, la nuit du 24 décembre (et les jours suivants, car on en fait de grandes quantités !), on est autorisé à croquer ces délices avec un plaisir non dissimulé, plaisir qu'on aime à partager. Recevoir un paquet de Wihnàchte bredele faits maison doit être savouré comme un témoignage d'estime et d'attention particulière.
D'autres douceurs font partie de la tradition culinaire alsacienne de Noël, en particulier le Lebkueche (pain d'épices) et le Bierawecka ("pain de Noël" aux fruits secs et fruits confits), que l'on dégustait au retour de la messe de minuit.

Au Moyen-Âge, il y avait souvent des foires au moment des fêtes religieuses. En Alsace comme en Lorraine, la grande fête de l'hiver avait lieu à la Saint Nicolas, et à Strasbourg se tenait alors le Klausenmärick, foire de Saint Nicolas, le bon saint qui régalait les enfants de friandises. Au moment de la Réforme en 1530, le pasteur Finner, prédicateur de la cathédrale, fustigea ces réjouissances aux relents papistes et demanda la suppression de cette tradition pourtant très populaire. Afin de satisfaire tout le monde, catholiques et protestants, les autorités de la ville décidèrent de dédier cette fête à "l'enfant Jésus" reconnu par tous les chrétiens, et le Klausenmärick se mua en Christkindelsmärick, qui perdure depuis 1570, dans des parfums de gâteaux, d'épices et de vin chaud, sensations réconfortantes au creux des longues nuits froides de décembre.

Bredele de la mère Gobuche

Pour environ 140 Bredele

500 g de farine bise
200 g d'amandes en poudre
1 paquet de levure
200 g de sucre complet
2 cuillères à soupe de sucre vanillé ou quelques gouttes d'extrait de vanille
1 cuillère à soupe d'épices de Noël
1 cuillère à café de cannelle
1/2 cuillère à café de muscade
1/2 zeste de citron non traité râpé
150 g d'écorce de citron et d'orange confits coupés en tout petits dés
250 g de beurre fondu
3 œufs

Dorure : 1 jaune d'œuf délayé dans un peu de lait végétal

Dans une terrine, mélangez la farine, la poudre d'amandes, les sucres, la levure, le zeste, les épices et les fruits confits.

Ajoutez les œufs en mélangeant bien, puis le beurre fondu. Pétrissez soigneusement la pâte.

Sur une surface farinée, étalez un petit peu de pâte au rouleau (pas trop à la fois, elle est très fragile), et découpez des formes à l'emporte-pièce.

Déposez-les au fur et à mesure sur une tôle recouverte de papier cuisson, puis enduisez-les de dorure.

Faites cuire à four moyen (150° thermostat 5) pendant 10 minutes.

Laissez-les refroidir sur une grille et conservez-les dans une boîte en métal.

Les "épices de Noël" sont un mélange de différentes poudres : cannelle, anis, gingembre, coriandre, cardamome et clou de girofle. Il est possible d'en trouver dans le commerce, mais ce n'est pas un article très courant.

Vous pouvez vous en procurez par correspondance en passant commande aux
Jardins de Gaïa - BP 14 - F-67820 – Wittisheim
Tél : 03 88 85 95 55 – http://www.jardinsdegaia.com
Vous y trouverez également une grande variété de thés bio, tisanes, huiles essentielles, encens… Du bio, de la bonne qualité, du commerce équitable… N'hésitez pas !

Cœurs du Brésil

Pour 80 coeurs environ

2 cuillères à soupe de café soluble (ou de succédané)
2 cuillères à soupe d'eau chaude
250 g de farine bise
1 cuillère à café de levure
80 g de noisettes moulues
80 g de sucre complet
1 pincée de sel
125 g de beurre fondu
2 jaunes d'œufs

Décoration :
Glaçage : 100 g de bon chocolat noir à pâtisser + 25 g de beurre
"Grains de café" en chocolat

Délayez le café ou le succédané dans l'eau chaude et laissez refroidir.

Dans une terrine, mélangez la farine, la levure, le sucre, les noisettes et le sel. Ajoutez le beurre fondu, puis le café et les jaunes d'œufs. Pétrissez rapidement, et mettez au frais pendant 1 heure.

Abaissez la pâte au rouleau (par petites portions) sur 3 ou 4 millimètres d'épaisseur. Découpez des cœurs à l'emporte-pièce et disposez-les sur une tôle recouverte de papier cuisson ou d'une feuille à pâtisserie.

Faites cuire à four assez chaud (180° thermostat 6) pendant une dizaine de minutes en surveillant bien la cuisson, puis laissez refroidir sur une grille.

Préparez le glaçage au chocolat en faisant fondre les ingrédients au bain-marie.

Glacez chaque petit cœur à l'aide d'un pinceau et décorez d'un grain de café en chocolat.

Conservez-les dans une boîte en métal.

Dans la tradition ésotérique, en particulier la tradition celtique, le noisetier ou coudrier symbolise le savoir, la sagesse et la justice. Les druides rendaient leurs jugements en tenant une baguette de noisetier, et les Vikings dans une enceinte délimitée par des piquets de ce même bois.

Le noisetier représentait l'équilibre des contraires et la spiritualité, c'était l'arbre des bâtons magiques : bâton du dieu Thor, bâton d'Hermès qui, avec deux serpents enroulés en sens inverse, devint le Caducée, bâtons des sorciers, baguettes magiques des fées, sceptres, baguettes de sourciers…

Ses fruits tardant à pousser, il était aussi symbole de patience dans la recherche mystique : "Il me fit alors pareille au noisetier qui tôt fleurit dans les mois sombres et longtemps laisse attendre ses fruits désirés." (Hadewijch d'Anvers, mystique, béguine du XIIIe siècle).

Damiers

Pour 100 pièces environ

250 g de farine bise
1 cuillère à café de levure
1 pincée de sel
80 g de sucre complet
1 cuillère à soupe de sucre vanillé
150 g de beurre fondu
1 jaune d'oeuf
30 g de cacao amer non sucré
1 cuillère à soupe d'eau
1 pointe de couteau de 4 épices

Selon le type de farine, il peut être nécessaire d'ajouter un peu de liquide si la pâte est trop dure et ne s'agglomère pas correctement

Dans une terrine, mélangez la farine, la levure, le sel, les sucres et le jaune d'oeuf. Ajoutez le beurre et pétrissez le tout rapidement.

Partagez la pâte en deux. Incorporez le cacao et le 4 épices à une moitié et mettez au réfrigérateur une petite heure.

Prévoyez de faire deux rouleaux de pâte bicolore, c'est plus facile à manipuler qu'un grand. Pour ce faire, séparez la pâte nature et la pâte au cacao chacune en quatre parts égales. Puis roulez chaque partie de pâte en forme de boudin que vous accolerez en alternance. Appuyez légèrement pour les souder et les façonner en damier carré ou arrondi. Posez vos deux rouleaux sur une planche et laissez à nouveau durcir au frais pendant 1 heure.

Ensuite, découpez la pâte en tranches de 8 à 10 millimètres d'épaisseur, et déposez-les sur une tôle à pâtisserie recouverte de papier cuisson. Laissez de l'espace entre les tranches car elles s'étalent un peu à la cuisson.

Faites cuire les damiers à four moyen (150° thermostat 5) pendant une quinzaine de minutes. Sortez-les dès qu'ils commencent à dorer et laissez-les refroidir sur une grille. Conservez-les dans une boîte en métal.

La poudre à lever artificielle ou "levure chimique" n'est en fait pas une vraie "levure". Le gonflage de la pâte n'est pas dû à l'action de micro-organismes, mais à une réaction chimique : au contact de l'humidité de la pâte et de la chaleur du four, le bicarbonate de soude (alcalin) et l'acide tartrique ou citrique (acide) composant cette poudre génèrent du gaz carbonique qui fait "lever" la pâte. Le 3e ingrédient, l'amidon, du blé en général, intervient comme neutralisant pour éviter les réactions prématurées durant la conservation. C'est à cause de cette potentialité d'interaction que la levure doit absolument être gardée à l'abri de l'humidité et de la chaleur, sinon elle risque de prendre un goût désagréable et devenir toxique. Les avantages de cette poudre à lever sont qu'elle ne donne aucun goût à la pâte, contrairement à la levure de boulanger, qu'elle est facile à utiliser et que la préparation est rapide. Mais on perd tous les bénéfices de la fermentation.
Dans les poudres à lever bio, l'acide tartrique est garanti naturel, obtenu à partir des lies et des marcs de vin, et l'amidon vient du maïs, garanti sans gluten.

Linzerplätzchen

Pour environ 30 gâteaux

225 g de farine bise
100 g de sucre complet
250 g de beurre ramolli
125 g de noix – noisettes – amandes moulues
1 pointe à couteau de cannelle
1 pointe à couteau de muscade

Garniture :
300 g environ de confiture de framboise

Glaçage au chocolat : 200 g de chocolat à cuire + 50 g de beurre

Dans une terrine (ou dans un bol mixer), mélangez la farine, le sucre et le beurre. Ajoutez la poudre de fruits secs et les épices, et laissez reposer une heure au réfrigérateur.

Avec une petite cuillère, prélevez un peu de pâte et formez, en les roulant dans les mains, un nombre pair de petites boules aplaties. Déposez-les au fur et à mesure sur une tôle recouverte de papier cuisson, en les espaçant suffisamment car elles s'étaleront à la cuisson.

Faites-les cuire à four moyen (150° thermostat 5) pendant 10 à 15 minutes. Surveillez bien la cuisson, ça a tendance à brûler assez vite.

Laissez refroidir sur une grille, puis collez les gâteaux deux par deux avec de la confiture de framboise.

Préparez le glaçage au chocolat, et trempez-y la moitié de chaque gâteau. Faites-les sécher sur une surface d'où ils pourront se décoller facilement une fois le chocolat durci. À conserver dans une boîte métallique, au frais.

Délicieux, mais pas léger, léger…

Le framboisier est une ronce sauvage, comme le mûrier, qui pousse dans les sous-bois montagneux et parfois en plaine. Son petit fruit savoureux est en général rouge, mais il existe des variétés noires, jaunes, oranges, ambrées ou blanches. La framboise est très fragile et s'abîme rapidement : ne la gardez pas plus de 2 jours au réfrigérateur. Elle ramollit et perd son parfum délicat au contact de l'eau. Il faut donc éviter de la laver. La culture de la framboise exige beaucoup de soin et de main d'œuvre, ce qui explique son coût élevé.

Les Indiens faisaient une sorte de pâte séchée en mélangeant des framboises écrasées à du miel. Au Moyen-Âge, en France, on raffolait également de ce genre de pâte de fruit à la framboise. Les premières framboises rouges cultivées furent rapportées d'Asie Mineure par les Croisés. Mais la production resta longtemps familiale, surtout destinée à la distillation et à la médication, ou alors à l'extraction de parfums. Après maintes sélections et améliorations, la culture à grande échelle débuta vraiment au XIXe siècle.

La légende grecque raconte qu'il fut un temps où toutes les framboises étaient blanches. Or un jour que le petit Zeus, enfant coléreux, poussait des hurlements à rendre sourds même les démons, la nymphe Ida, fille du roi de Crète, chercha à l'apaiser en lui offrant une framboise. Mais au moment de la cueillette, les épines de la ronce lui égratignèrent le sein, et le sang qui coula de la blessure teinta pour toujours le fruit en rouge. D'ailleurs en souvenir, le nom officiel du framboisier est Rubus idaeus (ou "ronce du mont Ida"). Pour une fois, les scientifiques, en l'occurrence le grand botaniste Linné, ont mis les poètes à l'honneur…

Madeleines

2 gros œufs
100 g de sucre complet
150 g de farine bise
125 g de beurre fondu
1 zeste de citron non traité râpé
1/2 cuillère à café de levure

Pour 18 madeleines

Travaillez les œufs entiers avec le sucre jusqu'à ce que le mélange soit mousseux.

Ajoutez à cette pâte le beurre fondu, puis la farine cuillerée par cuillerée, et enfin le zeste de citron.

Graissez les divisions d'un moule à madeleines et remplissez-les de pâte.

Mettez à cuire à four chaud (200° thermostat 7-6) une bonne dizaine de minutes.

Démoulez tout de suite et laissez refroidir sur une grille.

Libre à vous de varier les parfums : vanille, cacao, fleur d'oranger, cannelle…

La petite madeleine trempée dans le thé, dont l'odeur et la saveur fait puissamment resurgir l'enfance, "petit coquillage de pâtisserie, si grassement sensuel sous son plissage sévère et dévot"… Y a-t-il gâteau plus célèbre que celui qui provoque une extase intense et fugace chez Marcel Proust, écrivain fragile et inquiet toujours "à la recherche du temps perdu" et du bonheur inatteignable ?

La madeleine, petit biscuit en forme de coquille au ventre rebondi, est emblématique de Commercy, chef-lieu d'arrondissement situé sur la Meuse près de Nancy.
C'est là que vivait le roi de Pologne déchu Stanislas Leszcynski, entouré de sa cour, dans un château qu'il avait fait restaurer. Un jour de 1755, le duc Stanislas, fameux gourmand devant l'Eternel, organisa un grand dîner. Mais voilà qu'une dispute éclata entre l'intendant de cuisine et le pâtissier, qui, furieux, démissionna aussitôt en emportant le dessert prévu pour la réception. Que le duc et ses invités soient privés de dessert ? Impensable ! Il fallait vite trouver une solution. Heureusement, la dénommée Madeleine Paumier, femme de chambre de la marquise Perrotin de Barmond, s'offrit à préparer rapidement une recette classique de sa grand-mère. Le duc Stanislas se délecta de cette pâtisserie, dont il voulut connaître le nom. Comme elle n'en portait pas, il décida de l'appeler "Madeleine de Commercy", en l'honneur de la dame qui lui avait fait découvrir ce régal.
Stanislas transmit la recette à sa fille Marie Leszcynska, épouse du roi Louis XV, qui l'introduisit à la cour de Versailles. La réputation du petit gâteau ne faisait que commencer…
La même maison fabrique la vraie madeleine de Commercy depuis 1760 !

Petits nids de noisettes

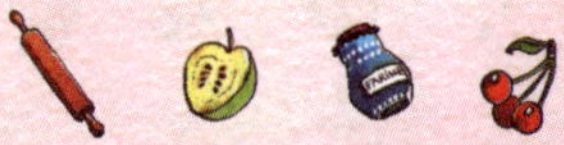

Pour 50 pièces environ

125 g de beurre
60 g de sucre complet
1 cuillère à soupe de sucre vanillé
1 œuf
100 g de noisettes moulues
150 g de farine bise
50 noisettes environ pour la décoration

Dans un bol mixer, battez le beurre en mousse avec les sucres.

Ajoutez l'œuf, les noisettes, puis la farine.

À l'aide d'une cuillère, prélevez de petits tas de pâte. Façonnez-les à la main en petites boules et déposez-les au fur et à mesure sur une tôle recouverte de papier cuisson.

Posez une noisette sur chaque boule en appuyant pour faire comme un petit nid.

Faites cuire une dizaine de minutes à four moyen (150° thermostat 5), puis laissez refroidir sur une grille.

Conservez ces petits nids dans une boîte en métal.

C'est facile à faire, très joli et très bon !

La noisette est un symbole de fertilité. Autrefois, on lançait des noisettes sur les jeunes mariés au sortir de l'église, pour leur souhaiter de nombreux enfants…
Si ces noisettes étaient fraîches, les nouveaux époux devaient les consommer rapidement, car elles craignent l'humidité et ne se conservent pas longtemps.

Truffes de la félicité

Pour une vingtaine de truffes

100 g d'excellent chocolat à pâtisser, ou pour les amateurs de sensations fortes :
50 g de chocolat à pâtisser et 50 g chocolat très riche en cacao (70 à 80%)
1 cuillère à soupe d'eau
2 jaunes d'œuf
100 g de beurre mou
Quelques gouttes d'extrait de vanille
5 cl de crème de soja
50 g de cacao amer non sucré

Pour enrober : 30 g de cacao amer non sucré ou noisettes concassées et grillées

Cassez le chocolat en petits morceaux et faites-le fondre au bain-marie avec l'eau.

Hors du feu, ajoutez les jaunes d'œuf et le beurre. Remuez vigoureusement.

Incorporez ensuite la crème, le cacao et la vanille.

Couvrez la pâte et mettez-la au frais pour qu'elle durcisse.

Ensuite, à l'aide de 2 petites cuillères ou simplement de vos mains, formez des petites boules et faites-les tomber dans un verre contenant le cacao d'enrobage ou les noisettes.

Donnez un mouvement tournant au verre pour bien enrober la truffe et déposez-la délicatement dans une caissette en papier.

Voilà un délice qui fond voluptueusement dans la bouche et qui doit être conservé au frais, pas plus de 4 ou 5 jours.

"Prenez du chocolat afin que les plus méchantes compagnies vous paraissent bonnes."
(Madame de Sévigné)

"Aimez le chocolat à fond, sans complexe ni fausse honte, car rappelez-vous : sans un grain de folie, il n'est point d'homme raisonnable".
(Le duc de La Rochefoucauld)

LEXIQUE

acouphènes : sensations auditives (sifflements, bourdonnements…) sans stimulus extérieur

AFNOR : Agence française de normalisation

AFSSA : Agence Française de Sécurité Sanitaire des Aliments

amine : composé organique

anticorps : substance élaborée par l'organisme à la suite de l'introduction d'un antigène et visant à sa destruction, concourant au mécanisme de l'immunité

anti-émétique : qui combat les vomissements

antigène : substance qui, introduite dans l'organisme, provoque la formation d'anticorps

antihistaminique : médicament utilisé dans certaines formes d'allergie

antispasmodique : qui lutte contre la contraction des muscles, en particulier des muscles lisses (tube digestif, bronches…)

aromate : substance végétale odoriférante utilisée en médecine, cuisine, parfumerie…

astringent : qui resserre les tissus ou diminue les sécrétions

avitaminose : pathologie induite par une carence en vitamines

bioélectronique : technique qui permet de dresser une "carte" de l'état de santé des êtres vivants en mesurant scientifiquement l'état de leur terrain biologique à partir de 3 paramètres :
- l'état magnétique ou équilibre acido-basique
- l'état électronique ou équilibre d'oxydo-réduction
- l'état de concentration électrolytique ou résistivité

carminatif : qui chasse les gaz intestinaux

CEE : Communauté Economique Européenne

cholagogue : qui stimule la vésicule biliaire

Codex alimentarius : organisme émanant de L'ONU et de l'OMS qui édicte les normes, règles et directives valables dans le monde entier pour tout ce qui concerne l'alimentation (hygiène, substances toxiques, résidus médicamenteux, irradiation, OGM…)

condiment : préparation ou substance ajoutée aux aliments pour en relever la saveur

diurétique : qui stimule la sécrétion urinaire

ECF- SCF : Comité Scientifique de la Commission Européenne sur l'alimentation

emménagogue : qui régularise les menstruations

émonctoire : organe servant à l'évacuation des déchets organiques

endocrinien : qui concerne le système hormonal

enzyme : substance organique soluble capable de catalyser une réaction biochimique

épice : aromate utilisé en cuisine pour l'assaisonnement

FDA : Food and Drug Administration (Etats-Unis), en gros l'équivalent de notre AFSSA

fécule : amidon de certaines tubercules ou racines (pomme de terre, manioc, ...) extrait sous la forme d'une poudre

féculent : graine (céréales), fruit (légumes secs) ou tubercule (pomme de terre, patate douce) riche en amidon (ou "glucides complexes")

fibromyalgie : affection chronique caractérisée par une sensation de douleur musculaire diffuse et une fatigue intense

galactogène : qui favorise la lactation

gluten : masse protéique restante après extraction de l'amidon du blé. Cette terminologie a été étendue pour désigner aujourd'hui la masse des protéines présentes dans les graines de céréales.

glycémie : taux de sucre dans le sang

index glycémique : valeur permettant de classer les aliments en fonction de la réponse glycémique de l'organisme (élévation du taux de sucre dans le sang) après la prise alimentaire

INRA : Institut national de la recherche agronomique

INSERM : Institut national de la santé et de la recherche médicale

leucocytes (ou globules blancs) : éléments du sang et de la lymphe chargés de défendre l'organisme contre les agressions extérieures

lupus systémique : maladie auto-immune provoquant des lésions cutanées associées à de graves lésions viscérales.

mutagène : susceptible de provoquer des mutations

OMS : Organisation Mondiale de la Santé (dépend de l'ONU)

ONG : Organisations Non Gouvernementales

oxydation : réaction dans laquelle un atome ou un ion perd des électrons (= radicaux libres)

pH (POTENTIEL HYDROGENE) : coefficient caractérisant l'acidité ou la basicité d'un milieu. Une solution est acide si son pH est inférieur à 7, et basique (ou alcaline) s'il est supérieur à 7.

PNNS : programme national Nutrition-Santé

POP : Polluants Organiques Persistants, les fameux "12 salopards" (dont la liste peut s'allonger de jour en jour), qui comprennent entre autres 5 pesticides organochlorés dont le DDT, les PCB, dioxines et furannes.

purine : produit de dégradation des protéines

radicaux libres (RL) : les radicaux libres sont les sous-produits des phénomènes d'oxydation (perte d'électrons) et de réduction (gain d'électrons). Tous sont constitués de molécules ou d'atomes comprenant un électron solitaire dans leur orbite extrême. Chacune de ces molécules vagabondes hyperactives dotées d'une charge négative cherche une autre molécule avec laquelle elle peut se combiner. Les RL sont capables d'extraire un électron d'autres molécules pour combler leur manque. Ils provoquent des dégâts sur les protéines cellulaires essentielles, génèrent une peroxydation lipidique, qui endommage ou détruit les parois des cellules (vieillissement cellulaire). Ils induisent des lésions sur la structure ADN (maladies dégénératives).
Ils sont produits par les fonctions métaboliques normales du corps lorsque les cellules extraient l'énergie des aliments. Mais de nombreux facteurs favorisent leur apparition : polluants, rayons ultraviolets et autres radiations, tabac, stress et exercice excessif.

sapidité : saveur

sclérose en plaques (SEP) : maladie auto-immune affectant le système nerveux et détruisant la myéline située dans la gaine entourant les fibres nerveuses. Ces lésions se sclérosent et fabriquent des plaques. S'ensuivent des troubles sensoriels et moteurs pouvant aller jusqu'à la paralysie.

stomachique : se dit d'un remède pour l'estomac

sudorifique : qui provoque la sudation

synthétiser : composer/fabriquer un corps chimique à partir de ses éléments constitutifs

tératogène : qui produit des malformations congénitales

upériser : stériliser en portant quelques secondes à Ultra Haute Température (140°C) = procédé UHT

urémie : empoisonnement du sang par excès d'urée

WWF : World Wildlife Fund ou Fonds Mondial pour la Nature

SOURCES D'INFORMATIONS ET D'INSPIRATION

LIVRES

Arômes dans notre assiette	*Hans-Ulrich GRIMM*	Terre Vivante
Collection "Cuisine-santé"	*Chantal et Lionel CLERGEAUD*	Equilibres aujourd'hui
Cuisinons avec les algues	*Hélène MAGARINOS-REY*	Editions Charles Corlet
Ces aliments qui nous protègent	*K. DITTRICH, C. LEITZMANN*	Terre Vivante
Ces maladies créées par l'homme	*Pf Dominique BELPOMME*	Albin Michel
Desserts bio	*Valérie CUPILLARD*	Edition La Plage
Fabuleuses légumineuses	*Claude AUBERT*	Terre Vivante
Guide pratique de diététique familiale	*Dr YJ. CHARLES, JL. DARRIGOL*	Editions Dangles
L'alimentation ou la 3e médecine	*Dr SEIGNALET*	Editions F-X de Guibert
L'assiette aux céréales	*Claude AUBERT*	Terre Vivante
Au cœur de l'eau	*Richard HAAS*	Bio-Espace éditions
Les clés de la nutrition	*Désiré MERIEN*	Editions Dangles
Les légumes passent à table	*Collectif*	Terre Vivante
Les protéines végétales	*Chantal et Lionel CLERGEAUD*	Les 3 spirales
Médecin des murs	*Rémi FLORIAN*	Bio-Espace éditions
Méthode pratique de lacto-fermentation	*Annelies SCHÖNECK*	Editions G.E. Harsch
4 groupes sanguins, 4 régimes	*Dr Peter J. D'ADAMO*	Editions Michel Lafon
Recettes végétariennes de Chine	*Hu Shao Bei*	La Plage éditeur
Sans lait & sans œufs	*Valérie CUPILLARD*	Edition la plage
Santé, mensonges et propagande	*T. SOUCCARD & I. ROBARD*	Editions du Seuil
Soyons moins lait	*N. Le BERRE , H. QUEINNEC*	Terre Vivante

REVUES

Alternatives économiques Juillet 2005	*"Controverses autour du commerce équitable"* *par Pascal CANFIN et Claire ALET-RINGENBACH*	Magazine mensuel
Bio-Contact Avril 2003	*"L'art de la cuisson"* *Catherine MARTINEZ*	Gratuit boutiques bio
Libération	*Articles du 22 avril 2004*	Quotidien national
Nouveau Consommateur Février-Mars 2007	*"Devenir neutre en CO^{2}"*	Magazine bimensuel
Nouvel Observateur	*"Les armes contre l'obésité"* *"La face cachée de Donald Rumsfeld"*	Magazine hebdomadaire
Quelle santé Février 2007	*"La sève de kitul, une alternative naturelle au sucre"*	Magazine mensuel Santé Port-Royal
Sat'infos	*Divers articles*	Gratuit magasins Satoriz
Science et Avenir	*Divers articles*	Magazine mensuel
Soignez-vous **Santé Pratique** **Pratiques de Santé**	*Michel DOGNA* *puis* *Jean-Pierre WILLEM*	Magazine Santé Port-Royal
Votre diététique	*Divers articles*	Gratuit boutiques bio

… et de nombreux sites internet. Citons en particulier le site http://terresacree.org : ces gens font un admirable travail de fourmi pour repérer et porter à la connaissance de ceux qui s'abonnent (gratuitement) à leurs lettres toutes les infos paraissant dans les médias et concernant la préservation de notre planète (environnement, biodiversité, biotechnologies, alternatives, éthique, découvertes...). Grâce leur soit rendue !

Merci aussi à Richard HAAS, chercheur indépendant, pour ses travaux sur l'eau.

Certaines sources ont peut-être été involontairement omises, la récolte d'informations ayant commencé bien avant que n'émerge l'idée d'écrire cet ouvrage. Que les personnes concernées veuillent bien me pardonner !

Les citations sont en italique et entre guillemets.

Ne figurent que des informations émanant de sources diversifiées et se recoupant entre elles.

Table des matières

DEUXIÈME PARTIE : Les recettes toquées de la mère Gobuche

La mère Gobuche dans sa cuisine
Entre casseroles, fourneaux et bassines
S'affaire à préparer un dîner
Afin de régaler ses invités.

Elle a choisi du «bio»
Pour mettre dans son chariot
Sachant que ces aliments sains
Ne pourront leur faire que du bien
Car elle veut donner le meilleur
À ceux chers à son ♥

De ses culinaires talents
Elle fera un enchantement
En vous mijotant
Mille petits plats succulents.
Alors, elle cherche des recettes originales
Qui sont toujours un régal.

Elle nous propose aujourd'hui
Avec ses conseils avertis,
De manière à nous guider
À bien composer
Pour mieux équilibrer,
Et offrir un véritable poème
À tous ceux que l'on aime.

Et si d'aventure nous devons nous soigner
Elle nous aidera à choisir
Des aliments bien ciblés.
Et c'est pas «pour de rire» !

Ces petits chefs d'œuvre
Qui nous ensorcellent le palais
Elle en est le maître d'œuvre.
Goûtez à ses recettes «toquées»
Vous allez les adopter.

Poésie de Mabibi

Le mieux est de les essayer toutes
Ainsi sur leurs bienfaits, vous n'aurez
plus de doute.
Et pour être de la fête
Partagée avec quelques amis
La mère Gobuche vous souhaite
Un très bon appétit !